ETERNA ESPAÑA

Título original: *Eterna Spagna*

Primera edición: febrero de 2020

ISBN: 978-84-17623-36-4
Depósito legal: B 844-2020

Diseño de colección: Enric Jardí
Diseño de cubierta: Anna Juvé
Imagen de cubierta: Alonso Sánchez Coello,
Ana Mendoza, princesa de Éboli © Album, Barcelona
Maquetación: Àngel Daniel
Impresión y encuadernación: Romanyà Valls
Impreso en La Torre de Claramunt

Arpa
Manila, 65
08034 Barcelona
arpaeditores.com

Marco Cicala

ETERNA ESPAÑA

Traducción de Jaime Moreno Delgado

arpa

SUMARIO

PRÓLOGO
A LA EDICIÓN ESPAÑOLA

Visito España desde hace mucho tiempo. Por reportajes, entrevistas, vacaciones, estudios, investigaciones, amistades, placer... O simplemente para sentarme tras una cerveza a mirar y escuchar mientras tomo notas. Un escritor italiano, Giovanni Arpino, afirmaba que el mejor modo de conocer España era permanecer inmóvil. Según él, «casi cualquiera de sus rincones es comparable a la ribera de un río donde, si te sientas, verás pasar no solo a amigos y enemigos, sino también el mismo sentido de la época en la que te ha tocado vivir». Estoy de acuerdo. Sin embargo, y no solo como periodista, todavía no he renunciado a recorrer España. Por ello la mayor parte de las historias que encontraréis aquí son el fruto de un trabajo «de campo», y solo algunas veces «de codos».

Por un sinfín de razones —que espero resulten evidentes de la lectura del libro—, España es el país que más amo después del mío. Y en los momentos —que no faltan— en los que Italia me irrita, incluso la clasificación cambia.

Visité España por primera vez en 1981. Tenía dieciséis años. Viajaba con un grupo parecido a los *scouts*. En mis recuerdos de muchacho, quién sabe hasta qué punto fiables, fue un verano tórrido. No llovía desde hacía mucho. Unos meses antes se había producido el «tejerazo», pero la gente hablaba de otras cosas. De la sequía y del terrible escándalo del aceite de colza. «Ni se os ocurra comer churros», nos repetían nuestros acompañantes. Pasamos en España un mes. Barcelona, Madrid, Sevilla, de nuevo Madrid, El Escorial, Segovia, Valladolid, Ávila... Y un desolado campo de fútbol en Navalperal de los Pinares. En los tres partidos contra los españoles, ganamos por poco el primero, perdimos el segundo también por poco y nos dieron una paliza en el tercero: 8 a 2. O quizá incluso fue peor. Eran partidos infinitos, sin cronómetro, fuera del tiempo, fuera de todo. Inolvidables como el inconmensurable cielo castellano que nos cubría.

Quizá el impulso primordial de este libro nació de la nostalgia desordenada de esas tardes de agosto, el mes más profundo, más existencial, más misterioso de todos, que se parece a la adolescencia.

En *Eterna España*, la «eternidad» del título no tiene nada de grandilocuente ni, menos aún, de folclórico. Alude simplemente a la persistencia de España en nuestro imaginario.

Dado que en este libro (concebido inicialmente para un lector italiano o, al menos, no español) no podía meterlo todo, he intentado meter «de todo»: pasado y presente, memoria y actualidad, cultura y «cotilleo», y, asimismo, enanos, gigantes, santas, pecadoras, anarquistas, fascistas, comunistas, místicos y anticlericales, siervos y amos, ricachones y pobres diablos. Como en una novela picaresca. *Si parva licet*, naturalmente.

Mis amigos españoles que lo han leído en italiano han planteado al libro afectuosas objeciones que el autor ha recogido y meditado no menos afectuosamente. Sobre todo una: en estas cuatrocientas y pico páginas me habría mostrado demasiado indulgente con los españoles. Si esto es cierto, aprovecho para implorar un grado de indulgencia similar hacia el libro entre los lectores españoles. La traducción de *Eterna España* en el país al que está dedicado me honra, pero al mismo tiempo me llena de aprensión. ¿Cuántas chorradas habré escrito? ¿De cuántas graves omisiones seré culpable? Hacédmelo saber. Bueno, mejor no, por favor, puesto que, a medida que envejezco, mis sueños ya son de por sí suficientemente frágiles y agitados. Gracias.

Madrid, noviembre de 2019

LOS ENANOS DE VELÁZQUEZ

En la Europa de los siglos XVI y XVII se practicaba una singular forma de ir de compras. Era habitual que caballeros privados o enviados del rey se presentaran en los dantescos manicomios de la época para comprar alguno de los desdichados que habían acabado allí dentro. Chiflados, enanos, jorobados, gigantes, obesos descomunales, mujeres barbudas... Daba igual mientras su rareza deleitara al suscitar asombro. De repente, los escogidos se descubrían subidos a un ascensor social que, de los infiernos de la segregación, les catapultaría a un hermoso mundo, bajo las luces de la vida cortesana. En España se iba a aprovisionarse de «monstruos» a las casas de reclusión de Sevilla, Valladolid, Toledo, Zaragoza. No obstante, el supermercado más concurrido era la Casa dels fols, en Valencia. En ella Lope de Vega ambienta una comedia y una novela en la que, entre otras cosas, vemos a un conde italiano dispuesto a desembolsar una importante limosna con tal de llevarse a casa a un chalado que le divierta por tiempo indefinido.

Por muy abyecto que nos pueda resultar hoy día, este reclutamiento forzoso era la única vía de escape para personas que, de lo contrario, estaban destinadas a una cautividad de por vida, a la mendicidad o a las casetas circenses de lo horrible y de lo prodigioso. Incorporados a palacio como bufones —aunque no únicamente—, los «monstruos» podían, sin embargo, hacer carrera, obtener apoyo económico o una pensión, alcanzar una notoriedad que en ciertos casos superaba la de caudillos, actores o poetas. A partir del Renacimiento, hubo periodos en los que la circulación de bufones llegó a ser muy intensa, configurándose como una especie de mercado perfectamente constituido y sin fronteras. Vendidos, cambiados o regalados, *freaks* lituanos, alemanes, flamencos, húngaros, ingleses... iban de un país a otro, y aquellos que eran apreciados entraban a servir de forma estable. Tenemos noticia de castellanos presentes en Londres y París; de sardos, calabreses, napolitanos y lombardos empleados en España. Pero, en el crepúsculo del Siglo de Oro, la verdadera Meca europea del tráfico de enanos era Madrid.

Cuando a principios de la década de 1620 el sevillano Diego Rodríguez de Silva y Velázquez recala en el palacio de Felipe IV en Madrid como pintor en búsqueda de reconocimiento, los bufones a sueldo de la Corona superan el centenar. Los denominan «hombres de placer», hombrecitos con los que distraerse, o, de forma más perversa, «sabandijas palaciegas», hormigueantes parásitos. Si Velázquez los pintó más que cualquier otro artista, ello se debió sobre todo a que, ya alojado en el Alcázar de Madrid, se los encontraba continuamente a su paso. Formaban parte de su mundo cotidiano. Cabe imaginar que los miraba con simpatía, puesto que, descarados y sin autocensuras como eran, le recordaban el pueblo sevillano que tantas veces había retratado durante sus años de aprendizaje. Tal como señaló Ortega y Gasset, dado que el destino de Velázquez fue pintar aquello que tenía delante, retrató sobre todo aquello que había en palacio: la familia real y la cuadrilla de monstruos que vagaban continuamente por habitaciones y galerías. Locos y enanos pululaban en una corte que —como reflejo de un soberano ciclotímico, fluctuante entre llamaradas de libertinaje y contritos retiros penitenciales— era al mismo tiempo una mezcla esquizoide de regocijos placenteros y gélido hieratismo.

No dudéis en tirar a la basura el cliché romántico del bufón melancólico y soñador con una lagrimita incorporada a lo Pierrot. Porque nos ha llegado noticia de enanos intrigantes, conspiradores, poderosos, *playboys*, temibles jugadores o militares. Como aquel polaco que, durante las guerras de religión, organizó una brigada de arcabuceros-bonsái para ir a luchar en Francia. Después de todo, parece que el vivero de enanos más demandado era justamente Polonia. Incluso se fabulaba que en aquellas regiones se había desarrollado un descubrimiento de alto secreto para fabricar hombrecitos de forma industrial: un ungüento que, al ser aplicado sobre las articulaciones y la columna vertebral de los recién nacidos, inhibiría su crecimiento. Entre los enanos retratados por Velázquez al menos un par no tienen rostros aniñados. Pero ¿quiénes eran? De sus vidas olvidadas, casi siempre muy breves, sabemos muy poco: solo cuanto nos refiere *en passant* alguna crónica o ha quedado atrapado en el papeleo contable. Historias desmenuzadas que, como mucho, se pueden reconstruir por aproximación.

En un informe fechado el 24 de noviembre de 1643, el jesuita Sebastián González explica que un criado de Su Majestad estaba casado con una mujer llena de cualidades y alojaba en casa a un enano que su esposa trataba con consideración. Pero en breve el hombre comenzó a sospechar que todas aquellas atenciones «estuvieran inspiradas en motivos poco honestos». Torturado por la sospecha, el marido no hacía otra cosa que mirar detenidamente a su última hija, considerando que se parecía condenadamente al enano. Así, una noche, «tras haberse retirado con la mujer en santa paz, empezó a apuñalarla, y, en torno a las tres de la madrugada, acabó por degollarla». Si hubiera sido por él, habría asesinado de buena gana también al enano, pero no consiguió encontrarlo en la corte y por ello, agotado, se entregó a la justicia. El feminicida se llamaba Marcos de Encinillas. Era un funcionario apreciado. Por su parte, y con fama de perseverante seductor, el enano en cuestión podría haber sido el don Diego —o Luis— de Acedo pintado por Velázquez en la década de 1640. Apodado en broma El Primo debido a la familiaridad con la que el monarca lo trataba, De Acedo aparece retratado vestido completamente de negro en el acto de consultar voluminosos registros, como un riguroso notario. Durante mucho tiempo se ha considerado que la tela fuera una representación paródica de un bufón ataviado como un caballero. Pero era una equivocación. Porque don Diego fue en realidad un reconocido servidor de palacio. Trabajaba en la oficina de la estampilla y siempre mostró una inquebrantable lealtad hacia la Corona. Incluso se narra que, durante un desfile en el séquito del sulfúreo conde-duque de Olivares, resultó herido por un escopetazo dirigido muy probablemente contra el odiado «primer ministro» del rey. El ilustre biógrafo de Velázquez Carl Justi señalaba que, bajo su oscuro sombrero, hubiera en la mirada de De Acedo «la soberbia de la nobleza más antigua».

No se puede decir lo mismo del pobre Juan, que no era un enano, sino un desequilibrado que se ganó el apodo de Calabazas o Calabacillas, siendo las cucurbitáceas en la época sinónimo de falta de cordura. Diego Velázquez lo retrató dos veces. En el primer cuadro lo vemos de pie sonriente mientras sostiene un molinete, también este símbolo de volubilidad mental. En la segunda tela, más conocida, su aspecto aparece notablemente desmejorado: agachado junto a una calabaza, el dulce Juan muestra una mirada aún más bizca y una sonrisa obtusa tan impalpable que se interna en lo abstracto. De Calabacillas nos queda información exigua. Sabemos que a menudo participaba en las fiestas de la corte, que tenía derecho a abundantes raciones de carne y pescado y que disponía de una carroza y de una mula solo para él.

Más noticias tenemos sobre el hombrecito rubio pintado por Velázquez con un palito en la mano y habitualmente, aunque de forma errónea, llamado El Niño de Vallecas por el homónimo barrio madrileño que, objeto de las chanzas populares, se consideraba patria de bobos. El Niño ha sido identificado, en cambio, como el enano vizcaíno Francisco Lezcano. Breve y muy infeliz fue su vida. Entró en la corte siendo niño para servir de juguete al pequeño príncipe Baltasar Carlos. Pero Paquito, o Pacorro, muy pronto se mostró como un pasatiempo defectuoso: aquejado de molestias respiratorias y otras dolencias, siempre imploraba que le dieran algo con lo que cubrirse. Padecía terriblemente el frío y siempre iba abrigado con diversas capas de ropa, sin importar la estación. Asimismo, a menudo lo encontraban dormido: entre estremecimientos, se sumía continuamente en la narcolepsia. Viéndolo tan achacoso, le permitieron retirarse antes de tiempo y regresar a su tierra natal de Vizcaya. Allí Francisco se apagó entre sus familiares sin llegar ni a los diecinueve años. En 1649, que también es la fecha de la muerte del más impresionante de los enanos de Velázquez: aquel Sebastián de Morra que, desde las paredes del Prado, continúa mirándonos fijamente con un aire que nadie es capaz de establecer con certeza si refleja rabia, reproche o fatalista aflicción. Bigotes en punta y espesa perilla, Sebastián está sentado como una marioneta en reposo, si bien era un dandi valorado por su gusto en el vestir y, además, un excelente tirador. Tras servir en Flandes, se incorporó al séquito de Baltasar Carlos. Acompañaba al infante a cazar y recibió como regalo una colección de armas blancas. Sin embargo, las prebendas nunca mitigaron su pésimo humor: «Habiendo visto mucho y conociendo la vida», han escrito, «Sebastián fue un hombre amargado. La triste figura ceñuda, insolente, eternamente en actitud de disgusto».

En cambio, sí que es segura la procedencia de Nicola —Nicolasito— Pertusato de una acomodada familia piamontesa de Alessandria. Es el paje que en *Las meninas* molesta a un mastín con la punta del pie. Parece un muchachito de rasgos angelicales, pero también era un enano y, cuando la obra maestra fue realizada, 1656-1659, tenía ya más de veinte años. Su carrera en Madrid iba a ser brillante: llegó a ser *protégé* de la reina consorte Mariana de Austria y ayuda de cámara bajo Carlos II, el último soberano Habsburgo de España. Nicolasito fue bastante más longevo que el genio que lo retrató: murió en el año 1710, y dejó una sustanciosa herencia. Por otro lado, las cosas tampoco le fueron mal a María Bárbara Asquín, la acondroplásica hidrocéfala que en *Las meninas* Velázquez sitúa, en contraposición, junto al «enano armónico» Nicola Pertusato. Se cree que Mari Bárbola, como la llamaban, era alemana. Además de alojamiento y comida, la corte le proporcionaba una paga y cuatro libras de nieve para que se refrescara durante los meses calurosos. Dicen que, gracias a su excelente hoja de servicios, se le permitió regresar a Alemania con algo de dinero ahorrado, lo que quizá le aseguró una vejez feliz.

Pero ¿cómo se explica el desconcertante *boom* de *freaks* empleados en la corte? ¿A qué se debía? ¿Qué tipo de sensibilidad lo hizo posible? Antigua costumbre recuperada en la Edad Media, la presencia de seres deformes en palacio cobra en época barroca nuevos significados que tienen que ver con el creciente gusto por lo extraño, lo anómalo, lo demente, lo extravagante... si se prefiere, lo monstruoso. Un gusto aparentemente anticlásico, pero con raíces profundas, si bien ocultas, en el mundo clásico. La moda por lo desviado es condenada por religiosos y moralistas. Sin embargo, como querer es poder, se le encuentra incluso una justificación teológica. Remitiéndose a la idea aristotélica según la cual lo disímil contradice la generalidad de los casos, pero no la naturaleza en su conjunto, hay también quien vislumbra en lo anormal la prueba más diáfana de la infinita diversidad de la creación. Y dado que la corte es un microcosmos que pretende reflejar en miniatura el conjunto de la creación divina, es justo y necesario que incluya en su propio seno también a los deformes. Bufón u otra cosa, el *freak* es un prodigio que flirtea con lo sobrenatural. Liberada de sus cargas por Erasmo, cierta locura se vuelve casi *chic*, y el «monstruo» es similar al *fool*, al loco que parloteando dice la verdad, pero que por una palabra de más puede atraerse un castigo; no tanto el del rey, que en general adora a sus «sabandijas» y los protege, sino más bien la venganza de los cortesanos, que del bufón temen su lengua anarcoide, su ojo indiscreto, sus oídos que escuchan aquello que no se debe explicar. También porque, a menudo y gustosamente, el soberano se sirve de los bufones como espías. Del epistolario del glacial Felipe II se deprende que el rey prudente sentía más afecto por sus «pigmeos» que por muchos de sus dignatarios y que, en general, por sus súbditos. Naturalmente, el trato reservado a los enanos no siempre era tan considerado: durante las fiestas eran obligados a emborracharse hasta perder cualquier freno y en las aventuras libertinas eran utilizados como juguetes sexuales. Además, tradicionalmente se atribuía a los enanos fama de criaturas lujuriosas y, algo que no importaba, estériles. El hecho de que, en su aspecto, tanto el sexo como la edad parecieran indefinibles, incrementaba su ambiguo atractivo. No todos los enanos eran bufones o locos. Sin embargo, para ser admitido en palacio era aconsejable que un bufón mostrara que poseía al menos una vena de locura. Por tanto, en ese ambiente, fingirse algo chiflado era moneda corriente.

Los «bufones» y los «filósofos» pintados por Velázquez a menudo son confundidos con los enanos: si bien es cierto que pertenecían al mismo mundo, los primeros eran payasos profesionales con altisonantes nombres artísticos para la ocasión (uno era llamado Juan de Austria, como el héroe de Lepanto), mientras que los segundos eran vagabundos y chiflados —o ambas cosas a la vez— con quienes la corte se divertía disfrazándolos de sabios.

Enfatizando los rasgos decadentes e intolerantes de la España del siglo XVII, el gran historiador francés Élie Faure escribía: «El mundo en el que vivió Velázquez era triste. Un rey degenerado, infantes enfermizos, imbéciles, enanos, tullidos, bufones monstruosos disfrazados de príncipes»; todos ellos mantenidos unidos «por la etiqueta, el complot, la mentira, por la confesión y por el remordimiento». Pero en Madrid la gente se divertía, despilfarraba pese a la ruina de las arcas públicas, reía. Ciertamente, con el guante sobre los labios. Y compatiblemente con la parálisis expresiva impuesta por el ceremonial. El viajero francés Antoine de Brunel describió a Felipe IV como una especie de gran muñeco, del tipo utilizado por los ventrílocuos. Durante las audiencias, «nunca se ha visto que el rey cambie de postura»; él escucha y responde «siempre con el mismo semblante, sin mover ninguna parte del cuerpo salvo los labios y la lengua». Individuo de largo rostro caballuno, con una expresión entre la impasibilidad y el dolor: así es como nos restituye Velázquez al soberano en una serie de retratos. «Pinta al hombre, no al rey», se ha escrito, quizás exagerando. Porque entre ambos hubo complicidad, aunque no podía haber amistad: la disparidad de estatus nunca lo habría permitido. Al comienzo Felipe pagaba a su pintor principal como a un peluquero de la corte. Más tarde la remuneración aumentó. Pero no recompensaba tanto al Velázquez artista cuanto al hábil burócrata de palacio en el que Diego, un poco por ambición y un poco por necesidad, se había convertido. Su carrera lo llevó hasta el codiciado cargo de aposentador mayor, pero le robó mucho tiempo a su genio.

Pero incluso dentro de la jaula del mundo cortesano, Velázquez encontró y se tomó ciertas libertades de artista. No fue la menor poder pintar a un poderoso monarca con ropa «casual», no oficial, como si fuera un hacendado rural. Y la libertad, quizás especular, de retratar a un enano en toda su nobleza de hombre. Sin conmiseración ni trazos caricaturescos o grotescos. Aquellos «seres desgraciados y deformes», señalaba Ortega y Gasset, «representaban para él los modelos ideales. Al retratarlos podía dar rienda suelta a sus experimentos de técnica pictórica, y justo por eso probablemente constituyen la mejor parte de su obra». Se puede no estar de acuerdo. Pero es más difícil resistirse a cuanto sigue: «Velázquez, que a decir de aquellos que lo conocieron era de temperamento melancólico, no creía que los valores alabados convencionalmente —belleza, fuerza, riqueza— fueran la parte más respetable del destino humano, porque más allá de ellos, en un nivel más profundo y conmovedor, se encontraba el valor más bien triste, cuando no dramático, que tiene el simple hecho de existir. Y precisamente la pura y simple existencia era aquello que le interesaba reproducir con sus pinceles. Por ello las características negativas de sus monstruos adquirían un valor positivo».

Además, en las telas de Velázquez los enanos casi siempre aparecen presentados solos, como sujetos autónomos. Rompiendo con cuanto se había visto hasta entonces —pero también posteriormente—, dejan de ser las criaturas subalternas sobre cuya cabeza se apoya —de forma paternalista, propietaria— la mano de algún *dominus*. Los enanos dejan de ser comparsas puestas ahí para realzar la majestad, la belleza, en definitiva, los «valores alabados convencionalmente» de quien está a su lado. Sobre la base de este punto, la mirada política de la crítica moderna ha querido captar en esos cuadros un gesto de piedad rebelde, subversiva, no solo respecto a los cánones tradicionales de la iconografía cortesana, lo cual es cierto, sino también respecto a las reglas inhumanas de una sociedad absolutista que empezaba a dar las primeras muestras de declive. Actualizando sus causas, se ha llegado incluso a ver en los enanos una serie de autorretratos del artista en saltimbanque, una denuncia en clave de la propia condición de creador alienado, asfixiado hasta tal punto por el poder que, para decir la verdad, se ve obligado a convertirse en loco, bufón, monstruo. Pero se trataba de divertidas exageraciones ideológicas. Porque, después de todo, pese a su melancolía, Velázquez fue un vasallo feliz. Su revolución permaneció dentro de los límites de la tela. Y, por otro lado, no es que en el siglo XVII hubiera demasiadas alternativas.

Ellos, los *freaks*, desaparecieron de las cortes europeas con el advenimiento de la Ilustración. Pero, de forma más discreta, permanecieron junto a los poderosos hasta el siglo XX. Véase el caso del *rais* egipcio Nasser, quien, por lo que parece, no decidía nada sin consultarlo antes con su enano de confianza, un tal Ahmed Salam. Pero los enanos continúan seduciendo la industria del espectáculo. En marzo del 2010 llegó a los estudios de Mediaset en Roma un chico mongol de veintiún años que se llamaba He Pingping. Medía poco más de 74 centímetros y el Guinness World Records lo había definido como el hombre más pequeño del mundo. Técnicamente no era un enano, sino una víctima de la osteogénesis imperfecta, una enfermedad que impide el crecimiento. Durante las pruebas de *Lo show dei record* («El show de los récords»), programa presentado por Paola Perego, Pingping sintió fuertes dolores en el pecho. Fue llevado al hospital, donde murió al cabo de unos días. El anuncio fue dado en Londres por los editores del Guinness World Records, que precisaron que el «minúsculo chino» había fallecido presumiblemente por «complicaciones cardiacas». Mientras tanto, las agencias informaron que los derechos de sucesión al récord recaerían en el «nepalés Khagendra Thapa Magar, de tan solo cincuenta y seis centímetros de altura, dieciocho menos que Pingping, pero todavía no reconocido oficialmente» por ser demasiado joven y considerarse que todavía estaba en edad de crecer.

EL «VERDADERO» DON QUIJOTE

Sucedió un día de julio de 1581, a lo largo de los pocos quilómetros de camino que separan los pueblos del Toboso y Miguel Esteban. A causa de una no muy bien precisada disputa territorial entre clanes, un tal Francisco de Acuña, hidalgo, intentó asesinar a otro tipo llamado Pedro de Villaseñor, también él hidalgo. Hasta aquí nada de sorprendente: ya se sabe, eran tiempos de tomarse la justicia por la mano. El episodio habría quedado olvidado en los archivos si no hubiera tenido lugar en la Mancha profunda y el susodicho De Acuña no hubiera actuado al más puro estilo de don Quijote. Es decir, a caballo, llevando una vetusta armadura solariega —con yelmo y escudo— y persiguiendo a su hombre con una lanza de la longitud de una pértiga. Al haber tenido la excelente idea de no ir por ahí metido dentro de una coraza durante el tórrido verano manchego, el rival lo tuvo fácil para escapar de la emboscada saliendo ágilmente por piernas. Pero se produjo un gran desconcierto en una comunidad que ya había sufrido los excéntricos atropellos de la arrogante familia De Acuña. El último se había producido tan solo unas semanas antes, cuando Francisco y su hermano Fernando habían sembrado el terror por la zona para vengarse de un veredicto desfavorable para ellos pronunciado por el Consejo comunal. Siempre ataviados cual zombis venidos del medievo, habían agredido con insultos y amenazas a cualquiera que se les pusiera a tiro. Todo ello, además, en una noche, la de San Juan, que la tradición envuelve en un halo de embrujo.

¿Pero esos bellacos lo eran o se lo hacían? ¿Y qué era el hábito de vestirse con antiguallas? ¿Una trapacería goliardesca o megalomanía digna de interés psiquiátrico? ¿Se disfrazaban solo para asustar a sus adversarios y a los patanes de la comarca, o bien en el anacronismo buscaban realmente reencontrar el estremecimiento de un mítico pasado caballeresco —quizá totalmente falsificado, pero tan bello y perdido— capaz de restituir la autoestima al fieltrado blasón de la familia, de aliviar las miserias de un presente antiheroico, desolador como las tierras que tenían en torno? «Nostalgia. Tenemos motivos para creer que la nostalgia operaba como una auténtica potencia en el imaginario y en las costumbres de cierta pequeña nobleza manchega», asegura Isabel Sánchez Duque mientras lanza una mirada de complicidad a su colega Francisco Javier Escudero. Son dos valientes investigadores —ella arqueóloga, él especialista en archivos— que han encontrado documentos para una tesis rompedora. La cual, *grosso modo*, suena más o menos así: aquello que inspiró en Cervantes el personaje de don Quijote no fueron, o no solo, las lecturas, sino también la crónica trivial, los sucesos y los incidentes ocurridos en la Mancha del siglo XVI.

Pero ¿cómo el noble «desfacedor de agravios, enderezador de entuertos, el amparo de las doncellas» habría tenido por modelo al ruin Francisco de Acuña? Los dos investigadores se muestran bastante convencidos. Y resuelven la aparente contradicción con estos argumentos: «Cervantes era muy amigo de los Villaseñor, que son citados en su última obra, *Los trabajos de Persiles y Sigismunda*. Podría haber escrito el *Quijote* para ridiculizar a los De Acuña, enemigos de la familia a la que estaba ligado. Y, por otro lado, la novela, o al menos la primera parte, es una parodia, una burla». A primera vista, este propósito mordaz puede resultar algo desconcertante. Pero no tanto si se tiene en cuenta que sus contemporáneos, las élites alfabetizadas de la época, leyeron el *Quijote* esencialmente como un libro cómico. Fue dos siglos después cuando los románticos quisieron ver en el caballero a un héroe semitrágico, símbolo de la lucha entre el ideal y la prosaica mezquindad de la vida. Una interpretación enfática que, lamentablemente, se convirtió en hegemónica y continúa condicionándonos.

Para defender su hipótesis, Escudero y Duque aportan también otros elementos. «En el linaje de los De Acuña existía sin duda una vena colérica que rayaba en la locura. Pero el loco verdadero era Fernando, el hermano de Francisco. Mire aquí», dicen mientras me pasan unos documentos procesales del siglo XVI que les restituyo al momento, puesto que están escritos en una grafía que me resulta jeroglífica. Los documentos explican otras gestas del turbulento Fernando. Por ejemplo, en 1584, sintiéndose ultrajado durante una misa, se desquició: volcó el altar, trepó al arca del Santísimo Sacramento, sobre la que saltó repetidamente. O aquella otra vez, durante una procesión de la Virgen, cuando, al verse relegado al final del cortejo, limpió la afrenta a su modo: tras arrancar la gran cruz del baldaquino, la utilizó a modo de espada para emprenderla a golpes contra las molleras de los presentes.

Era así, el hidalgo Fernando. Entendámonos, no es que el otro De Acuña fuera un blandengue, pero en Francisco parece que convivían al menos dos personalidades. Por una parte, el vengativo matón del vecindario; por otra, un defensor del pueblo que, por ejemplo, se pone de parte de los molineros cuando se establecen nuevas tasas sobre los molinos de viento recientemente introducidos en la zona. Asimismo, Francisco no dudó en proteger de las acusaciones de promiscuidad a una chica que revoloteaba de un amante a otro sin querer casarse. Se llamaba Francisca Ruiz y, según los dos detectives, podría haber inspirado a Cervantes el personaje de la pastora Marcela, la sexi y deseadísima cabrera que reclama para las mujeres el derecho a rechazar las proposiciones amorosas. Es cierto que, si se lleva muy lejos, el juego del «quién era quién» corre el riesgo de hacerse mecánico. Pero Escudero y Duque le han cogido gusto. Aseguran que incluso han identificado la verdadera identidad de Dulcinea, la campesina del Toboso que don Quijote transfigura en princesa.

Pero volvamos a él, al «ingenioso hidalgo de la Mancha». Cervantes dice que, antes de autoproclamarse fraudulentamente caballero con el nombre de don Quijote, su héroe se llamaba Alonso Quijano. Por esto durante mucho tiempo se ha considerado que el escritor podría haber tenido en mente a un tal Alonso Quijano Salazar. Sin embargo, actualmente Escudero se inclina por excluirlo: «Aquel Quijano era un monje agustino. Murió mucho antes de que Miquel viniera al mundo y en las zonas de las que habla el libro no queda prácticamente rastro de él. En cambio, más factible es la idea de que, gracias a sus contactos manchegos, Cervantes tuviera noticia de otro Quijano: un tal Rodrigo, un criador estafador, un pícaro que intentó comprarse el título de hidalgo y se movió por los mismos lugares referidos en la narración». Eso es: los lugares. Si vais a la Mancha con la esperanza de que la *vexata quaestio* sobre la génesis de la novela pueda desenmarañarse un poco, lo tenéis claro. En la región las siluetas de don Quijote y su escudero Sancho son omnipresentes. No hay pueblo que no reivindique algún tipo de relación con el libro o el autor. Cómplice la gastronomía —los innumerables vinos, la legendaria caza, los formidables quesos—, la Ruta de don Quijote se ha transformado desde hace tiempo en un suculento negocio turístico. Lo malo es que, de rutas cervantinas, hay al menos una docena. Cada uno ha diseñado la suya, llevándola hacia su propio pueblo. Supuestos o no, enclaves, ruinas, reliquias: por todas partes tropiezas con huellas del imaginario caballeresco, que viene alegremente confundido con el hombre que lo inventó. En Alcázar de San Juan juran, con certificado de la época incluido, que Miguel de Cervantes Saavedra habría nacido allí y no en Alcalá de Henares como se lee en todos los libros. En Argamasilla de Alba te venden un antiguo sótano como la celda en la que estuvo encarcelado el escritor. Y antes de irte te recuerdan incluso que el verdadero Quijote fue un tipo del lugar: un tal Pacheco, un desdichado cuyas terribles jaquecas le volvieron loco. A treinta kilómetros de allí, con casco de espeleólogo proporcionado por los guardas, puedes también meterte en la cueva de Montesinos, de la cual don Quijote salió explicando inauditas visiones. Mientras que en el pueblo de Miguel Esteban descubres que las familias en guerra de los De Acuña y de los Villaseñor vivían a pocos metros una de otra, en un callejón actualmente anónimo con aparcamientos para coches. En un espacio tan reducido la enemistad no podía durar, y, de hecho, los clanes acabaron por emparentarse. Pero las etapas más ortodoxas del itinerario quijotesco son el conmovedor pueblo del Toboso, con un bello palacete señorial rebautizado Casa de Dulcinea, y Campo de Criptana, con sus diez famosos molinos de viento desde cuya solitaria altura desafían la Mancha, plana como un CD, y que merecen el viaje por sí mismos.

Ante similar macedonia, tan cervantina, de informaciones falsas, fabuladas o verdaderas, el escritor e hispanista holandés Cees Nooteboom se rindió, y declaró: «Basta, en la Mancha me creo todo aquello que me digan». Tenía razón. Tragarse cualquier patraña es la actitud más sensata que se puede adoptar en circunstancias similares. Sobre todo cuando se trata de una novela como el *Quijote*, donde el artificio, el dato apócrifo, lo oído, juegan siempre al escondite con la realidad. En todo caso, el verdadero problema es otro: que a día de hoy no se tiene la más mínima prueba de que Miguel de Cervantes haya pisado nunca la Mancha. Habiendo viajado mucho durante su vida, es improbable que, al desplazarse de una punta a otra de España, haya podido evitar esta zona. Según los estudiosos, serían veintiún los viajes que podrían haberlo llevado a transitar por aquellas regiones. No son pocos. Pero todavía no se dispone de la pistola humeante. Y esta tal vez sea la única certeza respecto a la cual la inmensa mayoría de los litigiosos expertos cervantinos parecen estar de acuerdo. A propósito, ¿cómo han reaccionado los académicos ante las nuevas hipótesis de Escudero y Duque? Sin reaccionar. Excepto un par de comentarios publicados en *El País* marcados por la máxima prudencia, los filólogos callan. Para ellos, la fuente de la cual ha surgido el *Quijote* continúa siendo la misma: la libresca. En efecto, es muy rica la literatura, a la cual Cervantes podría haber recurrido, que antes de él tuvo la idea de caricaturizar la álgida figura de un caballero andante. Pero todavía continuamos preguntando: ¿por qué Cervantes escogió justamente la Mancha para ambientar la novela? Normalmente te responden: por exigencia cómica. Puesto que proverbialmente la región era sinónimo de lugar atrasado y pueblerino en el que nunca podría haber sucedido nada épico. Sea.

Resta el hecho de que, si bien llena de incongruencias —como, por otro lado, la trama del libro—, la geografía del *Quijote* está repleta de detalles exactos. ¿Cómo es posible? En archivos y bibliotecas hay personas que se exprimen el cerebro para tratar de explicarlo. Pero, ya haya estado Miguel verdaderamente allí o se la hayan explicado, la Mancha del Siglo de Oro es un universo fascinante. Un mundo que, pese a las rigideces del «Estado estamental», el riguroso sistema por estamentos (clero, nobleza y, por debajo, el resto), no era en absoluto somnoliento. El componente social más dinámico era el constituido por los hidalgos, la baja nobleza que, con centenares de miles de miembros, representaba el noventa por ciento del «segundo estado». Una *petite noblesse* en torno a la cual —cómplice de ello el *Quijote*— han cristalizado con el tiempo toneladas de tópicos que ahora los nuevos estudios están reduciendo. El hidalgo (es decir, «el hijo de algo o de alguien», de la riqueza o de un individuo cuya genealogía se puede trazar) gozaba ciertamente de exenciones fiscales; estaba dispensado de la carga de alojar y aprovisionar las tropas de paso; no podía ser sometido a tortura ni acabar en la cárcel por deudas. Pero no es cierto que —en la línea del empobrecido Quijote, que dilapida casi todo su capital en libros— la mayor parte de este grupo social lo pasara mal. Ello dependía de la prudencia con la que se gestionaban las rentas y el patrimonio. En teoría, en cuanto nobles, los hidalgos no deberían haber tenido que trabajar. Y, de hecho, el héroe cervantino no trabaja. Sin embargo, no faltaban aquellos que lo hacían. Sobre todo en las regiones septentrionales —Asturias, Cantabria, Vizcaya—, donde la hidalguía estaba extendida entre las masas: podía alcanzar el ochenta y nueve por ciento de la población. ¿Todos caballeros? No, todos hidalgos. En tal situación, es obvio que —sin renunciar a sus privilegios— incluso estos nobles tuvieran que ocuparse de la agricultura o la ganadería. El parasitismo mayoritario habría significado la parálisis de la economía. Esta nobleza de cuarta clase —tras los Grandes de España, la nobleza titulada y los caballeros— no constituía un grupo compacto, sino permeable a la entrada de nuevos miembros procedentes de la burguesía y articulado en subgrupos que a menudo se miraban con malos ojos. Podían enzarzarse por la dudosa transparencia de ciertos pedigrís. ¿Hidalgo usted? Hágame el favor...

En lo más alto estaban los hidalgos puros: «notorios o de casa solariega» —es decir, reconocidos desde hacía generaciones o arraigados con una antigua morada en un determinado territorio—; a continuación venían los «hidalgos de ejecutoria» —aquellos que, con documentos en mano, habían demostrado ante un tribunal la sangre que corría por ellos—; cerraban el pelotón los «hidalgos de privilegio», personas a las que la Corona concedía (o más a menudo vendía —y a precio muy alto—) el título por los méritos alcanzados. Entre estos, ser muy prolífico: si, por ejemplo, proporcionabas a la patria siete hijos, podías aspirar al reconocimiento. Incluso aunque el pueblo llano se burlara de ti llamándote «hidalgo de bragueta». Algunos hacían carrera en el clero o la administración, pero la principal salida profesional continuó siendo el oficio de las armas. Estaban atestados de estos nobles los Tercios, las mortales unidades militares empleadas en las campañas de Italia y Flandes. Y más de un hidalgo se distinguió en la voraz conquista de las Indias. «Linaje, honra, fama, limpieza de sangre», es decir, con sangre no «infectada» por contaminaciones moras o judías. Al igual que con el resto de cosas, también sobre los altivos (y negociables cuando se presenta la ocasión) requisitos de la hidalguía manchega Cervantes —a quien alguno atribuye ascendencia hebrea— no puede hacer otra cosa que ironizar. Y lo hace con aquel típico cóctel de agudeza y *pietas* cuyo secreto era custodiado por su genio.

Pero el último secreto cervantino no se esconde en la Mancha: está en Madrid. En las criptas de las Trinitarias, el convento donde el escritor fue enterrado en 1616. El rastro de sus restos se perdió. Sin embargo, dado que podrían encontrarse todavía allí debajo, para sacarlos a la luz se formó un equipo capitaneado por el reconocido antropólogo forense Francisco Etxeberria. Al no quedar ningún descendiente de Cervantes, resulta difícil recurrir a la prueba del ADN. Para la identificación se han basado en otros indicios: los dientes —Miguel confesó hacia el fin de sus días que ya solo tenía seis— y las lesiones en la mano que le quedó paralizada tras el disparo recibido durante la batalla de Lepanto. En el 2015, en el marco del cuarto centenario de su muerte, los científicos anunciaron que habían encontrado sus restos. Pero no todo el mundo está convencido de que sean los verdaderos. Y el misterio continúa sin resolver.

¿El misterio del *Quijote*? «Que se quede sepultado en sus archivos en la Mancha», escribía burlonamente Cervantes. Casi como si dijera que aquel que se adentrara en el enigma no saldría vivo. Sonaba como una socarrona maldición a lo Tutankamón. Los profanadores están avisados.

LA SÁTIRA Y LA ESPADA

En la plaza de la Villa, entre atisbos embrujadores del antiguo Madrid, desemboca una vía angulosa que tiene nombre de calle pero dimensiones de callejón: la calle del Codo. Parece que por la noche, cuando regresaba a casa de sus juergas en burdeles y tabernas, Francisco de Quevedo se detenía habitualmente allí para aliviar la vejiga. Orinaba siempre contra el mismo edificio. Irritado por las periódicas micciones, quien vivía allí dentro decidió colocar en la pared una santa cruz. Pero al día siguiente descubrió que no había tenido efecto disuasorio. Furioso, el vecino añadió el escrito: «No se mea donde hay cruces». Y a la mañana siguiente, además del habitual reguero, encontró la réplica: «No se ponen cruces donde se mea». No tropezaréis con anécdotas de este tipo —muchas de ellas apócrifas— en la valiosa *Vida de Francisco de Quevedo y Villegas*, escrita en 1663 en español por el erudito de Apulia Paolo Antonio di Tarsia. No se recoge el episodio porque, más que de una biografía, se trata de una hagiografía. Una empresa en cierto modo prodigiosa, siendo Quevedo una figura muy poco apropiada para la santificación. Él mismo era el primero en admitirlo: «Hombre de bien, nacido para el mal [...]; mozo dado al mundo, prestado al diablo». De esta forma se describía a sí mismo don Francisco, la mente más vertiginosa del Siglo de Oro tras Cervantes, cuya universalidad y aún menos sabiduría nunca alcanzó. ¿Quién era en cambio Di Tarsia? Un abad de Conversano (Bari) que tuvo la dudosa fortuna de ser escogido como secretario del siniestro conde Giovan Girolamo Acquaviva, conocido como el *Guercio delle Puglie* ('el Tuerto de Apulia'). Un raja capaz de combinar mecenazgo y crueldad. La leyenda negra narra que practicaba con fruición el *ius primae noctis* y se sentaba sobre asientos de piel humana. Fábulas. No obstante, a causa de los abusos feudales Acquaviva fue juzgado en España y arrojado a prisión. Cuando salió estaba consumido, y falleció durante el camino de regreso a Italia. Pocos meses después también murió el fiel Di Tarsia. Había intentado entrar en la corte madrileña, pero no lo había logrado. *In extremis* consiguió publicar la primera *Vida* de Quevedo. Texto encomiástico y al mismo tiempo sutilmente trágico, donde la triste parábola del biografiado refleja la del narrador.

Poeta solicitado, satírico de contagiosa mordacidad, prosista visionario, espía, espadachín... Se ha definido a Quevedo como «una perrera de almas». De buena familia, fue educado todavía mejor. El padre ocupaba un importante cargo en palacio, la madre era una alta dama de la corte. Lo enviaron a estudiar con los jesuitas, después a la Universidad de Alcalá de Henares. A los veinte años Francisco ya manejaba con soltura hebreo, italiano, francés y portugués, así como griego y latino, «lenguas que si no estuvieran muertas habría que matarlas», maldice al pensar en ellas. Sabe leer también el árabe, el siríaco y el arameo. Por carta, debate de igual a igual con el humanista flamenco Justo Lipsio. De gran precocidad, pero físicamente desgraciado: miope, cojo, piernas torcidas, pies deformes. Un *nerd* del siglo XVII. Pero, a diferencia de los actuales cerebritos, para nada sedentario ni asocial. En los años universitarios —que, novelados, se convirtieron en materia para los episodios picarescos de la novela *La vida del Buscón*— juega a cartas, se emborracha, polemiza, liga. Un Jueves Santo, mientras asiste a misa, ve a un tipejo abofetear a una doncella. Quevedo lo saca fuera, cruzan sus espadas y el tipo acaba agonizando sobre la plaza. Pero el verdadero *exploit* juvenil fue otro. En Madrid había un fanfarrón, un tal Luis Pacheco de Narváez, que presumía un montón con la espada y llegó a ser entrenador personal del rey Felipe IV. Defendiendo que la esgrima era equiparable a una ciencia, había concebido un manual repleto de fórmulas, esquemas, figuras euclidianas, en el que el arte del duelo venía *more geometrico demonstrata*. Quevedo lo desafía. Y al primer asalto le quita el sombrero junto con bastante credibilidad.

En la corte, la inquieta inteligencia de Francisco lo catapulta al torbellino de los chismorreos. Escribe alados sonetos y pasquines. La sátira no es sino la extensión verbal de la espada. Uno de los principales destinatarios de sus pullas es el poeta rival Luis de Góngora. Mediante rimas, Francisco de Quevedo lo trata de sacerdote afeminado, ludópata e incluso filojudío. El colérico Luis contraataca reduciendo el adversario a escritorzuelo tullido y dado al vino. Quevedo no cede. Sabiendo que se encuentra abrumado por las deudas de juego, hace que desalojen a Góngora de su casa madrileña y se va a vivir allí. No sin antes «desgongorizarla» y desinfectarla a la perfección. Del edificio solo resta hoy una placa dedicada a Quevedo; está en el antiguo Barrio de las Letras, a un paso de la casa de Lope de Vega y a dos de aquella en la que murió Cervantes.

Di Tarsia resulta enternecedor cuando asegura que don Francisco «fue poco ambicioso». En 1606 Quevedo entra en connivencia con el duque de Osuna, un prometedor *golden boy* de la política imperial, pronto nombrado virrey de Sicilia. Francisco de Quevedo lo sigue hasta Palermo como «asesor». Pero a Osuna el cargo se le queda corto: apunta hacia el más prestigioso gobierno de Nápoles. Por ello, envía a Quevedo a Madrid para untar a los dignatarios que favorecerán su designación. Misión cumplida. Al lado del nuevo virrey de Nápoles, Francisco es nombrado caballero de la exclusiva Orden de Santiago y se lanza a más increíbles complots. Como la conjura de Venecia, 1618. Para acabar con la hegemonía de la Serenísima en el Adriático, la exitosa compañía Osuna & Quevedo planea un golpe a realizar en la fiesta de la Ascensión, esto es, durante las ceremonias con las que cada año la república lagunera celebra su propia apoteosis. La idea es tomar al dogo como rehén y llevarlo a Nápoles. Pero los servicios secretos venecianos no habían nacido ayer. Pocos días antes del golpe el plan es descubierto. Quevedo se escabulle de Venecia disfrazado de vagabundo mientras en los canales flotan a decenas los cadáveres de los conspiradores. También elude los controles gracias a su italiano fluido. Por la necesidad ha aprendido incluso el veneciano. Sale de esta, pero el fiasco en la Laguna es el inicio de su ruina. Tanto para él como para su protector Osuna. Asediado por las polémicas, el rey Felipe III se libra de ambos.

Quevedo es encarcelado en el todavía espléndido monasterio de Uclés, en Cuenca, y después se le impone arresto domiciliario en Torre de Juan Abad. Es un pueblecito a caballo entre la Mancha y Andalucía donde ha heredado una modesta propiedad. No obstante, todo cambia en Madrid. En 1621 muere el rey. Le sucede su hijo Felipe IV, que elige como valido al impetuoso conde-duque de Olivares. Quevedo no es que lo aprecie demasiado, pero se recicla. Es readmitido en Madrid. Si bien siempre ha sido un soltero empedernido, un monumental misógino y, por ello, un gran consumidor de sexo mercenario, llega incluso a casarse. Para birlarle la dote, se desposa con una mujer entrada en años, aunque poco después se separan y ella muere sin dejarle un céntimo. Sin blanca, Francisco filosofa, traduce noventa cartas de Séneca, *en passant* se carga también a Juan Ruiz de Alarcón como había hecho con Góngora. Podría resurgir en las camarillas cortesanas, pero el demonio de la mordacidad lo consume. Es más fuerte que él. Un día, enrollado en su servilleta, el rey encuentra sobre la mesa un memorial en verso que destroza a Olivares. Quevedo es de nuevo arrestado. Lo recluyen en el convento de San Marcos en León, que actualmente es un hotel de lujo. Vive allí durante cuatro años, con un cuerpo que se le marchita. Las pústulas se gangrenan. Estoico, se las cauteriza él mismo, refiere Di Tarsia.

¿Todo ello por un poemita satírico? Los estudiosos cada vez se muestran menos convencidos. Con el tiempo ha ganado consistencia la hipótesis de que Francisco fue castigado más bien por chanchullos de espionaje con el enemigo francés. En cualquier caso, cuando sale de prisión es un fantasma. Y poco importa que mientras tanto también el odiado Olivares hubiera caído en desgracia. Quevedo se retira a Torre de Juan Abad. Dado que allí no hay ni tan siquiera un médico, se traslada a la vecina Villanueva de los Infantes, al convento de Santo Domingo. En su lecho de muerte le preguntan si quiere que en su funeral haya acompañamiento musical. Responde: «La música páguela quien la oyere, que yo no estaré en condiciones de perder el compás». Muere en 1645. Como filósofo a quien la opinión común y horrible «no vence ni somete».

Lector voraz, Quevedo viajaba siempre con una minibiblioteca portátil. Incluso se había hecho construir un atril especial rotatorio para consultar varios libros a la vez. Borges, que lo admiraba con alguna reserva, escribió de él: «Es menos un hombre que una compleja y dilatada literatura». Pero en los escritos de Quevedo aflora continuamente el individuo. Una maravillosa desfachatez dirigida también contra sí mismo. Cuando Francisco de Quevedo fustiga los vicios —envidia, jactancia, venalidad («Poderoso caballero es don Dinero»)—, habla de los suyos. Lo único que no perdona es la estupidez. Mucho antes que Flaubert, cataloga a los imbéciles por tics: aquellos que hablan siempre de sus maravillosos hijos; aquellos que después de haber estornudado escudriñan el moco en el pañuelo buscando dentro no sé sabe muy bien qué... Entre los textos meditativos y los jocosos no hay contradicción. A escribir una vida de san Pablo o un opúsculo sobre el ojo del culo —hendidura a su juicio injustamente calumniada— lo mueve una única *vis* combativa. Dandi que adora sumergirse entre la plebe, moralista hechizado por la inmoralidad de palacio, bascula entre los bajos fondos y el mundo elegante con la misma excitación cognoscitiva. Pero no es un libertino gozoso como Rabelais, sino más bien una muestra del Barroco más oscuro, un nihilista cristiano obsesionado por la caducidad. En la glacial *La cuna y la sepultura*, destripa lo del «ser para la muerte» con tres siglos de antelación respecto al aburrido Heidegger.

Tras sus anteojos con lentes ahumadas —aquellos que lleva en el formidable retrato atribuido a Velázquez y que se pusieron de moda con el nombre de *quevedos*—, su mirada parece poseer rayos x: bajo el rostro ve siempre el cráneo, bajo la civilización la prehistoria, bajo la sociedad la sabana. La realidad es caos, pelea de apetitos, un mundo de lobos, hienas, zorros, tiburones, serpientes. También los tratados políticos de don Francisco tienen un doble fondo. En su superficie ensalzan la monarquía teocrática imperial, pero por debajo muestran despiadadamente su crisis. No solo contingente. Si en la vida todo es «mentira y representación», también el poder lo es. Carece de fundamento y legitimidad. Como mucho, se acepta cínicamente como convención capaz de reducir los perjuicios del desorden terrenal. Reflexiones cercanas al anarquismo, audaces en tiempos de absolutismo. Desengaño, desilusión radical: toda conciliación humanística entre razón y mundo, moral y política, se ha ido al traste. En el más allá:

> Díjome la Muerte:
> —¿Qué miras?
> —Miro —respondí— al Infierno, y me parece que le visto otras veces (*Sueño de la muerte*, 1621-1626).

Para llegar a Torre de Juan Abad, el «pueblo-ermita» de Quevedo, te pierdes en la Mancha abismal como en una alucinación de tierras rojizas. Parece un vasto campo de tenis salpicado de encinas. Hace años, en la casa museo de Francisco de Quevedo fui recibido por un conserje devoto y entusiasta. Estaba dispuesto a sacar de las vitrinas autógrafos de Quevedo para que pudiera tocarlos. Muy agradecido, decliné su oferta. De la morada originaria —un palacete de notable rural— quedan en pie tan solo los muros exteriores. Albergan reliquias que no esperarías encontrar, incluidos los famosos anteojos. En el silencioso pueblo, en las vacías posadas donde sirven migas, «las horas caminan lentas como bueyes», anotaba un viajero. En Villanueva de los Infantes la atmósfera es más animada. También se puede visitar la celda conventual en la que murió don Francisco. Pero en la villa hay menos rastro de él que de Cervantes, turísticamente más vendible: algunas partes del *Quijote* están ambientadas aquí. Para volver a encontrar a Quevedo hay que meterse en la gran iglesia de San Andrés. Los restos del escritor se perdieron, pero fueron de nuevo localizados en el 2007. Ahora se encuentran en una cripta, dentro de un sarcófago negro con cruces de Santiago encima. Color rojo sangre y con forma de puñal.

LA REVOLUCIONARIA OBEDIENTE

Los inicios de Teresa de Ávila se produjeron bajo el signo de don Quijote, personaje que, no obstante, fue creado veinte años después de su muerte. ¿La prueba? Escuchadla: en 1523 la futura santa y su hermano Rodrigo emprendieron un viaje hacia las tierras de los infieles moros. Quieren evangelizarlos. Buscan el martirio. Tienen diecisiete años. Pero entre ambos: ella ocho, él uno más. Por eso la escapada dura un suspiro: no muy lejos de Ávila, los pequeños predicadores son atrapados por un tío y devueltos a casa. Probablemente a patadas. Toda la culpa de la inspirada fuga es de los libros. Hagiografías y novelas de caballería. De niña, Teresa no se limita a leerlos compulsivamente: se deja dominar por ellos. En su autobiografía confesó que sentía tal pasión que si no tenía un nuevo libro bajo el brazo le parecía como si no viviera. Las aventuras de Amadís de Gaula, las gestas del bravo Esplandián... La vocación heroica de Teresa, su santa locura, brotan de ahí, de la literatura. La cual, al catapultarte a las latitudes de lo imaginario, es también una forma de trascendencia. Si bien, ciertamente, del todo quijotesca. Es decir, profana. De hecho, muy pronto Teresa la rechazará como paraíso artificial e instigadora de vanidad, pasando a lecturas más devotas. Hasta que incluso estas le serán prohibidas.

Cuando en 1559, para detener las filtraciones reformistas, el gran inquisidor Fernando de Valdés prohíbe los libros en castellano, ella, aunque se lamenta porque consideraba que algunos eran de provecho, se alinea con él. Se deprime. Pero, al verla privada de libros, Cristo se le aparece y le dice que no se aflija, pues Él sería su libro viviente. En definitiva, al diablo los textos. La plegaria, los elevados encuentros con el Salvador son más que suficientes. Se podría decir que es una gran liberación. De la cultura, del saber escrito, de la lectura, en la cual, aunque sea espiritual, subyace algo de pasioncilla terrenal. Punto final, basta. *Vita nova*. Sin embargo, justo después de haber explicado esta visión, Teresa añade que el Señor, en su amor, la instruyó de tantas formas que desde entonces tiene poca o casi ninguna necesidad de libros. He aquí: en el modesto «poca o casi ninguna» está comprendida de forma matizada, en un pliegue barroco —como queráis llamarlo—, toda la carga de la *agudeza*, la virtud genial —al mismo tiempo religiosa y política— de la España áurea.

Aunque fue elevada a doctora de la Iglesia por el papa Pablo VI, Teresa no fue una santa docta. Sin embargo, ya fuera poquísimo o casi nada, siempre estuvo ligada al mundo de los libros. En su *Vida*, surgen continuamente experiencias de lectura totalizadoras, de aquellas que golpean, imprimen un giro, dan la vuelta a la brújula: las *Cartas* de san Jerónimo, los *Moralia* de san Gregorio, sobre todo las *Confesiones* de Agustín y el *Tercer abecedario* del místico Francisco de Osuna. Textos que la bombardean con destellos. Mas sin transformarla en una intelectual. Intelectuales lo son en todo caso los que la controlan, los inquisidores, los confesores que hasta el final diseccionan su fervor, sus dudosos carismas, para saber si éxtasis, arrebatos, transverberaciones, levitaciones y matrimonios espirituales son auténticos o un tumor demoniaco.

Con todo, sin esos centinelas de la ortodoxia hoy no leeríamos nada o casi nada de Teresa de Ávila. Porque fueron ellos, los guardianes de la fe, quienes la empujaron a vaciar la bolsa sobre la página. Si hubiera sido por ella, no habría escrito ni una línea. Tenía mucho que hacer. Encontrarse en *tête-à-tête* con Jesucristo en la oración mental. Fundar en oleadas nuevos conventos carmelitas. Llamar al orden una Orden ya comprometida en miles de negocios mundanos. Racionalización, revisión del gasto de las cajas conventuales («Hallaba tantos inconvenientes para tener renta y veía ser tanta causa de inquietud y aun distracción»), reducción de personal (no más de doce hermanas más una madre superiora por convento), le atrajeron acusaciones de protagonismo, desencadenando las polémicas y los cotilleos típicos de las épocas en las que la Iglesia ve su propio ordenamiento agitado por ráfagas favorables a la pobreza. Mujer bella y robusta, de elegancia innata («le quedaba bien incluso un harapo»), Teresa predicó la austeridad en una España que no quería oír hablar de estrecheces, viviendo como estaba el auge de la riqueza exprimida del Nuevo Mundo americano.

Teresa de Cepeda y Ahumada nació el 28 de marzo de 1515 en el seno de una familia acomodada y, por parte de padre, de ascendencia hebrea. Dado que veintitrés años antes los judíos habían sido expulsados, reducidos a la clandestinidad u obligados a convertirse, aquellos que quedaban no tenían otra opción que identificarse con el agresor. Mostrándose como cristianos con denominación de origen hasta el exceso de celo, la superación, el sacrificio. Por eso los hermanos de Teresa parten hacia las Indias para combatir, exportar la fe, ganarse a sablazos los galones de la hidalguía, a veces perdiendo incluso el pellejo; mientras que ella se hace monja, mística impetuosa, revolucionaria obediente. Y pronto llega a ser santa. Tan solo treinta y cinco años tras su muerte. Un récord.

«Vivo sin vivir. Muero porque no muero». Teresa hablaba de la muerte con conocimiento de resucitada. Porque la había pasado. Con veinticuatro años —a causa de una desnutrición voluntaria, vómitos biliares, diversas dolencias— la creen acabada. Le dan la extremaunción y están preparados para enterrarla. Pero el padre se opone. Conociéndola, no se fía. Y acierta. Días después, Teresa se recupera. Pero es un esqueleto inerte. Apenas mueve un dedo. Saldrá de esta moviéndose a gatas durante meses. Es la misma persona que más tarde veremos transformarse en una especie de *beatnik*, en heroína *on the road*. Mujer «inquieta y andariega», errante, comentan con suspicacia sus superiores. De Castilla a Andalucía, funda conventos carmelitas —orden reformada en versión descalza— rehabilitando establos, almacenes, casas en ruinas. A pie, a lomos de una mula, haciendo autostop al paso de los carros de campesinos, avanza a duras penas entre tierras calcinadas, pasos sepultos bajo la nieve, campamentos a la intemperie, posadas de mala muerte. Le sobra ímpetu, si bien lleva consigo la muerte como si le hubiera quedado en el cuerpo una bala que no la hubiera matado. Mira a menudo el reloj, pues se alegra mucho al sentir cómo discurre el tiempo, porque piensa que ya ha pasado otra hora de vida. Y está más cerca el anhelado reencuentro con el Altísimo.

En la autobiografía, *cupio dissolvi* y vitalismo se unen en una escritura torrencial, arrolladora, sencilla y clara, para nada pulida, toda ella imágines y digresiones, «desgreñada», «casi de vanguardia», apuntaba el difunto Italo Alighiero Chiusano en la introducción a una edición de la *Vida* traducida por él mismo. En los límites de la cursilería, se podría definir ese libro como «un blog del alma». Si no fuera porque —en su abrumadora mayoría— esos discursitos «internetianos» son vitrinas narcisistas. Mientras que durante trescientas cincuenta páginas la autoirónica Teresa martillea una y otra vez con lo de «desconfiar de sí». Y disgregando la espectacularización del ego extrae un antídoto contra el demonio. Satanás, de hecho, no engaña a quien no se fía de sí mismo.

Emil Cioran, Raymond Carver, Gertrude Stein o Vita Sackville West, la «novia» de Virginia Woolf... en la modernidad muchos se han visto hechizados de diversas formas por los escritos de Teresa. Los cuales, sin embargo, hoy nos atraen como una lengua cuya llave de acceso hemos perdido. Porque, queramos o no, todos somos hijos de una civilización del deseo. En cambio, aquellas páginas son duras, a menudo impenetrables, concreciones de una épica de la voluntad. Impulso hasta la anulación de la voluntad.

Coged el pasaje de la *Vida* en el que se recuerda el encuentro con el místico Pedro de Alcántara. Quien, para no perder la concentración, siempre mantenía la vista baja y nunca miraba a nadie a los ojos. Se había habituado a dormir no más de una hora y media por la noche con una viga como almohada, en una celda tan angosta que no le permitía estirarse. «Tan extrema su flaqueza que no parecía sino hecho de raíces de árboles». Porque comía cada ocho días. Cuando Teresa le preguntó cómo lo lograba, él le respondió: «No es difícil. Basta con acostumbrarse».

La obra maestra en la que Bernini inmoviliza en el mármol la famosa visión del ángel que atraviesa la santa con una flecha siempre es mencionada por quienes sostienen que las experiencias teresianas no son otra cosa que orgasmos histéricos. Pero se trata de psicobanalidades de una colección de estupideces modernas. No obstante, es verdad que los escritos de Teresa, así como la lírica de su amigo Juan de la Cruz o más tarde el *Quijote*, los dramas de Calderón o *El burlador de Sevilla* de Tirso de Molina, son explosiones de inventiva que entran en erupción como géiseres de la corteza de una sociedad rígidamente formalizada en códigos. Y que, por tanto, fomentaba la sublimación. Sin la cual no hay arte.

Teresa de Ávila continuó con sus «visiones» hasta el final; para los místicos estas no son huidas de la realidad, sino atisbos de un real absoluto. En octubre de 1582 tiene sesenta y siete años. Desangrada por un cáncer de útero, ha llegado al final del trayecto. Pide el viático. Está a punto de dormirse para siempre. Pero, justo tras recibir la hostia, salta de rodillas sobre el lecho y, como si hubiera rejuvenecido de repente, invoca al Señor. Después vuelve a acostarse. Con los ojos cerrados, aferra el crucifijo mientras sonríe con júbilo. Pide a la enfermera que se le acerque. Posa su cabeza entre los brazos de aquella y, anudada a ella, expira. Esta vez de verdad.

Reflexionando en torno a todo esto, en el 2015 vuelvo a Ávila, que se prepara para celebrar los quinientos años del nacimiento de la santa. La idea sería que alguna hermana me explicara cómo se vive hoy la herencia teresiana en el lugar donde comenzó la aventura. Elijo empezar por la Encarnación. Es el convento, situado no muy lejos de las murallas medievales, en el que Teresa entró como joven monja y del que salió como madre superiora y revolucionaria de la fe, volviendo a poner orden en una Orden demasiado contaminada por el mundo, pero a la vez inyectándole también un cierto audaz buen humor. En la zona dedicada a museo puedes ver la celda, los manuscritos, los modestos efectos personales, las rejillas a las que —ella a un lado y él al otro— la monja y su confesor, Juan de la Cruz, se asían levitando en feliz conversación. Para hablar con la madre superiora me dicen que debo tocar un timbre. Que, de hecho, es una campanilla. Tilín, tilín. Pocos instantes después una vocecita chirría: «¿Sííí?». Se filtra a través de la madera crujiente del torno, un cilindro giratorio que todavía es el único punto de contacto entre ciertas comunidades de clausura y el siglo. En los libros lees: «La alegría es el sello del Carmelo». La hermana cuyo rostro jamás conoceré me lo confirma: con gran regocijo me comunica que no se dejará entrevistar. Ni tan solo durante unos pocos minutos tras la pared. Insisto. Pero «Vengo de Roma» es un «ábrete, sésamo» que en estos conventos de estricta observancia no da en el blanco. La hermana Carmen repite que no proferirá palabra. «Se necesita la autorización». «¿Y qué hay que hacer para obtenerla, hermana?». Tal como me lo explica, comprendo que el papeleo supondría, *grosso modo*, un año litúrgico. Por ello le doy las gracias y me voy algo desanimado de la Encarnación.

Toca llamar a otro convento. El de San José está en la parte opuesta de la ciudad. Fue la primera sede de la reforma carmelitana. En las vitrinas, una camisa («Camisa usada por la santa», advierte un cartelito) o la silla que ella colocaba sobre la grupa de un asno cuando viajaba por España fundando nuevos conventos.

Entre los muros de San José, la habitual atmósfera hierática, enrarecida, impasible. A simple vista no se ve nada —algún cartel, un mínimo folleto, qué sé yo— que haga referencia a las celebraciones previstas. También aquí, si deseas comunicarte con la madre superiora, debes pasar por el dulce suplicio del torno. Toc, toc. De nuevo una vocecita animada pero firme: nada que declarar, corta en seco la hermana Julia. Otras carmelitas ya dejan entrar a las televisiones, tienen sitios web, alojan a turistas. Estas de Ávila, Dios no lo quiera. En otros lugares la clausura es una coraza de reglas que la modernidad ha forzosamente suavizado, flexibilizado. Aquí no. Aquí la antigua armadura no cede, no vacila, permanece más o menos igual que hace cinco siglos. En las dos fortalezas teresianas viven hoy unas cincuenta monjas entre los veinte y los noventa años. En materia de contemplación, son un poco las tropas escogidas, las unidades de élite de la Orden descalza. ¿Una jornada normal? Fuera de los catres a las seis, a las cinco en verano. A las once de la noche vuelve el silencio. En medio, trabajo, pero sobre todo plegaria. Mucha. Colectiva o en *beata solitudo*. Al alba, la carmelitana se levanta de su jergón y al momento se estira en el suelo boca abajo: «Junto a toda la Creación adora a la Santísima Trinidad». Las genuflexiones «son muchas», pero tampoco son ningua broma las postraciones: «Consciente de su propia insignificancia, muchas veces al día se postra la carmelitana ante el Señor: adorando por todos, por todos amando». Encima «lleva el peso de toda la Iglesia». Durante dos horas «se sienta en el suelo a los pies del Tabernáculo». Y «su oración personal es quedar engolfada en Dios». Se recita el santo rosario «sin ninguna distracción». Cinco los *Pater noster* diarios: uno por cada continente, «pidiendo a Jesús que la sangre de sus Llagas» haga crecer en todos ellos «el amor por el Santísimo Sacramento». Un sexto *Pater noster* está reservado para el papa. En grupo se entonan *Miserere*, *Angelus*, *De profundis*... Pero, más allá de las establecidas, las oraciones se pueden iniciar en cualquier circunstancia, en el trabajo, en el refectorio. Basta con que la madre superiora diga: «Encomendémonos a Dios» y se comienza. Sin embargo, el clímax espiritual es el gran silencio que sella el convento desde el final de la jornada hasta los *Laudes* de la mañana siguiente. Ese es «el momento solemne y silencioso» en el que cada hermana «reposa totalmente en el Señor».

El hábito que todavía lleva la monja carmelitana es de estameña, áspero; en los pies, alpargatas. Nada de medias, agua caliente, radiadores, estufas, radio o televisión. Internet llega, pero filtrado. Son los sacerdotes, los padres espirituales, los que llevan al convento las pésimas noticias del mundo por el que se rezará. Ningún móvil. «La plegaria es nuestro único celular. Que las carmelitanas siempre tienen cargado, encendido, dependiente de las llamadas de Dios o de las personas que pidan intercesión a las monjas». Los encuentros con los parientes tienen lugar a través de una reja. Con todo, las monjas pueden salir para ir al médico o votar.

Muchas de estas informaciones han acabado en mis manos gracias a un acto de misericordia. A riesgo de resultar molesto, me he vuelto a presentar en el convento de la Encarnación. La madre superiora estaba ocupada («Está fregando», me han dicho; estaba limpiando el pavimento de rodillas porque hoy era su turno), pero después ha venido. «¿Me equivoco o usted ya ha venido? De acuerdo, deme un minuto», dice. La escucho irse y regresar. Girando el torno me consigna un opúsculo. Pocas páginas, pero densas, sobre la vida en el Carmelo. «Aquí tiene. Todo aquello que podemos decirle está aquí dentro». Mis conversaciones con las carmelitanas finalizan aquí.

«Piense que para Teresa la clausura no fue una reclusión. En el convento encontró la libertad para leer, ¡sustraerse de la tiranía de los hombres!», me recuerda el padre Rómulo Cuartas Londoño. Carmelitano de Colombia, es vicerrector del CITeS, un centro de estudios por el que cada año pasan unas doce mil personas. Para saber algo más de la santa, llegan a Ávila de todos los rincones del mundo, de todas las confesiones. «Hay a quien le interesa la escritora, a otro la monja manager, a otro la pionera —en caso de que lo sea— de los llamados estudios de género. Cada uno tiene su Teresa». Y ellos los acogen a todos. Explico a Cuartas las entrevistas frustradas con las monjas. Él parece divertirse. «A las hermanas debería haberles preguntado por qué aman tanto los grupos tradicionalistas», dice socarronamente.

En efecto, parece existir una gran sintonía entre los dos conventos y los movimientos eclesiales menos favorables al Concilio. Cuatro de las monjas de San José son croatas provenientes de Camino Neocatecumenal. Mientras que en la Encarnación, la última incorporación ha sido la de una chica de veintidós años hija de un reconocido psiquiatra granadino próximo al Opus Dei. Llamada Almudena María de la Esperanza, se ha unido a la comunidad de clausura ocupando el lugar de una hermana que murió casi centenaria. Dicen que la novicia ha aportado una sustanciosa dote. Los conventos viven de esto y poco más: alguna ayudita de la Orden; lo obtenido de la artesanía; y las donaciones. De cualquier entidad: «Hace unos días les he llevado una garrafa de aceite de oliva y me ha parecido que se han puesto muy contentas de recibirlo», me explica una piadosa mujer.

Lo mejor de todo es que las carmelitanas son de hecho vegetarianas en una Castilla fuertemente carnívora. Los quioscos de Ávila están repletos de revistas de caza («Un buen jabalí para finalizar el año a lo grande», titula una en portada). Y en las noches polares de diciembre confortan las musculosas columnas de humo blanco que salen de las cocinas de los asadores, muchos de ellos legendarios. En el periódico local, solo dos noticias roban algo de espacio al aniversario teresiano: la amenaza de cierre de la fábrica de Nissan, que enviaría al paro a cuatrocientos trabajadores (hace un tiempo eran el triple, pero desde entonces la ciudad vive principalmente del turismo); y los repetidos ataques de lobos al ganado: la otra noche, en una granja, mataron cuatro vacas.

Con su pacífico extremismo, con su «*No comment*» —que puede rozar la afectación—, las monjitas parecen querer protegerse de otro tipo de lobos. Que tal vez se llamen mediatización, visibilidad o, sencillamente, periodistas. No están del todo equivocadas. Y, por otro lado, si no lo hicieran así, decidme qué tipo de clausura sería.

ZURBARÁN, EL EXTRATERRESTRE

En la Academia de San Fernando casi nunca hay nadie. Mucho menos en verano. Cuando Madrid «no es Madrid, sino una sartén solitaria», escribía en el siglo XIX Benito Pérez Galdós. Y, sin embargo, de las paredes de la Real Academia de Bellas Artes cuelgan cinco o seis goyas que por sí solas merecerían el viaje. Entre ellos, el archiconocido *El entierro de la sardina*. Algunas salas más adelante, se encuentra la de los zurbaranes, entre ellos cuatro retratos de monjes mercedarios casi tan altos como quien los observa. Los religiosos escriben. Podrías decir bajo dictado divino, dado que no miran ni la hoja. Tienen la vista perdida en profundas cavilaciones. Calvos, salvo una cinta de cabellos canosos, tan solo un poco menos blancos que las túnicas que estallan en el severo vacío. As del Siglo de Oro, Francisco de Zurbarán (1598-1664) fue definido como el Caravaggio español. Aunque tal vez de forma demasiado aproximada y generosa. Ya Roberto Longhi se quejaba: «Exagerada simplificación», apuntaba. Porque «si bien insistió durante más tiempo que Velázquez en los contrastes de un claroscuro extremo», Zurbarán «lo utilizó, más que para una libre búsqueda pictórica, a efectos de un austero y dogmático rigor, centrado casi exclusivamente en temas religiosos o monásticos».

Frailes tenebrosos, santas torturadas, martirios en grilletes... Durante mucho tiempo, el arte de Zurbarán ha sido considerado una especie de gran *spot* publicitario de la Contrarreforma más oscura. Símbolo de una España negra, inquisitorial y meapilas. Pero se trataba de una etiqueta demasiado tajante. Porque dichas pinturas sortean el didacticismo hagiográfico. Y desmarcándose del gusto gore tan en boga en la época, resuelven los temas del sufrimiento o del sacrificio con grandes muestras de elegancia y pudor. Observad el *San Serapio*: atado por las muñecas, el monje acaba de morir bajo tortura. Pero en su rostro no hay sufrimiento. Como mucho, una expresión de agotamiento, como la de quien se hunde en el sueño tras un día muy duro. Sobre la túnica blanca y de complicados drapeados no hay rastro de sangre.

¿Caravaggio español? «Aunque inicialmente adoptó el naturalismo, el tenebrismo, el uso dramático del claroscuro, es improbable que Zurbarán haya visto cuadros de Merisi. Más bien se remitía a los caravaggistas», me explica Gabriele Finaldi, ex director adjunto del Prado que más tarde pasaría a estar al frente de la National Gallery. ¿Pero quién era Francisco de Zurbarán? Un personaje gris de quien sabemos muy poco. Provenía de Fuente de Cantos, en Extremadura. El padre era mercero: «La habilidad a la hora de representar tejidos la había desarrollado durante su infancia transcurrida entre telas». En 1614 lo envían a Sevilla a estudiar pintura. Pero con un don nadie, un tal Pedro Díaz de Villanueva, y no en el prestigioso taller de Francisco Pacheco del Río, donde se formó el genio de Velázquez, que además se convirtió en yerno del dueño al casarse con su hija Juana. En aquellos años, gracias a los galeones que traen de El Dorado americano todo tipo de bienes, la capital andaluza es el Wall Street o la Shanghái de Europa. Babel de mercaderes, banqueros, armadores. Lo que genera también una floreciente actividad de rufianes, asesinos, jugadores y pícaros. El dinero obra milagros. Y santa Teresa de Ávila se muestra preocupada:

en Sevilla, «he oído siempre decir que los demonios tienen más mano allí para tentar». Mecenas y nuevos ricos despilfarran. Pero, una vez finalizado el aprendizaje, Zurbarán, hombre humilde, regresa a la periférica y desolada Extremadura. Es en ese lugar apartado donde comienza a darse a conocer. Llueven los encargos. Tantos que Francisco vuelve a establecerse en Sevilla. Al poco choca con la corporación de pintores —el típico grupito mafioso presente en muchas profesiones—, que le exigen: o pasas el examen para maestro pagando un precio, o aquí no trabajas. Zurbarán los manda a paseo. También porque entonces ya es muy solicitado. Franciscanos, dominicos, jesuitas, trinitarios... Las órdenes religiosas se lo disputan. Asimismo, vende bien en las Américas.

En 1634, su amigo —e imponente contemporáneo— Velázquez lo apadrina como invitado en la corte en Madrid, donde Diego ya es el artista preferido, protegido y *grand commis* del rey Felipe IV. Su Majestad es un soberano extraño, medio adicto al sexo, medio penitente. Pero, asimismo, sensible a lo bello. Para decorar el nuevo Salón del Buen Retiro quiere un *dream team* de artistas. Para la ocasión, Zurbarán acomete obras completamente diferentes respecto a su línea anterior. Aborda temas mitológicos, la serie sobre los trabajos de Hércules, y militares, *Defensa de Cádiz contra los ingleses*. «Una tela que evidencia sus límites», me explica Finaldi: «Zurbarán no domina la perspectiva, no controla los espacios». Es mucho mejor con monjes y martirios. Por no hablar de sus maravillosos bodegones. A Picasso le encantaban. En línea con Velázquez, Zurbarán los realiza desafiando los cánones de una época que consideraba viles los temas cotidianos. Entre los bodegones más bellos está el llamado *Taza de agua y una rosa*. Observadlo y después comparadlo con las cosas pintadas por los flamencos en esa misma época. Estas últimas son objetos laicos, domésticos, burgueses, extraordinarias mercancías. En cambio, en Zurbarán incluso un cuenco es una emanación de Dios. Como el *Agnus Dei* (del que se hicieron varias copias debido a su gran éxito), que es un animalito, muy tierno y lanudo, a punto de ser sacrificado, pero al mismo tiempo también Jesucristo.

Tras Madrid, Zurbarán regresó a Sevilla, donde, no obstante, había pasado de moda. La nueva hornada de pintores llevaba los nombres de Francisco de Herrera el Mozo, Juan de Valdés Leal y, sobre todo, Bartolomé Esteban Murillo. Sabemos que Zurbarán se casó tres veces y enviudó dos. Con la última esposa, Leonor, tuvo seis hijos: murieron todos. El mismo Juan, nacido de un matrimonio anterior y también él un excelente artista, sucumbió a la epidemia de peste en Sevilla de 1649: sesenta mil fallecidos de una población de ciento cincuenta mil habitantes. ¿Zurbarán pintor con morbo por la muerte? Puede ser. Pero intentad identificaros con la sensibilidad de una época en la que, poco después de que te hubieras encariñado de alguien, esta persona la palmaba como si nada. Incluso de Felipe II, el altivo «rey prudente», que había hecho de la impenetrabilidad su marca de fábrica, los biógrafos explican que, a la muerte de su adorada hija Catalina, perdió el control. En la corte, los compungidos monjes confesores lo vieron gritar por los pasillos.

Con gran tristeza, Zurbarán vuelve a Madrid. En 1658, para devolver al amigo los favores recibidos, es uno de los ciento cuarenta y nueve testigos que juran sobre la, en realidad falsa, hidalguía de Velázquez. Nobleza de linaje que —tras un proceso plagado de trabas, trapicheos y, finalmente, una decisiva dispensa concedida por el papa Inocencio X— permitirá al artista obtener la máxima distinción: la anhelada cruz púrpura de la Orden de Santiago. La misma que don Diego luce sobre el pecho al retratarse triunfante en *Las meninas*. En contraposición, Zurbarán, que en *San Lucas como pintor, ante Cristo en la Cruz*, se habría retratado a sí mismo vestido de santo, parece un vagabundo. «Velázquez es un revolucionario», dice Finaldi. «Zurbarán, en cambio, es un hombre de su tiempo». Velázquez, que murió siendo un rico funcionario, es un creyente a la fuerza, un moderno atraído por cada novedad: en su biblioteca no se encontró ningún texto religioso, sino clásicos griegos y latinos, y, en italiano, obras de Petrarca, Ariosto, Vasari, Castiglione... Además de tratados de astronomía, medicina, geografía, ocultismo. El devoto Zurbarán murió olvidado, hasta tal punto endeudado que hubo que vender la plata para pagar el funeral. No es seguro que el «pintor del misticismo» —como lo define ya en el título de su bellísimo libro el escritor holandés Cees Nooteboom— leyera a santa Teresa y a Juan de la Cruz. Pero es el artista de lo indescriptible. Expresión de una época que en la actualidad contemplamos fatalmente condicionados por el rechazo de la modernidad ilustrada, que, sin ningún matiz, la marcó como compendio de todos los oscurantismos, silenciando su vitalidad.

En la España del Siglo de Oro había nueve mil conventos masculinos y otros tantos femeninos. El clero alcanzaba los doscientos mil miembros en una población de ocho millones. Había dentistas especializados en comprobar si, en el acto de la ingesta, sagradas migajas de hostias hubieran quedado atrapadas entre las caries. Los autos de fe atraían a multitudes propias de un gran concierto, y una celebración eucarística podía durar veinticuatro horas. Pero, antes de que el Concilio de Trento hiciera limpieza obligándolos a formarse en los seminarios, también había religiosos que vivían en concubinato y con hijos que blasfemaban en las tabernas; sacerdotes que iban armados o controlaban garitos de juego; predicadores estrella que organizaban misas bufas durante las cuales se veían a mujeres devotas bailar en la iglesia medio desnudas y «borrachas de espíritu». Todo ello en la misma época de las herméticas bellezas de Zurbarán. Como santa Águeda, que, impasible y elegante, muestra sobre una bandeja los pechos que le han sido cortados por los verdugos. Con la misma indiferencia, Apolonia de Alejandría sostiene la tenaza que le arrancó los dientes, y Úrsula, la flecha que, al matarla, la hizo santa. Como las bacantes de Dios, también estas figuras nos parecen ahora «alienígenas», escribe Nooteboom. Porque las personas pintadas por Zurbarán pertenecían a un mundo que se nos ha vuelto inaccesible para siempre. A una fe que hoy tal vez resulta incomprensible incluso para las personas de fe.

EL DUENDE DE CALDERÓN

En los retratos de la época, Pedro Calderón de la Barca lleva sotana y siempre parece algo cabreado. Casi como un reflejo de una obra teatral que en general relacionamos con los sombríos temas del honor, la culpa, la venganza, el sacrificio, la inconsistencia de cualquier felicidad... Pero se trata en parte de un tópico. Ya en 1632, el «Índice de los ingenios de Madrid», redactado por el escritor Juan Pérez de Montalbán, consideraba a don Pedro «florido, galante, heroico, lírico, cómico y bizarro poeta», y autor de «muchas comedias» —unas cincuenta—, entre ellas la deliciosa *La dama duende*, llevada a escena recientemente por la prestigiosa Compañía Nacional de Teatro Clásico: una hora y cuarenta y cinco minutos de alborozo. La palabra «duende» posee un significado tan inaprensible que ni siquiera en España pueden definirlo con precisión. Se refiere a una especie de geniecillo travieso, pero también significa encanto, conjuro, inspiración, posesión: la misteriosa energía primigenia que, entre el suplicio y la catarsis, irrumpe durante los momentos mágicos del flamenco o de la tauromaquia. En la comedia de Calderón nos encontramos más cerca de la primera acepción. Doña Ángela se asemeja a un duende; se trata de una viuda todavía demasiado joven como para no ser alegre. En cambio, sus hermanos querrían verla sumida en la tristeza para siempre. Pero ella no piensa aceptarlo. Gracias a un pasaje secreto, aparece y desaparece en los aposentos del apuesto Manuel, que queda seducido por lo que considera una visión. Sin embargo —cosa comprensible—, se alegra mucho más cuando en el *happy end* descubre que es una atractiva mujer de carne y hueso. Se cierra el telón. La decidida Ángela constituye el motor de la trama, que la directora Helena Pimenta, en su montaje, trasladó a un siglo XIX de vodevil. Por ello, algunos han visto en el personaje el germen de una mujer rebelde frente a las cadenas del patriarcado. Pero es una interpretación feminista totalmente absurda.

Calderón (1600-1681) no fue el conformista sumiso al absolutismo que presenta la crítica ultraconservadora, pero tampoco el subversivo contrario al tradicionalismo que creyeron ver republicanos y románticos. En las comedias, las convenciones más asfixiantes no se afrontan directamente, sino que se van erosionado poco a poco mediante la ironía; en los dramas, mediante la duda. Longevo, Calderón vivió intensamente «el siglo de la duda», la atmósfera barroca en la que las antiguas certezas quedan reducidas a polvo, Dios se oculta e incluso se extiende la sospecha de que no existe. Se ha subrayado que en sus textos confluyen las inquietudes intelectuales más relevantes de su época: angustia teológica del agustinismo, tomismo, jesuitismo; herencia platónica, aristotélica y estoica... En cambio, la vena escéptica de Calderón ha sido mucho menos estudiada: «Ese humor socarrón siempre disimulado», me explica, en un café de Madrid, Rafa Castejón, quien en *La dama duende* dirigida por Helena Pimenta interpreta, con un estilo algo británico, el papel de don Manuel, es decir, el galán. «Ciertos muros, ciertas barreras culturales son tan absurdas que, en la convivencia entre seres humanos, no pueden durar, tarde o temprano caerán. Tal vez sea este el mensaje que continúa transmitiendo la ironía de Calderón, una de las claves de su modernidad». Pero no es el único. Don Pedro también diluye los límites rígidos entre los géneros teatrales: «En las comedias hay momentos ambiguos, que parecen virar hacia el drama y en los que no sabes del todo si reír o tener miedo. Como en las series estadounidenses o en las películas de los hermanos Coen». Llena de equívocos, eros en filigrana, *La dama duende* (1636) pertenece a las llamadas comedias «de capa y espada». Más espada que capa. Los hombres de Calderón se pasan el día batiéndose en duelo. Aquí el teatro no transforma la realidad: la refleja. La sociedad española de los siglos XVI y XVII estuvo marcada por un grado tan elevado de brutalidad mezquina y rutinaria que desconcertaba a los viajeros extranjeros. Rencores y odios, duelos a primera sangre o a muerte, tanto daba mientras corriera la sangre: el recurso instintivo al estoque, al puñal o a la daga no es un atributo exclusivo de los plebeyos, sino un automatismo transversal de todas las clases sociales. La gente se hiere con una desenvoltura casi deportiva. Tal como señaló el hispanista Bartolomé Bennassar, muchas actas de procesos inquisitoriales evidencian la práctica de una violencia casi permanente, incluso con aspectos lúdicos.

La mezcla de drama y comedia: Calderón crece en ese ambiente. Hijo de un funcionario severo hasta la crueldad (causa, se sospecha, de que en sus dramas sean tan frecuentes los conflictos con los padres), Pedro es enviado a estudiar con los jesuitas y en universidades de prestigio, pero muy pronto comienzan las dificultades. Al morir, el padre deja todos sus bienes a su segunda esposa, lo que provoca que sus hijos se subleven. Los tres hermanos Calderón —Pedro es el mediano— impugnan el testamento y consiguen quedarse con una parte. Forman un trío de granujas más propio de películas del oeste. En 1621, tras cargarse en un duelo a un joven de buena posición, Nicolás de Velasco, escapan a una embajada que les garantiza la inmunidad. El asunto pinta mal, pero al final, para salvarse, acuerdan con la familia de la víctima una sustanciosa indemnización. Ocho años más tarde, cuando Pedro ya es un escritor bastante reconocido, los tres hermanos vuelven a la carga: tras una pelea con la banda Calderón, el comediante De Villegas se refugia en un convento de trinitarias. Convencidos de que el actor se ha disfrazado de monja, sus perseguidores irrumpen en el edificio y examinan a las monjas una por una. Un gran escándalo, pero sus buenos contactos en la corte permiten a Pedro salir impune de nuevo. Con todo, sabemos relativamente poco sobre su vida. Si en cada pieza de su ilustre predecesor y maestro Lope de Vega se entrevé algo de su agitada biografía, en Calderón, en cambio, prevalecen cierta modestia respecto a su propia vida y una tendencia a la abstracción, a la fantasía, al concepto que se desvanece en un sueño (*La vida es sueño* se remonta a 1632-1633). Fue militar, caballero con la cruz de Santiago, poeta de éxito en palacio y, finalmente, sacerdote, quién sabe hasta qué medida convencido. Se ordenó con cincuenta años, pero para obtener una renta eclesiástica a la que le daba derecho el testamento de una abuela materna. «El diablo, harto de carne, se metió a fraile», dice un antiguo refrán español. Pese a sus achaques, el viejo Calderón continuó escribiendo hasta el final.

De él se conservan ciento veinte dramas y comedias, más unos setenta autos sacramentales (alegorías religiosas) y varias piezas teatrales de otros géneros. Una nimiedad en comparación con las cuatrocientas, quizás mil obras creadas por Lope, pero tampoco es una mala cifra. *Amor, honor y poder* se titula la comedia con la que Calderón debuta en 1623. Esas tres palabras encierran casi todo su mundo. Cuando don Pedro lo recoge para llevarlo a escena, el susceptible concepto español del honor está sumido en una decadencia desenfrenada y sangrienta. En un principio se refería a la virtud aristocrática del guerrero que está dispuesto a sacrificarse por Dios y la patria, pero ahora ese «valor» ha perdido cualquier connotación caballeresca, cualquier esencia individual, para degenerar en mera respetabilidad formal. Honor, honra, honradez... Con la proliferación de sinónimos, el honor se ahoga en un delirio de sutilezas, cavilaciones y sofismas: «Un sistema de normas tan complicadas y retorcidas que difícilmente se puede dar un paso sin violar alguna», escribió Ortega y Gasset. Paradójicamente, al formalizarse, el honor se convierte en una noción oscura, un arcano. Por està razón, se ha dicho que en los dramas calderonianos desempeña la función que en la tragedia griega había correspondido al destino. Cualquier nimiedad es suficiente para perder el honor. ¿Y para recuperarlo? Pues a golpes, mandobles o cuchilladas, una carnicería. El de Calderón no es el teatro del honor, como se suele repetir, sino de su crisis. Sin embargo, no serán los dramas los responsables de su declive, sino la novela picaresca, con sus magníficos rufianes, golfillos y huérfanos. Un ejército de mendigos que al fariseo honor gentilicio oponen el antihonor de la parodia, de la carcajada y de la fullería, incluso del ambiente del hampa. El universo calderoniano es decididamente más severo, sumergido en una luz cenicienta contra la cual se perfilan inolvidables figuras de personajes solitarios y melancólicos atormentados por oscuros resentimientos. Personas cuyas motivaciones y psicología no siempre logramos comprender plenamente desde un punto de vista moderno, si bien nos inspiran una infinita ternura jeroglífica. Uno de estos personajes, Cipriano, abre así la comedia *El mágico prodigioso*, del año 1637:

En la amena soledad
de aquesta apacible estancia,
bellísimo laberinto
de flores, rosas y plantas,
podéis dejarme, dejando
conmigo —que ellos me bastan
por compañía— los libros
que os mandé sacar de casa.

INFELICÍSIMA ARMADA

Era una jovencita de mil trescientas toneladas. Hija de carpinteros de ribera venecianos, con treinta y seis metros de eslora y doce de ancho. Debido a su tonelaje, la habían bautizado *La Ragazzona*. Se convirtió en la nave más imponente de aquella que para los españoles fue la Grande y Felicísima Armada, y que —para tomarles el pelo tras el desastre— los ingleses renombraron como Invencible. Mercante transformado en máquina de guerra —a bordo treinta cañones, trescientos soldados y ochenta marineros—, *La Ragazzona* sobrevivió al fracaso militar del siglo, pero acabó hundida por la mala suerte. Cuando regresaba a España se esfumó en la tormenta a un suspiro de la meta. Su misterio dura desde hace cuatrocientos veinticinco años. Pero un equipo de arqueólogos submarinos podría resolverlo. Todo comenzó en 2013, cuando se recuperaron siete piezas de artillería del fondo de las aguas de la ría de Ferrol, en Galicia. Los restos «están diseminados en un área de novecientos metros cuadrados. A doce metros de profundidad. No demasiados. Pero tenga presente que el galeón se estrelló contra la costa», me dice David Fernández Abella, jefe del equipo de arqueodetectives.

Era la noche del 8 de diciembre de 1588. Tras meses de horror, *La Ragazzona* avistaba las tierras de las que había partido. Exhausta pero no sometida, avanzaba como un enorme esqueleto flotante: el velamen hecho trizas, la arboladura muy deteriorada, las anclas perdidas. Entonces se vio atrapada por las galernas —los vientos que azotan el noroeste español— y lanzada contra los escollos.

Los investigadores se frotan las manos. Pero por miedo a equivocarse se muestran cautos: «Existe un noventa y cinco por ciento de probabilidades de que los hallazgos pertenezcan a la gran nave veneciana, construida en Dubrovnik, en Croacia, y alquilada por Felipe II para la expedición a Inglaterra». De la madera no queda nada. Lo han devorado los moluscos xilófagos. Hasta ahora el fondo ha restituido tan solo piezas metálicas localizadas mediante el magnetómetro bajo espesas capas de sedimentos. Cañones. Pero ¿por qué en la zona del pecio no se ha encontrado ningún elemento cerámico que permita la datación de los restos? «En efecto, es extraño», dice Fernández Abella. «Eso y las marcas que hemos encontrado en los sedimentos refuerzan la sospecha de que la zona haya sido "visitada"». Saqueadores de los abismos. Predadores de la Armada perdida.

Se continúa hurgando en las profundidades. A manera del CSI, porque el área de un antiguo naufragio se parece mucho a la escena de un crimen: «Todo se analiza *in situ*. Se deja allí. Remover los restos, llevarlos a la superficie, significaría alterar el contexto en el que han sido encontrados, el cual es decisivo para cualquier investigación», explica Fernández Abellán. «Por otro lado, trasladar las piezas podría deteriorarlas todavía más. Además, una convención de la Unesco establece que, en la medida de lo posible, los restos deben permanecer en el ambiente submarino. También el fondo del mar es Patrimonio de la Humanidad».

Con los siglos, en torno a la tragedia de la Armada se han acumulado capas y capas de leyendas, patrañas y distorsiones propagandísticas. En su mayor parte «*made in England*», dado que el rechazo de la flota española se convirtió en mito fundacional de la supremacía inglesa sobre los mares y símbolo de la inviolabilidad de Albión. Sin embargo, algunos historiadores y estudiosos han desmontado hoy día muchas de esas invenciones. Comenzando por la presunta inferioridad isabelina frente al coloso invasor. ¿Inglaterra-David contra la España-Goliat? Bulos. Para hacer frente a los ciento treinta buques enviados por Felipe II, la Royal Navy desplegó más de ciento sesenta. Ciertamente, la «mayor flota jamás vista desde la creación del mundo» daba mucho miedo. En la característica formación en media luna —concebida para atenazar al enemigo en un abrazo mortal—, la Armada se extendía a lo largo de casi cuatro kilómetros. En Lepanto todo había funcionado a la perfección. En la misión atlántica fue diferente. Porque solo una minoría de los monstruos españoles eran galeones de combate. En su mayoría «se trataba de medios para el transporte de tropas de desembarco. Naves cuyos amplios cascos y pesadas cargas las volvían torpes y vulnerables», escriben el arqueólogo submarino Colin Martin y el historiador Geoffrey Parker en *La Gran Armada*. A la desmesura española, los ingleses opusieron naves ligeras y dinámicas, sin los ampulosos castillos de popa y de proa; barcos capaces de zigzaguear en medio de la flota enemiga «descargando dos andanadas de nuestros cañones por cada una de ellos», refería un oficial.

Y ahora, la artillería. Actualmente parece fuera de duda que la potencia de fuego de la Armada era inferior a la inglesa. Y no solo eso. Los cañones españoles iban montados sobre cureñas de dos ruedas (en cambio, los de la Navy, más ágiles, de cuatro), y eran difíciles de manejar a causa de sus largos soportes y complicados de recargar. Pero si la Grande y Felicísima hizo poco uso de sus bocas de fuego —como atestiguan las grandes cantidades de munición inutilizada encontrada posteriormente—, ello se debió sobre todo a razones de técnica militar. Por tradición, en los galeones españoles se disparaba poco. Tan solo alguna salva para crear confusión entre los enemigos antes de abordarlos y jugárselo todo en el cuerpo a cuerpo. Los almirantes de Felipe II se mantenían fieles a algo que todavía en 1592 defendía el tratadista italiano Eugenio Gentilini respecto a la necesidad de evitar «herir desde lejos, siendo el principal objetivo el abordaje y el combate cuerpo a cuerpo a poca distancia».

Mas en ninguno de los dos duelos que tuvieron lugar en el canal de la Mancha los ingleses se dejaron abordar. Ni esos ni los combates del 7 y 8 de agosto de 1588 —en los que Drake & Co. utilizaron los legendarios brulotes (una especie de drones kamikazes, barcos sin tripulación abarrotados de explosivos y lanzados contra el enemigo)— derivaron en grandes batallas. Por lo demás, el objetivo de la Armada no era desbaratar la flota isabelina, sino dirigirse hasta Flandes para reunirse con las tropas de tierra: veintisiete mil hombres, entre ellos los mortales y odiados tercios, reunidos por el feroz duque de Parma Alejandro Farnesio, el mejor general de la época. Escoltada por los barcos de guerra de la Armada —que disponía a su vez de diecinueve mil soldados y siete mil marineros—, la flota de desembarco debería haberse dirigido hacia el estuario del Támesis y desde allí remontar hasta Londres. Para derrocar a Isabel, la impía soberana protestante, y retornar Inglaterra —según Madrid, un auténtico Estado canalla— al seno del catolicismo.

Precedida de grandes procesiones populares y acompañada de tres oras de plegaria diaria de toda la corte en El Escorial, la expedición se rigió por la más estricta disciplina religiosa también a bordo. En los barcos estaban severamente prohibidos el juego, la blasfemia y el «pecado nefando» de la sodomía. Solo un barco, el *Santiago*, llevaba mujeres: treinta y dos mujeres de soldados.

Megafiasco más que derrota, «el gran designio» que Felipe II consideraba teledirigido directamente por Dios, naufragó por errores de comunicación (el duque de Parma conoció las fechas de la operación tan solo en el último momento); por el excepcional mal tiempo (en julio parecía diciembre), y por las innovaciones bélicas adoptadas por los ingleses (a las cuales, ironía de la historia, había contribuido precisamente Felipe II al modernizar la Navy durante su breve matrimonio con María Tudor).

Pero la verdadera catástrofe comenzó una vez finalizados los combates. Cuando, sin contacto con el ejército de Flandes, dispersa e impelida por los vientos hacia el mar del Norte, la Armada a la fuga decidió regresar a España, en vez de por el canal de la Mancha, que estaba bloqueado por la Navy, circunnavegando Gran Bretaña e Irlanda. Un periplo de 2.625 millas náuticas, más de 4.860 kilómetros. Durante los cuales se desataron epidemias y hambrunas, y todos los animales de carga —caballos, mulas— fueron arrojados al mar para ahorrar agua. Fue definido sarcásticamente como «un viaje de Magallanes» por el capitán Alonso Martínez de Leyva, que tal vez sea uno de aquellos nobles de rostro oblongo retratados por el Greco, y que, frente a Londonderry, naufragó en la galeaza Gerona junto a la flor y nata de la nobleza española (en proporción, la aristocracia sufrió más pérdidas que el pueblo). Perdidas en aguas desconocidas y hostiles, más de sesenta naves españolas desaparecieron durante la gran fuga.

Los españoles albergaban esperanzas respecto a la solidaridad de los católicos irlandeses. Quienes, en cambio, temiendo la venganza de sus señores ingleses, se abalanzaban sobre los náufragos para robarles. Desde su barco a punto de hundirse, el capitán Cuéllar observaba la playa, que estaba llena de enemigos que bailaban ante su desgracia y que, tan pronto como uno de ellos tocaba tierra, saltaban sobre él a centenares, dejándolo completamente desnudo. Las órdenes de los ingleses habían sido claras: los españoles fugitivos debían ser exterminados. Tal vez haciéndolos pasar por el corredor de la muerte, entre dos filas de hombres que los mataban a golpes de espada, maza o cuchillo. Tan solo algo de consideración para los miembros de la nobleza: fueron repatriados tras el pago de los pertinentes rescates. A diferencia de la victoriosa Isabel, que después de la gesta dejó que nueve mil de sus hombres murieran de tifus y disentería, el derrotado Felipe se distinguió por su clemencia y piedad. No atribuyó el fracaso al almirante jefe, el duque de Medina Sidonia, que se había mostrado muy reacio a aceptar el encargo y había obedecido solo para evitar acusaciones de cobardía. «El gran almirante» conservó sus títulos y se le permitió retirarse a sus agradables posesiones andaluzas. En cuanto a los supervivientes, el soberano se encargó de que fueran licenciados con indemnizaciones justas. Intelectual introvertido, abrumado por el imponente fantasma de su padre Carlos V, «el rey prudente» encajó esta gran humillación con su habitual aplomo. ¿Dios le había vuelto la espalda? Paciencia: alabemos igualmente a Dios.

La Armada regresó a España con poco menos de cuatro mil de los siete mil marineros enviados, y con solo nueve mil de los diecinueve mil soldados. Una desgracia digna de ser llorada toda la vida, la definió un monje de la corte. La que salió peor parada fue la Escuadra de Levante, el grupo de barcos mediterráneos del que formaba parte *La Ragazzona*. Parece que antes del naufragio gran parte de los cañones fueron salvados. En 1589 fueron utilizados en la defensa de La Coruña contra el asalto de Francis Drake. Aquella minirevancha fue guiada por la aguerrida María Pita, que hoy se alza en bronce en la plaza principal de la ciudad. Pero esto también es propaganda.

AL-ÁNDALUS: FÁBULAS Y YIHAD

Librerías, quioscos, tiendas de recuerdos: lo ves por todas partes. En Granada el texto más vendido es un *best seller* de hace ciento ochenta años: *Cuentos de la Alhambra*. Lo escribió el neoyorquino Washington Irving, actualmente más conocido por *La leyenda de Sleepy Hollow*, relato «*protofantasy*» que ha inspirado películas y series televisivas. Siendo todavía de lectura agradable, los *Cuentos de la Alhambra* (1832) es un simpático amasijo de patrañas exótico-románticas sobre la España musulmana. Mezcla crónica y cuentos repletos de adivinos, elixires prodigiosos, soberanos crueles, encantadoras princesas que siempre se llaman Zayda, Zorayda o Zorahayda.

Irving llegó a Granada en 1829 y quedó hasta tal punto seducido por la Alhambra que se fue a vivir en ella. Suerte reservada a muy pocos. Con todo, en esa época el palacio fortaleza —encargado por la dinastía nazarí seis siglos antes— ofrecía más atractivo que confort. Estaba en proceso de restauración, pero salía de un largo abandono que la había reducido a un laberinto de ruinas más bien peligroso. Pero, al traspasar el umbral de la Alhambra, Irving se embarca en una especie de viaje lisérgico: «Pasar aquella puerta tuvo un efecto mágico. De golpe, fuimos transportados a otra época, a otro reino»; un mundo donde todo tiene la fragancia del higo, del azahar, del mirto, de la rosa; y, en cualquier momento, «se espera divisar a alguna misteriosa princesa que nos hace una seña desde el balcón».

De esta forma también se creaba un tópico de la España árabe que se convertiría en un formidable imán turístico, pero que contaminó profundamente las fuentes de la credibilidad histórica. Sobre los árabes Irving escribió que en tierras españolas habían hecho «todo aquello que podía contribuir a la felicidad humana»; gobernando con «leyes sabias y justas»; «cultivando con amor las ciencias y las artes, favoreciendo la agricultura y el comercio». Era un «pueblo valeroso, inteligente y refinado que conquistó, dominó y desapareció». Y «nunca ha habido una aniquilación tan total como la de los moros de España».

Moros que, al inicio, no eran árabes, exceptuando las élites: las tropas de choque estaban compuestas por bereberes. Desembarcaron desde el norte de África en el 771 y se zamparon casi toda la península a la velocidad de *Blitzkrieg*, favorecidos por la decadencia del poder hispano-visigodo y, en sus desplazamientos militares, por la red viaria de herencia romana. Debido a una etimología habitual, se tiende erróneamente a identificar el Al-Ándalus con la Andalucía actual, mientras que —en función de las vicisitudes bélicas— los territorios arabizados tuvieron una extensión mayor o menor que la de la región actual. Hacia el final, solo comprendían el pequeño Reino de Granada. El último bastión de la España islámica se rindió a los Reyes Católicos en 1492. Pero la definitiva expulsión de los moriscos —mahometanos cristianizados a la fuerza pero todavía considerados infieles— se produjo más de un siglo más tarde, entre 1609 y 1614. Desde entonces en España no ha habido prácticamente rastro de comunidades islámicas hasta la segunda mitad del siglo XX: afloran de nuevo en minúsculos grupos poco después de la muerte de Franco, para después robustecerse con los nuevos flujos migratorios, cuestión todavía de actualidad.

En España viven en la actualidad cerca de dos millones de musulmanes, concentrados sobre todo en Cataluña. En Granada y alrededores, sobre una población de 235.000 habitantes, son unos 27.000. Un veinte por ciento tienen la nacionalidad española. Quien me proporciona algunas de estas cifras es Malik Abderrahmán Ruiz, responsable de la mezquita del Albaicín, el antiguo barrio musulmán acurrucado sobre un cerro que mira hacia la Alhambra. Aquí, antes de la reconquista católica, los templos islámicos se contaban por decenas. Fueron derribados o reconvertidos en iglesias. Dotada de jardín panorámico, librería y centro de estudios, la Mezquita Mayor es la más importante de Andalucía. Fue inaugurada en el 2003 tras más de veinte años de obras financiadas por Libia, Emiratos Árabes, Marruecos...

Llevar de nuevo una mezquita al corazón de Granada sabe sutilmente a revancha. Por mucho que Ruiz, el guía, nunca lo admitiría. Es un ingeniero español de unos cuarenta y cinco años. Hacia la mitad de su vida decidió convertirse al islam: «Vengo de una familia católica, en las obras escolares interpretaba a san José, pero buscaba otra cosa. Entiéndalo, inquietudes juveniles». Hombre locuaz, lector de Goethe y Pirandello, me recibe en una sala anexa a la mezquita. Sobre la mesa de cristal, una poderosa cimitarra «fabricada en Toledo»; en la pared, una pintura que representa una carga de la caballería mora: «Me había entusiasmado leyendo la biografía de Gengis Kan y le pedí a un amigo pintor una escena de una batalla mongola, pero él la arabizó un poco», responde socarrón. Rechaza las acusaciones de quien describe la mezquita como la enésima criptoembajada del proselitismo wahabita: «Somos occidentales, europeos. Completamente independientes y en diálogo con las instituciones. Los de los servicios secretos vienen regularmente. Se sientan justo donde ahora está sentado usted». ¿Y los grupos yihadistas que llaman a la reconquista del Al-Ándalus? «Delirios propagandísticos», responde de forma directa. Dice que en la comunidad no se han registrado casos de radicalización, pero si tecleas en Google «*Granada*» y «*yihadistas*» alguna historia aparece.

Al salir de la mezquita me detengo en el mirador de San Nicolás. Es el más célebre de los miradores granadinos: en frente, la silueta cobriza de la Alhambra; detrás de ella, las cimas de Sierra Nevada, que se mantienen teñidas de blanco incluso en verano. Pasando entre gente que toca la guitarra mientras fuma algo más que tabaco y vendedores ambulantes de generosas rastas, desciendo del Albaicín recorriendo sus bulliciosas entrañas. Casi todos los cármenes, las envidiables casas con huertos y jardines, han sido comprados por alemanes, estadounidenses y japoneses. Hace treinta años este era un barrio degradado. Ahora, con la ayuda del sello Unesco, entre los más caros de España. Los inversores islámicos fueron previsores: «El terreno de la mezquita, un antiguo vertedero, fue adquirido cuando los precios todavía eran muy bajos», me dice Ruiz.

Llego a la parte baja y me meto por la calle Caldererería, que parece un trozo del zoco de Túnez o de Marrakech: peleterías, pastelerías con dulces de miel, salas de té donde, hasta la nueva ley antitabaco del 2011, se podía fumar en narguilés. Los comercios están regentados por marroquíes. Viven aquí desde hace dos o tres generaciones. Se han deslomado trabajando y han visto cómo Granada se convertía en El Dorado. Con dos millones y medio de visitas anuales, la Alhambra es el monumento más visitado de España. También por el turismo islámico, que, en crecimiento, todavía sigue siendo un mundo por explorar.

Una vez el célebre medievalista español Claudio Sánchez-Albornoz le dijo a un grupo de alumnos: «Cuando un italiano culto contempla el acueducto de Segovia o el teatro de Mérida se queda pasmado, pero no se le ocurre pensar en reivindicar la soberanía de su nación sobre la España que fue romana. Sin embargo, un árabe culto, ante la Alhambra de Granada, la Mezquita de Córdoba o la Giralda sevillana siente el vivo deseo de recuperar la soberanía sobre la España musulmana». El eterno revanchismo árabe. Un estereotipo. Pero los entendidos te explican, y sin asomo de prejuicio, cómo en partes del mundo musulmán el mito de la perdida Andalucía ejerce todavía una potente sugestión sentimental: «He viajado mucho por el norte de África y Oriente Medio. Existe una visión idílica de Al-Ándalus. Recuerdo a un amigo tunecino que lloraba de nostalgia por Granada. Pero nunca había estado allí», dice Juan Castilla Brazales en su casa de estilo neomorisco a las puertas de la ciudad. Arabista insigne, ha pasado años copiando y descifrando las misteriosas inscripciones sobre los muros de la Alhambra. Hay cerca de diez mil. En parte él ha resuelto el secreto: «Contrariamente a cuanto sostiene la leyenda, solo una mínima parte son inscripciones poéticas. En su mayor parte son lemas, como "No hay otro vencedor que Alá", o fórmulas votivas de felicidad, bendición». Las han digitalizado todas. También porque «la Alhambra está construida con materiales pobres. Y esta es una zona de terremotos». Por mucho que se intente pasar de largo, cuando se aborda el capítulo del Al-Ándalus, el principal tema sigue siendo el de la convivencia entre monoteísmos: islam, cristianismo y judaísmo. Historiador prudente, Castilla prefiere hablar de «coexistencia». De acuerdo, ¿pero hasta qué punto pacífica? «No fue un paraíso. Hubo momentos de todo», matiza. «Estamos hablando de un periodo de siete siglos. ¿Se da cuenta de lo que supone siete siglos?». Para comprenderlo: son el arco de tiempo que nos separa de la época de Dante. Como es obvio, en la España musulmana se alternaron fases de cohabitación más o menos incruenta con épocas de represión. Dependía del gobernante. Entre los ilustrados Omeyas, que hicieron de Córdoba una ciudad legendaria, y el profundo puritanismo de las dinastías almorávide o almohade, hay ciertamente diferencia. Sin embargo, olvidad las leyendas sobre un islam inclinado al placer donde se bebía vino, las mujeres se tomaban ciertas libertades y el pensamiento no encontraba prohibiciones: ni Maimónides ni Averroes —por limitarnos a dos grandes sabios— lo tuvieron fácil.

Ciertamente, sobre la base del llamado pacto de la *dhimma*, judíos y mozárabes —es decir, los cristianos que vivían en territorio musulmán— gozaban de un estatuto especial que en principio les protegía de conversiones forzadas y vejaciones varias. Pero, cuando se no quedaba en papel mojado, el «privilegio» se pagaba mediante impuestos. Y no les iba mejor a los mudéjares, los musulmanes bajo dominio cristiano, explotados como mano de obra a bajo coste. En definitiva, cualquier cosa menos la famosa tolerancia. Que es un concepto moderno, surgido en una Europa exangüe tras las guerras de religión y, por tanto, inaplicable a los tiempos de los que estamos hablando. Tiempos de todos contra todos, de alianzas y traiciones cruzadas entre príncipes moros y cristianos; con el heroico Cid, que, como mercenario, se movía astutamente en medio de los contendientes. Alguno ha llegado a sostener que el único encuentro de civilizaciones tuvo lugar en el enfrentamiento: ¿la ideología militar-religiosa de la Reconquista cristiana no estaba acaso impregnada de yihad?

Al-Ándalus es un entramado complejo. Igualmente complejo es el uso que en España se ha hecho de este, en función del clima político y las modas culturales. Bajo Francisco Franco —que, por otro lado, había vencido la Guerra Civil con la contribución de los feroces soldados marroquíes y tanteado inicialmente una política proárabe—, el medievo hispanomusulmán fue borrado por el nacionalcatolicismo: «En los manuales escolares», recuerda Castilla, «Al-Ándalus ocupaba como mucho una página». Tras la dictadura ocuparía algunas más. En la democracia recuperada el redescubrimiento del Al-Ándalus se convirtió en instrumento de la polémica laicista contra los poderes eclesiásticos y contra la derecha que los alentaba (todavía hoy los patrioteros más extremos celebran cada 2 de enero la caída de Granada). En épocas más recientes, la moda del multiculturalismo y el regionalismo andaluz han promovido la idealización del pasado musulmán, transformándolo probablemente en folklore: ferias, festivales, conciertos, patrocinados por juntas y gobiernecillos de izquierda.

En la modernidad española la arabofilia a menudo ha adquirido entre los intelectuales tintes de rebeldía anticonformista. Hace años, pasé algunos meses en un pueblo almeriense llamado Cuevas del Almanzora, nombre indudablemente árabe. Curioseando por ahí, me enteré de que uno de los personajes de los que el pueblo estaba —y está— más orgulloso era un tal José María Martínez Álvarez de Sotomayor (1880-1947). Fue un poeta no muy conocido, pero sobre todo un tipo de lo más extravagante que en la década de 1910, en polémica con el provincianismo de sus conciudadanos, perdió completamente la cabeza por la mitología árabe. En las afueras del pueblo se hizo construir una villa de estilo oriental y la transformó en un minúsculo reino donde se acuñaba moneda, se imprimían sellos, se concedían condecoraciones y se publicaba además un boletín oficial. Sotomayor se cambió el nombre a Abén Ozan el Jaráx. Autoproclamado califa y sultán, recibía a sus huéspedes en chilaba, con un fez o un turbante en la cabeza y babuchas en los pies. En el periodo en el que trabajó en el registro, eximía de las tasas de inscripción a aquellos que ponían nombres árabes a sus hijos.

En las fotos que lo muestran disfrazado, Sotomayor se parece más a un jeque de pacotilla que a Lawrence de Arabia, si bien en la historia de la arabofilia española existen también casos más dignos. Como el del granadino Lorca, que, en la última entrevista antes de su asesinato, reivindicaba el legado musulmán como elemento de la propia identidad plural de andaluz. O el del filósofo Ángel Ganivet, también granadino, que afirmó que quine no reconociera la influencia árabe sería incapaz de comprender el carácter español. Reflexiones de otro tipo respecto a las fantasías de Washington Irving, que en los *Cuentos de la Alhambra* narraba: «Cuando los moros fueron expulsados, muchos de ellos escondieron sus pertenencias más valiosas, esperando que se tratara de un exilio temporal y que podrían regresar, un día no muy lejano, para recuperarlas». No vayáis largando esta historia por ahí. A algunos se les podrían ocurrir ideas extrañas. Y ya tenemos bastantes problemas.

EL RELOJERO ITALIANO DE CARLOS V

En 1556 Carlos V abdica y pocos meses después se retira al monasterio de Yuste, entre los castaños, las encinas y los nogales de las montañas de Extremadura. Es la dimisión más famosa de la historia. El exemperador está «triste y final» —morirá poco después—, pero en ningún caso en soledad. Al monasterio de la orden de San Jerónimo se ha traído unos cincuenta allegados. Además de dignatarios y asistentes espirituales —refería el monje Hernando del Corral elaborando la lista—, lo acompañan cirujanos, panaderos, cerveceros, carniceros... y un maestro relojero, un tal Juanelo. ¿Quién era? Un tipo rudo y genial que, procedente del condado de Cremona, llegó bastante lejos como para recibir en las cortes europeas el apodo de nuevo Arquímedes. Ingeniero, artesano y matemático, asombró a sus contemporáneos con ingenios de dimensiones ciclópeas o bien minúsculos; de máxima utilidad o maravillosamente superfluos; travesuras hidráulicas capaces de «llevar el cielo a la tierra y los ríos al cielo», así como perritos mecánicos que unas veces «ladraban, jugaban y se acariciaban, y otras se mordían, y que golpeados con una pequeña vara en la cola se separaban. Animalitos que parecían vivos». En Madrid existe una fundación científica que lleva su nombre. En Italia ha sido prácticamente olvidado, pero en su Cremona natal lo están redescubriendo y le dedican muestras, estudios y conferencias.

Janello Torriani, cuyo nombre fue castellanizado como Juanelo Turriano en la España imperial, nació en torno al año 1500. Su padre es propietario de un par de molinos y consigue que estudie. Por eso, es una leyenda romántica que el chico haya sido un prodigio silvestre naif. Juanelo se formó como artesano y no sabía latín, pero escribía en italiano y mostró una inclinación precoz por las matemáticas, que en aquella época eran un conjunto de conocimientos que comprendía aritmética, geometría y astrología. «Con su saber mixto, teórico y manual, Torriani es un caso ejemplar de artesano vitruviano, o sea, de excelencia práctica con aspiraciones de dignidad intelectual», me explica el estudioso Cristiano Zanetti.

Antes de los treinta años, la vida de Juanelo es mal conocida. En 1529 su nombre aparece por primera vez en una orden de pago relativa a obras de reparación de los relojes del Torrazzo de Cremona. Poco después, Carlos V desciende a Italia para hacerse coronar emperador por el papa Clemente VII en la basílica de San Petronio de Bolonia. Durante mucho tiempo se ha considerado que el primer encuentro entre el soberano y Torriani se produjo en aquella ocasión. A Carlos se le quería regalar el fabuloso Astrarium, el reloj planetario construido en el siglo XIV por Giovanni Dondi. El artilugio se caía a pedazos. Encargado de volver a ponerlo en funcionamiento, Juanelo, sin embargo, habría sorprendido a todos al construir uno *ex novo*. Investigaciones más recientes explican una historia un poco diversa, situando la proeza entre 1547-1550: es en aquellos años cuando Torriani cautiva al emperador con el Microcosmos, un reloj que no es copia del precedente, sino un artefacto «nunca visto antes que muestra no solo todo aquello que concierne a las horas, las fases del Sol y de la Luna», sino también «de todos los otros planetas, de los signos y del curso de los Movimientos Celestes, las recurrencias, las flexiones, con orden seguro y exacto y lo hace manifiesto al ojo con sumo cuidado y para nuestra máxima satisfacción». A mover toda esta parafernalia, mil quinientas ruedas dentadas creadas en la primera fresadora de la que se tenga noticia. Adivinad quién la inventó.

El Microcosmos supone para Torriani el salto a la fama. Le ha costado tres años de trabajo y veinte de estudio. No le proporcionará solo admiración, sino también una renta anual vitalicia de cien escudos de oro. Ahora Juanelo ha entrado en la órbita de los grandes poderes europeos. De Milán, donde ha abierto un taller completamente suyo, se traslada a Bruselas a petición de Carlos V. Si bien *obtorto collo*, lo seguirá hasta el monasterio de Yuste. En su último retiro, el «Emperador» lleva una vida muy devota, aunque no exactamente monástica. Entre misas y plegarias, continúa siguiendo desde la distancia los asuntos internacionales y consumiendo las enormes raciones de carne que tanto han contribuido a la gota que lo devora. Carlos está deprimido: guerras de religión e incipientes nacionalismos han hecho añicos su sueño, heroico a la par que anacrónico, de una Europa unida bajo las enseñas católico-imperiales. El emperador se lamenta de su suerte. Crápulas aparte, su única distracción son los trucos de Torriani. Está muy ligado a su relojero. Cada mañana lo recibe incluso antes que a su confesor. Angustiado desde joven por el *tempus fugit*, por la fragilidad de la fortuna humana, Carlos ha desarrollado una especie de obsesión por los relojes. Con los dedos que le quedan —le han tenido que amputar tres a causa de la gota— se pasa horas desmontando y volviendo a montar mecanismos, casi como si el secreto del tiempo se escondiera en alguna parte dentro de ellos. De humor sombrío, siente que la muerte se cierne sobre él. Hace tapizar de negro sus propias estancias —todavía hoy en Yuste se conservan así— y, para prepararse a la idea de deceso, ordena también que se organice un simulacro de su funeral, al que asiste. A fin de distraerlo de tanta tenebrosidad, Juanelo inventa de todo. Concibe un maravilloso reloj en miniatura que, colocado dentro de un anillo, punza el dedo del soberano al dar las horas; y también pájaros hidráulicos que trinan y mueven las alas, soldaditos mecánicos que traban batalla... Hoy esos artilugios despiertan la curiosidad, pero para Torriani eran bagatelas. «En el siglo XVI», recuerda Zanetti, «los autómatas son juguetes para la diversión de la corte. Solo a partir del siglo siguiente asumirán valor de símbolo filosófico». Hasta el siglo XVIII y la apoteosis del *Homme machine*, el hombre que, reivindicándose a su vez como máquina, expulsa de sí mismo el alma y, liberándose de lo divino, se cree emancipado de cualquier esclavitud.

Carlos V expira el 21 de septiembre de 1558, murmurando: «Ya es tiempo». Pero la parábola de Torriani no termina con la desaparición de su *Dominus*. Juanelo se instala en Madrid, en una calle que todavía lleva su nombre: calle de Juanelo. Se halla en pleno centro, con una placa de cerámica que muestra el barbudo ceño del titular. En la España de Felipe II, el «inventor» se saca de la manga nuevos portentos, como la máquina planetaria llamada el Cristalino, que a través de sus paredes de cristal de roca permite observar el espectáculo de las ruedas dentadas en movimiento. Suscitan también gran asombro su autómata de una mujer que «toca y dança», o unos molinos portátiles «tan pequeños que se pueden esconder en una manga» y capaces de moler nueve kilos de grano al día. Sin embargo, su creación más impresionante fue el llamado Artificio de Toledo (1569), un sistema de máquinas hidráulicas que en la antigua capital conducía cuarenta mil litros de agua diarios desde el río Tajo hasta el palacio del Alcázar, situado en un cerro a unos cien metros por encima del río. De Cervantes a Lope de Vega, de Góngora a Quevedo o Baltasar Gracián, no hay genio del Siglo de Oro que no mencione en algún lugar el milagro obrado por Juanelo. Con todo, pese al éxito y los correspondientes beneficios que le fueron concedidos, la vida de

Torriani siempre se vio acuciada por los problemas económicos. En Toledo el cremonés estuvo a punto de ahogarse en las deudas porque la municipalidad rechazaba pagarle lo que él había adelantado de su propio dinero para la empresa del Artificio. El ingenio, objetaba el ayuntamiento, abastecía de agua al Palacio Real, no a la ciudadanía. Por eso, Juanelo construyó un segundo, pero también en ese caso fue reembolsado solo en parte. Hombre lacónico e impetuoso, Torriani suplica los pagos por carta y, cuando ya no puede más, reclama el dinero rudamente, sin preocuparse por quien tenga delante, sean emperadores o reyes. Pero su determinación no lo salva de las estrecheces. Nacen así el mito del genio sin blanca y el del Hombre de Palo, autómata de madera que cada día se dirige desde la casa del arruinado Juanelo hasta el palacio del arzobispado mendigando un poco de comida para su dueño.

Torriani es el reflejo de una época que ya no se somete pasivamente a la *auctoritas* de la antigüedad clásica, sino que se apropia de ella para darle de nuevo vida y reinventarla. Es la época en la que las artes mecánicas se sacuden el estigma medieval de las «artes viles»; la época en la que, según la visión un poco anticuada pero todavía atrayente del historiador Jacob Burckhardt, el hombre europeo se desmarca definitivamente de la comunidad indistinta para hacerse individuo. Juanelo guarda un saber refinado en un cuerpo de artesano: «Si se fija uno en la persona, nada se descubrirá en él menos que el acumen de un talento: tan rudo, deforme y rústico es de cara y figura, y de aspecto tan poco distinguido, que no revela dignidad alguna, carácter alguno, indicio alguno de habilidad». Tras tamaña crítica, Torriani resurge con rasgos de criatura infernal: «Contribuye a aumentar su repulsión el verle siempre con la cara, cabello y barba cubiertos y tiznados de abundante ceniza y hollín repugnante, con sus manos y dedos gruesos y enormes siempre llenos de orín, desaseado, mal y estrafalariamente vestido, de forma que se le creería un Bronte o Esterope o algún otro siervo de Vulcano, que todo lo que hace lo moldea en el yunque con sus propias manos, trabajador de fragua nato».

Torriani murió en Toledo el 13 de junio de 1585, «a la edad, más o menos, de ochenta y cinco años», y fue enterrado en la iglesia del monasterio del Carmen, capilla de Nuestra Señora del Soterraño. Pero «no con el debido acompañamiento que merecía quien fue príncipe muy conocido en todas las cosas a las que dedicó su clarísimo ingenio y manos».

RETRATO DE MUJER CON PARCHE

Cuando uno ve a Daryl Hannah en *Kill Bill*, de Quentin Tarantino, acaba por pensar que el atractivo erótico, de pirata, de la mujer con un parche en un ojo solo nos lo pueden explicar los psicoanalistas. En 1955 también llevaba uno Olivia de Havilland en una mediocre película de Terence Young titulada *That Lady*, en castellano *La princesa de Éboli*. Es decir, Ana de Mendoza de la Cerda y de Silva y Álvarez de Toledo, la *dark lady* del Siglo de Oro. En el *Don Carlos* de Schiller y en la ópera homónima de Verdi aparece como secundaria de lujo. Vivió tan solo cincuenta y dos años, pero muy intensos. Repletos de sexo, duelos, conjuras, homicidios, huidas, encarcelaciones espantosas. En los libros de historia es la princesa de Éboli, precisamente la ciudad italiana donde se detuvo el Cristo de Carlo Levi, pero que Ana nunca pisó —había heredado el título del marido—. En crónicas y correspondencia de la época, en cambio, simplemente es «la hembra». Fatal como ninguna otra jamás. Viuda negra y por momentos también muy alegre. «No hay leona más fiera ni fiera más cruel que una linda dama... y como tal se ha de huir», escribían sobre ella. Fue manipuladora, pero tal vez aún más manipulada. «Muy gallarda mujer, aunque fue tuerta», pretendió señorear en un duro mundo de hombres, pero los tiempos todavía no estaban maduros para tentativas de este tipo. Tampoco lo están hoy. Se dice que perdió el ojo cuando, siendo una muchacha, practicaba con el florete con un paje. Según una versión más prosaica, ello se debió, en cambio, a una caída del caballo. Hay quien sospecha incluso que no era tuerta, sino que ocultaba un estrabismo grave. De todas formas, sin ese parche romboidal, de una especial lana mullida que se hizo traer expresamente de Normandía, Ana habría perdido la mitad de su atractivo. Provenía de una de las familias castellanas más poderosas, los Mendoza. Su árbol genealógico estaba colmado de personajes ilustres, pero ella era una persona dispuesta a brillar con luz propia. La princesa de Éboli quiso fabricarse una leyenda totalmente suya. Y negrísima.

En la vida de Ana de Mendoza todo sucede de prisa. Con trece años fue prometida como esposa al portugués Ruy Gómez de Silva —compañero de juegos y más tarde consejero de confianza de Felipe II—, que supera en edad a su futura esposa en casi un cuarto de siglo. Antes de que el matrimonio fuera celebrado, transcurren cuatro años. Ana los pasa sobre todo con su madre. El padre —un alto funcionario que llegará a ser virrey de Aragón y Cataluña— es un mujeriego insaciable y su relación con la cónyuge muy pronto se enfría. En 1558 Ana da a luz a su primer hijo. En siete años parirá otros nueve, perdiendo a cuatro. En la corte se convierte en amiga íntima de la reina Isabel de Valois. Son los años del tenebroso asunto de don Carlos, el heredero de Felipe encerrado y dejado morir por el padre en una torre. Casi como un presagio de las desgracias que golpearán a la princesa. Pero Ana no las puede prever. En 1569 se traslada con su marido a Pastrana, un pueblecito en el corazón de Castilla cuyo ducado ha obtenido. Por entonces ya príncipe de Éboli, Ruy Gómez ha vendido las posesiones italianas para centrarse en las españolas. Es un tipo emprendedor e ilustrado. En Pastrana introduce nuevas técnicas agrícolas, promueve las obras públicas, ofrece trabajo a los moriscos pobres expulsados de Andalucía; hace venir de Lombardía y Flandes a maestros tejedores especializados en lana, seda, tapices. Y favorece la fundación de dos nuevos conventos, impulsados por una monja visionaria y persuasiva que se llama Teresa y viene de Ávila.

Si bien a la sombra del cónyuge, Ana de Mendoza participa en esa agitación de provincias. Sin embargo, en 1573 el marido muere de improviso y todo se va al traste. De la viudez brotará otra mujer: la «hembra». Al principio tiene el aspecto de una encantadora monja tuerta. Porque para afrontar el luto Ana ha decidido hacerse carmelita descalza. En cuanto se entera, Teresa de Jesús frunce el ceño: «La princesa, ¿monja? Doy el convento por perdido». No se equivoca. Ana pondrá patas arriba la clausura. Para comenzar, se lleva consigo un séquito de criadas. Después se harta de la vida en la celda y, junto con sus armarios, vestidos y joyas, se traslada a una dependencia del convento de la cual sale cuando le apetece y donde continúa organizando reuniones. Nadie la puede echar de allí: al fin y al cabo, ese centro carmelitano ha sido creado con las aportaciones económicas de su familia. ¿Y entonces Teresa qué decide? Para librarse de la insidiosa princesa, devuelve todo el dinero y desaloja a todas las monjas. En el convento de Pastrana la princesa se descubre sola y rabiosa. El enfrentamiento entre la dama y la futura santa constituye el partido femenino del siglo. Un combate de lucha libre entre dos mundos. Orígenes, mentalidad, ambiciones: todo las divide, salvo cierta excentricidad y sus dotes de mando. Inevitablemente, sobre el conflicto entre Ana y Teresa se ha fabulado mucho. En Pastrana, una empleada del ayuntamiento me explicó un florilegio de episodios tan coloridos como apócrifos. Incluso aquel en el que la princesa, en versión harpía, se adueña a escondidas de los manuscritos místicos de Teresa y los lee a la servidumbre mientras se desternilla de risa y finge desmayarse, hasta que no aparece la santa y, consternada, le arrebata las hojas de la mano.

Con la misma indiferencia con la que había tomado los hábitos religiosos, Ana los cuelga. Todavía es joven, no tiene ni treinta años, y Pastrana la ahoga. Por ello, se muda a Madrid con su prole —es una madre amorosa—. Se establece cerca del Palacio Real. Felipe II, que ya conoce su temperamento y quizás también se ha servido de sus encantos, intenta disuadirla de regresar a la corte. Teme que la «hembra» desencadene deseos tempestuosos, habladurías, que le cree problemas, pero no consigue convencerla. De físico menudo y esbelto, con ese único ojo «dominador y sensual», Ana es la viuda más deseada del reino. También porque, al ser hija única, ha heredado una considerable herencia. En Madrid tiene intención de pasárselo en grande. En la capital su personalidad «explotó como una granada», han escrito. En casa Mendoza pronto se congrega la gente bien. Entre los primeros a presentarse, un tal Antonio Pérez: perfecto coetáneo de Ana, ha sido ayudante y protegido de su marido. Casado y con hijos, es un hombre atractivo y muy astuto, aunque algo petimetre: se perfuma más que una mujer, ironiza la princesa. La cual, no obstante, se siente cautivada. ¿Se convierten en amantes? Los historiadores más fiables tienden a excluirlo. Resta el hecho de que, ligados o no por la pasión, Éboli y Pérez formarán una pareja maldita digna de un *thriller*. Los une su pasión por la intriga.

Antonio Pérez no es un cualquiera. Gracias a su falta de escrúpulos ha escalado posiciones hasta llegar a ser secretario del rey. Hombre de tortuosa agudeza, Felipe no se fía ciegamente de él, pero aprecia su desenvuelta eficacia. Y se sirve de él sin entrar en sutilezas. No se da cuenta, o finge no dársela, de que el tren de vida del dignatario ha alcanzado una opulencia sospechosa. Ignora que Pérez se enriquece vendiendo información y secretos de Estado. Un tráfico que lo llevará a la ruina. Y a la princesa con él. La gran conspiración que los perderá tiene como protagonista y víctima a un tal Escobedo. ¿Quién era? La mano derecha de Juan de Austria, o sea, el hijo natural de Carlos V y, por tanto, hermanastro del rey Felipe. Tan solo unos años antes, don Juan ha sido el comandante victorioso de la flota cristiana en la batalla de Lepanto. Ese triunfo histórico sobre el turco ha llevado su prestigio muy alto. Demasiado, según Felipe, que teme que se le suba a la cabeza al «hermanastro». Por ello, pérfidamente, lo envía a gobernar los Países Bajos españoles, es decir, un sitio ingobernable, un berenjenal de revueltas separatistas incitadas por el nacional-protestantismo. Hasta ese momento Madrid ha sofocado las insurrecciones con brutalidad, lanzando contra los revoltosos un *bulldog* como el duque de Alba, general feroz, pero también un halcón muy influyente en palacio. Allí encabeza la corriente «belicista», que predica —y practica— para Holanda la mano dura. En cambio, una facción contraria —liderada en su momento por el difunto marido de Ana, Ruy Gómez— se inclina por las negociaciones. En los Países Bajos no se puede continuar reprimiendo: se necesita un viraje. Política. La pacificación es el cometido que se encargará a Juan de Austria y que, en un primer momento, logrará.

En cuanto sofisticado oportunista, Antonio Pérez navega entre las facciones en lucha. Al héroe de Lepanto, con quien mantiene una óptima relación, le aconseja tomar a Escobedo como secretario. Lo coloca a su lado para poder controlar los movimientos de don Juan y referirlos al rey. Pero Escobedo se saldrá un poco del guion, ya que acabará apreciando a su nuevo señor y guardándole mayor lealtad que a los poderes madrileños. Entre Felipe y su hermanastro, Pérez desempeña un papel ambiguo: los complace a ambos, pero al mismo tiempo siembra cizaña en pequeñas dosis mortales. Es un doble juego con el que Antonio cree erróneamente que puede tener a ambos en un puño. Para granjearse el favor del gobernador de Holanda, le pasa a su secretario información reservada sobre el rey, ya sea verdadera, falsa o inflada. Pero, mientras tanto, alimenta en el soberano los celos hacia el impetuoso don Juan. Escobedo, que hasta ese momento se mueve como un peón, es un tipo hosco, puntilloso y fastidioso. Lo llaman «el Verdinegro», en parte por su carácter huraño y en parte porque siempre viste con ropa oscura. En Madrid ejerce presiones a favor de su señor Juan de Austria, pero piensa también en sí mismo: pide dinero, reclama recompensas, nuevos cargos y títulos. Importuna al rey hasta resultar insoportable: «Estoy harto y cansado de su insistencia», estalla Felipe. «Debemos librarnos de él cuanto antes». Anotaos estas palabras.

Mientras tanto, ¿dónde ha acabado la princesa? Sigue siempre allí, en Madrid, revoloteando entre la corte y su casa salón. Uno de los habituales de palacio Mendoza es Escobedo. También él fue un protegido de Gómez, el difunto marido de Ana. Pero, ante la alegre viudez de la mujer, se muestra estupefacto. Al advertir la complicidad entre la princesa y Antonio Pérez, se plantea alguna pregunta: ¿hasta qué punto se entienden esos dos? ¿Qué tipo de manejos ocultan? Parece improbable que, como se lee en alguna parte, Escobedo haya tenido prueba de sus amoríos al sorprenderlos juntos en la cama. Sin embargo, tal vez investigando el Verdinegro haya descubierto los chanchullos de espionaje con los que el emperifollado Pérez completa su sueldo, y la implicación de la princesa en esas cábalas. ¿Qué hace Escobedo? ¿Los amenaza? ¿Los chantajea? Probablemente no llegue a tanto. Pero es seguro que cada vez se vuelve un tipo más incómodo. Pérez teme que hable. Así, después de haber sido su valedor, decide hundirlo. Aprovechando la ya destacada antipatía del rey hacia este personaje, Antonio comienza a dibujar al Verdinegro como un peligroso apuntador oculto, como aquel que estaría fomentando las ambiciones de Juan de Austria. Poco a poco, Pérez inocula en el soberano la idea de que en los Países Bajos el hermanastro está preparando un golpe de mano para derrocarlo y sustituirlo. Quizá transformando Holanda en un Estado personal desde el cual intentar una anexión de Inglaterra. Derribando a la impía Isabel y casándose, tras haberla sacado de prisión, con María Estuardo. ¿Fantapolítica? Pérez consigue convencer a

Felipe de que no lo es. Y señala a Escobedo como la eminencia gris de tales tramas. Si se quiere atajar el problema de raíz, solo queda una solución: echarlo.

En el extraordinario tocho de mil y pico páginas que, en los años cuarenta, el doctor Gregorio Marañón dedicó al episodio de Antonio Pérez, se lee que en el ámbito de la buena sociedad madrileña la altiva Ana de Mendoza se distinguió, entre otras cosas, por su «habla desgarrada y populachera». Y le atribuyen la frase: «Que más quiero antes el culo de Antonio Pérez que al rey». Pero ¿cómo fue la relación entre la princesa y Felipe II? Todavía hoy no se conoce del todo bien. Hay quien sostiene que el soberano fue el padre del tercer hijo de Ana. ¿Por ello intentó convencerla de que no volviera a presentarse a la corte tras los años transcurridos en provincias? ¿Temía que se tomara confianzas, recriminara, reclamara privilegios? ¿Y por qué desde cierto momento el monarca comienza a desarrollar un sordo resentimiento en relación con Ana? ¿Está celoso de su aventura con Pérez? ¿Tiene miedo de que los dos puedan conspirar contra él? Quizá había llegado a sus oídos que, en connivencia con Pérez, la princesa maniobraba en secreto para situar a una de sus hijas en la carrera al vacante trono portugués, obstaculizando los propósitos de Felipe. En este intrincado escenario de secretos y dobleces, las tensiones ya no pueden quedar sumergidas. Ahora deben salir a la superficie. Estallar en un drama. Con muerto.

Ajeno, si no a todas, a muchas de las maquinaciones urdidas contra su persona, un día de febrero de 1579 Escobedo acepta una invitación a comer en casa de Antonio Pérez. Para no fallar, durante los brindis vierten en su copa una dosis doble de veneno. La sustancia es de efecto retardado. Por la tarde, el Verdinegro se levanta de la mesa un poco achispado, pero sin muestra de dolor alguna. Se despide y se va a su casa. Al día siguiente, Pérez está en ascuas esperando que le anuncien la muerte del «consejero». Pero la noticia no llega. Tras informarse, Antonio se entera de que se ha visto a Escobedo salir de casa a primera hora, impecable como siempre. El brebaje asesino no ha funcionado. Se necesitan métodos más radicales. Urge una nueva invitación a comer. Esta vez el veneno se pone en el postre, una crema de leche. Es una poción más potente. A mitad del convite, Escobedo se siente mal: vomita, desvaría. Se hace acompañar a casa. Pasará algunos días de pesadilla retorciéndose en la cama, pero, increíblemente, sin sospechar nada. No existen retratos fidedignos de Juan de Escobedo. Hay uno atribuido a Blas de Prado, o bien al Greco, que muestra a un señor casi calvo, con perilla afilada y mirada no menos cortante. Podría tratarse de él o de un noble llamado Alonso de Escobar. En todo caso, tiene hombros anchos, grandes manos. Y Escobedo debió de tener un buen corpachón para recuperarse tras dos tentativas de envenenamiento. Mejor dicho, tres. Porque falta todavía la tercera. Viendo que el secretario se resiste a palmarla, Pérez pisa el acelerador. Jugando en campo contrario, infiltra a uno de sus sicarios en la cocina de Escobedo, que todavía se encuentra en estado crítico. Se diluye arsénico en la sopa destinada al enfermo. El Verdinegro se traga otra dosis letal y ahora parece que ya está acabado. Pero, llegados a este punto, la familia se alarma. Se inicia una investigación, se sigue la pista interna y se llega hasta una pobre criada de origen morisco. Bajo tortura, le arrancan una confesión: aunque no ha hecho nada, la chica admite haber envenenado la sopa, si bien no para matar a Escobedo, sino a su mujer, doña Constanza, y vengarse así del maltrato que la señora le inflige desde hace tiempo. Al asumir el tentativo de homicidio, la criada espera salvar la vida. En cambio, en un abrir y cerrar de ojos la ahorcan. Antonio Pérez está exultante. Las cosas no podían ponerse mejor: Escobedo está confinado en cama agonizante, una inocente ha acabado en el patíbulo en cuanto rea confesa y el expediente parece archivado. Crimen perfecto. Pero Juan de Escobedo no muere. Lucha, se mejora, se recupera. Parece invulnerable. Desconcertado y fuera de sí, Pérez pasa a la artillería pesada. En el ambiente del hampa, recluta a ocho tipejos, entre ellos a un tal Inausti. Espadachín infalible, a él se le confía la «estocada certera», la estocada mortal. Los otros esbirros se ocuparán de mantener a raya a los gorilas de Escobedo, que es seguido en sus desplazamientos habituales.

Noche del 31 de marzo de 1578. Tras visitar a la princesa de Éboli, el secretario, ya recuperado, se dirige hacia el domicilio de doña Brianda de Guzmán, su amante. Es el lunes de Pascua, pero en esta historia el temor a Dios convive serenamente con cualquier trasgresión. Recién salvado de la muerte, Escobedo se está preparando para el amor cuando cae en la emboscada. Sus guardaespaldas son neutralizados por los sicarios e Inausti, con precisión de francotirador, le clava su famosa estocada. En Madrid, si levantáis la cabeza en la intersección entre la calle Mayor y la calle de la Almudena, veréis una placa que reza: «En esta calle mataron al secretario de don Juan de Austria, Juan de Escobedo, el 31 de marzo de 1578, noche del Lunes de Pascua». Justo detrás de la esquina en otra placa se lee: «Junto a este lugar estuvieron las casas de Ana de Mendoza y la Cerda, princesa de Éboli...».

La repercusión del homicidio es enorme. Se inicia la caza a los asesinos. Se les busca por posadas y tabernas, pero ya se encuentran lejos. Algunos, entre ellos el imbatible Inausti, mueren en extrañas circunstancias. Como en cualquier película de gánsteres que se precie, comienza la eliminación de los «eliminadores». Y cuantos se creían astutos titiriteros no tardarán a descubrirse como títeres. Felipe II recibe la noticia del crimen en El Escorial, donde ha pasado una Semana Santa irreprochable. Mientras Pérez y sus matones planificaban la emboscada contra Escobedo, el rey lavaba los pies a doce pobres llevados a palacio para que el soberano repitiera el gesto de Cristo durante la Última Cena. Al conocer la fechoría, Felipe reacciona entre la frialdad y la irritación: «No lo entiendo», se limita a comentar. ¿Cómo es que no lo entiende? ¿Quizá se esperaba que para liquidar a Escobedo se habría continuado a ultranza con los platos «al arsénico»? El delito de sangre complica terriblemente las cosas. También porque, si bien cornuda, la viuda de Escobedo grita reclamando justicia. Y apunta con el dedo no solo a Antonio Pérez, sino también a la princesa, su cómplice. En torno a ambos la atmósfera se vuelve cada vez más densa. Con su fama de mujer desenvuelta y audaz («mujer libre e que no teme nada»), Ana comienza a ser considerada el malvado cerebro de la pareja, aquella que con sus encantos sexuales habría corrompido a su cómplice conduciéndolo a la perdición homicida. «Tenemos sospecha que la hembra es la levadura de todo esto», escribe un dignatario a Felipe. En los discursos cortesanos la princesa se convierte en la nueva Jezabel, la princesa fenicia que en la Biblia hechiza y somete al rey hebreo Acab (en este caso, Pérez). Ahora bien, es difícil imaginar que la tuerta fatal no estuviera al corriente de la conjura contra Escobedo. Pero convertirla en la inductora del crimen es ir demasiado lejos. En cualquier caso, Ana rechaza todas las acusaciones y hasta el final se proclamará inocente. Acuciado por los familiares del muerto, que exigen un culpable, y por la preocupación de controlar a Pérez, o sea, al hombre al que ha encargado el homicidio, Felipe, como es habitual en él, se toma su tiempo. Tarda más de un año en decidir. Entonces, actúa de golpe: Antonio Pérez y Ana de Mendoza son arrestados en Madrid. Él es puesto bajo arresto domiciliario. Ella es recluida en el torreón de Pinto, y desde aquí trasladada al castillo de Santorcaz, no muy lejos de la capital.

Felipe ha tenido con Pérez más miramientos. Antes de ordenar su detención, le ha sugerido que se alejara, que se quitara de en medio. Le ha ofrecido el puesto de embajador en Venecia, pero el dignatario lo ha rechazado. Se siente más seguro en Madrid. Incluso recluido en casa continúa atendiendo a sus asuntos. En 1582 se inicia la primera investigación. Pero todavía se trata de una iniciativa tímida. El secretario del rey es acusado de corrupción y violación de secretos de Estado, pero sale bastante bien parado simplemente con su despido y una multa. No se vuelve a hablar del homicidio de Escobedo hasta que, temiendo añadirse a la lista de los matones ya liquidados, uno de los sicarios señala a Pérez como el instigador del crimen. Se emite una orden de arresto, pero, cuando los esbirros se presentan en su casa para llevarlo a la cárcel, el exsecretario salta de la ventana y se refugia en una iglesia. Lo arrastran fuera y lo encarcelan en el castillo de Turégano, cerca de Segovia. Allí Pérez intenta fugarse, pero lo vuelven a capturar. Lo llevan de nuevo a Madrid para una serie de interrogatorios cada vez más atroces. En febrero de 1590 Antonio Pérez es torturado hasta que confiesa que ordenó asesinar a Escobedo. Es condenado a muerte. Repite que ha actuado por orden del rey. Dice poseer todos los documentos para poderlo demostrar. Ingenuo. La documentación ha sido requisada y destruida. Por muy astuto que sea Pérez, Felipe lo es aún más. No es seguro que el soberano quiera ejecutar la condena. Pero ante la incertidumbre, Pérez se evade de la cárcel. Lo ayudan algunos familiares y otros cómplices —tras una vida de intrigas se ha ganado también bastantes amigos—. Pese a su deteriorado estado físico a causa de las torturas, cabalga doscientos setenta kilómetros, desde Madrid hasta Zaragoza. Pide y encuentra asilo en el Reino de Aragón. A fin de capturarlo de nuevo, Felipe lo intenta todo: además de peticiones de extradición, recurre a la Inquisición presentándolo como un hereje e incluso envía al ejército. En Aragón, Antonio Pérez se convierte en un destacado desertor, como un Assange o Snowden: conoce secretos comprometedores y, en cuanto «perseguido», confiere en cierta manera prestigio al Estado que se ha ofrecido a darle cobijo. Pero también divide la opinión pública entre aquellos que lo consideran inocente y aquellos que lo creen culpable. Su presencia es causa de inestabilidad, desórdenes. Mejor escabullirse de nuevo. A finales de noviembre de 1591, Pérez atraviesa los Pirineos y se refugia en Francia. Desde allí intenta una incursión armada en España, pero sin éxito. Errante, arruinado, buscará apoyos antiespañoles entre París e Inglaterra. E intentará ganarse la vida obteniendo provecho de la bilis acumulada contra el rey Felipe. Sumido en el rencor, con el pseudónimo de Rafael Peregrino publicará *Relaciones*, uno de los más violentos escritos de acusación contra el soberano —al que tacha de envenenador sin escrúpulos, temor a Dios o piedad por los hombres— y contra todo el pueblo español —que considera malvado y perverso, henchido de orgullo, arrogancia, tiranía y deslealtad—. Los panfletos de Antonio Pérez tendrán un notable efecto mediático, pero no bastarán para sacarlo de sus apuros. En 1611, con setenta y un años —edad considerable para la época teniendo en cuenta los sufrimientos que ha padecido—, el gran conspirador muere en la miseria en París. Y se lleva consigo sus verdades y sus misterios.

Pero ¿y la princesa? La habíamos dejado prisionera en la fortaleza de Santorcaz, en el año 1580. Tras veinte meses de reclusión, Ana no es ni sombra de lo que era. Tal como sucede a menudo a los personajes encumbrados cuando se ven arrojados a la miseria, Ana se hunde repentinamente: está consumida, no come, delira. Pero todavía conserva la energía de la ira: ruge, se indigna, al fin y al cabo es una grande de España. «Furiosa y terrible mujer, orgullosa y loca», escribe continuamente cartas al rey en las que se disculpa y a veces acusa: le dice que Su Majestad conoce tan bien la verdad que no debe invocar a más testigos que a sí mismo. En la primavera de 1581, Felipe decide que la cárcel pura y dura ya ha sido suficiente. Y ordena que se disponga el arresto domiciliario de «la hembra» en el palacio de Pastrana. Como por arte de magia, apenas se reencuentra con su hogar, la princesa renace. Y no solo eso. Dado que no es una mujer dispuesta a someterse, durante su cautiverio organiza todo un torbellino de recepciones, idas y venidas de pajes, doncellas, caballeros, embajadas... Parece que, en su fuga hacia Zaragoza, Pérez incluso hace un alto en el camino para saludarla por última vez. Es demasiado. Temiendo que Ana vuelva a las andadas, Felipe ordena encerrarla en casa. Puertas y ventanas son tapiadas. Y se aísla a la princesa en dos habitaciones dentro de una torre. A lo sumo, se le concede asistir, a través de una pequeña ventana, a la misa en la capilla interior. Recibe la comida mediante un torno. Toda comunicación es vigilada, reducida a lo esencial. Ana acaba enfermando de verdad, en el orinal deja una sustancia negra. Se lamenta de su reclusión mortal, consecuencia, a su juicio, de todo tipo de mentiras. Otras veces no entiende cómo el rey, «cristianísimo», ha permitido todo eso. Sin embargo, el rey es el máximo responsable de su cautiverio. Pero ahora Felipe es un soberano atormentado por el remordimiento. Ha descubierto que, en relación con Juan de Austria, Pérez lo ha engañado como Yago a Otelo: el hermanastro no preparaba ninguna sublevación. Y el plan de invasión de Inglaterra lo retomará Felipe en 1588 con la catastrófica aventura de la Armada Invencible. Un fracaso que el rey interpretará como un castigo divino por la eliminación de Escobedo.

Al final, la princesa de Éboli tenía derecho a asomarse durante una hora al día a la ventana del palacio prisión. Ventana, por supuesto, cerrada por una gruesa reja. Abajo, los aldeanos se apostaban para ver aparecer su sombra tras los barrotes. También yo me he plantado a los pies de la torre mirando fijamente hacia el enrejado, que todavía se conserva más de cuatro siglos después. El palacio se alza sobre una plaza elegante y silenciosa bajo la cual discurre un valle de huertos y olivares hasta la hendidura del río Arlés y, más al sur, el Tajo. En recuerdo de la hora de aire fresco concedida a la princesa, la plaza se llama actualmente plaza de la Hora.

«Joya engastada en tantos y tales esmaltes de la Naturaleza y la Fortuna» —así la describía Pérez—, Ana de Mendoza se apagó el 2 de febrero de 1592 tras dictar testamento. Está enterrada en Pastrana junto al marido en la cripta de la Colegiata, iglesia que, entre otras cosas, alberga en la sala capitular una magnífica serie de tapices gótico-flamencos de tema bélico de finales del siglo xv.

«Aquí yace doña Ana...», «Aquí yace Ruy Gómez...»: las tumbas de los cónyuges son don sencillos sarcófagos superpuestos. Ella arriba, debajo el marido. Quizá el único hombre de bien que la princesa haya encontrado en su vida. Pero también él pudo haber escondido un secreto. Algunos sostienen que Antonio Pérez fue su hijo natural. En tal caso, «la hembra» habría perdido la cabeza por su hijastro. «Pero sobre esta misteriosa cuestión nadie tendrá jamás la última palabra», ha escrito Fernand Braudel, uno de los historiadores que más la han estudiado.

HERNÁN Y COMPAÑÍA

Hace unos años, en su ciudad natal de Medellín, en Extremadura, se lanzó pintura roja contra el monumento de Hernán Cortés. Roja como la sangre de las masacres perpetradas por el conquistador en las Indias, era el mensaje de los anónimos *action painters*, en cuya reivindicación definieron aquella estatua como «la glorificación cruel y arrogante del genocidio y un insulto al pueblo de México». Irradiando cierto aire amenazador, la escultura —realizada en 1890— contrasta en efecto mucho con los actuales cánones de lo políticamente correcto. Como mínimo porque, cual cazador de un safari, el caudillo apoya su pie triunfante sobre la cabeza de un ídolo azteca abatido. Acallada al momento por la diplomacia mexicana —que calificó el gesto como vandalismo, apresurándose a recordar que México «está orgulloso de su doble identidad indígena y española»—, esta pequeña polémica se evaporó en un par de días. Sin embargo, pese a su insignificancia, evidenciaba hasta qué punto la memoria de la Conquista medio milenio después continúa siendo un tema controvertido.

Fue por ello que se tomaron todas las precauciones posibles cuando, hace cierto tiempo, se montó en Madrid una gran exposición dedicada a las gestas de Cortés. Entre otras cosas, se exponían los cuchillos con hoja de obsidiana que, cuando de niños leíamos sobre ellos, tanto terror nos infundían, pues eran el elemento fundamental del kit azteca para los sacrificios humanos. Para animar la visita, los responsables de la muestra habían recurrido a trucos escénicos, recreando la cubierta, transitable, de un barco de la época o reproduciendo en las salas los sonidos de la jungla tropical, en la que, nadie sabe por qué, los pájaros siempre hacen «¡Uh, uh, ueah!». Más interesante era un sencillo vídeo que presentaba, con tambores indios de fondo, el audaz periplo de Cortés: casi trece mil kilómetros para destruir en un par de años todo un imperio.

¿Pero quién fue ese tipo duro que, con 500 hombres, 14 cañones ligeros y 16 caballos, llegó a tanto? Su figura continúa siendo escurridiza. Cosa poco habitual en la narración de grandes gestas, la colonización española del Nuevo Mundo ha sido explicada de primera mano y con gran lujo de detalles. Pero en las narraciones la poliédrica personalidad de Cortés es captada solo mediante fragmentos circunstanciales, enmarcada como está en la epopeya sanguinaria de la que fue protagonista.

Hernán Cortés Monroy Pizarro (estaba emparentado con el Pizarro que invadió Perú) Altamirano nació en una fecha imprecisa entre 1482 y 1485 en el seno de una familia hidalga. En las enrevesadas guerras castellanas de sucesión, su padre se había alineado con el bando perdedor, por lo que el patrimonio del linaje se resintió. Probablemente hijo único, Hernán no creció entre lujos, pero tampoco entre las estrecheces de las que hablan algunas hagiografías que lo presentan como un formidable hombre hecho a sí mismo surgido de la nada. De su infancia no sabemos nada. No obstante, cabe imaginar que, como otros muchachos de su clase social, muy pronto aprendió a cabalgar y esgrima, y que jugaba con sus compañeros a cristianos contra infieles, quizás electrizado por las historias de las derrotas infligidas a los moros. Con catorce años lo envían a estudiar a Salamanca, aunque no está demostrado que Cortés haya asistido a las clases de la prestigiosa universidad. En cambio, parece que se formó en la escuela doméstica de un pariente instruido en cuya casa se alojaba. Para vergüenza de la familia, regresó sin el título de bachiller, si bien con algunas nociones de latín y derecho que le resultarían muy útiles más tarde.

Cuando en 1504 zarpa para Santo Domingo, Hernán Cortés es un veinteañero altivo, no demasiado brillante, movido por impetuosos deseos de autoafirmación y por un incontenible apetito sexual que lo acompañará durante bastante tiempo. Carente de experiencia militar, ha preferido la seducción de las Indias a la de las campañas bélicas en Italia. Si hubiera sido por él, se habría embarcado incluso antes, pero una desventura amorosa lo ha retenido en tierra. Una noche, mientras intenta introducirse en la casa de una joven esposa, derrumba una tapia. Despertado por el estrépito, el marido se abalanza sobre él y lo deja medio muerto. Este mocoso que ha recibido una paliza de aúpa es el mismo hombre que, unos quince años más tarde, demostró poseer unas dotes estratégicas y de mando fuera de lo común, una increíble capacidad de resistencia ante las adversidades y una intuición especial para detectar los puntos débiles de una opulenta civilización —para él marciana— que acabará siendo destruida.

«Bien proporcionado y membrudo, y la color de la cara tiraba algo a cenicienta y no muy alegre, [...] las barbas tenía algo prietas y pocas y ralas, [...] era cenceño y de poca barriga y algo estevado, y las piernas y muslos bien sentados». Con este retrato ya clásico, el compañero de armas y cronista Bernal Díaz del Castillo describía al Cortés que se estaba convirtiendo en *dux invictissimus* de las Indias. Durante mucho tiempo esta imagen permanecería en el corazón caudillista de cierta España porque se impuso como la del rebelde creativo, el amotinado que sortea las constricciones políticas, burocráticas, pero para fundar un nuevo orden fiel a los poderes imperiales de los cuales es un impulsivo emisario.

Enviado por el gobernador de Cuba en misión de exploración al Yucatán, en 1519 Cortés se convierte muy pronto en un insubordinado *freelance* de la Conquista, actúa sin cobertura, va por su cuenta. Y, apenas desembarcado en tierras mexicanas, adopta tres medidas cruciales. Se procura intérpretes —entre ellos, la famosa esclava amante Malinche, que se convirtió en sinónimo de traición y colaboracionismo— que lo ayuden a descifrar la lengua y, sobre todo, la mentalidad de los nativos. Asimismo, hunde sus propios barcos para evitar deserciones. Y, por último, se asegura la lealtad de los oprimidos tlaxcaltecos, que odian más a sus dominadores aztecas que a los españoles y que les servirán como tropas indígenas en la toma de Tenochtitlan, la capital mexicana y admirable megalópolis lacustre. Sin estos refuerzos, Cortés no habría llegado muy lejos.

La fiebre del oro, los apetitos depredadores, impulsaron obviamente la expedición, pero sería reduccionista limitar las motivaciones de Cortés únicamente a la codicia. A las tropas que le piden que autorice los saqueos, él les responde riendo que no ha venido para tales nimiedades, sino para servir a Dios y al rey. ¿Mentira? Hasta cierto punto. Pese a acumular una fortuna envidiable y muy superior a las de sus subordinados —que, de hecho, se quejan—, Hernán Cortés es un lobo solitario en busca de legitimación. Tiene visión de futuro. Por mucho que se haya atiborrado el cerebro con la lectura de novelas de caballería, no busca la aventura por la aventura: a través de las gestas americanas persigue la unción imperial, el poder. Sabe bien que, aunque llevadas a cabo desobedeciendo a las jerarquías, las conquistas serán aprobadas en función de los vaivenes políticos del hecho consumado.

Las disensiones entre los grupos indígenas, que el conquistador supo explotar; las dudas del hamletiano soberano Moctezuma; la sumisión hacia los invasores, vistos como el cumplimiento de diversas profecías; la superioridad técnica de los españoles (las armas de fuego, los caballos —nunca vistos antes en esas tierras—, el uso de la rueda en los carros); las epidemias... Se continúa debatiendo sobre las causas que llevaron la civilización mexicana a un colapso tan rápido y espectacular. Las razones también se buscan en el enfrentamiento de sistemas de pensamiento. Entre la estática mentalidad ritual de los mexicas y la astuta *ratio* instrumental de los españoles, que Cortés, como un nuevo Odiseo, encarnará. En la famosa escena de la partida al totoloque, una especie de juego de bolos, donde un conmovedor Moctezuma prisionero se burla del conquistador por sus trampas al contar los puntos, es difícil no percibir una partida entre culturas.

Cortés desembarca en México con el espíritu de un cruzado medieval, pero sobre la marcha —ya sea por la bulimia de conocimientos, ya sea por el maquiavelismo con el que actúa— se convierte en un hombre del Renacimiento. En la narración de la epopeya lo vemos luchar, intrigar, llorar tras la sonora derrota de la Noche Triste y ordenar castigos ejemplares, pero siempre prefiere la prudencia a la temeridad ciega. Altivo y distante, no quiere mezclarse con la soldadesca, que, sin embargo, lo venera. También porque siempre consigue dar con soluciones ingeniosas para salir del apuro. Una vez que se estaban quedando sin pólvora, envió una patrulla para buscar azufre en lo alto del volcán Popocatépetl. Y para la ofensiva final contra la capital mandó construir tierra adentro doce bergantines, que después fueron desmontados, transportados pieza a pieza y ensamblados de nuevo en las alturas.

Idealizada como símbolo de la «hispanidad» evangelizadora y guerrera, demonizada por el mexicanismo indigenista, la figura de Cortés parece volverse humana, tristemente humana, tan solo en las miserias de la edad senil. Un crepúsculo que lo contempla vagar por España como un viejo púgil sonado. Carlos V lo ha nombrado marqués, pero, considerándolo con razón un hombre incontrolable, le ha retirado el cargo de gobernador de Nueva España. Carcomido por el rencor y las recriminaciones,

Cortés se consume esperando ser recibido en palacio. El emperador se lo lleva consigo en la desastrosa expedición de Argel contra los piratas musulmanes, pero por lo demás evita meticulosamente recibirlo. Hernán se dedica a escribir cartas de protesta, en ocasiones alguna poesía. Exige poder, reconocimiento. Hombre muy elegante, siempre vestido de negro, se las da de humanista y celebra en casa reuniones sobre política y filosofía. Habiendo dilapidado en la ostentación la fortuna americana, se mantiene con las rentas que le proporcionan unas treinta tiendas que se ha comprado en Ciudad de México; después se ve obligado a empeñar sus últimas joyas y a recurrir a los usureros. Los supervivientes de las Américas lo odian como si hubiera huido con el dinero. En su testamento no les dedicará ni una palabra.

Hernán Cortés quiso morir en las Indias, pero no lo consiguió. La disentería lo apagó el 2 de diciembre de 1547 en un pueblo cercano a Sevilla. Tras infinitas peripecias, sus incómodos restos descansan hoy en uno de los muros de la iglesia de Jesús Nazareno en Ciudad de México. La antigua Tenochtitlan, cuyo nombre, como muchos de nosotros, Cortés nunca llegó a pronunciar correctamente. Mucho menos Popocatépetl.

En Medellín, la estatua de Cortés domina una soleada plaza que tiene como fondo una colina con un teatro romano y un castillo cristiano, anteriormente árabe, en la cima. Con un nombre que es la síntesis de dos asperezas, Extremadura es el lugar más bello de España fuera de los circuitos convencionales. Las guías repiten que fue la cuna de todos los «conquistadores» —rebautizados por la corrección política como «descubridores»—, pero no es verdad, no todos procedían de allí. Si bien también es cierto que la región los produjo en gran número. Era una tierra áspera y deprimida que fomentaba la ambición, la aventura, el deseo de prosperar.

De Villanueva de la Serena provenía Pedro de Valdivia, fundador de Santiago de Chile, que fue bautizada inicialmente Santiago de Nueva Extremadura. Era de Mérida Juan Rodríguez

Suárez, que condujo a sus hombres a Colombia y Venezuela, donde alzó una ciudad que todavía lleva el nombre de aquella de la que procedía. En el encantador pueblo de Jerez de los Caballeros nació Vasco Núñez de Balboa, que en 1513 atravesó el istmo de Darién, en Panamá, y llegó a la costa del Pacífico. Mientras que de Badajoz era originario Pedro de Alvarado y Contreras, que participó en la conquista de Honduras, Guatemala y El Salvador. En cuanto a Cristóbal Colón, era notoria su devoción por el monasterio extremeño de Santa María de Guadalupe, inspirador del famoso santuario mexicano.

Pero el más célebre conterráneo de Cortés en la Conquista fue el temerario y feroz Francisco Pizarro, verdugo del Imperio inca en Perú, que después se vio arrastrado por las venganzas internas entre los jefes españoles. Con la celada alzada y dos vistosos penachos que se alzan sobre el yelmo, también su estatua —ecuestre— da mucho miedo. Sin embargo, la plaza Mayor de Trujillo, el pueblo donde Pizarro vino al mundo en 1475, es tan impresionante que deja en un segundo plano al amenazador caballero. Sostienen que Trujillo sea el pueblo más bello de España. Tal vez tengan razón. Es un embrujo de palacios y palacetes blasonados, patios secretos, murallas, adarves que desaparecen y surgen de nuevo en medio a la vegetación. En el grandioso castillo musulmán que domina el cerro, que ha sido apodado como Cabeza del Zorro, se han filmado escenas de la saga de fantasía medieval *Juego de Tronos* sin necesidad de modificar nada.

La iglesia de Santa María la Mayor fue el lugar de sepultura de las familias locales más poderosas, incluyendo los Pizarro y los Orellana —también el descubridor del río Amazonas, Francisco de Orellana, era de Trujillo—. Como lo era el cachas que, si Francisco Pizarro no le hubiera robado el protagonismo, habría sido el soldado más famoso de la región. Nombre: Diego García de Paredes. Apodo: el Sansón de Extremadura. Fue el Rambo del Renacimiento. Dotado de una fuerza sobrehumana, no está demostrado que se iniciara en el oficio de las armas durante la guerra contra los musulmanes de Granada. No obstante, sí que se sabe que, tras matar a un pariente, huyó a Roma. En la ciudad frecuenta los bajos fondos; durante una pelea llama la atención de los hombres del papa Alejandro VI Borgia, que lo contrata como gorila. En la turbulenta Urbe de finales del siglo XV, al sulfúreo pontífice le resulta muy útil. Sin embargo, un día García viene retado a duelo por un individuo. Derrota al rival, pero se le va la mano y le corta la cabeza. Dado que el decapitado es un personaje relevante, Diego se ve de nuevo obligado a darse el piro. Escapa a Urbino. A continuación vuelve bajo los estandartes españoles y en el asedio de Cefalonia se distingue masacrando montones de turcos. Entonces regresa a Italia y se enrola de nuevo en las tropas papales. A las órdenes del legendario Gran Capitán Gonzalo Fernández de Córdoba, participa en las guerras del sur de Italia contra los franceses. Combate en Cerignola y junto al Garigliano. A la orilla del río afronta él solo dos mil —sí, 2.000— enemigos. Bueno, quizás fueran doscientos o puede que veinte. En esta historia los ceros son un miserable detalle contable.

En 1502, en una precuela del desafío de Barletta, García es escogido para formar parte del grupo de once caballeros españoles que combatirán contra otros tantos franceses. Tras zurrarse de lo lindo, el duelo acaba en tablas. De nuevo en España, Diego es nombrado marqués, pero entra en conflicto con el rey Fernando, que sospecha que está envuelto en las tramas de poder del Gran Capitán. Cuando le retiran el título, el Maciste extremeño se bestializa: en Sicilia organiza una flotilla con la que se dedica a la piratería por el Mediterráneo. Ponen precio a su cabeza, pero García se reincorpora al ejército y se une a la expedición española por la conquista del norte de África. Poco después es nombrado coronel de la Liga Santa organizada por el papa Julio II contra Francia. No está demostrado que participara en la batalla de Pavía, pero Carlos V lo quiere en la escolta encargada de llevar de nuevo a Francia al derrotado Francisco I tras el humillante cautiverio español. Siempre a las órdenes del emperador, García de Paredes combate en Alemania, Flandes, Hungría. También interviene en el sitio de Viena, atacada por Solimán el Magnífico.

Maciste murió en Bolonia en 1533 como consecuencia de una banal caída del caballo mientras jugaba a la guerra con un grupo de chicos. Fue enterrado en la iglesia principal de Trujillo. Se le menciona en el *Quijote*. Con tal hoja de servicios, qué menos.

EN LAS COLINAS DEL GRECO

Entusiasmó a Delacroix, Baudelaire, Rilke, Cézanne, Pollock. Andy Warhol lo definió «el dios de la pintura». No gustaba a Paul Claudel, Aldous Huxley, José Ortega y Gasset, Jean Cocteau... Pero, desgraciadamente para él, el Greco no gustó sobre todo al hombre que habría podido convertirlo en una estrella en vida: Felipe II, el amo de España y de medio mundo conocido. No, aquellos santos, aquellos guerreros alargados como jugadores de baloncesto, esas intrusiones de modernidad en los temas sacros, en definitiva, la audacia de su mirada, no podían precisamente sentar nada bien al «Rey prudente». Se salían demasiado de la «gravedad y el decoro» del canon contrarreformista. *El martirio de san Mauricio*, con el que el artista intentó acreditarse ante la corte de El Escorial, fue rechazado por el soberano, y el Greco se retiró furioso a los ásperos cerros de Toledo, donde fijó su nido de genio oscuro, trabajador infatigable, excéntrico y en continuo conflicto contractual con el clero de la ciudad, el cual, sin embargo, lo admiraba. Al igual que los intelectuales más destacados de la época. Góngora, refinado necrófilo, le dedicó un soneto fúnebre: «Su nombre, aun de mayor aliento dino / que en los clarines de la Fama cabe, / el campo ilustra de este mármol grave: / venéralo y prosigue tu camino». Pero el Greco fue enterrado dos veces. Porque a la inmediata posteridad le trajo sin cuidado. El rescate llegó con los románticos, después con las vanguardias. Y ahora sus cuerpos enjutos han pasado a formar parte del imaginario popular como los filiformes de Giacometti o los marcadamente más entrados en carnes de Rubens, Ingres o Botero.

Milagros de la emigración: con permiso de los fetichistas del pedigrí, el artista que mejor supo captar y reflejar el alma castellana no tenía un ápice de español. Doménikos Theotokópoulos había nacido en 1541 en Creta, que bajo el dominio de la Serenísima se llamaba Candía, y se había formado en Italia. Híbrido incluso en su pseudónimo, mezcla italo-española de «*il greco*» y «el griego», se sabe poco de su vida. Y lo que se sabe es muy dudoso.

Mediterráneo introvertido como muchos otros mediterráneos, provenía de una familia de mercaderes cristiano-ortodoxos. Hablaba griego y veneciano. El latín lo aprendió más tarde, como autodidacta, y, por eso mismo, no del todo bien. De muy joven ya es un fenómeno pintando vírgenes neobizantinas. Estáticas. Descarnadas. Pero pronto se harta. A fuerza de mirar hacia Occidente, acaba por desembarcar en Venecia. Tiene veintiséis años. Quiere aprender. En la Laguna absorbe mucho de Jacopo Bassano, aún más de Tintoretto. No es seguro que haya estado en el taller de Tiziano, pero ese «*stage*» figura como credencial en la carta del 16 de noviembre de 1570 con la que el insigne humanista Giulio Clovio lo recomienda al cardenal Alejandro Farnesio: «Un joven de Candía, discípulo de Tiziano, que a mi juicio me parece raro en la pintura». Lo es. En Roma Doménikos se aloja en el palacio Farnese. Que precisamente no es un cuchitril de extrarradio. Sin embargo, la Urbe no lo cautiva. Más en general, el hedonismo italiano no concuerda con su carácter. De nuevo Clovio explica: «Me acerqué a visitar a el Greco para invitarlo a dar un paseo. Hacía un tiempo excelente y había un agradable sol de primavera, que alegraba a todos». A todos excepto a Doménikos. «Quedé estupefacto cuando entré en el estudio y vi las cortinas de las ventanas corridas tan herméticamente que a duras penas se distinguían los objetos». El artista estaba «sentado en una silla. No trabajaba ni dormía. Rechazó salir conmigo porque la luz del día turbaba su luz interior».

En cambio, el cielo toledano le sentó la mar de bien. A menudo es de color aluminio cuando sopla el viento, cortante hasta el extremo. Y es justo así que lo encuentras en los cuadros del Greco. El aprendizaje romano de Doménikos acabó fatal a causa de un escándalo jamás aclarado. Ciertamente, el carácter del sujeto era sombrío, propenso a la mala uva, lo que no ayudaba. Como tampoco sus bravuconadas. La más famosa, sobre Miguel Ángel: «Es un buen hombre, pero no sabía pintar». Sin embargo, en el fondo, Buonarroti lo influencia. Sobre todo en el ceñido tormento de los cuerpos. Como todos los emigrantes, el Greco recala en España porque hay trabajo. Esfumado el sueño cortesano, se establece en Toledo. La excapital es una fortaleza clerical, ciudad venida a menos pero todavía archidiócesis importante y adinerada. Según una fórmula enfática, es la «Jerusalén de Castilla», pues había acogido las tres fes: la cristiana, la hebrea y la musulmana. Una convivencia que todavía hoy día algún alma cándida idealiza como ejemplo de tolerancia mutua. No hagáis caso: cuando no se zurraban entre sí, los monoteísmos se miraban a cara de perro.

Si las obras especializadas os aterrorizan, leed *El Greco (el visionario iluminado)*, de Gómez de la Serna. Es un libro excéntrico, arbitrario, hiperbólico, pero de gran agudeza, como cualquier cosa escrita por aquel prodigioso duende que fue don Ramón. Arrebatadoras sus descripciones de Toledo: un Gólgota, ciudad austera enmarañada de callejones, levítica, toda ella precipicios lunares y oscuros curas de cada categoría de clero; un buitre aferrado a un espolón de gneis, granito y rocas de la edad paleozoica. Mas, asimismo, ciudad que vuela entre nubes de gaviotas. Tan parecidas a los pobres cristos del Greco, abrumados por su misión, o bien a crucifijos proyectados *in excelsis* como saltadores: «Hacen un movimiento con las piernas que se asemeja a un gesto de ascensión, un salto hacia el cielo, y parece que tomen el impulso del escalmo donde apoyan sus pies, para relajarse en el movimiento alado». En comparación, los numerosísimos apóstoles pintados por Doménikos y taller (de los ciento cuarenta el Greco conservados, solo serían de él unos sesenta) parecen vagabundos asustados. En la casa museo de Toledo —que no es su morada auténtica, sino una sugestiva recreación— hay un Judas Tadeo que parece recién salido del manicomio o de la taberna; un Santiago el Menor de rostro escaleno y deforme. No por casualidad se dice que el Greco usaba como modelos a locos y mendigos.

En cambio, es circunspecta la aspiración trascendente, comprimida en sus ropas oscuras, de tantos nobles retratados por Doménikos. Como aquellos del magnífico *El entierro del conde de Orgaz*, la gran tela que justifica el viaje a Toledo por sí sola. Sin olvidar tampoco el igualmente famoso y refinadísimo caballero de la mano en el pecho y con espada que se conserva en el Prado. Paradojas de la celebridad: ese caballero fue tan poco conocido en vida que hoy nadie recuerda su nombre. Tal vez se llamaba Juan de Silva y Ribera, tercer marqués de Montemayor, comandante del Alcázar y gran notario de Toledo. A la vez perentorio y volátil, su gesto de fidelidad con los dedos extendidos es de una elegancia ultramundana. La inevitable gorguera todavía es de dimensiones aceptables. Pero los cronistas de la época explican que pronto la moda enloqueció, exagerando ese tipo de cuellos hasta el delirio. Se convirtieron en impresionantes milhojas de bordados almidonados. Para poder llevarlas durante las comidas, hubo que alargar el mango de las cucharas, de forma que la sopa pudiera alcanzar la boca sin accidentes durante el trayecto. Los religiosos asistían con inquietud y desconcierto a la fermentación de las gorgueras, advirtiendo una tumefacción de la humana *vanitas*. Parece que el Greco —un tipo hirsuto, pero también un dandi siempre vestido de negro aterciopelado— también perdió la cabeza por un tipo de gorguera extragrande llamada *marquesota* porque se creía que había sido inventada por un marqués italiano para disimular su escrófula, es decir, la hinchazón de los ganglios linfáticos del cuello. Con el tiempo, aunque sin suavizar su carácter, Doménikos se civilizó. En su biblioteca tenía ciento treinta volúmenes; Homero, Aristóteles, Jenofonte, Petrarca, Ariosto... Muchos se los había traído de Italia. Cogitabundo, tomaba notas en los márgenes. Pero durante casi toda su vida se comunicó en una lengua artesanal e híbrida, en un idioma completamente suyo. Una especie de «itañol» que ciertamente no le facilitó las relaciones sociales.

Cuando de niño me llevaron a Toledo por primera vez, los turistas se veían embaucados por vendedores con espadas y similares fruslerías pseudocaballerescas. En las tiendas de recuerdos esas maravillosas baratijas todavía resisten. Sin embargo, ahora el visitante prefiere dejarse enredar por otras patrañas: recorridos por la ciudad esotérica o las inevitables exposiciones sobre templarios. Pero, como sugería el gran hispanista inglés Gerald Brenan, «la mejor manera de visitar Toledo es olvidarse de los itinerarios preestablecidos, siguiendo en cambio la primera calle que estimule vuestra fantasía». Quizá dejando para lo último la ineludible catedral, que no es la más bella de España. Mucho mejor el monasterio de Santo Domingo el Antiguo, algo alejado del centro, con retablo y una llamativa Resurrección del Greco, que fue enterrado allí, si bien más tarde sus restos fueron trasladados y acabaron no se sabe dónde. En el último certificado estaba escrito: «Dominico Greco. En siete de él [abril de 1614], falesció Dominico Greco. No hizo testamento». Vete a saber por qué. Y, no obstante, con su amante, Jerónima de las Cuevas, tuvo un hijo, Jorge Manuel. Reflexionad sobre este y otros enigmas mientras regresáis al hotel. O a Madrid. Con el último de esos trenes veloces que parten de la enternecedora estacioncita de Toledo, que imita el estilo mudéjar. Pero antes parad a comer en Casa Aurelio. Taberna allí presente desde 1953. Menú a 25 euros. Vino incluido.

MONARQUÍA, INSTRUCCIONES PARA SU USO

El más grande de los soberanos es aquel que deja como sucesor a un soberano aún más grande que él. Es con esta argumentación, en el límite, aunque no demasiado, de la paradoja, que Erasmo de Rotterdam iniciaba en 1516 su obra *Institutio principis christiani*, un genial tratado de teoría —o mejor dicho, de ética política— dedicado al joven Carlos de Habsburgo. En ese momento, el futuro emperador tenía dieciséis años y, ya duque de Borgoña, había sido proclamado recientemente rey de España. Afortunado en numerosos aspectos, le tocó tener como maestro al autor del *Elogio de la locura*. En busca de una síntesis entre el humanismo laico y la teología, Erasmo auspiciaba la llegada —aceptablemente quimérica— de una nueva figura de rey que fuera al mismo tiempo filósofo en sentido clásico-pagano e imitación de Cristo en la tierra. En definitiva —en clara antítesis con el pragmatismo del príncipe maquiavélico— una especie de santo; *vir bonus*, protector de la *pietas*, olímpico defensor de la fe en la paz. Cosa que Carlos V no fue. Ciertamente, llegó a ser el mayor estadista de su tiempo, pero en un trágico forcejeo entre opuestos: humildad devocional y megalomanía imperial, curiosidad por lo nuevo y nostalgia medievalizante, espíritu conciliador y pulsiones vengativas.

Fue así, en la desnudez de sus propias contradicciones como soberano y padre, que el emperador se presentó a su heredero Felipe cuando llegó el momento de instruirlo sobre cómo reinar, de iniciarlo en el rudo arte de gobernar. Carlos lo hizo en varias ocasiones. Por escrito sobre todo en dos extensas cartas redactadas el 4 y el 6 de mayo de 1543 en Palamós, puerto catalán desde el que estaba a punto de embarcarse para el enésimo enfrentamiento con su eterno antagonista, Francisco I de Francia. Con el tiempo, las legendarias *Instrucciones de Palamós* serían definidas como «advertencias memorables»; «lecciones del más puro absolutismo monárquico»; «monumento de clarividencia, cumplida experiencia de gobierno, profundo conocimiento de los hombres y del mundo». Todo ello sin duda es cierto. Pero hay un problema: fueron muy pocos los que lograron leer los originales. Se conocía su contenido, pero a través de transcripciones incompletas o imprecisas. Se había perdido el rastro de los manuscritos. Resultado: aquellos folios se convirtieron para los apasionados en una especie de Grial, de arca perdida, de fabulosa criatura marina.

Un cronista de Felipe II los menciona en el año 1605, después se sumen en el olvido durante dos siglos y medio. En 1862, un investigador alemán los localiza en Madrid, en los archivos del Ministerio de Exteriores, y los copia apresuradamente. Pero los documentos desaparecen de nuevo. Seguramente sustraídos, reaparecen en París en 1899. Otro hispanista llega a tiempo a copiarlos parcialmente antes de que acaben subastados. A un precio altísimo. Incluso la Biblioteca Nacional de Francia se retira espantada de la puja. Se los adjudica un alemán. En 1905, afloran de nuevo en Berlín. Los compra un anticuario londinense, para revenderlos a continuación a Archer Milton Huntington, gran coleccionista estadounidense y fundador de la Hispanic Society of America. Si bien algo escéptico respecto a la autenticidad de los documentos, Mr. Huntington los conserva en la caja fuerte de su casa y, tras su muerte, en 1955, son archivados sin demasiado ruido entre otros 250.000 manuscritos. Hasta marzo del 2010, cuando, con comprensible emoción, son desempolvados por los historiadores Rachael Ball y Geoffrey Parker, que han elaborado una magnífica edición crítica.

Las *Instrucciones* son cincuenta páginas encuadernadas en cuero rojo. Indescifrable para los profanos, el texto está lleno de tachones, añadidos, correcciones (formado en Borgoña, el remitente tenía ciertos problemas con el castellano). Por esta razón se ha considerado durante mucho tiempo que los autógrafos fueran borradores de una versión definitiva que se ha perdido. Se ha sospechado incluso que las cartas hubieran sido supervisadas, por no decir interpoladas, por el alto consejero Francisco de los Cobos: «Pero, si bien fuertemente corregidos, los textos ahora publicados demuestran, más allá de toda duda, que fue Carlos quien los escribió y revisó de su puño y letra», me dice Parker desde Ohio, donde enseña. Lacónico a la hora de hablar, pero pródigo con la palabra escrita, el emperador dejó numerosos documentos autógrafos, aunque las misivas de Palamós son, con diferencia, los más extensos e impresionantes: «Porque muestran sin florituras sus pensamientos».

«Hijo, pues ya mi partida de estos reinos se va allegando...». Dirigida a un delfín que todavía no ha cumplido los dieciséis años, la carta del 4 de mayo ofrece indicaciones sobre dos tipos de gobierno: el de la religión y el de sí mismo («gobierno de vuestra persona»). En la tormenta de la Reforma, Carlos le exige que se cierre en banda: «Tened siempre a Dios delante de vuestros ojos, y ofrecedle todos los trabajos y cuidados que habéis de pasar [...]. Nunca permitáis que herejías entren en vuestros Reinos. Favoreced la santa Inquisición». Pero con moderación, templanza: «Guardaos de ser furioso, y con la furia nunca ejecutéis nada». Y que el inmaduro Felipe se guarde de los aduladores: «Huid de ellos como del fuego». Un gran rey debe ser reservado, de una discreción impenetrable. «Guardaos mucho de no firmar cartas particulares en las Cancillerías, ni otros tribunales de justicia, en recomendación de las partes [...]. También os guardaréis de no escribir ni encomendar de palabra a nadie cosa particular [...]. También guardaos mucho de no dar, ni de palabra ni por escrito, promesa de cosa de porvenir ni expectativa, pues ordinariamente no se sigue buen suceso de anticipar el tiempo en cosas semejantes [...]. Daréis, hijo, las audiencias necesarias y seréis blando en vuestras respuestas y paciente en el oír, y también habéis de tener horas para ser entre la gente visto y platicado». Señor de un imperio descomunal y, por tanto, ingobernable, Carlos abdicó y dividió sus propios dominios: dejó a su hermano Fernando la corona imperial y las tierras austríacas; al hijo Felipe le correspondieron, en cambio, España, Flandes, Países Bajos, Milán, Nápoles, Sicilia, Cerdeña y las colonias americanas. Resumiendo: casi una octava parte del mundo conocido. Un puzle difícil de gestionar. «Porque veis cuántas tierras habéis de señorear, en cuántas partes y cuán distantes están las unas de las otras y cuán diferentes de lenguas», escribe el emperador al hijo. «Es forzoso ser de ellos entendido y entenderlos, y para esto no hay cosa más necesaria ni general que la lengua latina [...]; ni sería malo también saber algo de la francesa». Dado que se está encaminando hacia las máximas responsabilidades, es asimismo necesario que el heredero cambie de compañías, pasando de las alegres pandillas juveniles —sirvientes sibaritas y bufones— a un entorno más serio de maduros consejeros. ¿Diversiones? Sí, pero con cuentagotas.

Y después está el sexo. Sobre el cristianísimo Carlos, ese genio de la malicia que fue el cronista Brantôme escribió: «Adoraba el amor. Cuando se llevaba a la cama a una bella mujer, no la dejaba marchar antes de haberla honrado tres veces». ¿Habladurías? Es un hecho que los hijos ilegítimos del emperador son numerosos. No obstante, las instrucciones impartidas al sucesor en materia de cópula son poner un candado. Más allá del aspecto moral, el coito —nunca nombrado— es agitado como un espantajo. Porque suele ser perjudicial tanto para el desarrollo del cuerpo como para la fuerza física... Y a menudo provoca tal agotamiento que vuelve estéril y a veces mata. El dormitorio de Felipe está intervenido: «Os habéis mucho de guardar cuando tuviéredes vuestra mujer. Y porque eso es algo dificultoso, el remedio es apartaros de ella lo más que fuere posible, y así os ruego y encargo mucho que, luego que habréis consumado el matrimonio, con cualquier achaque os apartéis, y que no tornéis tan presto, ni tan a menudo a verla, y cuando tornáredes, sea por poco tiempo». Con esto ya habría material suficiente para una pila de ensayos.

Pero la verdadera obra maestra es la segunda carta: «Con su descripción íntima y sobria de los ministros de la corte es, a mi juicio, única», dice Parker. «Aunque padres y monarcas han escrito habitualmente consejos a sus herederos, no he visto nunca nada parecido». Tras pedirle que la misiva se mantenga en el más absoluto secreto, Carlos le habla del peligroso viaje que le espera; de las maltrechas arcas estatales y de la necesidad de «exprimir» fiscalmente para financiar el esfuerzo bélico; revela planes militares y la dificultad de llevarlos a cabo. Después, tras analizar los bandos en lucha en el seno del gobierno y las estrategias para neutralizarlos, pasa a escanear uno a uno los dignatarios con los que Felipe tendrá que tratar, buscando siempre no caer en manos de ninguna facción. ¿El cardenal de Toledo? Un tipo cabal. «Honradle, creedle en cosas de virtud [...]; encargadle que os aconseje bien y sin pasión en los negocios que tratare con vos [...]; y en lo demás no os pongáis en sus manos solas ni ahora ni en ningún tiempo ni de ningún otro, antes tratad los negocios con muchos y no os atéis ni obliguéis a uno solo, porque aunque es más descansado no conviene, principalmente a estos vuestros principios, porque luego dirían que sois gobernado y por ventura que sería verdad, y que el a quien tal crédito cayese en las manos se ensoberbecería [...]; y en fin todos los otros quedarían quejosos». ¿El duque de Alba?: «De ponerle a él ni a otros grandes muy adentro en la gobernación os habéis de guardar, porque por todas vías que él y ellos susurren os ganarán la voluntad, que después os costará caro; y aunque sea por vía de mujeres creo que no lo dejará de tentar [...]. En lo demás, yo le empleo en lo del Estado y de la guerra; servíos de él y honradle y favorecedle pues que es el mejor que ahora tenemos en estos Reinos». Sobre el secretario Francisco de los Cobos: «A Cobos tengo por fiel, hasta ahora ha tenido poca pasión, ahora paréceme que no le falta, no es tan gran trabajador como solía. La edad y dolencia lo causan, bien creo que la mujer le fatiga [...]. Bien creo que trabajará de granjearos, como todos lo harán, y como ha sido amigo de mujeres, si viese voluntad en vos de andar con ellas, por ventura antes ayudaría que estorbaría, guardaos de ello pues no os conviene [...]. Para lo de la Hacienda es gran oficial, y si algunos parece que él es que la disipa y pierde, no es suya la culpa ni aun mía [...]. La contaduría no la tiene sino durante mi ausencia, ya que volví se la podía quitar, mas no le quise hacer este desfavor; si me muriese bien haréis de confirmársela y serviros de él». Don Juan de Zúñiga: «Y aunque él se os figura áspero, no se lo debéis de tener a mal, antes debéis de tener muy cierto que el amor que os tiene. [...] En don Juan hay dos cosas a mi parecer: la una que es algo apasionado, y con Cobos principalmente, y aun con el duque de Alba [...]. Pienso que la pasión la tiene principalmente de no haber habido tantas mercedes como él quisiera [...]; y sobre esto, con pesar las desigualdades de linajes y medir el tiempo de los servicios. Y esto es la una cosa que tiene, que es un poco de codicia». El cardenal de Sevilla: «No hablo en lo del cardenal de Sevilla, porque él está ya tal, que estaría mejor en su iglesia que en la Corte [...]. No sé si las pasiones, así de su cuerpo como de su espíritu, y que tiene con el de Toledo le cegarían algo [...]. Cuando él se quisiese ir en su iglesia, con buenos medios y sin desfavorecerle, no haríades mal en enderezarle a ello». El presidente de Castilla «no es, a lo que yo alcanzo tanta cosa como sería menester para un tal Consejo, más tampoco hallo ni sé otro que le hiciese mucha ventaja. Mejor era para una Chancillería que para el Consejo, y más después que estas pasiones andan, sin las cuales a mi ver no anda, y aunque le encomendé mucho la conformidad con Cobos, paréceme que le es muy sujeto y que antes quedaría por Cobos que por él en hacer cosa que no fuese muy lícita por complacerle, y que antes él le encendería en las pasiones que no se las desharía». El conde de Osorno: «Es mañoso, y no tan claro en sus tratos como convenía. Él tiene mucha habilidad, es tan corto en su hablar que mal se da a entender, no sé si lo hace por no querer ser entendido o por no descontentar a nadie». El consejero Granvela: «Él tiene sus pasionsillas principalmente en lo de Borgoña, y gran gana de dejar sus hijos ricos; y aunque le he hecho mercedes, él gasta y algunas veces sobre ello le toman unas cóleras. Él es fiel y no piensa engañarme».

Si bien desde lo alto de su poder y de su capacidad para analizar los temperamentos, Carlos no se dirige a su heredero como un padre omnisciente. Y al final de la carta le manifiesta su desconcierto ante el futuro: «Estoy tan irresoluto y confuso». Desde joven se había caracterizado por un agudo sentido de la caducidad. En 1522 escribió su primer testamento. Pocos años después confesaba: «Veo y siento que el tiempo pasa y que pronto nosotros pasaremos con él». Siendo uno de los últimos soberanos europeos a lanzarse a los campos de batalla, le apasionaban las armaduras caballerescas en una época en la que la artillería ya las hacía anacrónicas. Al delfín le enseñó que el honor y la reputación deben anteponerse siempre al dinero; sin embargo, comenzando ya por la elección imperial, él no se habría convertido en Carlos V sin el apoyo de los banqueros, con Fugger a la cabeza.

Culturalmente, vivió a caballo entre dos épocas: el *ordo* medieval, que se iba descomponiendo, y el Renacimiento, portador de novedades sin vuelta atrás. Era bajito, con un mentón prominente y torcido que le valdrá la burla de Pietro Aretino («su mandibulada Majestad») y que transmitirá al hijo. Los unía también cierto *humor melancholicus*. Pero, mientras que la melancolía de Carlos era la propia del hombre de acción que ha descubierto la futilidad de numerosas acciones, la de Felipe era la inquietud de un intelectual que no se sentía a gusto en el papel de rey. Entre los méritos de los estudios de Parker se halla el haber acabado con el tópico que presentaba a Felipe II como un lúgubre monarca acomplejado y mojigato. Sin duda —al igual que Tiberio respecto al divino Augusto—, vivió el carisma paterno como una carga, ¿pero hasta qué punto obedeció las recomendaciones del padre? «Por cuanto sé, el único consejo que ignoró fue el de no solazarse con los bufones de la corte», explica Parker. Por lo demás, tanto en sus dominios como fuera de ellos, prosiguió «la política basada en la religión. Con resultados catastróficos». Un mesianismo que, entre los cascotes de los sueños de *Monarchia universalis* y *Concordia christianorum*, dejó tras de sí una Europa fracturada en cuanto a fe, carbonizada por los conflictos, balcanizada por los nacionalismos embrionarios. En definitiva, el habitual viejo «*saloon*».

CERVANTES Y MARISCOS

Francisco Rico es el máximo experto mundial de Cervantes, pero también un distinguido estudioso de la novela picaresca y de Petrarca. Es miembro de la Real Academia de la Lengua Española, de la British Academy, de la Accademia dei Lincei y de la Crusca. Filólogo jubilado desde hace algunos años, me han contado que ha dejado tras de sí cierta aura de leyenda en las aulas universitarias. Otros me lo han descrito como un ogro, un monstruo de egocentrismo, erudición, malicia. Según parece, detesta viajar, ir al cine, al teatro, a las exposiciones («Mejor salir a cenar con los amigos»). Actualmente, sobre la literatura dice: «Prefiero estudiarla a leerla, ahora las novelas me dan pereza». Promoción de 1942, Rico es un tabaquista fanático y un quijotesco militante pro nicotina. Le atribuyen una especial fobia por los huesos de aceituna recién escupidos —mejor no estar cerca si se los encuentra en un aperitivo o *vernissage*— y una pasión extrema por las pompas de jabón. Así esbozado, el profesor podría ser uno de esos universitarios extravagantes y geniales que pueblan las historias de Saul Bellow. Pero ha sido un amigo novelista quien lo ha transformado en un personaje literario: en los libros de Javier Marías, Francisco Rico aparece en cameos con nombre, apellidos y cierta regularidad. En el titulado *Los enamoramientos* aparece retratado así: «La cara del profesor

Rico la conocía bien [...], con su boca muelle, su calva limpia y muy bien llevada, sus gafas un poco grandes, su elegancia negligente —algo inglesa, algo italiana—, su tono desdeñoso y su actitud entre indolente y mordaz [...], como si fuera un hombre que, sintiéndose ya pasado, deplorara tener que tratar todavía con sus contemporáneos, ignorantes y triviales en su mayoría».

Partiendo de estas premisas y con aprensión impregnada de terror, me dispongo a encontrarme con Francisco Rico en su casa biblioteca de Sant Cugat del Vallès, a pocos kilómetros de Barcelona. Afortunadamente, hace pocos meses he releído todo el *Quijote*. Sobre el cual, sin embargo, el profesor no quiere hablar al inicio:

—Empezamos, en cambio, por Petrarca.

—Pero ¿cómo? ¿Y Cervantes?

—Después, después, hay tiempo de sobra.

—De acuerdo, pues.

—En Italia ustedes tienen una visión edulcorada, hagiográfica, distorsionada de la amistad entre Petrarca y Boccaccio.

—¿Es que no se podían ni ver?

—No, no exactamente. Pero Petrarca desdeñaba a su admirador Boccaccio. Lo consideraba un tipo frívolo, un poco tonto. Y vapuleó el *Decamerón*: «Ese librucho tuyo en vulgar no lo he leído».

Tomo notas de forma disciplinada. Después, como quien no quiere la cosa, intento llevar la conversación hacia Cervantes. Pregunto:

—Profesor, ¿por qué durante tanto tiempo el *Quijote* no ha tenido fortuna en Italia? En suma, ¿por qué lo hemos descuidado?

—Todo es culpa de la omnipotencia del clasicismo, que en vuestra gran tradición literaria siempre ha sido hostil al realismo.

—¿El *Quijote* una novela realista?

—En cuanto al argumento y al protagonista, no. Un loco como él habría sido arrestado por los alguaciles tan solo dos horas después de haber iniciado el viaje. No, el realismo del *Quijote* no debe entenderse en sentido decimonónico, sino que reside en la ambientación cotidiana y en el lenguaje. Que es el propio de una charla en familia o a la mesa con los amigos. En Italia, la codificación de la lengua establecida por Pietro Bembo en el siglo XVI eleva mucho el listón de aquello que es «literatura». En vuestro país, la preceptiva clasicista ha cerrado las puertas a la realidad de la lengua oral.

En cambio, Rico me abre las puertas de su biblioteca. Un armario caja fuerte custodia ediciones cervantinas de valor incalculable. Leyó el *Quijote* por primera vez cuando tenía catorce años.

—¿Qué efecto le causó?

—Recuerdo que me gustó —se limita a decir mientras vuelve a cerrar las puertas del tabernáculo. Después, entre una nube de humo, me recuerda que al inicio tampoco España reconoció demasiado a Cervantes—: Entre quienes podían leerlo, el *Quijote* tuvo ciertamente mucho éxito, pero los primeros a percibir su carácter innovador fueron los ingleses. De hecho, los españoles comienzan a tomarlo en serio solo en el siglo XVIII.

—Los alemanes, en cambio, habrían hecho de don Quijote un héroe romántico. ¿Pero es un personaje trágico o cómico?

—Lo uno y lo otro. Ambas interpretaciones tienen su legitimidad. Y es el mismo Cervantes quien hace plausibles las dos.

—En la segunda parte de la novela, que se publica en 1615, es decir, diez años después de la primera, don Quijote ya no es una marioneta maltratada y unidimensional, ha adquirido espesor, profundidad.

—Porque durante ese tiempo ha descubierto que se ha convertido en el protagonista de un gran libro. Ha dejado de ser tan solo un lunático visionario que confunde fantasía y realidad. Lo reencontramos más melancólico, vacilante, consciente, trágico.

—¿Qué ha sucedido entre la primera y la segunda parte?

—Es como si Cervantes se hubiera encariñado de un personaje que inicialmente ha concebido para una novela breve, pero que después, sobre la marcha, le ha crecido entre las manos. Es como si finalmente hubiera descubierto la humanidad de la propia criatura. Una humanidad que va más allá de lo cómico.

—Héroe del Siglo de Oro, Cervantes a menudo ha sido utilizado por la propaganda patriótica como emblema de cierta España *triumphans*, pero es un autor crepuscular, cercano al desencanto...

—Se sentía hijo de otra época, un superviviente del siglo anterior. Había combatido en Lepanto, la madre de todas las batallas para la cristiandad, había soñado que Felipe II se convertiría en una especie de nuevo Godofredo de Bouillón que parte a la reconquista de Jerusalén. Pero después se dio cuenta con lucidez de que ese sistema de valores estaba en declive.

—También literariamente.

—También. En ese momento domina el barroco de la prosa oscura. Cervantes se alinea contra esa moda. Y, en consecuencia, contra el *establishment*.

—Reacciona contra los artificios, los cerebralismos, a veces admirables, del barroco.

—Responde con una literatura de la verdad, de la experiencia, de la vida. Por ello, más que «escrita», el *Quijote* es una novela «hablada». Cervantes se halla inmerso en la narración oral.

—Y compone el libro como una larga improvisación, un palimpsesto de poesía, parodia, crónica, cuentos, escenas pastoriles, episodios folklóricos...

—Deja correr la pluma como si fuera la voz. Por eso falta la subdivisión en párrafos. La puntuación está casi ausente, la ortografía baila, las coordinadas predominan claramente sobre las subordinadas.

—Un *beat*, un Kerouac *ante litteram*. Se pierde en la narración y le traen sin cuidado las incongruencias, que son innumerables.

—Un montón. Hay personajes que en la historia cambian de nombre o que en el transcurso del mismo episodio cenan dos o tres veces... Por ello, más que en un texto publicado, debemos pensar en una palabra viva, en una narración convival, fluida, en directo. El *Quijote* no refleja quién sabe qué idea filosófica, la única filosofía que se puede encontrar en su interior es la del sentido común.

—La inmediatez del discurso también lo hace muy teatral.

—Si me preguntaran cuál es el oficio de don Quijote, respondería: actor. En primer lugar, porque es alguien que se explica a sí mismo la propia vida.

El héroe cervantino, explica el profesor Rico, se lanza a la aventura *on the road* ya caracterizado. Su indumentaria no es la de un caballero real, sino un disfraz de broma o de carnaval.

—Además, la simulación de la guerra en justas y torneos (todos ellos exhibiciones impregnadas, por otro lado, de referencias literarias) surge prácticamente al mismo tiempo que el fenómeno de la caballería. Al autorrepresentarse, el caballero satisface su propia necesidad de una vida estilizada, plástica, en contraste con una sociedad desordenada y violenta.

—Realidad y ficción se confunden.

—Muy pronto el caballero se mira en el espejo de la propia imagen literaria o bien idealizada y hace de todo para asemejarse a ella. Al principio la ficción imita la realidad, después acaba por condicionarla.

—Una sociedad del espectáculo en toda regla. ¿La caballería entra en crisis a causa de tanto *show*?

—No, su declive comienza con el desarrollo de las armas de fuego, con la creación de los ejércitos profesionales, la centralización del poder y el nacimiento de los Estados nacionales.

Alguno ha afirmado que, si toda la filosofía occidental no es, al fin y al cabo, otra cosa que una larga glosa a la obra de Platón, la novela moderna no sería más que una larga variación sobre el tema del *Quijote*, verdadero pionero del realismo mágico y de la metaliteratura. Quién sabe si es verdad. Seguramente de Goethe a Dickens, de Stendhal a Dostoievski, de Kafka a Faulkner o Borges, pocas veces un libro ha concitado la unánime admiración de tantos lectores ilustres. En el 2002, un jurado formado por autores como Milan Kundera, Salman Rushdie, John Le Carré o Mario Vargas Llosa definió el *Quijote* como «*The World's Best Work of Fiction*». Con todo, los habituales snobs continúan repitiéndonos que, como todos los clásicos, es más citado que leído: «Como si fuera un punto débil», bufa el profesor Rico.

—En cambio, es un punto fuerte que la novela llegue a nosotros en forma de películas, espectáculos, cómics, versiones para niños o incluso videojuegos. La literatura no se transmite tan solo a través de los textos. Piense en esto: aparte quizás de Hamlet y su calavera, don Quijote es el único personaje literario que uno reconoce inmediatamente apenas lo ve. No por casualidad Picasso tuvo suficiente con unos pocos rasgos para representarlo. ¿Quién sería capaz de identificar a primera vista a Julien Sorel, Anna Karenina o Madame Bovary?

Francisco Rico mira el reloj.

—Bien, es la hora de la comida. ¿Qué me diría si comiéramos algo aquí en casa? Tengo unas croquetas riquísimas, estofado... y percebes. ¿Los conoce?

Ciertamente conozco los percebes. Y he aprendido a adorarlos tanto como a temerlos. Son unos crustáceos poco comunes y, por tanto, caros que se adhieren en racimos a los acantilados de Galicia. Tienen el aspecto de una manita de película de terror, de una patita gris metida dentro de una concha con forma de cánula. El sabor es el del mar cuando te bañabas en él de niño. Pero sacarlos resulta una tarea imposible, capaz de poner en apuros a los más adiestrados *gourmets*. El profesor Rico intenta iniciarme en un método ideado por él mismo que consiste en romper el caparazón con los dientes posteriores para extraer el contenido de forma que este no salte a la cabeza de quien se siente frente a ti. Me pongo a ello, pero acabo cubierto de salpicaduras salobres y de vergüenza. Menos mal que pasamos al estofado. Para distraer al profesor, le pregunto qué sensación le causa encontrarse en las novelas de Javier Marías:

—En cuanto se publica una nueva, hurgo dentro en busca de las páginas donde se habla de mí —dice—. Del resto del libro ya me ocupo más tarde.

En la universidad, Francisco Rico tuvo entre sus estudiantes al escritor Javier Cercas, que todavía se dirige a él como si se tratara de un tribunal de casación:

—Antes de publicarlos, me envía los manuscritos. Es bueno, pero tiende a exagerar con los puntos y coma. Se los reduzco.

Entonces la conversación pasa a los cigarrillos. Durante la charla sobre el *Quijote*, Rico ha consumido bastantes. Le sacan de quicio las leyes antitabaco a las que España acabó sucumbiendo en el 2011.

—Albergaba enormes esperanzas en el proyecto Eurovegas que los americanos querían construir cerca de Madrid. Juego, chicas, libertad para fumar... Habría sido un paraíso, pero por desgracia el proyecto no llegó a buen puerto.

De las bolsitas de plástico donde esconder las colillas a los ceniceros realizados con botellas de agua medio llenas, el profesor me enumera los trucos y estratagemas a los que recurre en los hoteles cuando le asignan una habitación *no smoking*. Es decir, nueve de cada diez veces, dado que las *smoking* o bien prácticamente han desaparecido o bien están siempre llenas. Reservadas a una numerosa clientela no se sabe si de privilegiados o de parias. De los hoteles pasamos a hablar de los bares y de los *gin-tonics*.

—¿Sabría decirme por qué ustedes los italianos le ponen tan poco hielo?

Qué le puedo decir... es otra de las grandes heridas nacionales.

—¿Por qué racanean con el hielo? El *gin-tonic* debe ser un triunfo del hielo. ¿Le preparo uno?

—Quizás en otra ocasión.

Como postre, Francisco Rico me propone unas naranjas especiales que se hace traer cada semana de Valencia. Siendo como es un tecnoentusiasta, no las pela él mismo, sino que confía la tarea a una maquinita que es un espectáculo en tres actos: primero quita la piel externa, después la película blanca y al final te ofrece el resultado. Rico se muestra visiblemente orgulloso del chisme. Ni que fuera la primera edición del *Quijote*. Sería maravilloso que algún día se inventara algo parecido para asaltar los percebes.

LOS BANQUEROS DE DIOS

Las plumas en los tinteros, algún pergamino desordenado, la silla apartada del escritorio como si su dueño hubiera salido del despacho tan solo un momento antes. Pero, de hecho, Herr Jakob Fugger se marchó hace cinco siglos. En Almagro han reconstruido su despacho dentro del Almacén de los Fúcares (Fugger), que fue una de las innumerables filiales europeas de la dinastía plutocrática más poderosa del Renacimiento (y puede que no solo de esa época). ¿Inventores de las finanzas modernas o clan de lobistas, corruptores y tiburones usureros? ¿Despiadados mercantilistas o precursores de un emprendimiento con corazoncito social? Tanto en vida como muertos, los Fugger —castellanizados como Fúcares— han sido objeto de valoraciones polémicas y contrapuestas. Recorrer su epopeya no solo significa sumergirse en episodios de carácter novelesco, sino también remontarse a los míticos orígenes del capitalismo.

De campesinos a comerciantes de tejidos y más tarde banqueros capaces de tener en un puño a emperadores y papas: el hecho de que el ascenso de los Fugger se haya producido en el transcurso de apenas tres generaciones es un reflejo de una época en turbulenta mutación. Una época en la que la Italia centro-septentrional todavía jugaba un papel económico de primer orden. El joven Jakob aprendió los primeros trucos del arte mercantil durante una estancia en Venecia. Desde Augsburgo —la industriosa capital suaba que se convertirá en la Camelot del clan— sus padres lo habían enviado a la Serenísima para que se curtiera.

En Fontego dei Tedeschi («Almacén de los Alemanes»), cuartel general del comercio con el área germánica, el aprendiz se familiariza con dos instrumentos que más tarde le resultarán de gran utilidad y cuyo uso perfeccionará: las letras de cambio (aquellas con el sello Fugger tendrán la fiabilidad de una divisa fuerte) y los registros de partida doble —en una columna los pagos, en la otra los cobros—, que hoy en día son una banalidad contable, pero que en aquella época todavía no eran un instrumento habitual.

Ayudado por un capital familiar en expansión y por los rentables vínculos que sus predecesores han establecido con los Habsburgo en materia de suministros textiles, Jacob concede sus primeros préstamos a Segismundo de Austria, un soberano derrochador. A cambio obtiene la explotación de los yacimientos de plata del Tirol. Pero los grandes negocios comienzan con Maximiliano, futuro emperador del resucitado Sacro Imperio Romano Germánico; es el hombre que —también con el dinero de los Fugger— catapultará su linaje al centro de las luchas por la hegemonía europea.

Parece que Jakob y él se conocieron en la feria de Frankfurt. Un sitio nada casual: hacia finales del siglo XV las ferias están en plena metamorfosis. De mercados donde se intercambian mercancías se han transformado en lugares donde se compra y vende esa supramercancía llamada dinero. Llamémoslos protobolsas. Así, tras la plata, los Fugger pasan a controlar por decreto imperial también las minas húngaras de cobre. Metal muy lucrativo, entre otras cosas porque, fundido con estaño, se convierte en el bronce con el que se producen cañones y mosquetes.

Como ningún otro con anterioridad, el llamado siglo de los Fugger (1450-1550) se caracteriza por el habitual recurso de los gobiernos al crédito desembolsado por familias privadas. Si Palacio tiene una desmesurada necesidad de dinero, ello se debe a que, ya desde sus albores, el Estado moderno es un glotón. Caro. Hay que mantener el incipiente aparato administrativo; hay que potenciar el boato de las cortes; y, sobre todo, hay que pagar las constantes aventuras militares. Y las promovidas por Maximiliano de Habsburgo estarán marcadas por el continuo fracaso.

En cambio, mucho más eficaz se demostrará su política matrimonial, que culmina con la boda de su hijo Felipe el Hermoso con Juana de Navarra (nombre de soltera), la heredera de los Reyes Católicos, que, tras la muerte del marido, perderá el juicio, por lo que pasará a las crónicas como Juana la Loca. De dicha unión nacerá Carlos V y los Fugger serán sus principales tutores financieros. Comenzando por su designación como emperador en 1519. Una obra maestra político-corruptiva que costó a los banqueros medio millón de florines repartidos en megasobornos para los grandes electores: 113.000 para el de Maguncia; 184.000 para el del Palatinado; 70.000 a Federico de Sajonia...

Convertirse en el cajero automático del dueño de media Europa y las colonias americanas es un golpe de suerte, pero no está exento de riesgos. Los préstamos son reembolsados mediante rentas inmobiliarias, nuevas concesiones mineras o ingresos fiscales. Pero la fiscalidad es una herramienta imperfecta: aumentar los impuestos provoca revueltas y en unos dominios tan extensos la recaudación de los tributos resulta una tarea ardua. Además, el emperador está en guerra contra todos: Francia, los otomanos, los piratas musulmanes en el Mediterráneo, los príncipes alemanes... Los gastos militares inflan la deuda pública.

Encadenado a los banqueros, Carlos vive angustiado por los plazos. Y los Fugger reclaman su dinero sin asomo alguno de temor reverencial. «Majestad, si hago saber que usted es insolvente, el mercado de los préstamos se le cerrará», le escribe Jakob. «Usted le está hablando al Emperador», responde molesto el soberano. Y el financiero le recuerda algo bien sencillo: «Es de todos sabido que sin nosotros Vuestra Majestad no habría podido obtener la corona imperial». Ergo: «Nuestra respetuosa petición es... que se calcule el monto que os hemos procurado, comprendidos los intereses, y que nos sea restituido sin ulteriores atrasos».

Si bien ahogado por los altos intereses de los préstamos a corto plazo, al final «Carlos se reveló solvente», asegura el estudioso americano Greg Steinmetz en una biografía sobre Jakob Fugger. Peor cliente fue su hijo Felipe II, que siendo rey de España inaugura la política de las alegres bancarrotas. En la época las suspensiones de pagos funcionaban más o menos así: los impagos eran convertidos por las autoridades en títulos de deuda pública a largo plazo y con intereses bajos. Y adiós a los acreedores. Esta ingeniería financiera hunde a los banqueros, mientras que el rey mantiene su trono.

Pero, a diferencia de otras familias, los Fugger no acabaron arruinados. En su caso se trató más bien de un prolongado declive. Fue mérito de Jakob, que había protegido el chiringuito diversificando los negocios. A través de los portugueses se había introducido en el sector de las especias, y con toda probabilidad financió la circunnavegación del globo por Magallanes. De los papas a los que había financiado —Julio II y León X— obtuvo la gestión de la ceca pontificia y del primer regimiento de guardias suizos, así como una posición destacada en el mercado de los cargos eclesiásticos, las indulgencias y las reliquias: tráfico que encendió la mecha de la Reforma.

Católico indefectible, Fugger es la bestia negra de Lutero, y, en sus invectivas, el humanista Ulrich von Hutten lo llama «rey del dinero». Por esa misma época, la Iglesia, mediante formidables artimañas teológicas, libera las prácticas prestamistas del pecado de la usura. En la guerra de los campesinos alemanes —que, exagerando bastante, el biógrafo Steinmetz define como «el primer gran conflicto entre capitalismo y comunismo»—, Jakob financia la represión, en parte también porque, con sus grandes cuchillos y horcas, la revuelta ha llegado hasta su casa. Da igual que poco antes haya ordenado construir en Augsburgo la Fuggerei, o sea, el primer núcleo europeo de viviendas sociales, donde todavía hoy los inquilinos pagan un alquiler de 88 céntimos de euro al año, el equivalente simbólico de un florín de entonces.

En el sitio web de la zona residencial —reconstruida después de los bombardeos de 1944— Jakob der Reiche es naturalmente recordado como un filántropo. No lo fue. ¿Pero qué tipo de persona era? Nadie nos lo ha mostrado mejor que Alberto Durero, su protegido, que lo retrató en torno al año 1520. Con un solideo en la cabeza, estola de piel sobre el vestido oscuro, mirada fija hacia delante: consideraba que Dios lo había enviado al mundo para ganar dinero. No amaba el lujo, pero comprendió su fuerza de sugestión. Se desplazaba en carrozas tiradas por veinticuatro caballos y sus huéspedes gritaban «¡oh!» de admiración al visitar su morada, que disponía de agua caliente y calefacción, cristales de Venecia, brocados franceses, sedas chinas. Incluso Montaigne, cuando pasó por allí de viaje, quedó deslumbrado.

Por los servicios prestados, Jakob obtuvo títulos nobiliarios, pero nunca le tentó la política: prefería teledirigirla entre bambalinas. Defendió el libre mercado con más obstinación que un economista de la escuela de Chicago. Decía que conceder préstamos causa «solo penas, fatigas e ingratitud». Sin embargo, las angustias no le quitaron nunca el sueño: «Cuando me meto en la cama, junto con la túnica, me desnudo de todas las preocupaciones». Modernizó las finanzas al intuir el potencial de la información. Ya se tratara de una crisis en palacio, del resultado de una batalla o de la muerte de un pez gordo, a través de una densa red de correos, emisarios y espías se enteraba de las noticias antes que sus rivales y, en virtud de ello, reajustaba sus estrategias.

El gran número de oficinas y la abundante liquidez le permitieron «crear un círculo cerrado donde podía cargar una cantidad en la cuenta de una filial y acreditar el importe en otra, sin una transferencia real de dinero». Así evitaba el riesgo de robos durante el trayecto. «Al igual que una empresa actual de tarjetas de crédito, que se queda con un pequeño porcentaje por cada uso de la tarjeta, Fugger cobraba el tres por ciento por cada transacción». Mediante rigurosos auditores, redujo al mínimo las aproximaciones de balance y, cuando le fue posible, él mismo supervisó las arcas de los gobiernos deudores como un *bulldog* del FMI. Fue el primer millonario de la historia, pero no renunció nunca a la prudencia campesina. A su muerte su beneficio global ascendía a un razonable doce por ciento. Con su mujer Sybille mantuvo una relación glacial y no tuvo ningún hijo.

Los Fugger se extinguieron un siglo después de la defunción de Jakob al emparentarse con familias de la aristocracia y acabar poco a poco prefiriendo la vida devota o intelectual a los negocios. Todavía hoy día los descendientes residen en Suabia: «Los condes Fugger-Krichberg en el castillo de Oberkirchberg, cerca de Ulm; los príncipes Fugger von Glött en el castillo de Kirchheim, y los príncipes Fugger-Babenhausen en el castillo de Babenhausen y en el castillo de Wellenburg, cerca de Augsburgo», explica el sitio www.fugger.de, siempre eficiente, actualizado y germanísimo como su inspirador.

Pero en Almagro, donde gracias a unas minas obtenidas en concesión los Fugger extendieron sus tentáculos en la primera mitad del siglo XVI, hay mucho por descubrir aparte del Almacén de los Fúcares. Sobre todo su asombrosa Plaza Mayor, que, en cuanto llegas, te produce vértigo espacial: aunque te encuentras a unos doscientos kilómetros de Madrid, parece que estés en Brujas. O en Amberes. Soportales con macizas columnas de piedra, magníficas galerías pintadas de verde... el estilo nórdico se remonta a la época de Fugger. Y bajo la columnata se oculta la entrada a la otra joya de la ciudad, el Corral de Comedias, un lugar donde te reconcilias con el teatro en caso de que te hayas cansado de él. El Corral también es —y probablemente aún más cuando está vacío, sin funciones— una emoción parangonable solo a la de las antiguas cáveas griegas, sicilianas. O a la del Globe Theatre londinense. Porque te catapulta hacia atrás, a la dimensión primordial y plebeya del teatro, entendido como lugar y como puesta en escena. La platea austera, sus tres balcones de barandilla no menos sobrios, el sencillo escenario, los camerinos —que, cuando no hay función, puedes recorrer libremente—; observas los trajes que cuelgan de las perchas y querrías probártelos como un niño. El Corral —así llamado por su forma de patio abierto— se construyó en 1628 por voluntad de Leonardo de Oviedo, presbítero de la parroquia de San Bartolomé y descendiente de una familia judía. En el siglo XVIII, cuando los corrales se prohíben por razones higiénicas, de seguridad y de orden público, el espacio se transforma en almacén, y después en hospital y posada. Para verlo resurgir hay que esperar hasta la década de 1950. En los setenta se convierte en un templo del teatro del Siglo de Oro. Hoy en día es el epicentro del Festival de Teatro Clásico que cada verano transforma Almagro en la Spoleto española, ciudad italiana conocida por su Festival de los Dos Mundos. En los bares de la plaza Mayor no dejéis de probar el lomo de orza, lomo de cerdo cortado muy fino y adobado. El tipo que os mira altivamente sobre un caballo de bronce desde el otro lado de la plaza es Diego de Almagro, otra gloria local. Fue uno de los conquistadores de Perú y todavía ahora aparece como «descubridor» de Chile. Murió ejecutado en Cuzco tras un enfrentamiento entre los propios españoles. Para vengarlo, el hijo, que también se llamaba Diego, lideró la conjura que acabó con la vida de Francisco Pizarro.

EL HAMLET DE LA LEYENDA NEGRA

En los retratos de la época aparece como un muchacho de perversos rasgos afeminados. Con todo, el Photoshop de la pintura cortesana ocultó sus deformidades: tenía un hombro giboso, el pecho hundido, una pierna más larga que la otra; cojeaba, tartamudeaba, enfermaba continuamente e incluso más a menudo perdía la cabeza. Un malévolo legado veneciano lo describió como un joven «de complexión melancólica y colérica [...] muy reacio a dejarse gobernar y caprichoso sin medida [...]. Poco amable y de natural muy cruel». Pobre don Carlos: aunque estuvo rodeado de todo tipo de comodidades, vivió mal —aunque, afortunadamente para él, poco, solo veintitrés años— y murió todavía peor. Falsificada, instrumentalizada para desacreditar el dominio de la España triunfante, su leyenda negra se convirtió muy pronto en tema de panfletos provocadores y, más tarde, de desgarradoras deformaciones literarias. Su historia era idónea para tal fin, ya que contenía elementos con un alto grado de sugestión dramática: el enfrentamiento entre generaciones, el conflicto entre política y sentimientos, entre razón de Estado y razones del corazón, y después la revuelta, el complot, la locura, la traición, el castigo. La elaboración del mito de don Carlos se desarrolla a lo largo de cuatro siglos y la gran ópera verdiana representa su punto culminante. Pero, en la actualidad, ¿qué sabemos de cierto o al menos de convincente sobre las vicisitudes del «príncipe maldito», encarcelado y dejado morir por el padre Felipe II en una torre del Alcázar de Madrid por motivos todavía misteriosos?

Hace más de diez años en España se reabrió el debate sobre el caso don Carlos a raíz del descubrimiento de un documento desconcertante. Era la transcripción decimonónica de un texto que se había perdido, redactado por el monje Juan de Avilés, supuesto confesor de Su Alteza. El informe refutaba las hipótesis más plausibles en torno al destino del príncipe y las acciones que le habían valido la condena. Carlos —refería el religioso— no había muerto de hambre durante su confinamiento, sino que había sido ejecutado mediante garrote tras un proceso secreto. ¿Las acusaciones? Alta traición, connivencia con el enemigo: los independentistas holandeses, desde hacía tiempo en agitación contra el yugo español. A acusarlo, una serie de cartas que le fueron enviadas por los rebeldes, Guillermo de Orange, el conde de Egmont. Como si eso no fuera suficiente, a agravar la situación del imputado contribuía el descubrimiento de algunas ardientes notas dirigidas a la reina Isabel de Valois, la tercera mujer de su padre. Las ansias de libertad, el amor imposible por la madrastra, la venganza de un padre doblemente traicionado... Algo inimaginable: la relación del monje Juan resucitaba inesperadamente todas las patrañas románticas que habían alimentado el relato novelesco de don Carlos. Lo malo es que esa reconstrucción era un embuste. Evidenciando incongruencias y errores, historiadores como el inglés Geoffrey Parker —el mayor biógrafo de Felipe II— han demostrado que se trataba de una versión de los hechos refundida *ex post* que se remonta al siglo XVII y, por lo tanto, repleta ya de los rumores y descabelladas habladurías que se habían propagado por Europa tras la muerte del infante. Con todo, la vida de Carlos constituye ciertamente un embrollo de enigmas, además de la quintaesencia de la infelicidad. Todo comenzó bajo pésimos auspicios.

Heredero de un reino tan grande como un imperio, el primogénito de Felipe II nació en 1545 y causó la muerte a su madre: María de Portugal sobrevivió al parto tan solo cuatro días. Con el padre ausente a causa de sus numerosas obligaciones, el niño crece «arrogante y mal dispuesto», anotan los cortesanos. Es lento en el aprendizaje. Sufre de fiebres cuartanas. Y tiene brutales cambios de humor. Según los cronistas de la época, tiende al sadismo: disfruta viendo a liebres y conejos «asarse vivos; y al serle regalada una culebra muy grande, y esta habiéndole mordido en un dedo, él de pronto con los dientes le arrancó la cabeza». Para corregirlo, Felipe lo envía a estudiar a la prestigiosa Universidad de Alcalá de Henares. Pero el 19 de abril de 1562 llega la noticia de un grave accidente. Mientras persigue a una criada, o más probablemente al tropezar con sus piernas desiguales, Carlos ha rodado por una escalera y se ha golpeado la parte de su cuerpo más defectuosa: la cabeza. La herida se infecta. El príncipe deja de ver, entra en coma. Los monjes acuden y agotan su arsenal milagroso: estatuas de la Virgen, reliquias taumatúrgicas. Sin embargo, las lumbreras del reino dan pocas horas de vida al infante. Mientras que media España se recoge en plegaria y en procesiones, quien se hace cargo de la difícil misión es el ilustre cirujano Andrea Vesalio. La intervención es un éxito. Repican las campanas, se decreta una amnistía.

Carlos se recupera, seis meses después vuelve a caminar, pero ya no es el mismo. Si eso es posible, se ha vuelto peor. Un día arroja por la ventana a un paje que le desagrada. A un zapatero que le ha confeccionado unos zapatos demasiado estrechos se los hace comer. Pobre de quien le lleve la contraria, a la mínima el príncipe saca el cuchillo. En palacio no suscita simpatías. Si bien con cautelas, Felipe busca implicarlo en los asuntos de Estado —es su único hijo varón—, pero Carlos se siente marginado. Recrimina, se consume de rencor hacia el padre. Hasta que hace algo imperdonable. ¿El qué? Lo único seguro es que la noche del 18 de enero de 1568 el rey decide encarcelarlo. De ello se encarga el mismo monarca. La escena del arresto justifica toda la película.

Llevando una malla de hierro bajo la ropa, como si se tratara de un chaleco antibalas, Felipe se presenta a los aposentos del hijo con un pelotón de soldados, ministros del Consejo de Estado, sirvientes provistos de clavos y martillos. Toc, toc. ¿Quién es? «El Consejo de Estado». Irrumpiendo, los guardias le quitan al infante la espada y el arcabuz, sus documentos y su dinero. Las ventanas son selladas. «¿Vuestra Majestad ha venido a matarme o a encerrarme?», pregunta Carlos. «No estoy loco, estoy desesperado». Felipe: «Calmaos y volved a la cama. Lo estamos haciendo por vuestro bien». El príncipe es puesto en aislamiento y «rápidamente arrojado al olvido; de él se habla menos que si no hubiera nacido». Bocas cerradas. También la del soberano, cuyo silencio da alas a las sospechas. En una carta al papa Pío V se explica en términos crípticos: la reclusión no depende «del carácter o de alguna culpa» del infante. «A causa de mis pecados, ha sido voluntad de Dios que este príncipe tuviera tan graves defectos, en parte mentales, en parte debidos a su constitución física, que muestran claramente que está privado de las dotes necesarias para gobernar. Me he percatado de los graves riesgos que conllevaría su sucesión y los evidentes peligros que se derivarían». De acuerdo, Carlos no es idóneo para estar al frente de España —«*Unfit to lead Spain*», escribiría *The Economist*—, pero ¿qué ha hecho para merecerse el régimen de aislamiento de la época?

Fuentes diplomáticas aluden a misivas en las que el príncipe se quejaba del padre ante altos representantes de la Corona en Italia y los Países Bajos, lo que sacaba a la luz ásperas divergencias en el seno de la corte. ¿Era el inicio de una sedición contra el monarca, que ya afrontaba numerosos focos de crisis, desde la presión turca en el Mediterráneo hasta la revuelta de los moriscos musulmanes en Granada o la infiltración de hugonotes que huían de Francia? ¿Por qué motivo Carlos había pedido un préstamo de doscientos mil ducados? ¿Solo para pulírselos en el juego o es que preparaba una huida? ¿Y por qué había encargado quince retratos, entre ellos los magníficos cuadros pintados por Alonso Sánchez Coello y la cremonesa Sofonisba Anguissola? ¿Tenía intención de enviarlos junto con prebendas a los poderosos a los que se quería granjear? Nada prueba que el príncipe hubiera establecido contacto con los separatistas holandeses ofreciéndose como el líder de su causa o que simpatizara secretamente con el protestantismo. ¿Y su legendaria pasión criminal por la reina? Invención novelesca. Ciertamente, Carlos e Isabel tenían la misma edad y se caían bien, pero «parece muy improbable que algún tipo de conducta inapropiada haya podido tener lugar en un palacio donde la familia real estaba constantemente rodeada de cortesanos», recuerda el biógrafo Parker. Don Carlos muere el 24 de julio de 1568 tras seis meses de internamiento. Se suicida rechazando comer. Durante su reclusión le han visto cubrirse de nieve, tragar compulsivamente agua helada... también ha intentado matarse engullendo un gran anillo con diamante. Comienza a correr el rumor de que ha sido asesinado. Bajo Felipe II el homicidio político —a veces camuflado como muerte natural— es un deporte muy practicado.

Pero aún son tan solo susurros: la verdadera bomba estalla en 1580, cuando se imprime en Leiden la *Apología* de Guillermo de Orange, líder de la revuelta holandesa. Tal como otros notables de la rebelión —desde el conde de Egmont (que será celebrado por Goethe y Beethoven) hasta el conde de Horn y el barón de Montigny—, también Guillermo será eliminado, aunque antes tuvo tiempo de lanzar su torpedo. En el panfleto Felipe es retratado como una fiera sanguinaria y se le acusa de haber eliminado tanto a su hijo como a Isabel, su infiel mujer. Don Carlos se convierte en el héroe de la leyenda negra, es decir, la mayor operación de propaganda jamás orquestada en la historia. De forma no muy diferente a lo que les sucede a los Estados Unidos en épocas más recientes, a la superpotencia española se le atribuyen todo tipo de crímenes. La Inquisición, los autos de fe, las atrocidades contra los indios, las razias de los tristemente célebres tercios (las tropas más temibles del mundo)... Se elabora el tópico hispanofóbico de un pueblo fanático y feroz. Voltaire definirá a Felipe II como el «Demonio del Sur».

Aunque en grado y con propósitos diferentes, toda la literatura sobre don Carlos tiene como fuente la leyenda negra. Desde el abad francés Saint-Réal, que en 1672 lo convierte en héroe de la primera «novela histórica», hasta el inglés Thomas Otway, que en 1676 le dedica un drama de gran éxito. Y también hasta Alfieri y Schiller, en quien en 1865 se inspiran Joseph Méry y Camille du Locle, libretistas de Verdi. Incluso cuando la polémica española se apaga, don Carlos queda como símbolo de la libertad contra el absolutismo dogmático y mojigato. Pero la realidad fue otra. Según escribió el consejero Ruy Gómez: «El cerebro del príncipe era más deforme que su cuerpo». En la familia ya había habido casos de locura, el más célebre el de la bisabuela de Carlos, Juana la Loca, también ella alejada del poder y recluida.

Nos han vendido a don Carlos como una especie de Hamlet español, pero físicamente recordaba más a Ricardo III. Era el resultado de un rosario de matrimonios endogámicos. Con un coeficiente de consanguinidad del 0,211—se ha calculado incluso esto—, era casi como si hubiera nacido de una unión entre hermanos. En el melodrama verdiano el príncipe es un fan del abuelo, el augusto Carlos V, contrapuesto al «plomizo» Felipe. Es verdad que don Carlos mitificaba al emperador. Ignoraba que, después de haber visto que era un niño deforme, Carlos V había comentado: «Haced que se le vea lo menos posible».

EL MUERTO VIVO

Por una parte, los cadáveres del obispo y del caballero devorados por los gusanos; por otra, la muerte con la guadaña en la mano y un féretro bajo el brazo que se ríe sarcástica de las volátiles riquezas humanas: oro, espadas, mitras, multitud de libros. Esta es la agradable acogida que nos brinda en Sevilla la magnífica iglesia perteneciente a la Hermandad de la Santa Caridad. Si vais —o volvéis— a ver las dos célebres vanidades realizadas por Juan de Valdés Leal en 1672, intentad llevar con vosotros un opúsculo titulado *Discurso de la verdad*. El *Discurso* es el mejor comentario de estas dos obras maestras, si bien habría que matizar este punto: fue el texto el que inspiró las telas, que de alguna forma lo ilustran. El opúsculo, de unas cuarenta páginas, fue publicado en 1671. Autor: Miguel de Mañara. ¿Quién era? Un caballero, hijo de mercaderes de origen corso, que tras una juventud despreocupada se casó y, al quedarse viudo trece años después, se afilió a la Hermandad de la Santa Caridad, una congregación que se ocupaba de los restos de los condenados a muerte y de cuantos morían ahogados en el Guadalquivir. La Hermandad existía ya desde hacía casi un siglo, pero don Miguel le dará un nuevo impulso y visibilidad, transformándola en una entidad caritativa para vagabundos y enfermos.

Todavía hoy hay quien cree que la supuesta juventud disoluta de Mañara sirvió de modelo al don Juan de Tirso de Molina. Pero se trata de una paparrucha romántica que las fechas, por sí solas, desmienten. Porque Tirso escribió *El burlador de Sevilla* entre 1612 y 1625, cuando Mañara todavía no ha nacido o es un niño. Probablemente el error tenga su origen en el capítulo XXII del *Discurso*, en el pasaje en el que el autor revela: «Y yo que escribo esto (con dolor de mi corazón y lágrimas en mis ojos confieso), más de treinta años dejé el monte santo de Jesucristo y serví loco y ciego a Babilonia y sus vicios. Bebí el sucio cáliz de sus deleites». Ahora bien, nada prueba que de joven Mañara se comportara de modo más libertino que otros señoritos sevillanos pertenecientes a su misma clase social. Y, tal como los estudiosos han subrayado, el énfasis puesto en un pasado pecaminoso no es más que un recurso habitual utilizado por los tratados espirituales barrocos para destacar, por contraposición, el giro radical dado a una vida: la conversión de un hombre que salta de las apariencias del mundo a la lucidez de la fe, a las virtudes religiosas, que en el caso de Mañara se resumen en la caridad. Explicada así, la parábola del comerciante que se convierte en penitente y filántropo corre el riesgo de convertirlo en una figura plácida. Pero, en consonancia con la pasional espiritualidad española, Mañara no tiene nada de tiernamente franciscano, o, al menos, de aquello que habitualmente se entiende como «franciscano». No: en su nueva vida devota, don Miguel pone —pero cambiando de signo— todo el empeño que había impulsado su existencia anterior. Y en el *Discurso* se expresa con la vehemencia de un ideólogo, de un formidable teórico de la Muerte. Naturalmente, la literatura barroca rebosa de reflexiones, disquisiciones, fantasías sobre la muerte. Mas en la tradición española el *Discurso de la verdad* destaca por su velocidad, brusquedad, capacidad de sintetizar en un puñado de ágiles capítulos, veintisiete, todas las cuitas del alma. Es un texto aterrador. Porque jugando con los temas clásicos, bíblicos, de la transitoriedad de todo aquello que asociamos normalmente a la palabra «vida», profundiza en ellos, los analiza, los desentraña, los disecciona hasta el ensañamiento. ¿La «verdad» que se menciona en el título? Aquí está: «Polvo y ceniza, corrupción y gusanos, sepulcro y olvido. Todo se acaba». Maraña tiene una notable obsesión por los gusanos, esos que vemos en las pinturas de Valdés, y sin previo aviso se los arroja a puñados a la cara del lector para implicarlo, para que no se sienta seguro: «Consideras los viles gusanos que han de comer ese cuerpo, y cuán feo y abominable ha de estar en la sepultura y cómo esos ojos, que están leyendo estas letras, han de ser comidos de la tierra». Pero la verdadera hazaña de los gusanos se recoge tan solo unas pocas líneas más adelante, cuando la putrefacción se hace sonora: «Mira una bóveda: entra en ella con la consideración, y ponte a mirar tus padres o tu mujer (si la has perdido) o los amigos que conocías: mira qué silencio. No se oye ruido; solo el roer de las carcomas y gusanos tan solamente se percibe». Los gusanos encarnan el trabajo metódico, subterráneo, inexorable del Tiempo, su calmada furia destructiva. Pero el *Discurso de la verdad* no siempre es así: aunque sin abandonar nunca su ímpetu, en la segunda parte encamina al hombre hacia los ásperos senderos de la redención, de la salvación. Que, de todas formas, nunca se dan por descontadas. Por lo tanto, hay que estar alerta. Siempre.

«En ninguna otra manifestación artística del barroco español lo macabro llega tan lejos», han escrito a propósito del *Discurso* de Mañara. Pero la atracción por lo fúnebre, lo luctuoso, las muertes espeluznantes, es un rasgo, o quizás un tópico, que se ha atribuido a España durante bastante tiempo incluso después del Siglo de Oro. «¿España es un país que se deleita en la muerte?», se preguntan en un libro reciente, *¡Viva la muerte! Política y cultura de lo macabro*, los estudiosos Rafael y Elena Núñez al analizar en casi quinientas páginas los reflejos del tema de la muerte en la literatura, el arte, la cultura popular y la política. Ciertamente, la pasión por lo espantoso encuentra su momento de alguna forma fundacional en el periodo barroco, así como su más refinada codificación. También debido a una combinación de factores relacionados con la profunda crisis que la potencia española debe afrontar a mediados del siglo XVII. Una crisis en numerosos ámbitos, a varios niveles. La inflexión económica y sus consecuencias sociales, que aceleran el declive de la hegemonía imperial, dejando paso al que será el siglo dominado por Francia. Las crisis sanitarias, con epidemias y pestilencias que provocan exterminios de masa y alteran completamente el ritmo normal de la vida. Y también el *horror vacui*, el desconcierto dramático de una cultura que, con la afirmación de la *ratio* científica, ve, si no superadas, al menos debilitadas profundamente las antiguas certidumbres religiosas. Lo macabro se convierte así en uno de los lenguajes con los que se registra ese terremoto y se intenta expresar. Llega a ser el espejo en el que la sociedad se autocontempla a sí misma en su declive. Y se reacciona con una serie de actitudes que van desde el firme desdén estoico hasta el sofisticado desengaño —el hiperbólico desencanto barroco que pulveriza como ilusiones todas las ambiciones terrenales y ve la vida como efímero «gran teatro del mundo»—. Se va del pesimismo radical al sarcasmo que siempre se oculta tras lo macabro. Es como si, llevando hasta el paroxismo los elementos lúgubres, se deseara conservar en el imaginario la excepcionalidad, la primacía que en la historia España va perdiendo.

También durante los siglos siguientes, hasta el XX, la reflexión sobre la muerte quedará estrechamente vinculada a la relacionada con la identidad nacional, la cual, por nuevos y diversos motivos, se considera en crisis. Por ello, el tema reaparece en la España del siglo XVIII, desgarrada entre el tradicionalismo y las ansias ilustradas; también durante las guerras napoleónicas —piénsese por ejemplo en el Goya más oscuro—; para luego prolongarse durante el siglo XIX con los tormentos románticos, que también son el reflejo de la desilusión política, de las decepciones vividas por las facciones liberales. Y, por ello, la Generación del 98, encabezada por Miguel de Unamuno, a la hora de definir la «españolidad» —contrapuesta al árido racionalismo positivista europeo—, insiste mucho sobre la muerte. Para Unamuno, es precisamente en el «sentimiento de la muerte» donde pervive la ancestral sabiduría española; una sabiduría que la modernidad —cada vez más dirigida hacia la ciencia y, por tanto, hacia la vida— tal vez haya debilitado, pero sin borrarla del todo. La muerte no asusta al español que ha permanecido antiguo: «La muerte solo aterra a los intelectuales, enfermos de ansia de inmortalidad y aterrados ante la nada ultraterrena que su lógica les presenta». Dado que no existe ninguna otra verdad más allá de la de la muerte, cualquier cultura que la deje a un lado, la oculte, la edulcore, es un engaño cruel. «¿Qué es un progreso que no nos lleva a que muera cada hombre más en paz y más satisfecho de haber vivido? Suele ser el progreso una superstición más degradante y vil que cuantas a su nombre se combaten». Se pregunta Unamuno: «¿No será cierto que, en efecto, somos los españoles, en lo espiritual, refractarios a eso que se llama la cultura europea moderna? Y si así fuera, ¿habríamos de acongojarnos por ello? ¿Es que no se puede vivir y morir, sobre todo morir, morir bien, fuera de esa dichosa cultura?». La lógica, la gélida *ratio*, es objeto de sus ataques no tanto porque haya desbancado la religión, sino porque ha tachado el interrogante, ha enfriado el estremecimiento de ese interrogante.

Y es con arreglo a un «sagrado» no reducible al catolicismo, sino vinculado a la compleja mezcla pagano-cristiana de la espiritualidad española, que un intelectual muy diferente de Unamuno como Federico García Lorca vuelve, a finales de la década de 1920, al tema de la muerte. En la conferencia «Juego y teoría del duende» escribió: «En todos los países la muerte es un fin. Llega y se corren las cortinas. En España, no. En España se levantan. Muchas gentes viven allí entre muros hasta el día en que mueren y los sacan al sol. Un muerto en España está más vivo como muerto que en ningún sitio del mundo [...]. El chiste sobre la muerte o su contemplación silenciosa son familiares a los españoles [...] un pueblo de contempladores de la muerte». En las procesiones de Semana Santa o en la fiesta de la corrida, Lorca ve el triunfo popular de la muerte española. Que en su imaginario exuberante es todavía algo solar. Pero, por la misma época en que Federico escribe eso, una concepción muy diversa de la muerte se extiende por los ambientes de la derecha chovinista, neoconservadora y, muy pronto, falangista. Es el culto de la muerte y de la violencia que, con cierto retraso respecto al promovido en Italia por personajes como Gabriele d'Annunzio, cautivará a toda una generación. Con una calavera y tibias como estandarte, el desprecio de la muerte se combina con la alegre arrogancia de una juventud enfrentada a los viejos y antiheroicos valores burgueses y que invoca un nuevo orden —antidemocrático, vertical— contra el parlamentarismo. Estamos ante el «¡Viva la muerte!», el lema de los legionarios forjados en la defensa colonial de las últimas posesiones españolas en África. Si bien hay quien afirma que el *copyright* de esas palabras debe atribuirse a los anarquistas. El franquismo capitalizará esa tétrica retórica juvenil-guerrera, pero, a medida que se constituye como régimen, acabará sofocando los elementos revolucionarios y más marcadamente modernos que eran propios del fascismo falangista. El «Caudillo» usará la muerte al principio como instrumento de exterminio, después de intimidación, de propaganda política, pero también de autocelebración: monumentalizándose a sí mismo y a los mártires, los héroes de la «cruzada» contra los «rojos», los nuevos infieles.

La religión franquista de la muerte fue enterrada por la democracia. Pero en la década del 2000, bajo el Gobierno socialista de Zapatero, se presentó la llamada Ley de Memoria Histórica. Para rehabilitar el pasado republicano y a las víctimas de la dictadura, se autorizó la reapertura de las fosas comunes diseminadas por todo el país, en las que habían sido amontonados los restos de los opositores fusilados. Aparte de la previsible hostilidad de la derecha, fue una medida controvertida. Algunos la interpretaron como un resurgir de la vieja necrofilia nacional, pero esta vez encabezada por la izquierda. Más allá de tales polémicas, nos podríamos preguntar qué queda hoy en día en la España secularizada y bastante descristianizada de aquella larga, y en parte también noble, elaboración cultural sobre el tema de la muerte. Pues bien, queda poco o nada. Excepto en las manifestaciones tradicionales. Desde la tauromaquia a la Semana Santa. Las cuales, por otro lado, afrontan una creciente oposición, si bien por razones que no guardan relación alguna, al menos formalmente, con el componente referido a la muerte.

Se atacan las corridas en nombre de los derechos de los animales. Mientras que a la Pascua sevillana se le reprocha que paraliza, cortocircuita, toda la ciudad durante unos diez días. Con todo, las procesiones todavía son muy queridas y atraen a mucha gente. Ahora bien, no se puede decir que las corridas o la Semana Santa estén dominadas por la muerte. Es cierto que el rito del ruedo prevé la muerte: siempre, salvo excepciones, la del animal o, accidentalmente, la del hombre. Pero los toros son y continúan siendo sobre todo una «fiesta». Y como hay pocas. Ese mismo vínculo entre fiesta y muerte connota también la Semana Santa. En los enrevesados y extenuantes, y a la vez tan precisos, movimientos con los que los costaleros sacan lentamente de las iglesias los pasos, el escritor Matteo Nucci me dijo que veía casi los dolores de un parto. Vida, pues. Y, pese a los nazarenos con los que te cruzas en el centro a cualquier hora del día o de la noche, todo es vida durante la Semana. Son vida las saetas, esos cantos a capela que alguna garganta escogida alza desde los balcones al paso de la procesión. Son vida la música de guitarra improvisada por la calle y las inenarrables borracheras. Si un caso, la muerte recomienza después, cuando la Semana acaba y todo vuelve a ser como antes. En España los únicos momentos verdaderamente tristes son aquellos en los que el telón baja sobre el rito. En ningún otro lugar el final de la fiesta tiene una intensidad comparable. Todo se vacía, las tiendas bajan sus persianas, los pocos bares que quedan abiertos están desiertos, el suelo está cubierto de charcos, de papelajos arrugados; la gente se encierra en casa, aquellos con los que te cruzas por la calle tienen un aspecto gris, derrotado, en ocasiones irascible, se escabullen sin ganas de hablar. Para colmo, suele llover.

Sin duda alguna, Hemingway fue un fanfarrón, pero supo mostrar con mayor claridad que muchos otros ciertas emociones que solo España te puede transmitir. Que yo sepa, nadie ha reflejado mejor que él el clima que se respira allí tras una fiesta: «Por la mañana había acabado todo», escribía en *Fiesta* a propósito de Pamplona, después de días de curdas, amores, traiciones, peleas: «La fiesta había finalizado [...]. La plaza estaba desierta y no había nadie por las calles. Solo algún niño que recogía palos de cohetes en la plaza [...]. Estaban limpiando las calles y regándolas con una manguera [...]. Un camarero con un delantal azul salió con un cubo de agua y un trapo y comenzó a quitar esos carteles, arrancando el papel a tiras y lavando y frotando lo que aún estaba pegado a la piedra. La fiesta había acabado».

De nuevo Hemingway, aunque en otro libro, decía sobre los españoles: «Saben que la muerte es una realidad inevitable, la única cosa de la que el hombre puede estar seguro; la única seguridad; que trasciende todas las comodidades modernas». Los españoles, continuaba, «piensan muchísimo en la muerte, y, cuando tienen una religión, es una religión según la cual la vida se considera más breve que la muerte. Con estos sentimientos demuestran un interés inteligente por la muerte». Si todavía es así, no lo sabría decir. Pero, sin que fuera un proyecto consciente, me he dado cuenta de que he visitado casi todos los lugares españoles de la muerte. Movido por la emoción, el simbolista belga Émile Verhaeren veía en El Escorial la prueba de que el pueblo español tiene un «carácter sombrío». La mirada romántica y, más tarde, decadente de los viajeros extranjeros ha alimentado notablemente el mito de la España lúgubre. Es, en efecto, una experiencia un poco fúnebre el bajar al panteón del palacio de Felipe II, entre los mármoles negros que envuelven las tumbas de todos los reyes desde Carlos V en adelante; y el nicho para Juan Carlos ya está preparado. Un habitáculo algo angosto para un hombre del tamaño del soberano emérito. Sin embargo, me explican que, en el momento del fallecimiento, el procedimiento es siempre el mismo desde hace siglos. Los restos de los monarcas y de los miembros de la familia real se dejan durante veinte o treinta años en una sala de espera dispuesta a tal fin hasta que alcanzan las dimensiones idóneas para los antiguos nichos.

No menos siniestra fue, en Osuna, la inmersión en el panteón ducal, un lugar en el que el Lorca más «rabdomántico» sentía la presencia del «duende», el genio trágico del alma andaluza. En mitad de la escalera, la inquieta guía que me acompañaba se detuvo sonriendo ligeramente: «Ahora prosiga usted solo. Verá, cuanto más se baja, más interesante resulta».

Asimismo, también es muy interesante el cementerio sevillano de San Fernando, donde reposan numerosos toreros. La tumba del más grande de todos, Joselito, reproduce en bronce y a tamaño natural el cortejo fúnebre: el féretro descubierto, llevado a hombros por un grupo inconsolable de hombres, mujeres y niños llorosos. Un poco más adelante, dentro de una mole cubista de piedra oscura, está la tumba de otro genio, Juan Belmonte, inventor de la corrida moderna, rival fraterno de Joselito. En San Fernando también reposan los mártires de la tauromaquia Ignacio Sánchez Mejías, el matador cantado por Lorca; Francisco Rivera Pérez, Paquirri, muerto por una cornada en 1984; y el Gitanillo de Triana, herido mortalmente en 1931. Sin olvidar a otras figuras heroicas —que, no obstante, no cayeron en el ruedo—, como Rafael Gómez Ortega, genial torero calvo, hermano de Joselito; o los dos Vázquez, Pepe Luis y Manolo. Asimismo, se encuentran diversos ídolos del flamenco, comenzando por la inconmensurable Pastora María Pavón Cruz, conocida por todos como la Niña de los Peines. Volved a escuchar sus lamentos incisos en los viejos, chirriantes, microsurcos: son puro duende.

La suntuosa Capilla Real de Granada alberga las tumbas de los Reyes Católicos, Isabel y Fernando, así como las de Juana la Loca y su amadísimo, aunque fatuo e infiel, Felipe. Pero, atención, son tumbas de doble fondo. En el sentido de que, al aproximarte, los ves a todos ellos solemnemente acostados sobre el mármol blanco, pero, al descender a la cripta, te encuentras con los miserables féretros ajados por los siglos: un brusco contraste. Es otra de esas emociones despiadadas y típicamente españolas. En cambio, en la catedral de Sigüenza, el sepulcro del Doncel, el joven aristócrata con flequillo que cayó combatiendo contra los moros y está esculpido en el acto de leer serenamente, posee un aire casi toscano.

En Burgos, la luz difuminada por las vidrieras proporciona gran elegancia a la capilla flamígera donde duermen desde el siglo XV el condestable de Castilla y su mujer Mencía. Mientras que en la catedral de Cuenca —la adorable Cuenca, encaramada sobre las alturas por su cuenta—, la capilla de los Caballeros pone los pelos de punta, con sus guerreros que yacen en silencio inmemorial tras una vida de fragor y violencia.

En Segovia fuimos a ver la pintura de Ignacio de Ries titulada *Árbol de la vida* (1653). Se encuentra en la capilla de la Concepción. Muestra el trabajo conjunto de la Muerte y de Cristo en el tronco de la vida: ella lo golpea con su guadaña; Jesús con un objeto a medio camino entre una pequeña hacha y un martillo. Mientras tanto, sobre la copa, un grupo de comensales se lo pasa en grande como si no sucediera nada: comen, beben, se besan.

En la ermita de San Antonio de la Florida, en Madrid, la tumba de Goya es una simple lápida de granito. En 1899 los restos fueron llevados a España desde Burdeos, donde el artista había muerto setenta años antes. Pero faltaba algo: el cráneo. Según una leyenda, fue sustraído por frenólogos exaltados que, para desvelar sus secretos, lo rellenaron de garbanzos en remojo que lo hicieron estallar.

Y también nos adentramos en el Campo de Montiel, entre las hipnóticas tierras de la Mancha Baja, tras las huellas de Jorge Manrique, insigne poeta soldado de la segunda mitad del siglo XV que conquistó la inmortalidad literaria gracias a una única colección de versos, cuatrocientos ochenta en total: *Coplas por la muerte de su padre* (1476). Hace algunas vidas descubrí el libro en París, pero me llamó la atención porque lo había traducido al francés el inventor del situacionismo, Guy Debord. «Nuestras vidas son los ríos / que van a dar en la mar, / que es el morir» son los versos más citados del poema que Manrique escribió en lamentación por su venerado padre, un tipo duro e indócil, como los tiempos que le tocó vivir, así como un gran matador de «infieles» musulmanes. «Partimos cuando nacemos, / andamos mientras vivimos, / y llegamos / al tiempo que fenecemos; / así que, cuando morimos, / descansamos». La lengua del tardomedieval Manrique es descarnada, serena. No cae nunca en el morbo de la danza macabra que se había puesto de moda en aquella época. Habla del fluir del tiempo y de la muerte con un tono de estoicismo señorial y militar. Ciertamente, la muerte destruye todo: «Y las sus claras hazañas / que hicieron en las guerras / y en las paces, / cuando tú, cruda, te ensañas, / con tu fuerza las atierras / y deshaces. / [...] todo lo pasas de claro / con tu flecha». Pero un excesivo apego a la vida no es propio de caballeros, pues resulta poco elegante. En Villamanrique, un domingo bajo un sol de justicia, encontramos la supuesta casa de la familia. Nos dijeron que llevaba cerrada desde hacía tiempo por unos trabajos de restauración tan prolongados como vagos. En el patio, bajo la efigie del poeta, había una paloma muerta. Por las calles blancas, nos dirigimos entonces hacia el castillo de Motizón, la fortaleza donde —aunque no es verdad— se dice que fueron escritas las *Coplas*. En perfecto estilo Manrique, encontramos un castillo de aspecto altanero, pero semiderruido, que dominaba toda la llanura. El lugar —muy sugerente— nos pareció deshabitado hasta que escuchamos voces procedentes de una habitación en ruinas. Al apartar una cortina de plástico, descubrimos una escena digna de la película *Feos, sucios y malos*, de Ettore Scola: una familia numerosa de gente descalza y semidesnuda reunida en torno a la mesa para comer. Nos miraron con ojos abiertos de par en par y de fauno, premodernos. Volvimos a correr la cortina antes de resultar inoportunos.

Sí, de acuerdo, el sentimiento español de la muerte es todo eso. Con todo, en aquella España de reputación tan lúgubre nunca encontraréis excesos macabros comparables a los esqueletos vestidos de las Catacumbas de los Capuchinos en Palermo o las pirámides de cráneos en el cementerio napolitano de Fontanelle. No obstante, es cierto que ambas ciudades fueron españolas, y en las colonias, ya se sabe, la cultura llevada por los conquistadores es llevada al extremo al entrar en contacto con la del lugar. Ya en otras latitudes, un ulterior ejemplo de ello podría ser la famosa fiesta mexicana de los muertos. Tópico o no, cada vez me sentía más atraído por la cuestión del «sentimiento de la muerte» en España cuando, con motivo de la publicación de su nuevo libro, me reuní con el sacerdote y escritor Pablo d'Ors. Nieto del célebre intelectual Eugenio, don Pablo es un extraño sacerdote que alguien podría definir como «posmoderno»: contemplativo (ha dedicado un ensayo de éxito a la meditación, *Biografía del silencio*) y a la vez muy inquieto. Ha estudiado en Nueva York, Viena, Praga, Roma; ha viajado desde el Sahara hasta el Himalaya; ha sido misionero en Honduras. El papa Bergoglio le ha nombrado consultor del Consejo Pontificio de la Cultura. Traducido: asesor cultural.

D'Ors me recibió en casa, en el popular barrio madrileño de Tetuán, para hablar de la obra que había dedicado a la doctora África Sendino. ¿Quién era? Una apreciada médica española que había muerto de cáncer. D'Ors, que no solo es un sacerdote intelectual, sino que asiste desde hace años a los enfermos en el hospital madrileño Ramón y Cajal, la había acompañado durante sus últimos y terribles meses, de los que extrajo numerosas lecciones. En el libro *Sendino se muere* la describe como una santa: «Tenemos una idea de la santidad como algo irreprochable, perfecto. Pero el santo no es un ser perfecto: es alguien que ha vivido la experiencia de la esclavitud y se ha liberado. Habitualmente, intentamos escapar de las adversidades. África tuvo el coraje de no evitar el sufrimiento: lo miró de frente. La suya fue una historia de redención. Redimir significa cambiar de dirección: aquello que era negativo se transforma en una oportunidad de crecimiento. El mal no desaparece, cambia el punto de vista. Y este es el significado de la historia de África, y, en el fondo, el núcleo mismo del mensaje cristiano». Le pregunté si la idea de considerar la enfermedad como gracia podía comportar cierta exaltación del sufrimiento. Una vieja crítica dirigida al cristianismo. «Es una crítica comprensible», me dijo D'Ors, «en primer lugar, porque la Iglesia todavía no es capaz de hablar adecuadamente sobre estos temas. En segundo, porque en Occidente hemos convertido el bienestar, el estar bien, en un ídolo. La más leve adversidad es vivida como una afrenta intolerable. Pero el mal, el dolor, tienen sus derechos. Decir simplemente que la enfermedad es una gracia no explica nada y se presta a malentendidos. En sí misma la enfermedad no es una gracia, pero puede llegar a serlo. Los hechos son neutros, cuanto nos sucede en la vida no es en sí mismo ni bueno ni malo, depende de cómo lo afrontamos». Pero que Sendino no rezara por su propia curación puede escandalizar. «Se esforzaba», explicó don Pablo, «luchaba por su vida, pero supo también abandonarla, ofrecerla. Rendirse es un arte que choca con la mentalidad contemporánea. Vivimos en una cultura de la lucha, del combatir hasta el final, a cualquier precio. La idea de entregarnos nos resulta absurda. Solo desde la visión de la fe adquiere sentido». Pregunté a D'Ors por qué para definir el comportamiento de África había recurrido a una palabra tan imponente como «heroísmo». «Porque ella era perfectamente consciente y libre», fue la respuesta. «La mayor parte de los enfermos dice que quiere saber todo sobre la enfermedad, pero en realidad la abrumadora mayoría prefiere saber lo menos posible. África era totalmente consciente de que se estaba muriendo, pero escogió vivir plenamente su propia condición. Siguió siendo médica hasta el final. Y se decía a sí misma: como doctora he ayudado a los enfermos, ahora les ayudaré como paciente. Y lo hizo cuidando hasta el final su forma de vestir, costumbres, gestos».

Interrogué a don Pablo sobre su experiencia de apoyo a los enfermos terminales: ¿qué diferencia veía entre los creyentes y los no creyentes ante la muerte? «La diferencia es si se muere teniendo confianza o no», dijo. «Si confías en los otros, en ti mismo, en la vida, esto es para mí la fe. Quizás no fe cristiana, pero es fe. La diferencia no está entre católicos y no católicos, sino entre quien confía en la vida y quien no». ¿Y son muchos los desconfiados? «La mayoría. El ochenta por ciento no llega preparado a la muerte porque no tiene fe en la vida. En general se muere como se ha vivido. Si vives de forma superficial, es muy probable que mueras de la misma manera».

Cuando dije a Pablo d'Ors que había leído su libro como una versión actualizada de los antiguos tratados españoles sobre el *ars moriendi*, sobre la sabiduría del buen morir, se mostró sorprendido. Aunque también como si quisiera decir que yo tenía todo el derecho del mundo a verlo desde ese punto de vista.

En definitiva, no sé si los españoles son, o quizá han sido, un pueblo obsesionado más que otros con la muerte. Tengo la impresión de que, dejando a un lado los excesos morbosos, hayan buscado más que ningún otro mirarla a los ojos para apreciar mejor la vida. «El olvido de la muerte es una deserción de la vida», decía Unamuno. Y, por lo demás, a las macabras pinturas de Valdés Leal, a los Cristos sanguinolentos, a las Vírgenes llorosas, así como al triunfalismo fúnebre del franquismo, se podrían contraponer otros tantos, o incluso más, ejemplos de signo contrario. Comenzando por la muerte reconciliada de don Quijote, una de las escenas más elevadas de la literatura universal. Y también se podrían mencionar la visión excéntrico-lúdica de la muerte presente en diversos cuadros de Salvador Dalí, o la no menos burlesca de los escritos del inclasificable Ramón Gómez de la Serna: «Hay que saber ser cadáver, pues es el oficio en que más vamos a durar». O: «La muerte llega sin sentirla porque se pone nuestras zapatillas». Sin contar con el gran número de proverbios: «Nadie muere en la víspera»; «Contra la muerte no hay ley, mata al papa, mata al rey». O un epitafio: «Aquí yace un español que estaba bien, pero quiso estar todavía mejor».

Un último ejemplo de esta concepción irónica de la muerte lo encuentro en la música popular. Hace algunos años un amigo español me hizo descubrir una canción bastante conocida titulada «El muerto vivo». Si bien tanto esta como el episodio que la había inspirado eran de origen colombiano, «El muerto vivo» fue adoptado por España y se convirtió en un éxito en la década de 1960 gracias a Pedro Pubill Calaf, Peret, el rey de la rumba catalana. La canción explica la historia de un pobre hombre, un tal Blanco Herrera, que el día de la paga, tras coger el dinero, se lo pule en los bares, emborrachándose hasta perder la conciencia. Tras una semana sin tener noticias de él, los familiares y amigos comienzan a preocuparse. Hasta que se encuentra un cadáver que se parece muchísimo a Herrera. Convencidos de que se trata de él, le preparan la capilla ardiente, rezan sobre el féretro, le perdonan las deudas y lo entierran entre abundantes lágrimas. Pero el señor Blanco reaparece en el barrio, «lleno de vida y contento», y les dice: «¡Eh! Se equivocaron de muerto». Se arma un lío indescriptible. La mujer lo rechaza, ya no lo quiere: «Ya no lo quiere, no quiere dormir con muertos». Y el estribillo insiste: «Y no estaba muerto no, no, y no estaba muerto no, no. / Y no estaba muerto no, no, estaba tomando cañas, lerelele». Una especie de *El difunto Matías Pascal*, de Pirandello, en versión proletaria. Todo ello macerado en alcohol.

CARMEN STORY

Charlie Chaplin la convirtió en protagonista de su *Parodia de Carmen*; Otto Preminger, en una proletaria afroamericana; Jean-Luc Godard, en miembro de un grupúsculo terrorista algo desorientada y nihilista. Más recientemente, en el ámbito teatral, Mario Martone y Enzo Moscato la han transformado en una madura *madame* napolitana, a caballo entre la sabiduría y el desencanto, parecida a las putas filósofas que cautivaban el imaginario de Jean Genet. Si, como un mutante, el personaje de Carmen se reencarna y reinterpreta continuamente, ello se debe a que no se trata de un personaje, sino de un mito. Aunque oficialmente se considere un mito de elaboración decimonónica, se remonta a un insondable pasado ancestral. El mismo del que surgen las inalcanzables bellezas de la antigüedad clásica o la Salomé bíblica, hasta llegar a la Lulú de Wedekind o las *dark ladies* del cine estadounidense. Artificio de eros y muerte, el propio éxito del arquetipo de la *femme fatal* lo ha convertido en un estereotipo. Por ello no nos liberaremos nunca de él.

Y eso que, en el caso de Carmen, todo comenzó con una novela de éxito discreto y una ópera que al inicio fue objeto de críticas despiadadas. La narración de Prosper Mérimée se publicó en 1845, pero su gestación se remonta a unos quince años antes. En 1830 el escritor descubrió España y quedó fascinado, tal como Stendhal de Italia, la cual, si embargo, ofrecía algo más de delicadez en comparación con la aspereza ibérica. Pero es justo la *sauvagerie*, el primitivismo español, lo que hechiza a Mérimée, que en esa época tiene veintisiete años. Es un fervoroso liberal, antimonárquico, antinapoleónico, anticlerical, antitodo; un racionalista atraído por el ocultismo y un romántico sin afectación. Sus experiencias de este primer viaje a España se recogieron en tres reportajes publicados en la *Revue de Paris*. Se trata de crónicas escritas en forma de cartas: una explica una corrida, otra el ahorcamiento de un ladrón en Valencia y la tercera se adentra en los bajos fondos. Un cuarto texto, publicado póstumamente, versa sobre el mundo de las brujas. La ambientación de Carmen ya estaba servida. En cambio, la génesis de la novela es controvertida y algo intrincada. Podría haberse inspirado en un hecho de crónica negra. El protagonista era «*ce jaque [sic] de Malaga qui avait tué sa maîtresse*», es decir, cierto energúmeno malagueño que había matado a su mujer (que le ponía los cuernos). Podría haberse tratado de un tal José Ulloa Navarro, apodado el Tragabuches porque un antepasado suyo se había zampado un asno recién nacido durante una cena que, comprensiblemente, se convirtió en leyenda. Activo en la Serranía de Ronda —la zona donde Francesco Rosi rodó su *Carmen*—, Ulloa fue uno de los bandoleros andaluces más célebres del siglo XIX. En sus ratos perdidos toreaba y entre dos corridas pilló a su mujer en la cama con un sacristán: a él lo acuchilló y a ella la arrojó por la ventana.

A Mérimée esta historia se la explicó su amiga Enriqueta María Manuela, condesa de Montijo. Era la madre de Eugenia, la encantadora granadina que, al casarse con Napoleón III, se convirtió en emperatriz consorte de los franceses y controvertido icono del Segundo Imperio francés. Además, Enriqueta fue una de las pocas mujeres sobre las que Mérimée no se abalanzó. Enjuto, poco agraciado, enfermizo, con una expresión eternamente melancólica desde su infancia infeliz, tras su aspecto de dandi, Prosper paseó a lo largo del siglo XIX su apetito sexual desenfrenado. Intentó conquistar también a George Sand, que ante sus requerimientos respondió: «No me apetece en absoluto, pero si tanto insiste...». Fueron a la casa de ella, pero Mérimée no tuvo el día y se llevó un chasco. Si hubiera vivido en una época con una moral menos remilgada, Prosper quizá habría dedicado un reportaje a los burdeles de España, de los que era cliente habitual: «He pasado en Valencia veintiún días sin aburrirme. Debo de haber hecho el amor unas treinta veces. Había cuatro chicas de servicio, todas ellas llamadas Vicenta. Para diferenciarlas, las llamaba Vicenta 1 y Vicenta 2, Vicentita 1 y 2», explicaba a Stendhal en una carta no apta para menores. Ahora bien, pese a que en ocasiones se prostituya, Carmen no es una meretriz profesional; al igual que con las estafas o el contrabando, no lo hace por dinero, sino por el placer de lo prohibido. Sigue la célebre máxima de Spinoza: «Se dice libre aquella cosa que existe por la sola necesidad de su naturaleza y que se determina a obrar por sí sola». Carmen es así. Mérimée quiso que fuera gitana porque, con un interés de pionero, estudiaba a ese pueblo noble y desgraciado. Cabe añadir que en la localidad valenciana de Sagunto una gitana llamada Carmencita le atravesó con una de esas miradas que no se olvidan.

La novela *Carmen* fue escrita a vuelapluma en 1845 y se publicó en la *Revue des Deux Mondes*. Complacido, el autor la definió como *petite drôlerie*, un pequeño capricho para comprarse unos pantalones. Como exergo recurrió a una cita del griego Páladas: «Toda mujer es hiel, pero tiene dos momentos buenos: uno en la cama y otro en la muerte». Epigrama notablemente misógino, quizá lo añadió para protegerse de las reacciones escandalizadas que preveía. Y, en efecto, las hubo, si bien no fueron exageradas. Se ha escrito que Carmen fue el fruto de una Francia y de una Europa en las que el legitimismo monárquico se tambaleaba ante el empuje de las nuevas reivindicaciones populares. Pero el Mérimée que publica el libro ya no es el bohemio de unos quince años antes. Ahora es un alto funcionario del Estado, así como miembro de la Académie française. Un chaquetero genial, vamos. Gracias a su amistad con los De Montijo, es nombrado senador vitalicio y se introduce en el círculo de Napoleón III y la emperatriz Eugenia. En los juegos de sociedad se divertía proponiendo al matrimonio pruebas de dictado en francés. En la más famosa, *Napoléon le Petit* cometió setenta y cinco errores; y su mujer española, sesenta y dos.

Muerto en Cannes en 1870, Mérimée no llegó a tiempo de ver la ópera *Carmen*, con música de Georges Bizet —que nunca había estado en España— y libreto de Meilhac y Halévy. La ópera se estrenó el 3 de marzo de 1875 y, pese a que en París las *espagnolades* estaban de moda, fue un fracaso. Era demasiado escabrosa y exigente para un público que buscaba reconfortantes distracciones burguesas como las de la *Opéra comique*. Por otro lado, el espectáculo no era lo más importante cuando se iba al teatro. Los intereses que mantenían viva esa imponente liturgia social eran otros: política, negocios, sexo, tejemanejes. Según confesaba el mismo director del templo parisino, cada tarde reservaban cinco o seis palcos para concertar matrimonios. Por su parte, la prensa hervía de indignación, se le pagaba por ello: «Malditas las mujeres infernales... Para el buen orden social sería necesario silenciar a esta Carmen y poner fin a sus desenfrenados contoneos inmovilizándola con una camisa de fuerza», tronaba un (re)censor. A Bizet le dolieron las críticas, pero no hasta el punto de llevarle a la muerte, como pretende la leyenda. Lo que le mató a los treinta y siete años fue una angina crónica, agravada por su costumbre de nadar en el Sena. El éxito de *Carmen* fue póstumo, en parte gracias al gran aprecio que le tenían intelectuales y músicos como Nietzsche, Brahms, Tchaikovski o Wagner.

Mérimée y Bizet, la novela y la ópera, no pueden parangonarse porque ambas son obras maestras. Naturalmente, por exigencias escénicas, el libreto simplifica mucho la narración.

Quien paga el pato es don José, que sufre un proceso de estupidización: en el texto original está dotado de una impulsiva complejidad, mientras que Meilhac y Halévy lo convierten en un bobo bidimensional. Yendo demasiado lejos, alguno ha visto en la Carmen de Bizet a una protofeminista que anticipa las conquistas de la mujer en la modernidad. En cambio, la protagonista de Mérimée se situaría en un estadio anterior, en la etapa de una criatura arcaica resignada a un destino subalterno. En caso de que esto sea cierto, el *amor fati* no nos la hace menos simpática.

En un bello libro que en la universidad solo te recomendaban leer los profesores más innovadores, Franco Fornari, discípulo predilecto de Cesare Musatti, se adentraba hasta las fuentes brujeriles del mito de Carmen y, más en general, de la mujer demoníaca. Dejando de lado todos los límites de una aproximación exclusivamente psicoanalítica a las obras de arte, se trata de una interpretación sugerente. En esencia defiende que, al liberar la seducción de toda finalidad procreadora, la *femme fatale* infantiliza al macho hasta someterlo; lo aprisiona en una red sadomasoquista de referencias incestuosas y lo reduce a un niño totalmente dependiente de ella. Sin quedar ella sujeta, lo encadena; dejándolo marchar, se lo asegura y lo lleva consigo hasta el infierno. Como venganza por las seducidas y abandonadas de todas las épocas. Otros han visto en Carmen la tragedia de una gitana, una criatura bastarda arrollada por el fanatismo de un país obsesionado con la «pureza de la sangre». Y actualmente alguno quizás la convierta en un precedente del feminicidio. Al tratarse de un mito, todos tienen algo de razón, aunque nadie totalmente.

Mientras que la novela es oscura, la ópera es puro alborozo, te dices a ti mismo cuando visitas en Sevilla el macizo palacio de la Real Fábrica de Tabacos, del siglo XVIII, donde la excepcional gitana enrollaba cigarros. Actualmente el edificio alberga el rectorado de la universidad. Te encuentras a pocos centenares de metros del Guadalquivir, en el exuberante corazón de esa ciudad de fábula. Un corazón de naturaleza doble: al otro lado del Alcázar, entre el barrio de Santa Cruz y el del Arenal, están las callejuelas y placitas que constituyen el escenario de otro mito subversivo de la sexualidad occidental: el de don Juan Tenorio, el burlador de Sevilla. En el siglo XVII un monje, Tirso de Molina, lo convirtió en un éxito. Y, utilizándolo como símbolo maldito de la anarquía de los sentidos, reveló la autentica verdad de estos. ¿Es tenebroso don Juan? Es cierto, su final es terrible. Pero a mí me parece que se divirtió muchísimo. Obviamente, solo es un punto de vista.

LA ROSA DE FUEGO

Cuando en la Barcelona de la *belle époque* la lucha de clases resultaba aburrida, entre los trabajadores se decía: «Venga, vayamos a quemar una iglesia». Durante el arrebato insurreccional que se extendió por la ciudad a finales de julio de 1909, se quemaron unas doce iglesias, aparte de cuarenta conventos y treinta escuelas religiosas. El resultado final fue de 120 muertos, casi todos ellos insurgentes, y 1.700 detenidos, que dieron lugar a 175 condenas de exilio, 59 de cárcel y 5 penas capitales. El fusilado más famoso fue el pedagogo anarquista Francisco Ferrer Guardia, quien, sin embargo, había rechazado liderar la aventura de la huelga revolucionaria e incluso se había marchado de Barcelona. Ante el pelotón de fusilamiento hay quien invoca cosas como la patria, la libertad o la posteridad. En cambio, Ferrer, no. Promotor de una red de educación progresista llamada Escuela Moderna, murió gritando: «¡Viva la Escuela Moderna!».

Lo que desencadenó la llamada Semana Trágica fue la torpe decisión del Gobierno de Madrid de enviar a cuarenta mil reservistas catalanes, casi todos ellos padres de familia de clase obrera, a defender las posesiones españolas en Marruecos de la guerrilla bereber. Un arrebato de orgullo de una antigua potencia colonial que había ido perdiendo sus dominios a lo largo de los siglos, un «rearmémonos y partid» que encendió de nuevo en el pueblo antiguas iras, exacerbadas por decenios de un *boom* económico que en Cataluña solo había enriquecido a los magnates industriales del vapor. Desde finales del siglo XIX, en la orgullosa Barcelona modernista las bombas estallaban como los petardos en la verbena de San Juan. Fomentada por las prédicas anarquistas, la «justicia proletaria» podía golpear en todas partes. El 5 de junio de 1884 una explosión en la Rambla de Santa Mònica inauguró la etapa del terror al destrozar a un chico de quince años que estaba jugando cerca de allí. El 7 de noviembre de 1893 se lanzaron dos artefactos sobre la platea del Gran Teatre del Liceu, donde se representaba el *Guillermo Tell* de Rossini: uno no explotó —y se conserva actualmente en el Museu d'Història de la Ciutat—, mientras que el otro mató a veinte espectadores. El 7 de junio de 1896 se produjo otro atentado: una explosión causó doce muertos entre los devotos que participaban en la procesión del Corpus Christi. A ella siguieron detenciones y juicios masivos, condenas a muerte, cárcel, deportaciones al Sahara.

En esa Barcelona turbulenta podías ver en las Ramblas a subversivos que, entre los burgueses de paseo, pedían limosna para pagarse la dinamita. La ciudad se ganó así un nombre floral y vagamente baudelairiano: Rosa de Foc, Rosa de Fuego. Sobrenombre que mantuvo al menos hasta la Guerra Civil. Una guerra que, en ninguna parte como en Cataluña, intentó desembocar en una revolución libertaria. Pero todos esos conflictos se gestaron durante el periodo a caballo entre el siglo XIX y el XX. Fechas clave: 1888, año de la Exposición Universal, que supuso la apoteosis mercantil de la *rêveuse bourgeoisie* catalana; y 1909, el año de la Semana Trágica, que acabó con el sueño de una modernización cuyos costes sociales se habían escondido durante mucho tiempo bajo la alfombra.

Para hacerse una idea: a finales del siglo XIX e inicios del XX Barcelona tenía medio millón de habitantes. En las siete mil fábricas la jornada de trabajo oscilaba entre las doce y las quince horas. La locomotora de la industrialización había sido el sector textil. Después surgieron fábricas papeleras, cementeras, químicas, mecánicas... En ellas se deslomaban trabajando catorce mil mujeres y una multitud imprecisa de niños. Los masivos flujos de población hacia Barcelona habían saturado la ciudad antigua, que se ahogaba dentro de las murallas medievales. Aduciendo razones de salubridad, se decidió demolerlas. Para modelar la nueva Barcelona se escogió el proyecto de Ildefons Cerdà, un arquitecto de ideas socialistas fascinado por las propuestas del utópico francés Étienne Cabet.

El 4 de octubre de 1860 se iniciaron las grandes obras del Eixample, el Ensanche: una radiante ciudad en cuadrícula dotada de parques, hospitales, mercados, edificios con esquinas truncadas para dejar espacio a plazas agradables y cómodas para el tráfico. Funcional, algo monótono, el plan «absolutamente modular» de Cerdà «habría podido extenderse hasta el infinito», siembre igual, señala el australiano Robert Hughes en su espléndida «biografía» de Barcelona. No obstante, esa elegante zona de la metrópolis, por donde actualmente es tan agradable deambular, ir de compras o picar algo, constituyó en parte un fracaso. Porque, movido por su generosa filantropía, el bueno de Ildefons subestimó la voracidad inmobiliaria. Durante la fase de realización, el verde desapareció borrado por el ladrillo; los pequeños edificios aumentaron su tamaño considerablemente; fueron surgiendo construcciones más allá de cualquier planificación razonable. Por ejemplo, los 66.000 metros cuadrados de espacio habitacional previstos por el urbanista para cada manzana se ampliaron hasta los 280.000.

Pese al triunfalismo empresarial, también la pregonada Expo fue en cierta medida un fiasco. Ciertamente, al igual que las exposiciones actuales, mejoró provisionalmente las tasas de empleo mediante trabajos temporales y fue visitada por un millón y medio de personas, unas seis mil al día durante treinta y cinco semanas. Pero a su cierre el balance resultaba negativo y para sanear las deudas se necesitaron unos diez años. Asimismo, las grandes compañías internacionales desdeñaron el escaparate barcelonés, reservando los últimos avances tecnológicos para la más atractiva cita parisina del año siguiente.

Pero da igual. Entre las ansias libertarias y la racionalización burguesa, la Rosa de Fuego bullía de ideas. Del socialismo al catalanismo, del anarcosindicalismo al modernismo, se convirtió en destino y origen de diversos «ismos», tanto autóctonos como de importación. Con audaces innovaciones florales, neogóticas, neorientales... la arquitectura tuvo como exponentes destacados a Lluís Domènech i Montaner, Josep Puig i Cadafalch y, cómo no, Antoni Gaudí, quien, sin embargo, se desvinculó del modernismo para seguir una trayectoria completamente personal, casi mística y de un exuberante vitalismo.

Desafortunado Gaudí: dado que era un hombre extravagante y reservado, en época reciente se ha visto arrastrado por la moda del esoterismo de masas. Rosacruz, templario, masón, cabalista, alquimista... Sobre don Antoni se continúa diciendo de todo. Y desde que Dan Brown abriera la caja de Pandora de un nuevo género, el «*teo-thriller*», editores y novelistas se han lanzado a una carrera por publicar un «Códice Gaudí» capaz de competir con los *best sellers* americanos. Hace años, cuando quería orientarme por ese universo de vendedores de humo sobre el «arquitecto de Dios», pedí consejo al profesor Joan Bassegoda Nonell, que había dedicado al genio catalán una vida de estudio y había sido titular de la Real Cátedra Gaudí-UPC durante más de treinta años. «¿Artista esotérico? Gilipolleces», cortó al instante el número uno de los «gaudiólogos». «He preguntado a los masones si el nombre de Antoni Gaudí figuraba entre sus documentos de esa época. Me han respondido que no. Y eso que habrían estado interesados en reivindicarlo como uno de sus afiliados más ilustres. Nunca me he negado a discutir con quien propone lecturas mistéricas de la arquitectura de Gaudí. Pero son ellos, los esotéricos, los que sistemáticamente evitan el debate».

Unos días antes había obtenido el permiso para visitar las obras de la Sagrada Familia, que Gaudí dejó inacabada, pero que con determinación los catalanes quieren acabar. El final de las obras está previsto para el 2026. Pero es una fecha que se va aplazando desde hace décadas. En lo alto de la basílica, un día frío, paseé con la chaqueta al viento entre grupos de estudiantes de arquitectura que parecían cordadas alpinas deslumbradas por paraboloides e hiperboloides, «superficies curvas pero generadas por líneas rectas, formas que Gaudí tomaba prestadas de la naturaleza. Consideraba el fémur humano una espléndida columna. ¿Y qué es un fémur si no un hiperboloide?», comentaba con una sonrisa Jordi Bonet, el arquitecto jefe, mientras me acompañaba. Le pregunté cómo se podía respetar el proyecto de Gaudí, puesto que, con el estallido de la Guerra Civil en 1936, las maquetas y los planos se habían perdido en el asalto a su taller. Me explicó que algunas maquetas se habían reconstruido a partir de fragmentos. En cuanto al resto, se procedía según los planteamientos de Gaudí: relaciones y progresiones matemáticas. Estos son los secretos de don Antoni. De sus edificios, no es necesario que la Sagrada Familia sea el que más nos guste. Bassegoda me confesó que para él el verdadero milagro era la Pedrera, la Casa Milà. Por otro lado, este profesor testificó en el proceso de beatificación de Gaudí, iniciado a principios de la década de 1990.

Tímido, frugal, muy religioso, una especie de héroe de Balzac perdido en su búsqueda de lo absoluto, Antoni Gaudí es uno de los pocos arquitectos modernos que ha incorporado en sus edificios cierta idea de felicidad. El docto Bassegoda me explicó que no era un intelectual, sino una persona práctica. Un artesano. Partía de unas formas que no eran abstractas, sino presentes en la naturaleza. Para encontrar inspiración, iba a pasearse por el puerto y estudiaba las olas que rompían contra los muelles. Tenía una especie de sensibilidad franciscana. La belleza coincidía para él con la funcionalidad. Por ello admiraba las soluciones de la arquitectura espontánea, popular. De la arquitectura sin arquitectos. El profesor después me describió la humilde comarca de Tarragona donde Antoni, hijo de artesanos, había nacido: «Es una zona donde la luz cae a 45 grados. Recuerda las regiones más expuestas al sol del Lacio, de Marruecos, de Palestina». ¿Y los símbolos? De acuerdo, no son tan tenebrosos como algunos nos quieren hacer creer, pero los encontramos a porrillo en Gaudí. «Todos se corresponden con citas concretas de las escrituras. Pero ojo con desvirtuar las interpretaciones. Por ejemplo, en cuanto al dragón. Algunos dicen que representa a san Jorge. Pues no. ¡Representa un dragón! De otra forma, Gaudí hubiera puesto a su lado a san Jorge, ¿no le parece? Si hay algo que a los esotéricos les resulta intolerable es la simplicidad».

Gaudí consideraba que la originalidad consiste en el retorno a los orígenes, pero en la Barcelona que bullía en búsqueda de novedades no todos habrían estado de acuerdo. Modesta durante siglos en comparación con la pintura española de la época imperial, el panorama pictórico catalán fue conquistado por los excelentes Ramon Casas y Santiago Rusiñol, que se convirtieron en los intérpretes de una sociedad en mutación, retratando tanto a los ricos como a los desheredados. Sin alcanzar la sombría grandeza de un Goya, es un cuadro audaz y sugestivamente macabro aquel en el que Casas representó la ejecución mediante garrote vil del anarquista Santiago Salvador, el responsable de la masacre del Teatro del Liceu. Pero el verdadero prodigio de ese ambiente metropolitano irrumpió algunos años más tarde. Se trataba de un ambicioso chico de diecinueve años originario de Málaga que, al despuntar el siglo XX, expuso una serie de retratos, la mayoría dibujos al carboncillo, en las paredes de una cervecería del Barrio Gótico. Actualmente Els Quatre Gats es un local plastificado «atrapaturistas» y hay que hacer un gran esfuerzo para imaginar su aspecto en la época en la que albergó la primera muestra en solitario de Pablo

Picasso. Algo inmaduros pero llenos de promesas, esos trabajos se inspiraban en el estilo de Ramon Casas, que era mayor que él, que retrató a Picasso con un oscuro gorro de bandido y una expresión de granuja rapaz, dispuesto a zamparse al maestro.

Picasso debutó retratando los rostros de personas situadas en los márgenes de la sociedad: estudiantes libertinos, dandis de los bajos fondos, subversivos de bar. Un ambiente en el que el malagueño se movía cómodamente y con mirada atenta. Pese a que las hagiografías lo presentan como un precoz anarquista, el Picasso debutante mantuvo siempre una distancia de seguridad respecto a la política. Muy cauto debido a la feroz represión policial, su anticonformismo no fue más allá de una identificación sentimental con los marginados. Por ejemplo, veamos el verano de 1909: mientras Barcelona se lame las heridas provocadas por la cólera obrera y los primeros insurrectos son fusilados en Montjuïc, Pablo tiene veintisiete años y qué hace: nada. Veranea en Horta de Sant Joan y pinta paisajes cezaniano-cubistas. Tranquilo. Todavía se encontraba muy lejos del futuro comunista, del hombre del *Guernica* y de las palomas de la paz, del artista que, entre genialidad y cálculo, se convirtió en un símbolo viviente del compromiso.

En París, hace algunos años, salieron a la luz documentos interesantes sobre las andanzas del joven Picasso. Los expusieron en el Musée de la Préfecture de Police en una muestra de la que casi nadie se enteró: *Le dossier Picasso*. Recorría la vida de Pablo a través de la lente de la policía y de la severa burocracia francesa. Los documentos revelaron que, desde su primera estancia en París en 1901, Picasso fue fichado como *anarchiste*. Aunque sin alarmismos. Más que nada es un bohemio, un rebelde políticamente inofensivo. Según se leía en un informe, «su presencia en reuniones anarquistas nunca ha sido señalada» y «la portera del edificio en el que reside nunca le ha escuchado expresar opiniones subversivas». Pablo es catalogado como anarquista porque frecuenta a anarquistas y se va de juerga y vive con ellos. Es la época en la que el pintor, veinteañero, vive en casa de Pere Mañach —su protector y marchante hasta el periodo azul—, que en el 130 de Boulevard de Clichy ha creado una especie de «falansterio», una comuna artístico-libertaria vigilada de cerca por la policía. Ciertamente, comenzando por los terroristas Ravachol y Émile Henry y llegando hasta el lombardo Sante Caserio, que había apuñalado de muerte al presidente de la república Marie François Sadi Carnot, casi todos los «ángeles negros» del anarquismo habían sido capturados o eliminados, pero permanecían vivos en la memoria los más de cincuenta atentados acaecidos entre 1893 y 1894. Además, la tristemente célebre banda de Bonnot todavía actuaba. Por ello el ambiente subversivo seguía siendo vigilado rigurosamente.

Pero los anarquistas llevan una vida austera, devotamente dedicada a la causa a la sombra de la clandestinidad y de la conspiración. En cambio, Picasso lo intenta todo para hacerse notar. Celoso, lunático, violento y asiduo a los burdeles; comparte su estudio con un ratón domesticado, pinta como un loco, fuma opio y lo va ofreciendo por ahí, se pasea con un mono de obrero, gorra, alpargatas..., no se separa nunca de su adorado revólver y, bien entrada la noche, al volver al taller del Bateau-Lavoir tras sus maratones alcohólicas, se divierte disparando al cielo desde la ventana. Un tipo ruidoso. Pero las actas de la República nada recogen de esos excesos. En Francia el inquieto inmigrante no tuvo problemas con la policía ni fue vigilado seriamente. Sin embargo, pese a ser leves, esas primeras sospechas de principios de siglo, esas motitas subversivas en su historial, perjudicarán para siempre su destino, su vida legal ante las autoridades francesas.

Su juventud alocada le pasa factura en 1940, cuando, a la vigilia de la invasión nazi, Picasso presenta ante las autoridades francesas una petición de naturalización que supone todo un SOS. Porque, durante los años anteriores, además de famoso, Pablo se ha convertido en un artista comprometido: se ha alineado apasionadamente con la República española contra el golpe franquista, en 1937 ha pintado *Guernica* en homenaje a la ciudad vasca destruida por las bombas de la hitleriana Legión Cóndor. Ahora está marcado como un «rojo». Produce cierto efecto ver su firma a pie de página en un documento timbrado en el que pide humildemente lo siguiente: «Me permito solicitar mi naturalización y me comprometo a pagar las tasas correspondientes a tal fin». La solicitud recibió una primera respuesta favorable. Las investigaciones han demostrado que el peticionario Pablo Ruiz y Picasso era un desconocido en el registro judicial y, sobre todo, había pagado la imponente suma de setecientos mil francos de impuestos en el año 1939. «*Avis* favorable» es la respuesta del comisario. Pero en menos de un mes la decisión da un vuelco. Poco después la naturalización es denegada definitivamente tras un segundo informe de policía en el que se lee que el «autoproclamado pintor moderno» Picasso es conocido por los Servicios «por haber sido fichado como anarquista en 1905». Además, durante la guerra del 1914-1918 no había prestado ningún servicio «a nuestro país». Asimismo, «ha conservado sus ideas extremistas, inclinándose hacia el comunismo». Le han escuchado en público hacer apología de los sóviets y parece que dispuso que, tras su muerte, sus obras fueran donadas a la URSS, no a Francia. Como si todo ello no bastara, se le calificaba de persona «*hautain e renfermé*», altivo e introvertido. Por ello, «no dispone de ningún mérito para obtener la naturalización». Y no solo eso: «Debe ser considerado sospechoso en el plano nacional». Suspenso en toda regla.

Los documentos sobre *l'étranger* Picasso fueron requisados por los nazis y llevados a Berlín. Con la caída del Reich, el Ejército Rojo se hizo con ellos y los llevó a Moscú. Solo en el 2000, tras largas negociaciones con los rusos, el Quai d'Orsay consiguió recuperarlos. ¿Piensas acaso que el maldito papeleo no respeta a nadie y que siempre es igual para todos? No, hay papeleo más igual que otro.

MACHADO: HUIDA Y MUERTE

Estaba oscuro, llovía, Europa se encaminaba hacia la ruina. Aquella noche bajaron del tren cinco figuras vestidas de negro: una pareja en torno a los cincuenta, un hombre de la misma edad, una mujer anciana y un hombre que aparentaba mucho más de sus sesenta y tres años. Encorvado, mejillas hundidas y rostro ceniciento, ese hombre es Antonio Machado, el mayor poeta de España, un «clásico que vive entre nosotros», dijo de él la filósofa María Zambrano. Lo acompañan su madre, Ana, el matrimonio formado por José, su hermano menor, y Matea, y un amigo, el escritor Corpus Barga. El grupo tiene un aire espectral. Llevan varios días de viaje. Han dormido en casas de campo y vagones abandonados. Para llegar a Francia, han atravesado la frontera a pie bajo un diluvio, en medio de la marea humana de los refugiados que escapan de España, en ese momento casi totalmente en manos de las tropas de Francisco Franco. Se trata de la Retirada, el éxodo de medio millón de desdichados —soldados republicanos a la fuga, mujeres, viejos y niños— que acabarán hacinados en terribles campos de internamiento.

En ese invierno caótico, la carretera que lleva de la estación a Colliure —pueblo situado a unos 25 kilómetros de la frontera— está cortada por obras, por lo que no puede pasar ningún taxi. Deben recorrer a pie la distancia que les separa del pueblo.

Doña Ana, de ochenta y ocho años, es llevada en brazos. Delira: «¿Estamos llegando ya a Sevilla?». En este trayecto la anciana andaluza vuelve a ver la ciudad en la que nació y en la que tuvo a cuatro de sus seis hijos, entre ellos Antonio, su preferido. En la Placette, la plaza principal de Colliure, actualmente hay una enoteca de nombre altisonante: Vinos de autor. Cuando, el 28 de enero de 1939, los Machado llegan a la villa, en ese local hay una mercería. La regenta madame Juliette Figueres, una mujer bondadosa. Ofrece a los desplazados pan y café con leche. Al otro lado de la plaza hay otra mujer así, madame Pauline Quintana, propietaria del hotel homónimo. No es mucho más grande que una pensión, pero orgullosa de su propio abolengo: «*La plus ancienne réputation*», reza el cartel. Acogidos al momento, los refugiados se alojan en dos habitaciones contiguas en la primera planta: en una el poeta y su madre; en la de al lado, el hermano y su mujer. «No sabía que Machado era un escritor famoso», explicó posteriormente Quintana. «Me parecía una persona respetable. No sabía nada de él, pero si alguien está en dificultades no es necesario conocerlo para echarle una mano».

La larga huida de Antonio Machado se había iniciado tres años antes. En noviembre de 1936, golpeado por los bombardeos fascistas, Madrid resiste, aunque no se sabe todavía durante cuánto tiempo. La Alianza de Intelectuales Antifascistas considera que un escritor del prestigio de Machado debe ser evacuado a un lugar seguro. Al principio el poeta se opone a ello, pero finalmente accede a dejar la capital. Se traslada junto con su familia a Valencia, nueva sede del Gobierno republicano. Se instalan en un chalé de nombre hospitalario, Villa Amparo, situado en el pueblo de Rocafort. La salud de Machado se deteriora, la tragedia española lo está consumiendo físicamente. «Una guerra civil no es una guerra, sino una enfermedad», escribió Saint-Exupéry. Y así es como la vive Machado. El gran trauma de su existencia había sido, varias décadas antes, la muerte de Leonor, su adorada esposa niña muerta de tuberculosis a los dieciocho años. Superó la desesperación aferrándose a su estoicismo, que ahora es de nuevo puesto a prueba. En septiembre se entera del fusilamiento de García Lorca, a quien dedica una elegía desgarradora, «El crimen fue en Granada». Y lo hunden aún más las noticias sobre su hermano Manuel, también él escritor, que se encontraba en zona sublevada en el momento del estallido de la Guerra Civil. Manolo ha acabado sumándose a los fascistas, lo que le ha convertido en la perfecta antítesis de Antonio: un cantor de la Falange y del «caudillo» Franco.

Pese a su progresivo deterioro, Machado trabaja sin descanso durante la etapa valenciana. Escribe discursos antifascistas, artículos y poesías; y concede todas las entrevistas. En los mítines se le ve subir al estrado algo asustado. Las masas no son lo suyo. ¿Qué hace alguien como él en el papel de tribuno? Siempre ha sido un hombre apacible, abstraído y reservado. Ha pasado su vida enseñando francés en institutos de provincias. Es un poeta de un intimismo sobrio, alejado de los arrebatos líricos y de peroratas sentimentales. Pero proviene de una familia sevillana de librepensadores progresistas, y, como «demófilo», es decir, «amigo del pueblo», su republicanismo es una fe enraizada en lo más hondo. «Desde un punto de vista teórico, yo no soy marxista, no lo he sido nunca, es muy posible que no lo sea jamás. [...] Veo, sin embargo, con entera claridad, que el socialismo [...] es una etapa inexcusable en el camino de la justicia», confiesa. No se afilia a ningún partido, pero se deja utilizar en parte por los comunistas, que en el bando republicano se han hecho con las riendas políticas y militares. Se convierte en un portavoz relevante de la causa antifascista. Y comete alguna ingenuidad. Se deja embaucar por el mito de la URSS como gran madre del proletariado universal: «¡Oh Rusia, noble Rusia, santa Rusia, / cien veces noble y santa! / [...] / ¿oyes la voz de España? / Mientras la guerra truena / de mar a mar, ella te grita: ¡Hermana!». Como si Stalin hubiera intervenido en la Guerra Civil movido por ideales filantrópicos.

En el comedor, Machado lee y escribe hasta el alba mientras bebe café de achicoria y se hunde cada vez más en el abrigo: del hombre con algo de sobrepeso que era solo quedan los huesos. Unamuno lo había definido como el hombre con el aspecto más desaliñado, pero «con el alma más pura». Sin embargo, ahora Machado parece un vagabundo: mal afeitado y con la ropa cubierta de ceniza. A pesar de sus problemas respiratorios, fuma como un carretero. Cuando se le acaba el tabaco, recicla el que queda en las colillas. Y cuando se le acaba el papel de fumar, enrolla los cigarrillos con hojas de eucalipto recogidas en el jardín. La villa valenciana cuenta con una torre desde la que se ve el Mediterráneo. Contemplados desde ahí arriba, los días de sol son de una belleza hiriente. El poeta reflexiona, presagia que morirá si debe exiliarse. Mientras tanto, la guerra cada vez va peor para los republicanos. En abril de 1938 recibe un telegrama del Gobierno que le invita «perentoriamente» a dejar Rocafort para dirigirse a Barcelona. En la capital catalana la familia se aloja en la Torre Castanyer, un palacete aristocrático requisado por la República. Antonio pasa allí ocho amargos meses. No se hace ilusiones: «La guerra está perdida». En enero de 1939 los franquistas están a las puertas de Barcelona, por lo que deben marcharse también de allí. El recorrido hasta la frontera supone un sufrimiento de 150 kilómetros. Cuando la aviación franquista no las ametralla, las columnas de refugiados avanzan con gran lentitud, en medio de un silencio irreal y obstaculizadas por montones de cosas abandonadas: maletas, colchones y todo tipo de enseres. Todos se llevan de su hogar lo que consideran necesario, pero por el camino el concepto de «necesario» se va reduciendo y al final solo se piensa en salvar el pellejo. También para Machado es un camino de progresivo desprendimiento: llega a Colliure con lo puesto. Libros, documentos, últimos escritos... lo ha abandonado todo. En el hotel Quintana la propietaria se pregunta por qué los hermanos nunca comen juntos. «Porque no tenemos ropa de recambio. Mientras una camisa se está secando, nos alternamos la que está limpia», le explica José. Unos años antes, Antonio había acabado una de sus poesías más célebres con estos versos: «Y cuando llegue el día del último viaje, / y esté al partir la nave que nunca ha de tornar, / me encontraréis a bordo ligero de equipaje, / casi desnudo, como los hijos de la mar». Palabras que suenan proféticas.

Con unos tres mil habitantes —la población actual—, Colliure era un agradable pueblo de pescadores ya frecuentado por los artistas. La belleza de su luz, que jugando con el azul místico del mar transforma en un caleidoscopio las fachadas rosas, celestes y amarillas de las casas, atrajo aquí a los fauvistas, pero también a Matisse, Derain y Picasso. La pesca y la elaboración de las anchoas crearon pequeñas dinastías comerciales de las que queda alguna huella en varios carteles, si bien a mediados del siglo pasado comenzó a haber cada vez menos boquerones, hasta que prácticamente desaparecieron. Ahora los importan de Argentina. Siempre encantador, el pueblo vive de turistas y recuerdos. En pleno invierno la atmósfera se hace tenue hasta el límite de lo sobrenatural. No hay nadie por la calle. Solo están abiertos un hotel y un bar. Si se presta atención, solo se escucha el murmullo de la resaca sobre las piedrecitas de la playa. Ambiente gélido como en una película de los años setenta con Maurice Ronet. El edificio del hotel Quintana continúa en pie, pero deshabitado. Machado casi no salía. Y cuando lo hacía, se alejaba tan solo unos metros: al llegar hasta el primer banco que encontraba, se sentaba a observar a los jugadores de petanca. Él, que durante toda su vida había cultivado celosamente el humanismo de sus propias costumbres —el paseo, estar informado, las charlas en el café—, ahora se sentía viejo, «viejo como España». En Colliure tan solo una persona se dio cuenta de que él era el famoso Machado. Se llamaba Jacques Baills y era el vicejefe de la estación, pero para complementar su sueldo ayudaba a madame Quintana con la contabilidad del hotel. Cuando leyó en el registro «Antonio Machado, profesor», corrió a preguntarle si él era el poeta. «Sí, soy yo», respondió Machado casi a regañadientes. Durante sus clases nocturnas de español, Baills se había aprendido de memoria los versos y los había escrito en un cuaderno. Hojearlo supuso para Machado el primer momento de felicidad tras mucho tiempo. Entre el poeta y el ferroviario surgió una amistad que recuerda la del exiliado Neruda con el cartero. Una mañana ventosa y soleada, Antonio coge del brazo a su hermano: «José, vayamos a ver el mar». En la playa se sientan sobre una barca vuelta al revés. Mientras observa con atención las casas de los pescadores, Machado suspira: «Quién pudiera vivir ahí, tras una de esas ventanas, libre ya de toda preocupación». Pocas horas después sufre una crisis, respira mal. El médico que lo visita no se muestra optimista. En la cama de al lado la anciana madre duerme desde hace días como en un coma profundo. «Adiós, madre, adiós», le susurra Antonio. Más tarde es él quien entra en coma. Muere la tarde del 22 de febrero, Miércoles de Ceniza. La habitación es pequeña, por lo que sacar su cuerpo se convierte en un problema: hay que hacerlo pasar por encima de la cama de la anciana, todavía profundamente dormida. Pero apenas ha salido el cuerpo del hijo, doña Ana se reanima de repente: «¿Dónde está Antonio? ¿Qué ha pasado?». Muere tres días después. Envuelto en la bandera tricolor republicana, el féretro de Machado es llevado al cementerio a hombros de seis soldados españoles del ejército derrotado. La tumba, restaurada en 1958 con la contribución de gente como André Malraux, René Char y Albert Camus, dispone de un buzón. «En los últimos treinta años hemos recogido treinta mil cartas enviadas por sus admiradores», me explica Jacques Rodor, que las ordena con esmero en los archivos de la Fundación Machado. Señalándome la vieja pensión Quintana, añade: «Los lechos donde murieron Antonio y su madre continúan ahí dentro». Abandonados. ¿Pero en las pocas semanas transcurridas en Colliure Machado escribió algo? Cuestión polémica en torno a la cual giran numerosas leyendas. En su casa de Perpiñán, Jacques Issorel, de setenta y ocho años, hispanista emérito y máximo estudioso del poeta, sonríe: «No, en Colliure Machado no escribió nada. Del bolsillo de su chaqueta se recuperó un trozo de papel donde solo había escrito un único verso: "Estos días azules y este sol de la infancia". Dos hemistiquios perfectos, ¿no le parece?».

WESTERN ANDALUZ

Por la pista zigzaguea una serpiente. Francamente, no me quedo ahí para comprobar si se trata de una víbora o de una culebra. Cerca ya de mi destino, me aparto y ya está. El Cortijo del Fraile debe su nombre a los dominicos de Almería que lo construyeron en el siglo XVIII y lo habitaron hasta el siglo siguiente, cuando gran parte de los bienes eclesiásticos fueron expropiados por el Estado para después revenderlos a los particulares que pudieran pagarlos. Pese a que desde hace años se habla de restaurarlo, el Cortijo es actualmente un extenso complejo completamente abandonado. Solo la pequeña iglesia aguanta. El resto son un montón de techos caídos, muros derruidos, hierbajos, piedras y serpientes. Las estructuras de los edificios se levantan sobre un páramo situado al sur del pueblo árabe de Níjar, famoso por sus cerámicas.

Es un paisaje de tierras sedientas, ocres y granates, hace tiempo exprimidas para obtener cebada, trigo o esparto. Recurriendo a jornaleros magrebíes y subsaharianos, ahora se cultivan en ellas brócolis o lechugas. Incluso en invernaderos, si bien aquí en teoría están prohibidos, ya que el Cortijo se encuentra dentro del parque natural del Cabo de Gata, reserva protegida para garzas, flamencos, cigüeñas, avocetas… Una explosión de naturaleza que contrasta con la aspereza del lugar. Con una media de 150 mililitros de lluvia al año, se considera el sitio más árido de Europa. Lo llaman clima mediterráneo seco.

Ese verano de finales de la década de 1920 también hacía mucho calor cuando, en los alrededores del Cortijo, se produjo el crimen. El homicidio inspiró a Federico García Lorca el drama *Bodas de sangre*, y todavía sigue siendo uno de los escasos motivos que empujan a los curiosos a adentrarse en el interior de esta parte de Andalucía tan introvertida y poco conocida.

Así lo explicaba el diario *ABC* el 25 de julio de 1928: «En las inmediaciones de un cortijo de Níjar se ha perpetrado un crimen en circunstancias misteriosas. Para la mañana de ayer se había concertado la boda de una hija del cortijero, joven de veinte años. En la casa de hallaban esperando la hora de ceremonia el novio y numerosos invitados. Como la hora se acercaba y la novia no llegaba ni aparecía por la casa, los invitados se retiraron contrariados. Uno de estos encontró a una distancia de ocho kilómetros del cortijo el cadáver ensangrentado de un primo de la novia que iba a casarse, apellidado Montes Cañadas, de treinta y cuatro años. A las voces de auxilio del que hizo el hallazgo acudieron numerosas personas que regresaban de la cortijada y la Guardia Civil, que logró dar con la novia, que se hallaba en un lugar próximo al que estaba el cadáver y con las ropas desgarradas. Detenida la novia, manifestó que había huido en unión de su primo para burlar al novio. La fuga la emprendieron en una caballería, y al llegar al lugar del crimen les salió al encuentro un enmascarado, que hizo cuatro disparos, produciendo la muerte de Montes Cañadas. También fue detenido el novio, quien niega toda participación en el crimen, que hasta ahora parece envuelto en el mayor misterio».

Pocas horas antes de un matrimonio posiblemente concertado, una huida de amor acaba en tragedia. Material fuerte, rural. Cuando Lorca leyó la noticia, saltó de emoción excitado: «¡La prensa, qué maravilla! ¡Leed esta noticia! Es un drama difícil de inventar». Federico da vueltas al suceso durante cuatro años. Y en 1931 escribe *Bodas de sangre*, su primer éxito teatral. El crimen se resolvió en tan solo una semana. O casi. Puesto que, si bien alguien lo había confesado, las dinámicas, los motivos profundos y las complicidades del homicidio continuaron ocultos. Sellados bajo la ley del silencio de un mundo campesino que, lejos de cualquier idealización bucólica, mostraba su rostro más decididamente siniestro.

De ese tenebroso suceso, conformado por enfrentamientos entre clanes, corrupción y pasiones ocultas, el andaluz Lorca extrajo la fuerza telúrica al transfigurarlo poéticamente, si bien se concedió más de una licencia, sobre todo en la estilización de los personajes. Comenzando por Paquita Cañada, la fugitiva: en la realidad era la total antítesis de la impetuosa belleza mediterránea que vemos en el teatro. Flaca, con grandes dientes de caballo y, además, coja. Un detalle este último de gran importancia, pues fue en cierta medida el desencadenante de la tragedia. Se decía que su discapacidad era consecuencia de una poliomielitis. Pero quizá la chica arrastraba una pierna por culpa del arrebato de un padre maltratador. Parece que, siendo Paquita pequeña, una noche el padre, fuera de control por sus lloros, le propinó una paliza que la dejó coja para siempre. Perseguido por los remordimientos, Francisco, el padre, buscó reparar lo que había hecho colmando de atenciones a la hija coja, eximiéndola del trabajo agrícola y, sobre todo, asignándole una jugosa dote. Las tierras y el dinero convierten a la muchacha coja en una presa muy codiciada. Antes de la boda, Paquita fue prometida a un tal Casimiro Pérez Pino, de veintinueve años. Se le describe como una persona angelical y «un poco inocente», lo que vendría a significar «un poco tonto». La boda se fija para el 23 de julio. Al igual que en otras latitudes meridionales, también en la Andalucía rural los matrimonios se celebran en verano por la noche. Para evitar el calor. La fiesta tiene lugar antes de la ceremonia. El *catering* es espartano: vino, garbanzos tostados, algún dulce. Una vez acabada, cada uno busca un lugar donde dormir un poco. Después todo el mundo a la iglesia para la ceremonia y, a la mañana siguiente, de nuevo a deslomarse en el campo.

Pero Paquita se salta el guion. Mientras los invitados duermen, se escabulle con Francisco, el primo guapetón del que está secretamente enamoradísima. Pero no se han alejado demasiado cuando el joven es asesinado por un misterioso agresor. Cuando la encuentran al lado del cadáver, la chica está semidesnuda y desvaría. La policía la arresta junto con el novio. Pero en los interrogatorios surgen incongruencias. Y las pruebas encontradas en la *scena criminis* no concuerdan: Francisco Montes ha recibido tres proyectiles disparados a quemarropa, el mortal en un ojo. Pero la pistola encontrada junto al cuerpo es una de cinco disparos y en el cargador solo faltan dos. Además, ni los casquillos ni la bala extraída del cadáver se corresponden con el calibre. En conclusión, esa arma no es la que ha matado a Montes.

Los investigadores no se creen la historia del agresor enmascarado. Y, tras haber escuchado diversos testimonios, meten en el calabozo a dos personas más: Carmen, la hermana mayor de Paquita, y su marido José, que también es hermano del prometido. Durante el cara a cara entre las dos hermanas llega el *coup de théâtre*: «¡Es tu marido el que ha disparado a Francisco, mientras tú intentabas estrangularme!», grita la coja abalanzándose contra Carmen. Están a punto de llegar a las manos. Una vez separadas, vuelven a sus celdas. Para presionar a José, el presunto asesino, el juez confía en un capitán de la Guardia Civil con fama de policía amable y dotado de inagotable paciencia. Tras horas de café y cigarrillos, el policía obtiene la confesión: para vengar la ofensa infligida al hermano, José atacó a los fugitivos disparándoles, aunque falló. En el forcejeo fue desarmado por Montes, que intentó defenderse con su propia pistola, pero en la confusión se disparó a sí mismo con el arma que empuñaba, que después se hizo desaparecer. La reconstrucción es algo enrevesada, pero convence a los investigadores.

José Pérez fue condenado a ocho años de cárcel. Pasó en ella solo tres y volvió a casa para morir de tifus. Su mujer permaneció en la cárcel tan solo algunos meses. Habría sido ella la instigadora de todo. Había orquestado el matrimonio entre la hermana y el cuñado para estar cerca de una herencia de la cual se sentía injustamente excluida. Pero los amoríos de Paquita habían hecho saltar todo por los aires. Sobre el crimen de Níjar todavía se especuló durante mucho tiempo. Según algunos, la huida de los dos amantes no habría sido tan improvisada, sino incluso planeada con la complicidad del padre de la novia, que habría preferido el matrimonio con el primo. Sin embargo, para la justicia se trataba de un caso cerrado.

Paquita la coja murió en 1987 a la edad de ochenta y cuatro años. Permaneció soltera y, por el dolor, vivió recluida en un mutismo inconsolable. Pese a hallarse a pocos kilómetros de distancia, no volvió a encontrarse jamás con el novio plantado. Casimiro Pérez llegó hasta los noventa y dos años. Se casó con otra mujer y, para complementar sus ingresos, trabajó como figurante en algunos *spaghetti western*. Como se sabe, en Andalucía se rodaron un montón. Al noroeste de Níjar, en el desierto de Tabernas, los platós de esas películas se mantienen con obstinación. Se trata de casetas turísticas que no se sabe si resultan simpáticas o tristes. Dentro de ellas te encuentras a melancólicos inmigrantes ucranianos o polacos disfrazados de pistoleros que te lanzan una cerveza desde lejos haciendo deslizar la jarra por encima de la barra del *saloon*. Es mucho más interesante el Cortijo del Fraile y su entorno: el pueblo blanco de Los Albaricoques o Rodalquilar, con sus minas fantasma. Sergio Leone los escogió como localización para *El bueno, el feo y el malo*. Damiano Damiani para *Yo soy la revolución*, una historia ambientada en la revolución mexicana. En una escena vemos a Klaus Kinski, un fraile guerrillero, que tras el muro del cortijo lanza tres bombas contra el ejército: en nombre del Padre (bomba), del Hijo (otra bomba) y del Espíritu Santo (bomba final). Inolvidable.

Quién sabe en cuál de esas películas, y para qué papel, fue contratado Casimiro Pérez. Como Paquita, también él se sumió en un hermético marasmo. De viejo parecía que se había fundido con la tierra de agaves y piedras que lo había engendrado. Con una sonrisa arcana de Buda, movía la cabeza ante los periodistas que le interrogaban sobre lo acontecido. Cuando le preguntaron si conocía *Bodas de sangre* de Lorca, respondió que no.

LOS ORIGAMI DE UNAMUNO

En Salamanca, en la casa —ahora museo— donde Unamuno vivió cuando era rector de la antigua universidad, se reconstruye la vida cotidiana del inquilino con una veneración puntillosa. Por ejemplo, junto a la mesilla de noche está su orinal; en el armario se guardan su Evangelio de bolsillo y sus sombreros —uno vasco y otro de fieltro—, siempre de color negro porque el hosco Miguel no toleraba ningún otro color y siempre vistió con un estilo vagamente *amish*. Pero las reliquias más curiosas se encuentran dentro de una vitrina: son figuritas de papel que representan elefantes, dromedarios, pájaros, musulmanes con chilabas que oran arrodillados. La papiroflexia o cocotología fue uno de los diversos ámbitos en que Unamuno mostró su talento.

En los cafés de Salamanca, como el Novelty, que todavía sigue abierto bajo los soportales de la hermosa plaza Mayor, era fácil sorprenderlo mientras se agenciaba las servilletas de papel con las que hacía sus adorados muñequitos. A la papiroflexia Unamuno le dedicó *Apuntes para un tratado de cocotología*, parodia de ensayo positivista puesta como apéndice a la novela *Amor y pedagogía* (1902). Pero esta pasión le venía ya de niño. En 1874, Bilbao, su ciudad natal, se halla inmersa en la enésima guerra carlista. La familia Unamuno se encierra en casa y Miguel, que tiene diez años, se pasa el tiempo creando pajaritas. Elabora unas doscientas, y las organiza en una microsociedad dotada de leyes, ejército y moneda.

Más tarde, al recordar aquellos juegos de infancia, los explicará como el intento de recrear un universo natural que le había sido negado de niño, con la excepción del periodo de vacaciones. Mientras que otros habían crecido en el campo y conocían el canto de los pájaros, él había crecido en una ciudad comercial oyendo la voz de los hombres y casi nunca la de la naturaleza. Para resarcirse, dejó páginas memorables sobre el paisaje rural español, en particular el castellano, entendido como geografía física y mental. Un áspero mundo de extremos: aguaceros y sequías, inviernos largos y duros, veranos cortos y abrasadores; solemnes yermos habitados por gentes lacónicas y nobles, habituadas a las inclemencias del cielo y a la pobreza, flemáticas como un rey destronado, reservadas y con un humor grave.

Son descripciones recogidas en su libro *En torno al casticismo* (1895). La idea de que, pese a las transformaciones históricas, un país, un pueblo, mantenga cierta esencia, un alma eterna, puede hacer enarcar una ceja a más de uno. Pero a finales del siglo XIX era la reacción espiritualista a una modernidad vivida como un trauma, un frío proceso uniformizador —hoy diríamos globalizador—; una apisonadora que reduce a la nada un montón de viejas y queridas cosas.

Pero en España a ese malestar antiprogresista se vino a sumar otro *shock*, esta vez político. En 1898 Madrid perdió los últimos restos de su imperio colonial: Cuba, Puerto Rico y Filipinas. La autoestima nacional se hundió y se abrió el debate regeneracionista sobre cómo superar el declive: abriéndose a una Europa innovadora o encerrándose en la tradición castiza, es decir, genuina, pura, que durante siglos había hecho de España un lugar orgullosamente excéntrico respecto al continente de las Luces y de la *ratio* secularizada.

Aparentemente Unamuno escoge la solución identitaria. A la *joie de vivre* de las elegantes avenidas parisinas, prefiere las devotas «muchedumbres acongojadas que clamen al cielo pidiendo clemencia, que entonen un *de profundis* o un miserere». Le pirran los lívidos, escuálidos y heridos Cristos de las iglesias de España y las Dolorosas más lúgubres y afligidas. Alegría. Pero don Miguel es lo opuesto a un chovinista nostálgico y reaccionario. En todo caso, un moderno *sui generis* a quien le gustaba la provocación antimoderna. Al adentrarse en las entrañas de la hispanidad no persigue trasnochados paraísos folclóricos ni reconfortantes mitos patrioteros. En la españolidad busca arquetipos universales de una humanidad trágica, la única sobre la que, a su juicio, merece la pena reflexionar. Por ello, identifica el ideal del español místico. O sea, alguien para quien la realidad no es suficiente. Alguien que, con o sin religión, posee *ilusión*, algo situado a mitad de camino entre la aspiración trascendental y el sueño.

Así, llegamos hasta el quijotismo. Un concepto que Unamuno elabora a partir de Cervantes, si bien alejándose completamente de este último, en *Vida de Don Quijote y Sancho Panza* —libro grandilocuente y extravagante de 1905—. No interpreta la novela, sino que la utiliza como un ventrílocuo a su muñeco: Unamuno hace decir al texto aquello que le parece bien y más le gusta. Y no disimula su forma de proceder, puesto que comenta que no le preocupa aquello que Cervantes quería decir en el *Quijote*: le basta con lo que él ve. Después de todo, Unamuno considera a Cervantes un autor en general modesto que ha subestimado a su propio personaje al reducirlo a una figura cómica, estrafalaria. En cambio, el don Quijote de Unamuno es un héroe titánico desgarrado entre existencia e ideal; el símbolo espiritual de todo un pueblo.

«Otros consideran que la obra máxima [de Unamuno] es su *Vida de Don Quijote y Sancho*. Decididamente no puedo compartir ese parecido. Prefiero la ironía, las reservas y la uniformidad de Cervantes a las incontinencias patéticas de Unamuno», comentó Borges, quien quizá se burló precisamente de Unamuno en su cuento «Pierre Menard, autor del Quijote», protagonizado por un oscuro poeta simbolista que «reescribe» el *Quijote*.

Cuando nos los hacían estudiar en la universidad, el enfático Unamuno no nos resultaba demasiado simpático. Con sus abundantes signos de exclamación, nos parecía la caricatura del filósofo atormentado. Con todo, tuvo una vida de novela. Tan impetuoso en la esfera pública como reservado en la privada. Padre afectuoso de nueve hijos, los había tenido con Concha, la mujer vestal a la que Miguel llamaba «mi león doméstico» y que, cuando él se sumía en oscuras crisis existenciales sollozando con taquicardia, lo abrazaba susurrándole: «Hijo mío».

Con su prosa paradójica, hiperbólica, Unamuno fue el primer intelectual moderno español. Desde su huraño aislamiento, escribió tanto como Balzac: ensayos rompedores (*Del sentimiento trágico de la vida*, *La agonía del cristianismo*...), novelas, poesía, teatro, cuatro mil artículos, cincuenta mil cartas. En la España de la época alcanzó una fama similar a la de Victor Hugo en Francia. Con un ego inmenso. José Ortega y Gasset, que lo admiraba sin llegar a amarlo, un día bromeó con un amigo diciéndole que saliera de la habitación, pues estaba llegando Unamuno con su yo y corrían el peligro de no caber todos.

En el debate de las ideas fue un polemista incansable, un alborotador compulsivo. Afirmaba que si resultaba antipático era porque tenía razón. Catolicismo, socialismo, liberalismo, nacionalismo vasco... Acabó enfrentándose con todas las creencias que abrazó. Enseñaba griego pese a no dominarlo demasiado, pero odiaba sentarse en la cátedra y los estudiantes lo idolatraban. Caprichoso, ingobernable y, por eso, mal visto por las jerarquías, fue nombrado tres veces rector y tres veces fue destituido. En la década de 1920 se enfrentó con la monarquía, después con la dictadura de Primo de Rivera. Durante su exilio en la isla canaria de Fuerteventura, escandalizó a los isleños al comportarse como un protonudista.

Al tener que mantener a una familia tan numerosa, era muy ahorrador y su frugalidad llegó a ser legendaria. Tras entrevistarlo en un bar de Salamanca —la ciudad que se convirtió en la patria adoptiva del vasco Unamuno, «baronía de su disidencia» (María Zambrano)—, un malintencionado cronista literario lo describió así: «Apartaba el terrón de azúcar, revolvía el resto, bebiendo a pequeños sorbos que hacían mucho ruido. Después, cuando la taza estaba vacía y rechupada, echaba el terrón reservado y un poco de agua, revolvía aquella extraña porquería y, como una purga, lo apuraba en un trago».

Megalómano, hipocondriaco, irascible, don Miguel patalea, se rebela, se enfada. Es un filósofo que desconfía de la filosofía: se ha formado en el pesimismo nórdico —Schopenhauer, Kierkegaard, Ibsen— y odia cualquier *esprit de système*; las abstracciones que ocultan el concreto dramatismo de lo real. Más que teórico se ve a sí mismo como un agitador: «Escribo para hacer que todos vivan inquietos y anhelantes». Más que al concepto, su pensamiento se aproxima a la poesía, a la mitología. Frente a la ciencia —europea— que «busca los medios de prolongar, acrecentar, facilitar, ensanchar y hacer llevadera y grata la vida», reivindica la antigua sabiduría —española— que prepara para una buena muerte.

Unamuno protesta contra un montón de cosas, pero sobre todo odia a muerte a la propia muerte. Siendo un luchador, de la nada le aterroriza precisamente la ausencia de conflicto. Según el filósofo Julián Marías, Unamuno era una de aquellas personas dispuestas a enfrentarse a cualquier cosa excepto al hecho de no tener nada a lo que enfrentarse. Don Miguel quería continuar viviendo tan solo para permanecer sobre el ring. Tal como sucede a menudo a los temperamentos anarcoides, la trayectoria política de Unamuno fue vertiginosa. En 1931 aplaudió la instauración de la República, pero después su relación con ella empeoró. En 1936 apoyó el «alzamiento» de los generales rebeldes, en el que vio un remedio frente al marasmo social. Pero no tardó demasiado en darse cuenta de que no se trataba de un golpe de Estado cualquiera, sino del inicio de una catástrofe.

Unamuno murió pocos meses después de iniciada la Guerra Civil, pero tuvo tiempo de comprender lo que significaba el franquismo naciente: la alianza reaccionaria entre la España más rancia y algunas bandas de asesinos. Entre ellos, los «novios de la muerte» capitaneados por matones sanguinarios y siniestros como José Millán Astray, el superlegionario desdentado, tuerto y manco —había perdido esas partes de su cuerpo combatiendo en Marruecos—, el hombre que se consideraba el verdadero descubridor de Francisco Franco («Lo he inventado yo»). Se encontró con Unamuno cara a cara una turbulenta tarde de otoño. Era el 12 de octubre de 1936, día en el que actualmente se celebra la Hispanidad, pero que en esa época era el Día de la Raza.

Salamanca está en manos de los falangistas y en la universidad se reúne una multitud, hay nerviosismo. Los fascistas han acudido para escuchar a Unamuno. Lo han vuelto a poner al frente de la institución de la que había sido expulsado por los republicanos. Lo consideran una especie de noble padre. Pero él les decepcionará. Está cansado, débil, pero todavía conserva algún reflejo de boxeador: «Esta, la nuestra, es solo una guerra incivil», comienza. «¡Viva la muerte!», replica Millán. No se trata exactamente del mismo tipo de muerte sobre el que el humanista ha reflexionado durante toda su vida. «El general Millán Astray no es un espíritu selecto: quiere crear una España nueva, a su propia imagen. Por ello lo que desea es ver una España mutilada, como ha dado a entender», responde Unamuno. Y el militar: «¡Viva la muerte! ¡Muera la inteligencia!». Don Miguel: «Este es el templo del intelecto y yo soy su supremo sacerdote. Vosotros estáis profanando su recinto sagrado. Diga lo que diga el proverbio, yo siempre he sido profeta en mi propio país. Venceréis, pero no convenceréis. Venceréis porque tenéis sobrada fuerza bruta, pero no convenceréis porque convencer significa persuadir».

Se inicia la tempestad. Unamuno abandona la sala protegido por Carmen Franco, mujer del «Caudillo». Tiene setenta y dos años. Es viudo desde hace dos. Se apagará pocos meses después en su casa de Salamanca, donde vive bajo arresto domiciliario. En la ciudad nieva, hiela. El siglo XX no parece ya un lugar adecuado para gente como Unamuno, que vivió justo a caballo entre dos siglos: treinta y seis en el XIX y otros treinta y seis en el XX. Pero pertenecía más bien al XIX. A su metafísica, a sus impulsos esotéricos: «Y dígaseme ahora que la cocotología no es una ciencia importantísima y que abre vastísimos horizontes a la mente humana llevándola a espléndidas contemplaciones». Así definió la papiroflexia. Bromeaba, pero, en el fondo, quizás no tanto.

EL DANDI DE LA CORRIDA

Tras jugarse la vida en el ruedo era capaz de encerrarse en el hotel para ponerse a escribir una pieza teatral. Además de dramaturgo, fue actor de cine, aviador, piloto de automóviles, jugador de polo, presidente de la Cruz Roja y del Real Betis Balompié, así como mecenas de una generación de grandes y desventurados poetas. Explicó la tauromaquia a los estudiantes de la Universidad de Columbia. Porque, por encima de todo, Ignacio Sánchez Mejías era «matador de toros». Muy famoso ya en vida, su figura se convirtió en legendaria tras su muerte, provocada por una cornada recibida en la plaza de Manzanares. Su amigo Federico García Lorca lo lloró en el célebre *Llanto por Ignacio Sánchez Mejías*, la mejor elegía española del siglo XX. «A las cinco de la tarde. / Eran las cinco en punto de la tarde». Versos tan famosos que, muy a su pesar, se han convertido en el reclamo folclórico de una España de melodrama.

No obstante, la figura de Ignacio Sánchez Mejías no se presta a ser reducida a tópicos. Y esa caja mágica que fue su veloz existencia deparó hace unos años una nueva sorpresa: la novela desaparecida *La amargura del triunfo*. En el ambiente taurino era considerada una especie de pequeño Grial. Todos los aficionados sabían que estaba escondida por algún lado, pero nadie había sido capaz de encontrarla. Lo consiguió el profesor

Andrés Amorós. En ningún caso, un Indiana Jones cualquiera: crítico y periodista, enseña literatura española en la Universidad Complutense de Madrid y ha escrito rigurosos estudios sobre el torero venerado por García Lorca. Me explicó que la novela se encontraba entre los numerosos manuscritos dejados por Ignacio. Un laberinto de apuntes escritos a vuelapluma entre una corrida y otra. Un caos descorazonador. Incluso los descendientes se mostraban pesimistas en cuanto a la posibilidad de encontrar ese texto. Pero al final el profesor Amorós recompuso el mosaico de la novela y la publicó.

Retrato del mundo taurino de mediados de la década de 1920, *La amargura del triunfo* solo es una narración costumbrista en apariencia. Por debajo de la capa pintoresca serpentea una reflexión melancólica, corrosiva, incluso inquietante, sobre la psicología y la condición social de los toreros, así como sobre el mundo taurino, «el mundillo», que se estaba convirtiendo en un negocio del espectáculo. Dinero, venenos, periodistas a sueldo, conflictos de clase, bohemia, amor, fugacidad del éxito. Y, en medio de todo ello, un héroe casi existencialista, el «Sancho Panza» Espeleta. Pese a estar repleto de elementos autobiográficos, la novela nos habla menos de Sánchez Mejías que de su ídolo: «Tras el protagonista se atisba sobre todo el mito de Joselito», me explica Andrés Amorós en su despacho de la universidad. Joselito. Leo: José Gómez Ortega, el Gallito. Leo: el mayor torero de todos los tiempos. No cabe discusión: todavía ahora cuando preguntas en España lo sitúan en lo más alto de la clasificación. Pese a que nunca lo hayan visto en acción. Porque murió el 16 de mayo de 1920 a la edad de veinticinco años en la plaza de Talavera de la Reina. Más que como una gran pérdida —que todavía se conmemora en las plazas cada 16 de mayo—, se vivió como un trauma nacional. Una herida cultural. Marcó el final de una época, la edad de oro del toreo. «La tauromaquia está acabada», decretaron seguidores y adversarios por igual.

Pero nadie sufrió ese *shock* tanto como Sánchez Mejías, que aquella tarde toreaba con Joselito. Se había casado con su hermana. Más tarde incluso mantuvo relaciones con una antigua amante de Joselito, la bailarina y coreógrafa Encarnación López, la Argentinita. Joselito, el prodigio con sangre gitana, e Ignacio, el hijo rebelde de la burguesía, habían crecido juntos por las calles de Sevilla, pese a que los separaba un abismo tanto de estatus como de talento. Pese a ser cuatro años mayor que Joselito, Sánchez Mejías lo tuvo como maestro. De hecho, tomó la alternativa de él en Barcelona en 1919, con otro excepcional torero como testigo: el genial Juan Belmonte, el revolucionario de la tauromaquia moderna.

Con más valentía que florituras, «Ignacio toreaba según el estilo esencial, dominador, de Joselito. Que en la novela aparece como una especie de proyección, de doble de sí mismo», explica Amorós. Y recuerda que Sánchez Mejías estaba fascinado por el psicoanálisis, por los recovecos de la mente, por las primeras traducciones de Freud al español: «Algunas de sus obras teatrales tienen un aire pirandeliano». Sentía tanta curiosidad por los inquilinos de los manicomios que llevaba a las corridas comitivas de chiflados, semejantes al Jack Nicholson de *Alguien voló sobre el nido del cuco*. En ocasiones se retiró temporalmente de las plazas, pues se sentía cada vez más atraído por las artes. Si bien manteniéndose siempre fiel a la ética torera, vivió el siglo XX como un inmenso yacimiento de posibilidades intelectuales, expresivas. Seductor, dandi («En un hotel parisino lo confundieron con el duque de Windsor»), generoso: en 1927, con motivo del tercer centenario de la muerte de Góngora, patrocinó en Sevilla un encuentro de poetas que a partir de ese momento fueron conocidos como Generación del 27. Perseguida y dispersada a causa de la Guerra Civil, estaba constituida por Alberti, Bergamín, Cernuda... y Federico García Lorca, que regaló a Sánchez Mejías nada menos que la eternidad laica de la poesía. «Pero tenga en cuenta que "Las cinco de la tarde" no es la hora, como se cree, de la cornada, ni tampoco de la muerte, sino la del inicio del cortejo fúnebre», precisa el profesor Amorós. Ignacio no murió en el ruedo, sino dos días después en una clínica de Madrid. Entre sombras de amigos, susurros de monjas, calor cargado de desinfectante. Con sobrepeso, casi calvo y desentrenado, aquel día no tenía previsto torear en la plaza en la que, a los cuarenta y tres años, fue corneado por un toro llamado Granadino. Fue la implacable maquinaria del destino la que lo llevó hasta allí: tuvo que sustituir a un matador que había sufrido un accidente. Había vuelto a torear porque, aunque no tuviera el mismo ímpetu de antes, no podía dejar de hacerlo. «Me muero de tristeza», decía cuando se encontraba lejos del ruedo. En su agonía, deliraba sobre toros entre campos de olivos. Tenía en la pierna una herida del tamaño de un puño. Está enterrado en Sevilla. En el cementerio de los toreros. En la misma tumba de Joselito.

AL SUR DE GRANADA

Parece como si hubieran arrojado un pueblo de pescadores a una montaña y lo hubieran dejado allí colgando a mil metros de altura. Actualmente los edificios de Yegen tienen el color blanco de la cal, pero en 1920, cuando el inquieto Gerald Brenan se presentó por esos lares, eran de color gris. Las casas «descendían por la colina y se fundían unas con otras. Evocaban una obra creada por insectos con tierra». Pese a que el pueblo «tenía un aspecto tosco y bárbaro», Brenan decidió establecerse allí, donde residió a intervalos durante casi quince años, ensalzando a sus habitantes, flores, piedras, animales, agua. Publicado en 1957, *Al sur de Granada* ha sido definido por Stefano Malatesta como el libro más conmovedor sobre España jamás escrito por un inglés. Con encanto, aunque sin caer en idealizaciones románticas, retrata la vida de una comunidad arcaica, en ocasiones brutal, pero, al fin y al cabo, infinitamente más civilizada que la refinada Europa, que estaba regresando de nuevo a la prehistoria a causa de las dos guerras mundiales.

Brenan fue un hispanista sin titulación. Recorría España a pie o a lomos de una mula. Durante un tiempo se encerraba en casa para leer, tomar notas y reflexionar, y después salía afuera a charlar con los vecinos, a quienes estudiaba como un entomólogo los insectos, criaturas de un mundo maravilloso situado en las antípodas. Una vez superada la desconfianza inicial, aquellos comenzaron a llamarlo don Geraldo. Liberado de las constricciones de su educación victoriana, Gerald Brenan se integró en la vida andaluza, si bien siguió siendo irremediablemente inglés. Para una bocanada de soleado primitivismo, invitaba al sur de Granada a personajes como Ralph Partridge, Gilles Lytton Strachey, Roger Fry, Dora Carrington (de quien se enamoró sin ser correspondido), Virginia Woolf y su marido Leonard... En definitiva, a algunos de los inquietos espíritus del llamado Círculo de Bloomsbury, cuyo número de miembros no se conoce exactamente, ya que, como en el camarote de los hermanos Marx, siempre hay sitio para alguno más.

Encuentros, amistades, caminatas, excursiones botánicas —pervincas, tamariscos, ginestas, alcaparras, gencianas, ranúnculos, tragacantos—, rituales colectivos: en la Andalucía profunda y primigenia Brenan encontró «el estilo de vida arcádico» que iba buscando. La aislada Alpujarra era un lugar «donde un hombre puede ser él mismo». Pero en *Al sur de Granada* no hay rastro del episodio que aguó tal idilio. Don Geraldo habló de ello después, y con reticencias, en su libro de memorias *A Personal Record 1920-1972* (1974). Todo gira, obviamente, en torno a una mujer: Juliana Martín Pelegrina. Al llegar al pueblo leo en un cartel que ella fue «la sal» en la vida de Brenan. Pero es un cumplido póstumo. Porque los hechos, según descubrí, tomaron un rumbo del todo imprevisto.

Con unos cuatrocientos habitantes actualmente, Yegen es uno de los pueblos de la región de la Alpujarra, un majestuoso conjunto de cumbres, valles y barrancos que se extienden a lo largo de un centenar de kilómetros al sudeste de Granada. Coronadas de blanco, a su espalda se elevan las cumbres de Sierra Nevada; delante, las sierras de la Contraviesa y Gádor, y, debajo, el resplandor azul del Mediterráneo. Aquella primavera exultante nos adentramos en la región desde el oeste pasando por Lanjarón, con su famoso balneario, en el que nos proporcionaron todo tipo de mapas. En Pampaneira comimos sopa de almendras entre tapices casi andinos colgados en las paredes. La noche la pasamos en Trévelez, en una pensión con escasa calefacción y unas vistas al vacío que sobrecogían. Los propietarios eran una pareja de gemelos. Aunque parecían hermano y hermana, al final descubrimos que eran marido y mujer. A 1.740 metros sobre el mar, Trévelez es el pueblo más alto de España, famoso también por la maduración de jamones. Aunque no tienen nada que ver con el jamón de Extremadura o Salamanca, son buenos. El oeste de la Alpujarra está lleno de lugares interesantes, pero esa mezcla de bodegas, pensiones y tiendas donde la artesanía se convierte en *souvenir* acaba cansando un poco. En cambio, el oriente alpujarreño es una infancia de luz.

Frenados por una cascada de cabras que bloqueaban la carretera, llegamos a Yegen un sábado de mayo radiante y vacío. Las calles eran cuestas desiertas. Solo se escuchaba el sonido del agua que goteaba de las fuentes. Al beberla, te golpeaba las encías, óptima, gélida y dura. «Yegen era un lugar de luz y de aire, pero también de agua», explica Brenan, «los torrentes descendían desde la montaña y eran utilizados para el riego. Cuando en primavera la nieve se fundía, todo ese mundo borboteaba».

En la calle que rodea el Barrio Alto, la acrópolis de la villa, veo un único letrero. En él se lee: El Tinao. Es un bar que desde la calle se adentra en la sombra hasta que se asoma sobre una avalancha de casas blancas tras las cuales se elevan montañas azules apiñadas bajo la luz africana. El resultado, siempre según Brenan, recuerda mucho al Atlas argelino o marroquí. Al que, por otro lado, el pasado geológico (y bereber) de esta tierra está vinculado. Según la leyenda, los moros, cuando fueron expulsados de la Alpujarra por los cristianos, se sumieron en una nostalgia que rayaba la desesperación. Es comprensible.

«Una isla en el cielo», escribía don Geraldo, «un silencio tan profundo y extendido que para medirlo se necesitaba el sonido del agua que caía», una «ladera con el vacío ante ella» y montañas que «flotaban ligeras e irreales como tiras de cartón pintado», un pueblo que «se aferraba a su forma de vida, bañado por el océano de aire, aislado por los precipicios y la altura». Yegen es tan parecido a como me lo había imaginado leyendo a Brenan que se me escapa continuamente la risa. Dejo de reírme antes de que los parroquianos del bar comiencen a preocuparse. En la barra hay una distinguida señora con acento anglosajón. Le pregunto dónde podríamos comer. Y me responde: «Aquí. Menú del día a 9 euros». ¿Y dormir? «Pues también aquí, 35 euros la doble». Se llama Lorena, es irlandesa. Está acostumbrada a las preguntas sobre Brenan: «Es difícil visitar la casa que habitó. Hay gente viviendo. No obstante, tengo las llaves de la Fonda. Está aquí al lado. Venga». La Fonda es una vivienda rural reconvertida en museo. Pese a que Brenan se alojó allí solo de paso, muestra bastante bien cómo se vivía en aquella época. Se trataba de una comunidad primitiva, con sus inevitables pecados, aunque gobernada por normas ancestrales y a menudo nobles: «El vicio tiene sus propias reglas, como cualquier otra cosa. Dignidad, debe haber dignidad. Bastante dignidad», dice uno de los paisanos en el libro. Ya fuera por cohesión tribal, ya fuera porque «la propiedad de las tierras estaba bien repartida», Yegen sufrió relativamente poco las atrocidades de la Guerra Civil: «La solidaridad entre sus habitantes impedía hacer daño a personas de la misma comunidad, y en la Alpujarra, donde nunca había habido odio de clase y de la que habían huido todas las familias más ricas, esto era más cierto que en otros lugares».

Pero investigando descubrí que don Geraldo dejó en Yegen un recuerdo ambivalente. Ciertamente, ha convertido el pueblo en un imán turístico (numerosos ingleses viajan hasta allí abajo con *Al sur de Granada* en la mochila). Pero, al describir una comunidad premoderna que él amaba, el autor ha acabado profanándola con su libro. Es la habitual, trágica, maldición del conocimiento; del intelectual que no puede explicar un paraíso sin traicionarlo. «Siempre que hay un homenaje a Brenan todo el pueblo sale a la calle y se pone ante las cámaras de televisión. Pero los descendientes de algunas familias todavía guardan cierto rencor a don Geraldo. No le perdonan que aireara ciertas cosas en su libro», me explica un señor que me han dicho que sabe mucho sobre lo que pasó. Curas mujeriegos, notables dedicados al abuso sexual, al estupro, al incesto... Esas son las páginas que aquí todavía cuesta digerir. «Y después está la historia de Juliana», concluye dicho señor mientras me pone en las manos un librito titulado *Ciega en Granada*, escrito por el periodista Antonio Ramos Espejo, que desvela todos los secretos. Comenzando desde el principio.

Edward Fitzgerald Brenan nace en Malta en 1894. La madre es una dulce católica irlandesa; el padre, un severo militar colonial. Este último quiere que el hijo siga la carrera militar. Pero no lo consigue, pues Brenan huye. Hechizado por Rimbaud, viaja por Francia, Italia, Dalmacia. Después estalla la Gran Guerra. Y papá Brenan obliga al vástago a alistarse. Gerald combate en las carnicerías del Somme y del Marne. Regresa a casa con la Military Cross y la Croix de Guerre en su pecho. Pero desde entonces siente un profundo odio hacia cualquier uniforme. Manteniéndose con la liquidación de veterano y, más tarde, con una pequeña herencia dejada por una tía, se establece en Yegen. Sobre todo porque es un sitio barato. Solitario. Ideal para alguien cuyo único objetivo es estudiar, aprender como autodidacta. Brenan lleva consigo dos mil libros. Poesía, literatura, filosofía. En los descansos, compra alguna botella de aguardiente y organiza fiestas en casa con sus vecinos. Examina las chicas. No es un adonis, pero con sus cabellos rojizos resulta exótico. Las campesinas le han atraído un montón desde siempre. Pero en el pueblo no le gusta ninguna. Hasta que se fija en Juliana. Ojos españoles en un rostro casi eslavo, «sensual e indolente». Tan solo tiene quince años, pero está bien desarrollada. Gerald la contrata como sirvienta. Y una noche se mete en su cama.

«Era, o parecía, profundamente dormida. Zarandeándola, intenté despertarla, sin conseguirlo. Hice entonces aquello a lo que había ido, es decir, el amor». Juliana finge dormir. Quiere perder la virginidad, no la dignidad.

Surge entonces una pasión ardiente. Durante meses ambos solo se dedican a hacer el amor. Dominado por el deseo, Brenan no piensa en nada más: «Leer o escribir tan solo una línea me resultaba imposible». Para recuperarse, decide tomarse unas vacaciones. Confía la chica al cuidado de un autóctono amigo suyo. Cuando regresa, este le confiesa que ha fornicado a menudo con Juliana. Pero tomando todas las precauciones. Don Geraldo lo acepta con *fair play*. Y al momento vuelve a caer en el hechizo del sexo desmedido. Juliana es una chica visceral. Oscila entre una melancólica pereza y arranques de ira. Apremiada por sus familiares, exige un hijo a Brenan. Una noche que está algo borracho, cede. «De acuerdo, lo tendrás. Ahora mismo. Pero una vez destetado, me lo llevaré y lo criaré en Inglaterra. Me haré cargo de él para que no debas preocuparte de nada». Todo un caballero. O más bien no. Decididlo vosotros.

Cuando, el 7 de enero de 1931, nace Elena, Gerald Brenan no está. Se encuentra en Inglaterra, va detrás de una tal Gamel Woolsey. Americana. Poetisa. En un abrir y cerrar de ojos se casan. En Roma, en Santa Maria in Aracoeli. Más tarde, de regreso a Yegen, los esposos se reúnen con Juliana: «Junto a ella estaba la niña, que comenzaba a caminar. Llegamos a un acuerdo: al año siguiente, Gamel y yo la adoptaríamos». Sin explicarle nada y rebautizándola como Miranda Helen, ponen a la niña a estudiar en los *colleges*: «Era una criaturita extraña, muy atrasada por el modo en que había sido criada. Pero estaba contenta de cambiar de vida, separarse de una madre que le dedicaba poco tiempo. También Juliana estaba feliz de dejarla. Porque estaba a punto de casarse». La versión de Brenan se detiene aquí.

La continuación de la historia es fruto de investigaciones más recientes. Juliana se mudó a Granada, donde trabajó como cocinera. Tuvo otros cuatro hijos, todos varones, de sus dos matrimonios. Pero el recuerdo de su hija perdida, Elena, la llevó a la locura. También se quedó casi ciega. *Ciega en Granada*, dicen que deambulaba por los alrededores de la Alhambra intentando encontrar a la primogénita en medio de los grupos de turistas ingleses. Un día le pareció reconocerla: una joven que se estaba probando un par de zapatos en una tienda. Aquella chica extranjera tenía dos dedos del pie unidos por una malformación, igual que su Elena. Intentó seguirla entre el gentío, pero la perdió. Parece que, de paso por Granada, Brenan permitió a Juliana volver a ver por última vez a su hija en un hotel. Pero tan solo durante unos minutos y obligándola a no revelar nada; a presentarse como una antigua criada de don Geraldo. Juliana obedece. Pero en cuanto sale del hotel, pierde la cabeza.

Elena/Miranda falleció en 1979 de un cáncer de pecho. Se había instalado en París tras casarse con un respetado médico francés. Su madre Juliana murió de pena pocos meses después. Gerald Brenan, en cambio, se fue en 1987. En Alhaurín el Grande, en Málaga. Con más de noventa años, había dispuesto que su cuerpo fuera cedido a la ciencia. Y, de hecho, antes de darle sepultura, el cadáver pasó catorce años en formol. Sin que nadie lo tocara. Por respeto. O quizá porque se habían olvidado de él.

LA ÚLTIMA MADAME

La señora Rius se envuelve en su apartamento en pleno Eixample, el corazón burgués de Barcelona, como Zsa Zsa Gabor en sus boas de plumas. En las habitaciones dominan los tonos pastel del rosa, el magenta, el morado. En las paredes, fotos de la *Golden Age* de Hollywood; retratos de Ava, Audrey, Lauren, Gregory, Humphrey, Tyrone. A través de unos altavoces invisibles retumba en el pasillo lo mejor de Johann Strauss hijo. Si no me equivoco, ahora es el turno del *Kaiser-Walzer*, el Vals del Emperador. Comenzamos intercambiándonos tan solo unas sonrisas. El fragor reduciría cualquier diálogo a un vano movimiento de nuestras bocas. Afortunadamente, acabamos en un saloncito insonorizado como se debe. En las estanterías, novelas de Sartre, Colette, Henry Miller. «Pero sobre todo me gustan las biografías de actores. ¿El hombre de mi vida? Debería decirle: Gregory Peck», confiesa la señora Rius, cuyo nombre real es Lydia Artigas Peña, nacida en 1938. Debutó a los veinte años: «Comencé en la mejor casa de la ciudad, en la calle de San Mario». Su primer cliente fue un tal Carlos: «Médico, encantador». Atractivo. «Justo después lloré. Pero volvería a hacerlo. En mi trabajo he puesto pasión. Diría incluso más: afecto», me explica con su sugerente peinado rubio platino. Sobre la mesa, un ejemplar de su autobiografía. Se titula *La señora*

Rius, de moral distraída, un notable retrato de la historia y la virilidad de España vistas desde las casas de citas.

Lydia comenzó su carrera en pleno apogeo del franquismo: «Pagábamos a los policías, nos dejaban tranquilas. Era un mundo hambriento y gris, sin diversiones, los clientes eran hombres con pocas exigencias. Paternalistas, protectores. Venían a charlar un rato, después subían a la habitación». Su madre fue quien la inició en el oficio: «Lo había intentado también ella, pero no se le daba bien. Le faltaba vocación, pobre mujer». Muy pronto aquella España comenzó a cambiar. Con el *boom* de los años sesenta llegaron también el dinero de los extranjeros, el turismo, las estrellas de cine y los ricachones árabes, como el rey saudí Faisal: «Nos convocaron a cinco en el hotel Ritz. Nos dijeron que nos quedáramos tan solo en ropa interior. En la suite encontramos a otras treinta chicas. Un harén, un sueño. Él era alto, nos examinaba tras sus gafas oscuras, rozándonos, como mucho, con la punta de los dedos. Tras un cuarto de hora se retiró. No valía mucho como hombre».

Su encuentro con Jean-Paul Belmondo fue más intenso: «Se sentía muy orgulloso de sus bellos dientes. Y los usaba. Al día siguiente estaba llena de mordiscos. No entiendo cómo Ursula Andress o Laura Antonelli han podido sobrevivir a un tipo así». Orson Welles hizo con Lydia cuanto debía «sin ni siquiera quitarse su traje azul, que estaba lleno de cenizas de cigarro». Poca cosa en comparación con Camilo José Cela, premio Nobel de Literatura en 1989: «Se limitaba a masturbarse, pero exigía que nosotras rompiéramos platos mientras lo hacía». ¿Disculpe? «Los platos hechos añicos le excitaban. Sabe, había recibido una educación extremamente severa». ¿Pero los platos los traía él? «No, nosotras. Al final se los cargábamos en la cuenta».

Con Salvador Dalí la cosa adoptó un cariz realmente *hard*: «Era presuntuoso, arrogante. Pretendía que lo llamáramos el Divino y otras chorradas similares. Pidió un pato. Vivo. Y pronto. Lo encontramos. En ese momento las diez chicarronas suecas que lo acompañaban formaron un corro en torno a él y Dalí degolló el pato con un cuchillo mientras lo penetraba».

Continuando con las excentricidades, la señora Rius me habla de un tipo al que le gustaba repetir el mismo jueguecito asqueroso con olivas negras y de otro que, viudo inconsolable, le pedía que se vistiera como su esposa y se tendiera en un féretro. «Mientras tanto, se tocaba». Luis Buñuel no inventó nada.

Lydia Artigas no ejerce desde hace tiempo. Ahora dirige a unas veinte chicas «entre los veinticinco y cincuenta años, todas españolas, excepto una brasileña y una venezolana». Tarifas: 120 euros por cita; 70 para los minusválidos. «En materia de inválidos he sido una pionera». Horarios: de 9.00 a 20.00 horas. Todos los días excepto Navidad, San Esteban y Viernes Santo. Lydia venera con especial devoción el Cristo de Lepanto, conservado en la catedral de Barcelona. Tras el trabajo, su tercera religión es el Barça de Messi: «Aquí no vienen futbolistas, pero sí muchos hinchas. Llegan antes del partido: les recarga». La señora Rius también es «convergente», es decir, ha votado siempre a Convergència i Unió, el histórico partido catalán de centroderecha, nacionalista y separatista: «Pues sí», suspira, «aunque el divorcio quizá no se llevará a cabo, creo que la historia de amor entre Cataluña y España ha llegado a su punto final. Ya no nos queremos». De la política la conversación pasa a la economía: «Desde que estalló la crisis me llueven las demandas de trabajo. Mujeres que buscan un empleo o un complemento a sus ingresos». Pero la selección de las candidatas es muy exigente: «Creen que es algo fácil. Alguna está casada y pretende hacerlo a escondidas del marido. Pero yo le digo: ¿Piensas que él no sospechará nada cuando te vea llegar con una joya, un bolso o un reloj nuevo que no te ha regalado?». Quizá los maridos sean comprensivos... «Claro que sí. Yo también pienso que deben saberlo todo».

«Rondarás, rondarás, rondarás, y a la señora Rius volverás», es el lema de la casa. «Prefiero un cliente que vuelve a un nuevo cliente», afirma Lydia. Desde hace años los hechiza con un servicio «todo arrumacos y profesionalidad». Y aquellos, claro, se acaban aficionando. ¿También italianos? «Desde luego». El todo incluido no solo comprende los preservativos de rigor: «También ofrecemos a los clientes una bebida, un bocadillo o aquello que haya en la cocina. El otro día cociné callos. Había un señor a quien le entusiasman. Y le dije: ¿Por qué no te llevas unos pocos?. Y se los he puesto en un táper». Su filosofía es: «El sexo se hace por amor o por dinero. No hay una tercera posibilidad». Y argumenta: «Aunque tenga mujer o novia, quien viene aquí no la traiciona. Porque nosotras somos una escuela, ayudamos a la pareja, la consolidamos. Cuando sales de esta casa tratas mejor a las mujeres». Lo explica como una misión. Sin embargo, durante un tiempo dejó el oficio. Estaba harta. Y se había enamorado de alguien. Abrieron un restaurante. «Le fui fiel». Pero no funcionó. ¿Se arrepiente de algo más? «De no haber tenido hijos. Pero defiendo el aborto». Ha tenido varios.

Mientras charlamos la llaman por teléfono un minusválido y un fetichista de los pies. Lydia fija las citas y las anota en su agenda. Cuelga. Retomamos la conversación. La última madame de Barcelona nunca ha visto una película porno: «Tengo la impresión de que apagan el deseo». Nunca ha admitido a clientes violentos: «Como mucho una palmadita en las nalgas, nada de golpes». Explica que en su sector —«excepto para aquellos operados de próstata»— la Viagra no ha supuesto ninguna revolución copernicana. Lydia Artigas nunca ha tenido sexo en un coche y considera muy poco elegante el pago por anticipado. La prostitución no es una cena de gala, pero la señora Rius detesta la palabra. Ella prefiere utilizar la expresión «hacer señores». Piensa que quienes la ejercen en la calle han perjudicado mucho a su sector: «Se ejerce en casa, con todas las comodidades».

Hasta la Guerra Civil Barcelona fue una de las capitales europeas del vicio. El epicentro del pecado era el Barrio Chino, que recibió ese sobrenombre en los años veinte no porque vivieran allí chinos, sino porque, laberíntico y superpoblado, recordaba los *chinatown* estadounidenses. El Chino se convirtió en una especie de Soho o Pigalle en versión mediterránea. En estos bajos fondos novelistas franceses como Paul Morand, Francis Carco, Pierre Mac Orlan o Jean Genet vivieron todo tipo de encuentros sórdidos, fantasías sexuales y sensaciones fuertes. Con la instauración de la dictadura franquista esa mezcla de erotismo *maudit*, diversión y degradación se esfumó. Quedó prácticamente solo la degradación, que todavía hoy día no ha desaparecido del todo. Pero, exceptuando locales de *drag queen* como El Cangrejo, de ese pasado turbulento no queda casi rastro. Decidida desde hace tiempo a lograr un aspecto *smart*, Barcelona no deja de sanear sus barrios. En el 2012 prohibió oficialmente la prostitución en la vía pública. Aunque solo hay que darse un paseo por los rincones más dejados del Barrio Chino para comprobar que la prohibición es en parte papel mojado. Embutidas en sus vaqueros desteñidos, chicas africanas o de Europa del Este siguen paseándose frente a los portales.

Visto desde el piso bombonera de la señora Rius, ese ambiente lumpen parece estar a años luz de distancia. Pero incluso el gélido universo racionalizado de las *escorts* queda muy lejos, mantenido al otro lado de la puerta a base de vals, pinceladas de magenta y un vago y apetitoso aroma de callos.

GARCÍA LORCA EN EL ESPEJO DE LA PRENSA

Federico García Lorca decía que detestaba las entrevistas, pero durante su breve vida concedió muchísimas y las conservó todas. Cuando, en la primavera de 1934, un periodista se reunió con él en su apartamento madrileño de la calle de Alcalá, vio sobre la mesa «una auténtica montaña de recortes de prensa [...]. Algo impresionante. Extraordinario. Difícil de describir». Fue dos años antes de morir asesinado por los franquistas.

En ese momento Lorca es, si bien ya desde hace tiempo, un escritor estrella. De España a América Latina, los fotógrafos lo persiguen y la gente lo para por la calle para suplicarle un autógrafo. Federico sigue el juego, parece divertirse: «Ya veréis mañana los periódicos [...]. Ni que fuera el príncipe de Gales», escribe a sus padres. En Argentina contrata a un asistente en relaciones públicas y en España paga a una agencia para que le haga el resumen de prensa de todo cuanto se publica de él. «En aquella época no se podía abrir un periódico sin encontrar alguna noticia sobre Lorca», recuerda su principal biógrafo, el hispanista irlandés Ian Gibson, que desmiente así la estúpida afirmación según la cual la popularidad de Federico habría sido una invención póstuma, alimentada por su trágico final y por la propaganda antifascista, que habría convertido a Lorca en un mártir.

Era un conversador pirotécnico. Según un poeta peruano, daba gusto escucharlo, «como una combinación feliz de bengalas y fuegos artificiales». «Tiene un dulce acento andaluz, pero a diferencia de los andaluces no se come la mitad de las palabras», anotaba Silvio D'Amico, que lo conoció en 1935. Indro Montanelli lo conoció ese mismo año. Según él: «No era tan bello como después se llegó a decir. De estatura media, tenía facciones más bien rudas, frente convexa y cabello espeso, negro y liso; en él solo había tres cosas maravillosas: la mirada luminosa, la risa de niño y la voz de barítono cálida y grave». La voz. Al igual que sucede con sus restos mortales, no queda huella alguna de su voz. Ninguna grabación. No se puede descartar que tarde o temprano se encuentre algún documento sonoro en los archivos radiofónicos, especialmente sudamericanos, todavía relativamente inexplorados. Mientras tanto, solo podemos adivinar al conversador apasionado que fue García Lorca leyendo las entrevistas, como las 133, de 1922 a 1936, que la editorial Malpaso ha recopilado en un formidable volumen titulado *Palabra de Lorca*. Se trata en gran medida de textos inéditos, jamás reunidos o reproducidos integralmente en un libro. Sería positivo y conveniente que al menos una selección de estas entrevistas se tradujera a otros idiomas. Porque dentro de ellas se encuentra toda la polifacética personalidad de Federico: tics, extravagancias, arrebatos radiantes y fúnebre melancolía.

Lorca dice y se contradice, habla de todo: amor, poesía, teatro, cine, política y, una vez (tan solo una), incluso sobre su propia homosexualidad. De los artículos que lo retratan durante sus últimos días de vida se desprende una atmósfera inquietante, conformada por apariciones espectrales, terrores repentinos y premoniciones lúgubres. Un niño grande, todo él impulsividad y corazón, ingenuo pero recorrido por una insondable tristeza; un muchachón muy gitanazo (aunque por sus venas no corre ni una gota de sangre gitana): en su imagen pública, mediática, el personaje Lorca es una mezcla de infantilismo genial y exotismo. Se trata de dos clichés, pero funcionan. En cuanto hipnótico, Federico es una persona difícil de entrevistar: en las conversaciones salta de un tema a otro sin venir a cuento; temiendo que no se reflejen fielmente sus palabras, pide releer las entrevistas antes de que se impriman; alguna vez se presenta con una hoja donde ha señalado las frases que quiere que se publiquen; otras veces se olvida de las citas y, como suele despertarse muy tarde tras haberse pasado la noche escribiendo, recibe a los periodistas en pijama, albornoz o bata; responde a las preguntas saliendo de la ducha o mientras se afeita en el baño. Tiene extrañas supersticiones, fobias: no puede echarse sobre una cama con los zapatos puestos porque le da la impresión de estar muerto; teme casi todo lo procedente de la civilización industrial, incluidos los ascensores, que evita («Por este ascensor han de subir las brujas de las chimeneas, aviadores de media noche»). Vive como un bohemio, pero sin caer en la autodestrucción: no fuma y bebe muy poco. Tiende a la indolencia, al ensueño. Pero en verano no hace siesta, porque las horas más calurosas excitan su fantasía. Cuando se visita en Granada la Huerta de San Vicente, la antigua casa de campo de los Lorca, uno tiene la sensación de que en cualquier momento puede verlo sentado a su mesa en la habitación blanca con la cama individual de eterno muchacho, de señorito. El señorito que Federico nunca ocultó que era: «Por suerte, no tengo que vivir de la pluma. Gracias a Dios, tengo padres. Padres que a veces me retan, pero son muy buenos, y al final siempre pagan», decía en 1933. En 1935 se reafirma. En este sentido, dice que quiere trabajar como siempre ha hecho, como un «niño de papá» que no debe preocuparse de ganar dinero con la literatura y escribe cuando quiere y lo que quiere. Por ello, agradece a sus padres que se lo hayan permitido. Este Lorca es una figura espléndida y festiva: «Siempre estoy alegre. He tenido una infancia muy larga, y de esa infancia prolongada me ha quedado esta alegría, mi optimismo inagotable»; «A mí lo único que me interesa es divertirme, salir, conversar largas horas con amigos, andar con muchachas. [...] Lo último, para mí, es la literatura. Además, nunca me propongo hacerla. Solo que en ciertos periodos siento una atracción irresistible que me lleva a escribir. Escribir me produce placer, en cambio, publicar, no. Todo lo que he publicado me ha sido arrancado por editores o amigos». En abril de 1936, un periodista del *Heraldo de Madrid* le plantea la gran pregunta: «Federico, ¿qué es la poesía?». A lo que él responde: «La poesía es algo que anda por las calles. Que se mueve, que pasa a nuestro lado. Todas las cosas tienen su misterio, y la poesía es el misterio que tienen todas las cosas. Se pasa junto a un hombre, se mira a una mujer, se adivina la marcha oblicua de un perro, y en cada uno de estos objetos humanos está la poesía». Pero el poeta no es un profeta: «Escucho a la Naturaleza y al hombre con asombro, y copio lo que me enseñan sin pedantería y sin dar a las cosas un sentido que no sé si lo tienen. Ni el poeta ni nadie tienen la clave y el secreto del mundo. Quiero ser bueno».

Está obsesionado con la muerte, pero a juicio de cuantos lo frecuentan, y a los que quizá seduzca sobreactuando un poco, su presencia es luminosa: «Era un relámpago vivo, una ternura totalmente sobrehumana. Su persona era mágica y morena, y traía la felicidad», dijo de él Pablo Neruda. Y el poeta Pedro Salinas comentó que se le sentía llegar incluso antes de verlo aparecer. Cuando le preguntan por qué escribe, responde que para ser amado por la gente. Pero desconfía del éxito, que, por otro lado, no es unánime. Los «escandalosos» textos teatrales de Lorca irritan al público tradicionalista. Y no solo eso, en la turbulenta España de los años treinta también recibe ataques desde la izquierda. Por ejemplo, un periódico socialista lo tacha de poeta del sistema de gobierno y le critica por no aceptar el marxismo y por estar apoyado por los explotadores del sistema capitalista. Pero en esos mismos años —reflejo del estado de confusión mental en el que se mueven las fuerzas revolucionarias—, un semanario mallorquín presenta a Federico como el futuro gran poeta de la clase obrera. En la entrevista elogia la URSS —donde nunca ha estado— y el teatro y el cine político («*El acorazado Potemkin* es fantástico»). En cambio, Estados Unidos le dejó una sensación de desesperación. Entre 1929 y 1930 vivió unos meses allí. A raíz de esta experiencia compone los desgarradores versos de *Poeta en Nueva York*, obra que, tal como *Una temporada en el infierno* de Rimbaud para la poesía del siglo XIX, marcó un antes y un después en la lírica del siglo XX. Nueva York es la máxima expresión de la modernidad («llega a conmover como un espectáculo natural de montaña o desierto»), pero a Federico sobre todo le asusta: «Los dos elementos que el viajero capta en la gran ciudad son arquitectura extrahumana y ritmo furioso. Geometría y angustia». Sobre Wall Street afirma: «Llega el oro en ríos de todas las partes de la tierra y la muerte llega con él. En ningún sitio del mundo se siente como allí la ausencia total del espíritu. [...] Espectáculo terrible, pero sin grandeza». Lorca llega a la ciudad justo en el momento del crac de 1929: «Vi en un día seis suicidios. Íbamos por la calle y de pronto un hombre se tiraba del inmenso edificio del hotel Astor y quedaba aplastado en el asfalto». Nueva York resulta drásticamente incompatible con la sensibilidad meridional de un poeta apegado a la tierra como Federico: «Han levantado casas y casas, pero no han ahondado en la tierra. Se vive para arriba, para arriba». Es en Harlem donde ha percibido los únicos destellos de humanidad; los negros con su tristeza «se han hecho el eje espiritual de aquella América». Fuera de ellos, «no queda en los Estados Unidos más que mecánica y automatismo». Hijo de una ciudad que ha sufrido conquistas y reconquistas, siempre se ha sentido identificado con la Granada «de los perseguidos, el gitano, el negro, el judío, el morisco que todos llevamos dentro». El «ingenuo» Lorca sabe moverse perfectamente entre los medios de información. Las declaraciones más polémicas no las hace a las grandes cabeceras nacionales, sino a periódicos de provincias o a la prensa extranjera. En cierta ocasión afirma que uno de los objetivos de su teatro es asustar y aterrorizar un poco. Quiere provocar arcadas, ayudar a que se vomite todo el mal del teatro de su época. Con palabras que recuerdan ciertas invectivas de Pasolini —autor con el que guarda alguna afinidad y un montón de diferencias—, Lorca despelleja la pequeña burguesía «frívola y materialista», porque «los verdaderos captadores del arte teatral, están en los dos extremos: las clases cultas, universitarias o de formación intelectual o artística espontánea, y el pueblo, el pueblo más pobre y más rudo, incontaminado, virgen». Es la mística lorquiana del pueblo. Ante los conflictos que agitan el siglo, «el poeta debe apasionarse. No puede permanecer impasible de ninguna manera. ¿Cómo se pretende que el poeta pueda cerrar los ojos ante los hombres que sufren, ante la tragedia espantosa del hombre oprimido?». Y vestido con el mono azul de los obreros, lleva los grandes textos teatrales del Siglo de Oro por los pueblos de la España profunda junto con La Barraca, compañía itinerante y experimento visionario de educación poética de las masas rurales. Pero el aedo disfrazado de mecánico rechaza la politización del arte: «Ahí tienen ustedes el caso de Alberti, uno de nuestros mejores poetas jóvenes, que, ahora, luego de su viaje a Rusia, ha vuelto comunista y ya no hace poesía, aunque él lo crea, sino mala literatura de periódico». En cambio, en su opinión, el artista «y particularmente el poeta, es siempre anarquista». Tan iconoclasta sobre el papel como timorato y aprensivo en la vida, Lorca es un republicano reformista, humanista y opuesto a los extremismos: «Yo nunca seré político. Soy revolucionario, porque no hay verdadero poeta que no sea revolucionario»; «Yo soy del partido de los pobres, pero de los pobres buenos».

En junio de 1936, unas semanas antes del golpe militar que inició la Guerra Civil, Federico da muestras de un sentido común muy poco frecuente en esos tiempos agitados: «Yo soy un español integral, y me sería imposible vivir fuera de mis límites geográficos; pero odio al que es español por ser español, nada más. Yo soy hermano de todos y execro al hombre que se sacrifica por una idea nacionalista abstracta [...]. El chino bueno está más cerca de mí que el español malo. Canto a España, y la siento en la médula, pero antes soy hombre del mundo, muy hermano de todos». Después, casi a media voz, añade: «Y yo soy en el fondo un descreído hambriento de creer. Es tan trágicamente doloroso el desaparecer para siempre». Y con estos pensamientos de muerte Lorca deja Madrid para dirigirse a su Granada, donde un mes después será fusilado por motivos sobre los que todavía se especula. De su último día en la capital queda el detallado relato, quizá algo adornado, que un amigo también poeta, Rafael Martínez Nadal, hizo público en los años setenta. Ese 13 de julio hacía un calor atroz. Después de la comida, los dos cogen un taxi hasta un pequeño bar justo a las afueras de la ciudad. La periferia arde, está desierta. Federico está nervioso. Contrariamente a lo que es habitual en él, bebe coñac y fuma inquieto. Mirando hacia lo lejos, afirma: «Rafael, estos campos se van a llenar de muertos». Tras tomarse dos coñacs Fundador dobles, vuelven a la ciudad. En la agencia Cook, en la Gran Vía, reserva una litera en el tren nocturno a Granada. En casa, al hacer las maletas, mete dentro la ropa, cartas y libros de forma tan desordenada que le cuesta cerrarlas. Antes de marchar, confía un paquete al amigo: «Toma. Guárdame esto. Si me pasara algo lo destruyes todo. Si no, ya me lo darás cuando nos veamos». En la estación de Atocha, Nadal ayuda a Federico a instalarse en el coche litera. De repente, pasa alguien por el pasillo. Al verlo, Lorca se pone tenso y dice: «Lagarto, lagarto, lagarto». Es «un diputado de Granada, un gafe y una mala persona. Voy a echar las cortinillas y me voy a meter en la cama para que no me vea ni me hable ese bicho». Aún no se ha podido determinar quién era aquel siniestro viajero. ¿Se trataba quizá del tenebroso Ramón Ruiz Alonso, por todos señalado como el principal artífice del arresto y el asesinato de Lorca? Hipótesis sugestiva. Demasiado sugestiva.

Federico García Lorca sigue siendo el autor español más leído en el mundo tras Cervantes. Y en torno a su muerte se acumulan todo tipo de especulaciones. ¿Tuvo la política algo que ver? ¿Las relaciones de la familia con los socialistas? ¿Su homosexualidad? ¿O fue por odios ocultos de otro tipo, como venganzas locales o cuestiones de propiedad? Ya se sabe que, según advirtieron intelectuales como Unamuno u Ortega y Gasset —que incluso lo convirtieron en un tópico—, la envidia es el primero de los vicios españoles. Lo único seguro es que el misterioso paquete entregado a Martínez Nadal contenía el manuscrito de *El público*, la propuesta teatral más descabellada y radical de Lorca, durante mucho tiempo considerada irrepresentable, que no fue publicada hasta 1976 y llevada a escena diez años después. «Creo que es mi mejor poema», dijo Lorca. En esta pieza se habla, por ejemplo, de homosexualidad con una desinhibición sin precedentes, al menos en la obra lorquiana. En las entrevistas el tema solo surgió una vez en una conversación con el escritor y director Cipriano Rivas Cherif, que en los años cincuenta la recordaba así. El poeta le aseguró que nunca había estado con una mujer: «Porque solo hombres he conocido; y sabes que el invertido, el marica, me da risa, me divierte con su prurito mujeril de lavar, planchar y coser, de pintarse, de vestirse de faldas, de hablar con gestos y ademanes afeminados. Pero no me gusta. Y la normalidad no es ni lo tuyo de conocer solo a la mujer, ni lo mío. Lo normal es el amor sin límites. Porque el amor es más y mejor que la moral de un dogma, la moral católica [...]. Pero se necesitaría una verdadera revolución. Una nueva moral, una moral de libertad entera». Quién sabe si es verdad o no, pero se explica que poco antes de ser fusilado iba de un lado para otro de la celda repitiendo:

«Pero yo no he hecho nada, no he hecho nada». Después pidió ver a un sacerdote. Y le llevaron uno. El cura le propuso recitar el acto de contrición, pero Federico, llorando, le respondió que, aunque se lo habían enseñado de niño, no lo recordaba. «Entonces, reza conmigo: Señor mío, Jesucristo [...], me pesa de todo corazón haberos ofendido; propongo firmemente nunca más pecar», dijo el sacerdote.

EL TRABAJADOR FORZADO DEL *PULP*

Francisco González Ledesma ha sido el mejor escritor español de novelas policiacas. Murió en marzo del 2015, poco antes de cumplir los ochenta años. Reflejó la Barcelona celiniana, sórdida y miserable de barrios como el Chino o el Poble Sec, donde se crio. Estuve con él solo una vez, pero pasamos toda la tarde juntos. Para mi sorpresa, me había citado en la sede del elitista y recargado Círculo Ecuestre, seis mil metros cuadrados de salones modernistas llenos de escaleras, vitrales, revestimientos de madera, un silencio monacal roto tan solo por los susurros de los encargados del guardarropa y el tintineo de los cócteles. Por ello, comencé preguntándole por qué había escogido justamente ese lugar. «Sobre todo, porque aquí estaremos muy tranquilos», me respondió. «Y, además, porque tiene la ventana más elegante de la ciudad», añadió señalándome con un dedo un gran óvalo que daba a la bulliciosa avenida Diagonal. «Y, por último, porque también bajo todo este lujo se cometen delitos. Económicos. Que habitualmente se denominan negocios», concluyó riendo burlonamente y arrellanándose en el sillón. Tenía un rostro con un aire a lo Jean Gabin, de los que ya no se encuentran.

Su aventura como escritor se inició en 1948 con la bendición de su majestad Somerset Maugham, que le concedió un premio por su primera novela, *Sombras viejas*. Y con el rechazo total del franquismo, que prohibió su publicación y lo tachó de autor «rojo y pornógrafo». «Narraba los conflictos sociales de los años treinta. En una escena, un chico ponía la mano sobre la rodilla de su novia. «"Por el tono de la descripción se intuye que esa mano subirá a lo largo de la pierna"», señalaron los censores». Alfred Hitchcock quiso hacer un film a partir de una historia de Ledesma, pero también en esa ocasión surgieron obstáculos. «En Hollywood el sindicato de guionistas se opuso. Hacían proteccionismo».

Con el tiempo Ledesma aprendió a dominar la máquina narrativa como los ases del *pinball* que yo, siendo niño, había visto jugar incluso con una sola mano. En los años cincuenta se había ido fogueando con las novelas de quiosco, también conocidas como *pulp*. Relatos policiales, pero sobre todo historias de *cowboys*. Con el pseudónimo de Silver Kane, Francisco escribió más de quinientas. Al ritmo de dos o tres por semana. Lo recordaba como un «aprendizaje de perro». Resultaba difícil no emocionarse al escuchar a Ledesma rememorar ese duro entrenamiento; sus inicios como un chico en parte autodidacta, hijo de un mozo de almacén y de una modista, que soñaba con ser novelista mientras devoraba a Dumas, Salgari, Balzac. Y tecleando americanadas en su digna Hispano Olivetti portátil. Eran los años de la posguerra. Muy amargos. Sobre todo para alguien como él, criado en el Poble Sec, un barrio obrero y rebelde, un barrio de derrotados.

La siguiente anécdota refleja a la perfección la condición de trabajador forzado de la literatura durante su juventud: «Una noche estaba en casa escribiendo como un condenado», me explicó, «pues al día siguiente debía entregar un manuscrito e iba con retraso. Se fue la luz. Y no volvía. Pero fuera resplandecía la luna. Cogí la máquina de escribir y acabé el libro en el terrado». Ledesma resoplaba como si todavía se cansara al recordarlo. «El trabajo me consumía. Hacía que desatendiera un montón de cosas. Me di cuenta de ello cuando un día, al cruzar la calle con mi hija, que era pequeña, me dijo: "Papá, es la primera vez que me das la mano". Y era verdad». Alejandro Jodorowsky ha definido a Ledesma como «un Cervantes de la cultura de masas» porque sus novelitas del oeste hicieron volar la imaginación de generaciones que así pudieron escapar lejos del asfixiante imaginario de la dictadura. Pero no se podía vivir tan solo de estas narraciones. Sobre todo si tenías familia. Por eso el joven Ledesma se licenció en derecho. Y se puso a ejercer de abogado. Se ganaba bastante bien la vida. Pero él lo que quería era escribir. Así que lo dejó todo y lo intentó con el periodismo. Muy pronto lo contrataron en el periódico *La Vanguardia*, donde trabajó hasta que se jubiló. «Era una de las pocas firmas que se podían leer en Barcelona. Porque escribía bien y explicaba verdades que iban siempre más allá de lo tolerado por el poder», dijo de él Manuel Vázquez Montalbán. Y recuerda Ledesma: «Me crie a unos quinientos metros de distancia de Manolo. Era tan tímido que a veces podía parecer antipático. Pertenecíamos a la misma familia política, si bien yo no me he afiliado nunca en el Partido Comunista. Una vez me dijo: "La única patria verdadera es el muro contra el cual tú y yo meábamos de niños"».

Los recuerdos de Francisco Ledesma te transportaban hasta la antigua comedia humana de Barcelona. Hormiguero de personajes, engaños, dramas y melodramas. Te llevan de nuevo a la época en la que en los burdeles del Barrio Chino se organizaban concursos de poesía para aficionados y el vencedor podía tener una cita gratis con una chica. Me explicó que, siendo abogado, defendió a un homicida: «Fue absuelto milagrosamente. Pero no tenía con qué pagarme e, incluso, me pidió un préstamo. Seis meses después vino a verme para devolverme el dinero. Me alegré: "Bien, has encontrado trabajo". Y él: "¡Qué va! Es que me acaba de salir bien un atraco"». Y después estaba el variopinto grupo de profesionales e intelectuales depurados por el franquismo que para ganarse la vida habían encontrado refugio en este tipo de novelitas. Como «el ingeniero», un antiguo alto oficial del ejército republicano que se había salvado de una muerte segura gracias a una puta. «Estaba en fila esperando a ser ejecutado. Cuando llegó su turno, una chica se acercó al fascista que debía dispararle: "Venga, tesoro, es tarde: dejad a este para mañana. Ahora vayamos a pasar un buen rato". Se lo llevó y el ingeniero pudo escapar».

Este tipo de personajes poblaban una Barcelona cuya desaparición lamentaba Ledesma. Igual que el melancólico comisario Ricardo Méndez, el héroe que —tras la experiencia de las novelas de quiosco— hizo famoso al novelista y se ha convertido en el investigador más famoso de España tras el Pepe Carvalho de Montalbán. Al cual no se le parece en nada: no es culto, ni de izquierdas (se ha forjado bajo el franquismo), ni un *gourmet* (come en bares cutres) ni tampoco un mujeriego —para satisfacer su apática libido tiene suficiente con algún coito ocasional y rutinario con prostitutas misericordiosas—. Méndez, que nació en 1983, es un idealista repleto de dudas. En él Paco Ledesma había fundido las figuras de diversos policías fuera de lo común que conoció cuando era periodista: «Había uno que siempre se olvidaba la pistola en casa; otro que arrestaba a los delincuentes con un arma cargada con balas de fogueo o arrojándoles puñados de grava. Y también me acuerdo de otro con quien coincidí en Taormina durante un encuentro internacional sobre mafia. Era un alto funcionario de las fuerzas de seguridad españolas. Por una confusión no tenía donde dormir, y le propuse compartir mi habitación de hotel. ¡No sabía que solo había una cama de matrimonio! Pasó la noche explicándome los fracasos y desilusiones de su carrera. Conmovedor».

Crepuscular como Méndez, policía hábil y duro que se mueve como una sombra vigilante por una ciudad que le cuesta reconocer: «La modernización ha devuelto la vida y la dignidad a barrios donde la gente vivía en cloacas, pero también ha borrado la cara más sanguínea, plebeya y solidaria de Barcelona. Que, no obstante, continúa siendo una metrópolis abierta y mestiza, y, por tanto, potencialmente explosiva», explicaba Ledesma. Entre sus colegas apreciaba mucho a Andrea Camilleri («Afinidad mediterránea»). No tanto al sueco Henning Mankell: «Esos personajes que se levantan al alba y no hacen otra cosa que beber café... Y siempre están en ambientes cerrados...». Sobre el género negro dijo: «Es la verdadera novela social de nuestros tiempos. Un instrumento de conocimiento para adentrarse en las transformaciones de la ciudad, en las metamorfosis del poder y de la psicología criminal. Mediante dos herramientas, las mismas que utiliza Méndez: la razón y la piedad. También la piedad puede ser analítica». Las mejores obras de Paco Ledesma se titulan: *Las calles de nuestros padres*, *Crónica sentimental en rojo*, *Historia de Dios en una esquina* y *Una novela de barrio*. Pero quizá su libro más bello sea la autobiografía *Historia de mis calles*. Las calles de Barcelona eran su adorable obsesión. Si bien, ciertamente, no aquellas de los alrededores del Círculo Ecuestre, en el corazón pijo de la metrópolis: una monótona sucesión de neohoteles creativos, neorrestaurantes creativos, neopeluquerías creativas. Cuando pasas por ahí corres el riesgo de quedar más apesadumbrado que Méndez.

EL ENIGMA CAPA

Disparos, ráfagas, explosiones. Casi ochenta años después de la Guerra Civil, en Cerro Muriano todavía se dispara. Aunque solo como adiestramiento. El ruido de las detonaciones llega hasta el pueblo desde el campo de entrenamiento del cuartel Guzmán el Bueno, una gran base militar situada no muy lejos de allí. Se ven más soldados que habitantes por el pueblo, que se encuentra a quince kilómetros al norte de Córdoba. Es un antiguo enclave minero que actualmente se sumerge en el verde de las encinas, los robles y los pinares. No hay ninguna indicación de que en estas colinas fue donde, en septiembre de 1936, la leica de Robert Capa captó la imagen «Muerte de un miliciano», una de las más emblemáticas y controvertidas del siglo XX. ¿Por qué no se menciona nada ni en un triste cartel? «Porque ahora este ya no es el lugar donde se tomó aquella foto», sonríe con tristeza una empleada del ayuntamiento. ¿Y quién ha dicho que Cerro Muriano no sea el lugar correcto? «Lo ha descubierto Fernando, el director del Museo. Hoy no está. Venga otro día. Él lo sabe todo, pues sobre el tema ha recopilado un dossier enorme».

Ante las palabras de la joven, Mario Dondero se encoge de hombros. Decano del fotoperiodismo italiano y discípulo espiritual de Bob Capa, Mario lleva investigando el enigma en torno a «Muerte de un miliciano» desde hace decenios. Un enigma que, en su opinión, no existe. Según él, el tipo de la foto «se llamaba Federico Borrell García, conocido como Taino, de veinticuatro años. Era un trabajador textil, un anarquista. Venía de Alcoy, un pueblo del interior de Alicante. Cayó aquí, en Cerro Muriano, el 5 de septiembre de 1936, mientras hacía frente a la contraofensiva de los regulares marroquíes comandados por el general Varela». ¿Estás seguro, Mario? «Ciertamente. A mediados de la década de 1990, Taino fue reconocido en las fotos de Capa por un antiguo compañero de armas, Mario Brotons Jordá, que en la época de los combates tenía catorce años y era un poco la mascota de aquella columna anarquista. Brotons identificó a Federico Borrell, aparte de por la ropa, también por el modelo de cartucheras, exclusivo de un artesano de Alcoy». ¿Pero la imagen de Capa —cuyo negativo se ha perdido— captaba realmente el instante de la muerte o era una simulación? «La autenticidad de la foto me parece fuera de dudas», garantiza Dondero. «Por otro lado, se ha demostrado que Capa se encontraba aquí el 5 de septiembre, durante la batalla, junto a su compañera Gerda Taro, David Chim Seymour y otros reporteros».

Es verdad. Hay pruebas de la presencia de Bob y Gerda en Cerro Muriano. En concreto, dos. En una crónica fechada en «Muriano, 6 de septiembre de 1936», Clemente Cimorra, enviado del periódico madrileño *La Voz*, explicaba su encuentro con dos intrépidos muchachos, dos fotorreporteros que se le presentaron como Robert Capa y Gerta Pohorylle, el verdadero nombre de Taro. Cimorra escribió que se había cruzado con ellos en la zona llamada Las Malagueñas. «Es la colina donde fue alcanzado el miliciano», dice Dondero. «La fotografié hace treinta años. Volvamos allí, venga». Con ochenta y cinco años, Mario está un poco cansado, pero todavía es indomable. Cuando supo que el 25 de abril el periódico me enviaría a España para una investigación sobre su adorado Capa, nadie pudo detenerlo. Sin embargo, ahora no se puede acceder a la colina de las Malagueñas. Es una zona restringida. Se la han quedado los militares de la base. «Lástima», comenta Mario. Y ya que estamos, mientras caminamos recoge salvia, piedras, flores... y piñones: «Ten, prepara el pesto». Además de la crónica de *La Voz*, también hay una fotografía que confirma que Capa —cuyo nombre real era Ernö Friedmann— se encontraba por la zona aquel 5 de septiembre. La tomó otro grande de la fotografía, Hans Namuth. Muestra una columna de personas que huyen del pueblo. A la derecha, de espaldas, se ve a una pareja que se aleja en sentido contrario a los refugiados. Ambos visten un mono azul, que era en cierta medida el uniforme de los voluntarios antifascistas. Aquellos dos son Robert y Gerda; veintidós años él, ella tres más. Entrevistando a Namuth en 1982, Richard Whelan —el mayor estudioso y casi un «apóstol» de Capa— dedujo que la foto del *Falling Soldier* fue tomada justamente en Cerro Muriano. Curiosamente, si bien los había fotografiado entre los refugiados, Namuth no recordaba a Capa y Taro en aquellos días. Pero volviendo a ver las fotos de Bob reconoció lugares, personas. Y se dio cuenta de que aquel había estado allí. Por otro lado, también Capa captó el éxodo de los refugiados en unas excelentes instantáneas. Por ello el biógrafo Whelan concluía: «Los números sobre las impresiones que pertenecen a la serie de "Muerte de un miliciano" son inmediatamente anteriores a los de las impresiones de los refugiados, por lo que considero muy probable que Capa haya tomado la foto del miliciano en los alrededores de Cerro Muriano el 5 de septiembre de 1936 o un poco antes».

Esta tesis tan autorizada fue aceptada durante decenios. Sin embargo, parece que ya no es así. Quien la ha hecho saltar por los aires ha sido un investigador cordobés, Fernando Penco Valenzuela, de cuarenta y ocho años. Regreso al pueblo para encontrarme con él. En calidad de director del minúsculo museo arqueológico de Cerro Muriano y, por ello, a sueldo del ayuntamiento, no creo que Penco tuviera demasiado interés en situar el lugar de la famosa foto en otra parte. Pese a ello, lo ha hecho. Al cambiar la localización de esa imagen, sus investigaciones no solo han redibujado la geografía, sino también reescrito la historia. Y la misteriosa verdad. Sea como sea, para comprenderlo todo un poco mejor, hay que volver atrás. A los desplazamientos de Robert Capa en el verano de 1936.

París. Endre Ernö Friedmann es un joven fotógrafo húngaro de familia judía con grandes aspiraciones, si bien todavía desconocido. Se inclina abiertamente por la izquierda. Ha fotografiado a Trotski durante uno de sus discursos; en Francia ha documentado la euforia obrera tras la victoria del Frente Popular. Lucien Vogel, el director de *Vu*, revista pionera en materia de grandes semanarios ilustrados, apuesta por él. Y lo envía a España, donde otro Frente Popular acaba de ser víctima de una conspiración de generales traidores. Junto con Gerda Taro llega a Barcelona a principios de agosto. Al instante quedan fascinados por el clima revolucionario de una ciudad que, sobre todo gracias a las milicias anarquistas, desbarató el golpe en pocas horas. Diez días después, ambos se desplazan hasta el frente aragonés. Y descubren que allí todo está demasiado tranquilo, pues la lucha se ha convertido en una exasperante guerra de posiciones. Salvo escaramuzas esporádicas, hay poco que fotografiar. El 21 de agosto Bob y Gerda viajan hasta el Madrid asediado por los fascistas, después a Toledo; y a finales de mes deciden bajar hasta Andalucía, donde las fuerzas gubernamentales del general Miaja han lanzado una ofensiva para reconquistar Córdoba, controlada férreamente por los golpistas. Es en esos días de verano donde se esconde el secreto de «Muerte de un miliciano».

Está documentado que el 5 de septiembre tuvo lugar una batalla en Cerro Muriano. Y feroz. «Era un infierno», escribió el periodista y sociólogo austriaco Franz Borkenau. «Todo el pueblo huía: a pie, en burro, en coche o en camión». Son los refugiados de las instantáneas de Capa y Namuth. ¿Pero la foto del miliciano fue tomada justamente durante esa carnicería? Según Fernando Penco, no. Es del día anterior y se hizo en otro lugar, cerca de Espejo, un pueblo encaramado en una colina, a unos cincuenta kilómetros de Cerro Muriano. Voy hasta allí. En torno al paraje conocido como Haza del Reloj, el paisaje —si bien muy cambiado y cubierto de olivos— recuerda muchísimo al que se ve en la serie «Muerte de un miliciano». En opinión de Penco, esta es la colina de la foto. Pero hay un problema: en Espejo no se tiene constancia de ningún combate antes del 22-25 de septiembre. Es decir, en las fechas en que las imágenes de Capa fueron publicadas en *Vu* (si bien estas se hicieron verdaderamente famosas cuando aparecieron, en julio del año siguiente, en la revista *Life*).

Recapitulando: si la foto no fue tomada en Cerro Muriano durante los combates, sino algún día antes en un lugar donde no se combatía, ¿qué es? ¿Un engaño? ¿Una representación? Penco así lo cree. Pero cabe preguntarse lo siguiente: ¿acaso no resulta extraño que en tiempos de guerra un soldado se prestara a simular su propia muerte? ¿No tendría ninguna aprensión psicológica o supersticiosa? Es cierto que por exigencias de la propaganda Capa también tomó imágenes en las que soldados republicanos fingían llevar a cabo acciones militares, pero en ellas la puesta en escena era en general victoriosa, mientras que en el caso de «Muerte de un miliciano» se nos presenta una imagen de derrota, por mucho que también sea de valentía. «Es verdad», admite Penco. Pero añade: «Situar la foto del miliciano en Espejo reduce la posibilidad de que sea auténtica, pero no la descarta del todo». Además, en esos primeros meses de guerra, la línea del frente no era estable, sino abierta y porosa. «No se puede excluir que, si bien lejos de los combates propiamente dichos, ese hombre pueda haber muerto en una escaramuza ocasional. Quizá alcanzado por una patrulla nacionalista que penetró en territorio enemigo».

En una grabación de 1947 descubierta recientemente, el propio Robert Capa explicaba la historia de «Muerte de un miliciano» de esta forma: «He tomado la foto en Andalucía mientras estaba en una trinchera con veinte soldados republicanos, tenían en sus manos viejos fusiles y morían a cada minuto». Esos hombres corrían hacia una ametralladora fascista para abatirla. «He puesto la cámara fotográfica sobre mi cabeza y, sin mirar, he fotografiado a un soldado mientras se situaba sobre la trinchera. Eso es todo. He pasado en España tres meses y al volver de allí me había convertido en un fotógrafo famoso porque la cámara que tenía sobre mi cabeza había captado a un hombre en el momento en el que le disparaban». Para los «creyentes», como Mario Dondero y muchos otros, que consideran auténtica la foto, esta explicación es suficiente para despejar cualquier duda. Lo malo es que existe otra declaración del propio Capa que complica un poco el asunto. En 1982, Hansel Mieth —que ya era fotógrafa de *Life* en los años treinta— explicó al biógrafo Richard Whelan una extraña confesión que le había susurrado Bob. Aquel famoso día de la foto, le dijo él, «estábamos haciendo el tonto. Todo estaba tranquilo. No se escuchaban disparos». Los soldados «corrían cuesta abajo por una ladera. Yo también me puse a correr e hice la foto sin pensar». «¿Les pediste simular un ataque?», pregunta Mieth. Y Capa: «Para nada. Todos estábamos alegres. Quizá algo descontrolados». ¿Y después? «Después de improviso dejamos de bromear. No oí los disparos, al menos, no en un primer momento». Frases crípticas que llevaron a Whelan a una nueva conclusión: la muerte del miliciano sería auténtica, si bien no habría tenido lugar en una verdadera batalla, sino en un enfrentamiento casual que sorprendió a los republicanos durante un momento de relax. «No se puede excluir del todo que fuera así», dice Penco con escepticismo. «Son cosas que pueden suceder en la retaguardia. Y durante esos primeros días de septiembre Espejo estaba en la retaguardia. Allí, los soldados gubernamentales todavía se sentían seguros. En Cerro Muriano, en cambio, se moría. No era el lugar apropiado para juegos o simulaciones». Tampoco se entiende por qué Robert y Gerda, esos «intrépidos muchachos», se encontraban en un lugar donde no sucedía nada como Espejo y no en Cerro Muriano, donde se había desatado el fin del mundo. Aquí la respuesta de Penco es menos convincente: «Entre las fuerzas leales, Capa y Taro se movían como periodistas adscritos. En particular, congeniaron con los anarquistas. Eso explicaría su traslado a la zona de Espejo, que era un feudo libertario».

En París, contacto con John Morris, nacido en 1916, responsable de *Life* en Londres durante la última guerra, así como histórico editor gráfico de la agencia Magnum y amigo de Capa. Sin entrar en detalles técnicos, me comenta que también él cree que la foto es auténtica. «Nunca hablamos de ello. Pero pienso que a Robert esa imagen le causó mucha incomodidad». ¿Y por qué? «Era un simpatizante de la causa republicana. No le gustaba la idea de haberse hecho famoso gracias a la muerte de un compañero». ¿Por ello, en su reedición, retiró la imagen de la cubierta de su libro de fotografías *Death in the Making*? ¿O bien, como insinúan los escépticos, la quitó por ser una falsificación? También las razones de ese cambio siguen siendo poco claras. Desde el año 1975, cuando el periodista británico Phillip Knightley planteó por primera vez la sospecha de que la foto del miliciano era un montaje, la teoría de la falsificación ha ido creciendo hasta convertirse en un monstruo que actualmente avanza hacia nosotros desde la ciénaga de internet. En la red, junto a algún análisis serio, encuentras otros muchos que rozan la ufología. Alguno escribe que «Muerte de un miliciano» es una patraña porque lleva una camisa demasiado blanca y bonita, lo que lo convertía en un objetivo fácil para los tiradores enemigos. Otro intenta demostrar que el soldado habría sido el mismísimo Capa. Otros incluso argumentan que el miliciano se está riendo. Ciertamente, el gesto puede parecer una sonrisa. Pero ¿por qué no una mueca provocada por el dolor? El hecho es que, si tienes una teoría en tu cabeza, puedes ver todo aquello que quieras en una imagen. El perfil de Satanás entre el humo de las Torres Gemelas o el rostro de la Virgen María entre las nubes sobre Medjugorje, en Bosnia y Herzegovina.

Teorías absurdas aparte, quedan todavía algunas preguntas por responder. Mas bien muchas. Por ejemplo, ¿sobre la foto de la misma serie que muestra a otro miliciano caído? ¿Es posible que fuera alcanzado en el mismo lugar que el más famoso? ¿Por qué en algunas de esas imágenes los combatientes, aunque apuntan con sus fusiles, tienen los seguros puestos, como si, en definitiva, estuvieran simulando una escena bélica? ¿Y quién es el miliciano? «Seguro que no es Federico Borrell. El miliciano que se llamaba así murió en la batalla de Cerro Muriano el 5 de septiembre, pero tras un árbol. En 1937 lo publicó un compañero suyo en un boletín anarquista», explica Penco. «No, si la foto es falsa como creo, el soldado de la imagen de Capa es otra persona. Un combatiente que murió no el día que se hizo la fotografía, sino a finales de septiembre de 1936 en la batalla en la que los nacionalistas arrebataron Espejo a las fuerzas republicanas». Según Penco, los restos de esa persona desconocida habrían sido enterrados en algún lugar de la zona. Y él no espera que se encuentren.

Faltan pocos días para Semana Santa. Córdoba está inmersa en un aroma embriagador de azahar. Después de una parada en la taberna El Pisto, llevo a Mario Dondero a la Bodega Guzmán, en la laberíntica Judería, el antiguo barrio hebreo. Después paseamos por los alrededores de la Mezquita hasta la magia nocturna del puente romano sobre el Guadalquivir. «No había estado nunca aquí... Bien, en efecto, es una notable emoción estética», comenta Mario. Le comento todas mis dudas sobre la imagen del miliciano, pero no le interesan lo más mínimo, su fe en Bob Capa es inquebrantable. Insisto:

«Mañana vienes conmigo a Espejo. Verdadera o falsa, es allí donde se tomó esa maldita foto». Mario me observa con sarcasmo: «¿Por qué, en cambio, no vamos mañana a París?». ¿París? «Así te muestro la tumba de Gerda Taro en Père-Lachaise. La enterraron junto a los revolucionarios, a los partisanos y al Mur des Fédérés, donde fueron fusilados numerosos miembros de la Comuna de París. Ya verás, es conmovedor. Estoy seguro de que te gustará».

PORNO DALÍ

Como buen artista postrevolucionario, Fernando Arrabal vive en un envidiable apartamento parisino del XVII *arrondissement*. Las amplias habitaciones rebosan de objetos extravagantes. Hay montones de relojes apilados en las esquinas y una relectura de la última cena con Kafka, Picasso y Duchamp en lugar de los comensales tradicionales. En el comedor veo una silla de aspecto amenazador. «Es un garrote vil», me explica el dueño de la casa, «pero no tema: es falso. Antiguos decorados». En un vídeo de YouTube se puede ver a Arrabal mientras utiliza el chisme con una atrevida chica oriental que parece divertirse mucho.

Nacido en Melilla en 1932, Fernando Arrabal es dramaturgo, novelista, director de cine, pintor, poeta y cantor del clítoris, al que ha dedicado una oda que ha sido traducida a catorce lenguas. De la versión checa se encargó Milan Kundera. Arrabal ha conocido y tratado a todos, desde Breton a Sartre, de Magritte a Beckett, de Cioran a Topor, pero es legítimo sospechar que su verdadero maestro ha sido su compatriota Salvador Dalí. Fernando lo conoció a principios de los años setenta, cuando el Divino ya se había convertido en una engrasada y en cierto sentido admirable máquina de hacer dinero. Avida Dollars, lo había rebautizado algunas décadas antes André Breton jugando con su nombre. Impostor de talento, Dalí alimentaba a su público a base de provocaciones triviales, incluyendo alguna payasada pseudosádica. Me explica Arrabal: «Una noche estaba en casa en París con algunas feministas de Lyon lesbo-maoístas que debían escenificar una de mis piezas teatrales. Suena el teléfono. "Soy el Divino", dice la voz de Dalí. Quería conocerme. Escribir conmigo una pieza que define cibernética. La cita es para el día siguiente, a medianoche, en el hotel Meurice. "Pero trae una esclava", ordena Dalí. Y cuelga. Ante la noticia, las lésbo-maoístas bailan del entusiasmo. Quieren acompañarme. Les advierto que, en su caso, deberán ir vestidas de esclavas. Ninguna objeción. Decidimos que me las llevaré encadenadas. Pero el problema es encontrar una cadena lo bastante larga para atar a cinco feministas lionesas. Tras dar muchas vueltas, al final encontramos justo lo que necesitamos en el departamento de ferretería de un gran almacén en el hotel de Ville. Diez metros de cadena».

La noche siguiente se presentan encadenadas al Meurice. En la suite de Dalí hay gente muy extraña: algunas parejas de gemelos; un negro mastodóntico vestido de militar con el pecho constelado de medallas y a quien Salvador llama *Mon chef de guerre*; sobre la cama estilo imperio una anciana bebe whisky de una damajuana y Dalí se dirige a ella llamándola Luis XVI. En cierto momento, el anfitrión expresa su deseo de fustigar a una de las amigas de Arrabal: «Temí un arranque de orgullo feminista; en cambio, ella descubrió sus nalgas y el Divino la golpeó con el tallo de una flor que se partió tristemente». En una versión más *hard* del mismo episodio, Arrabal ha hablado de glúteos maoístas azotados hasta sangrar con gatos de nueve colas, pero se trata de detalles sin importancia.

Aquella noche Gala, la siniestra mujer y musa de Dalí, se carcajeaba extasiada. Por lo que propuso a los invitados otro encuentro libertino. «Nos invitaron a una orgía colosal que pensaban organizar fuera de París más adelante. Yo vacilaba.

"Soy un chico casto", le dije a Dalí. Y él me respondió: "Tenemos una necesidad desesperada de gente casta"».

Y fue así como Fernando Arrabal y su escolta de revolucionarias se volvieron a encontrar en una gran villa reconvertida en plató porno. «Había unas veinte prostitutas. Algunas nadaban desnudas en una piscina de paredes transparentes, otras se exhibían con látigos y consoladores en una miniplaza de toros en la que sonaba música de Wagner, y también estaban las que se restregaban con caballos, monos y un perro alano, que estaba muy excitado por los sudores». Sentados sobre tronos dorados, Dalí y Gala aprobaban con la cabeza. «Pero en conjunto el espectáculo era más bien deprimente». Arrabal decide irse, pero el Divino le detiene: quiere verlo unirse a una misteriosa valquiria a la que llama gran princesa Aria. Arrabal se excusa: «Ya te lo he dicho, soy un tipo casto». Salvador se enfada: «¡Pero qué casto ni qué casto, no hay hombres castos! No puedes decepcionarme. Es una fiesta en tu honor. ¡Una fiesta pánica!». Fernando sonríe, y, mientras se aleja, le da tiempo a ver a Dalí besando a cuatro patas las caderas desnudas de la indescifrable princesa Aria. «Volvimos a casa con caras largas. Al día siguiente el Divino me telefoneó furibundo: "Eres un ser abyecto"».

Las últimas décadas de la vida de Dalí abundan en este tipo de historias guarras —más o menos apócrifas y con variaciones según quién te la explique—, llegando hasta la monotonía. Pero, por mucho que se las diera de noble degenerado del Antiguo Régimen, Salvador fue todo menos un libertino. No era un hedonista. El placer tal como habitualmente se entiende no estaba entre sus prioridades. No tomaba alcohol ni drogas. Vivió en el culto del autocontrol, de la timidez astuta, de la inteligencia cínica. El maduro Dalí alimentaba su propio mito jactándose de ser impotente y de tener un miembro especialmente pequeño. No era modestia, sino todo lo contrario. Quería presentarse como un pornodivo a la inversa: el príncipe de los infradotados. Su alergia al coito había hecho que desde muy joven fuera autosuficiente: «Evito siempre el contacto», confesaba. «Un poco de voyerismo y un mínimo de masturbación son más que suficientes». Si bien de vez en cuando Dalí intervenía con alguna travesura —como interrumpir a la gente en medio del orgasmo—, pocas veces tuvo un papel activo en las fiestas sexuales que organizaba. Como mucho, se limitaba a contemplar el correcto desarrollo mecánico. Se trataba de *shows* perfectamente controlados, cronometrados según unos tiempos propios del ámbito industrial. Escribe su biógrafo Ian Gibson: «Las orgías de Dalí no eran realmente orgiásticas en el sentido dionisiaco del término, porque el pintor las planificaba hasta los últimos detalles y continuamente decía a los actores lo que debían o no debían hacer. El Divino era el omnipotente maestro de ceremonias de un ritual erótico cuyas reglas no conocía nadie excepto él». Homosexual no declarado, le atraían los tipos andróginos, los muchachos afeminados: «¡Qué bella es una verga extendida sobre un cuerpo delicado y casi femenino!». Decía que lo máximo para él habría sido «un fornido jovencito con tetas».

El imaginario de Dalí era pornográfico no solo por su obsesión por mirar, sino sobre todo porque estaba totalmente dirigido a la simulación. Que quizá sea el concepto clave para descifrar su producción tardía. Mucho antes que sus contemporáneos, Salvador Dalí había entendido que fingir ser un artista de talento es mucho más importante que serlo de verdad. Y si se tiene talento, aún mejor. Y él indudablemente lo tenía. Al principio de los sesenta inició una nueva fase creativa que podríamos llamar «Fraude con denominación de origen». Dominado por el demonio de la reproducibilidad técnica, el Divino se puso a hacer dinero firmando en blanco al ritmo del Mickey Mouse aprendiz de brujo de la película *Fantasía*. Hay quien jura que —en sus mejores momentos— llegaba a firmar mil hojas cada hora. Otros incrementan el récord al hablar de una firma cada dos segundos. En cualquier caso, su trabajo alcanzó pronto una organización y un ritmo casi tayloristas: un colaborador daba una hoja a Dalí, este la firmaba y un tercer cómplice cogía entonces el papel para envolverlo y enviarlo. Sobre esas blancas superficies se imprimían imágenes más o menos dalinianas. Poco importa. A Salvador se la sudaba completamente. La orden era: «Con las hojas firmadas en blanco haced lo que os parezca». Lo esencial era ganar dinero. Y rápido. Según John Peter Moore —el más famoso de los secretarios de Dalí—, el precio se situaba en torno a los diez dólares por autógrafo. Moore, llamado el Capitán por un pasado de militar sin escrúpulos, se agenciaba una comisión del diez por ciento. Excesiva, concluyó Dalí. Que poco después se puso a firmar a espaldas de su círculo.

El Divino había descubierto la multiplicación de los panes y los peces. Y el milagro devino compulsivo. «Todavía… todavía…», se complacía el maestro. Una especie de manía. Pero también una manera de relajarse. Tras la cena, no era extraño que Dalí se retirara diciendo: «Bien, ahora voy a echar alguna firmita». El resultado fue que desde Europa hasta Estados Unidos y Japón, el mercado se vio invadido de decenas de miles de clones con firma auténtica de Dalí. Se inauguraba así un nuevo género: la obra de «tirada-limitada-pero-no-tanto». En el plano legal se trataba de una estafa (oficialmente las obras numeradas eran quinientas, pero bajo cuerda se llegaba hasta cincuenta mil). Y el fraude hundió la cotización oficial, aparte de la credibilidad personal, de Dalí. Pero a él todo eso le traía sin cuidado. Había hecho sus cálculos. Desde hacía tiempo ya no buscaba el consenso de los expertos y la élite, sino que pretendía atrapar consumidores. Todo aquello que perdió en términos de *rating* lo recuperó —y con creces— por otro lado.

¿Pero qué era la famosa venalidad de Dalí? ¿Tan solo una cruda sed de ganancias o escondía un diagnóstico despiadado y en cierto modo profético sobre la mercantilización del arte?

Sin duda, en la mistificación de sí mismo fue demasiado lejos. Hasta el punto de que no podía volver atrás. Manipuló las nociones de verdadero y falso hasta sumirlas en una turbia indiferencia. Y provocó una gran confusión de bagatelas con firma auténtica y obras auténticas con firma falsificada. Él mismo decía: «¿Me imitan? Excelente. Significa que soy famoso». Pero ¿cómo se persigue una falsificación si el autor la aprueba? ¿Y cuántos Dalí falsos habrán acabado en los museos? En lo que respecta a la pintura, pocos. El Dalí de las telas no es fácil de imitar. Las falsificaciones sobre todo se dan en la escultura y, en mucha mayor medida, en litografías y grabados», me explica Víctor Fernández, estudioso de Dalí que ha editado la correspondencia de este con Federico García Lorca. También me dice que en los últimos años de vida del maestro salieron de su taller al menos un centenar de cuadros considerados como auténticos los cuales, sin embargo, no pueden serlo: «A causa del Parkinson, Dalí era en aquella época incapaz de sostener ni siquiera un pincel».

En su surrealista casa parisina Fernando Arrabal sonríe. Del Divino ha heredado su gusto por las payasadas. Lleva una camiseta en la que se lee «Arrabal». Y desde hace unos años se presenta a las conferencias o inauguraciones con tres o cuatro gafas sobre la nariz. A diferencia de Dalí, que en oposición a su rival Picasso jugaba a ser franquista, Arrabal se rebeló contra el régimen. Y fue castigado, según él, primero de forma semicómica: «Me encerraron en una celda de las dimensiones de un armario. Cuando vuelvo a pensar en ello, creo que realmente se trataba de un armario». Es verosímil, pues Arrabal es un hombre muy pequeño. «El segundo día un guardia civil vino a traerme comida. La rechacé. El agente, un gordinflón de aspecto afable, se encastró en el armario y comenzó a rogarme que comiera: "Venga, hazlo por mí". Y comenzó a darme de comer como a un niño pequeño: "Un bocado por mamá, uno por papá...". Para que lo sacaran de la cárcel de Carabanchel,

Samuel Beckett escribió una carta abierta. Protestaron también Ionesco, Mauriac, Peter Weiss, Arthur Miller. Arrabal salió libre y se estableció en Francia. Ha dirigido media docena de películas estrafalarias, ha escrito novelas y algunos centenares de poesías. En 1962, junto con Alejandro Jodorowsky y Roland Topor, se inventó el Movimiento Pánico, tardía vanguardia influida por las visiones de Artaud y Buñuel. En 1990 se le concedió el título de Sátrapa Trascendente del Colegio de Patafísica, grupo imaginario con el que, en el nombre de Alfred Jarry, simpatizaron Boris Vian, Raymond Queneau, Jean Baudrillard, Umberto Eco, Enrico Baj, Dario Fo. Si bien abstrusas y en ocasiones incomprensibles, o bien tal vez justo por eso, las intervenciones de Arrabal todavía son muy solicitadas. En su casa su conversación es menos esotérica. Me revela: «¿Sabía que Cervantes sentía debilidad por los marineros?». Me explica que Louis Aragon, siendo ya anciano y viudo, descubrió su homosexualidad y una vez fue arrestado en los jardines de Luxemburgo por actos obscenos con la estatua de un fauno. Luce, la mujer de Arrabal, escucha hablar al marido sin manifestar ninguna emoción. Es pequeña y silenciosa como una monjita. Enseñaba literatura española en la Sorbona.

De Fernando Arrabal dicen que, al igual que Dalí, es muy sensible al perfume del dinero. No sabría decirlo. Sin embargo, sé que aquella tarde fue generoso con el champagne. Destapó cuatro botellas. Al final sus pequeños ojos burbujeaban. Y me dio la impresión de que debajo de cuatro gafas veía muy bien.

ANATOMÍA DE UNA PAELLA

Hace algunos años, un astuto empresario valenciano del sector inmobiliario organizó en Nueva York una paella para veinticinco mil personas. La población de una ciudad pequeña española. Además de cocineros, músicos y azafatas vestidas con el traje regional, el constructor se había traído de España 4.143 litros de agua —no se fiaba de la estadounidense—, 247 de aceite de oliva, 1.520 kilos de arroz, 1.000 de guisantes, 270 de tomate triturado, 240 de judías blancas... A causa de las leyes sanitarias americanas, tuvo que comprar los 5.000 kilos de pollo en los Estados Unidos. Desde las once de la mañana hasta las cuatro de la madrugada, la fiesta tuvo lugar en pleno Central Park y aquel día los invitados tuvieron la agradable sensación de que el milagro económico español, que ya duraba más de una década, no acabaría nunca. Pero la generosidad del anfitrión los confundió. Tan solo unos pocos meses después, el Gran Gatsby de la paella colapsó en bolsa, perdió 1,3 millones de euros de su fortuna personal, cayó en picado en la lista Forbes y se retiró a meditar a Brasil. Con su guadaña, había llegado la señora Crisis, la gran parca.

De acuerdo, puede causar tristeza ver este plato, de noble extracción campesina, convertido en un monstruo por los excesos neocapitalistas. Sin embargo, también en su lugar de origen la paella cae en ocasiones en cierto gigantismo. Para percatarse de ello, basta con darse una vuelta por el voluptuoso Mercat Central de Valencia: 8.000 metros cuadrados de tentaciones carnales y hortofrutícolas bajo un firmamento de bóvedas y cúpulas modernistas construidas entre 1914 y 1928. En las tiendas de fuera, los vendedores de ollas y sartenes exponen espectaculares paellas para 120 raciones o más. Con sus *smartphones* colocados en esos malditos palos telescópicos tan de moda, oleadas de turistas se sacan *selfies* delante de las megapaellas alineadas como colosales fichas de casino.

Sorprendidos ante tales excesos, los puristas se indignan. Denuncian la ortodoxia pisoteada, un arte culinario degenerado, pervertido por el cosmopolitismo, por el consumismo de la comida rápida. En definitiva, la paella reducida a *global food*, como la pizza, es decir, transformada en un plato comodín al que le puedes echar de todo. «En versión internacional, la paella es un revoltijo de arroz en el que se mezclan carne, pescado y cualquier tipo de vegetal excepto el plátano», ironizaba Manuel Vázquez Montalbán, que era un gourmet marxista, pero no un fanático. Y por ello reconocía lo siguiente: «La paella ha sido desnaturalizada, pero en algunos casos excelentemente desnaturalizada, todo hay que decirlo». Y, sí, con los langostinos, el bogavante o la langosta será quizá una pijería de nuevos ricos —de hecho, a menudo quienes la piden son españoles con camisa color salmón sobre una piel tostada por los rayos uva—, pero también puede suponer un gustazo.

Extremismos aparte, la polémica divierte porque, de plato campesino, la paella se ha transformado en una especie de religión. Con sus dogmáticos, místicos, herejes y «franciscanos». Estos últimos predican el retorno a una frugal armonía primigenia donde al arroz se le añadían como mucho las más humildes verduras y, los días de fiesta, conejo, pollo o caracoles, que por esos lares se llaman *vaquetes*. Los filólogos recuerdan que el término *paella* aparece en la literatura gastronómica solo a partir del siglo XIX. Pero la aventura del arroz a la valenciana —o mejor, de los arroces, pues existen centenares de variantes— comenzó mucho antes. Igual que en todo lo demás, también hay un debate en torno a la etimología de la palabra. Paella deriva razonablemente de latín *patella*, «sartén», pero otros eruditos proponen en cambio el término árabe *al-bakilla*, es decir, «restos», para designar un plato que se puede cocinar con todo tipo de sobras. Sin duda la palabra «arroz» es de cuño árabe. Precisamente, quien introdujo masivamente su cultivo en España, junto con el perfeccionamiento de los sistemas de irrigación trazados por los romanos, fueron los musulmanes a partir del siglo VIII. Desde entonces, y con altibajos, el cultivo de los arrozales se convertirá, sobre todo en la Comunidad Valenciana, en una lucha épico-trágica entre hombre, tierra y agua.

Ya en la baja Edad Media, la insalubridad del cultivo del arroz impulsó a los reyes a prohibirlo o reducir drásticamente su extensión, bajo elevadas multas o incluso el destierro. Para proteger la ciudad, en torno a Valencia se creó una especie de zona «libre de arroz», un cinturón sanitario donde este cereal estaba prohibido. Pese a las dificultades, su cultivo prosiguió, también porque en comparación con otros cultivos es mucho más rentable: se pueden obtener hasta veinte quintales métricos por hectárea frente a los cinco del trigo. En el siglo XVIII, las guerras, la carestía y las inclemencias meteorológicas provocan el hundimiento de la producción de trigo. Importarlo de otras regiones es demasiado caro. Así pues, se vuelve a cultivar arroz masivamente. Pero hay un único problema, y no menor: la malaria, llamada todavía paludismo, mata a un ritmo casi comparable al de las pestilencias. Es el capítulo más siniestro de esta historia. Los braceros mueren como moscas. Pero no piensan abandonar los pantanos: mejor el riesgo que la miseria. Las crónicas de la época recuerdan una novela gótica. Los trabajadores del arroz se convierten en un espectral pueblo de los humedales. Conviviendo testarudamente con la enfermedad, se consumen hasta llevar una existencia fantasmagórica: algunos «viven tan cerca de los arrozales que parecen mecerse sobre balsas. Pocos superan los sesenta años. [...] Caras pálidas, demacradas, prostradas [...]. Máquinas que se caen a trozos y después mueren», anotaba el naturalista Antonio José Cavanilles. La economía de las ciénagas desencadena un encendido debate: «Se tolera que los hombres sirvan al arroz, y no el arroz a los hombres», se indignan los ilustrados más concienciados con la situación. Pero el contagio todavía se explica mediante la nebulosa teoría de los miasmas: vapores mefíticos, efluvios malignos que se desprenden de las traidoras marismas en oleadas homicidas de fiebres tercianas o cuartanas. Solo en el siglo siguiente y gracias a decisivos descubrimientos italianos se identificarán los responsables y los ejecutores de tales masacres: el parásito *Plasmodium* y el mosquito *Anopheles*.

En una librería de Valencia encuentro un delicioso recetario de época franquista, de 1942, con símbolos de la Falange en la portada. En España, la malaria todavía tardó en erradicarse veinte años más, pero en el opúsculo el arroz español es presentado como la «perla entre los productos del privilegiado suelo valenciano». Alimento «sano, nutritivo y de fácil digestión», en plena posguerra se estimulaba su consumo también por razones de salud pública. En cuanto a la paella, el manual la definía como «manjar propio de los dioses» y, en el clima de la paranoia autárquica, se invitaba a desconfiar de las diabólicas imitaciones urdidas en tierras extranjeras. Actualmente, con unas 7.000 u 8.000 toneladas anuales, España es el segundo productor europeo de arroz tras Italia. La Comunidad Valenciana no es la primera productora a escala nacional —la superan Andalucía, Cataluña y Extremadura—, pero no es algo que la descorazone. Una prueba de ello es el pequeño pero orgulloso Museo del Arroz en el barrio marinero del Cabanyal. Lo han abierto dentro de un molino de principios del siglo XX cuyos viejos mecanismos para el refinado todavía funcionan.

Por dos euros la entrada, una empleada aprieta un interruptor que pone en marcha el artilugio y se te queda mirando mientras observas cuatro niveles de engranajes, cedazos y poleas que se contonean y crujen como una incomprensible máquina célibe a lo Duchamp. Junto al mar, podéis recobrar fuerzas en el restaurante Casa Carmela: desde la década de 1920 sirve paellas ultraortodoxas. ¿La sartén? Puede alcanzar los dos metros de diámetro, pero en ningún caso el borde puede superar los siete centímetros de altura. ¿El fuego? A leña. Preferiblemente de naranjo. De madera también debería ser la cuchara de los comensales. Asimismo, la paella se come al estilo árabe, directamente de la sartén y sin echarle limón —herejía—. Ojo también al tiempo de espera: si os sirven el arroz en menos de treinta o cuarenta minutos, y significa que os están estafando. Como es sabido, a diferencia del *risotto* —que los altivos gurús de la paella consideran algo propio de señoritas—, los granos deben estar secos y sueltos, incluso, como se lee en algún tratado, «ensimismados». Pasaremos de largo sobre la cuestión del punto de cocción ideal, un tema tan polémico que requeriría la convocatoria de un nuevo concilio de Nicea.

Entre sacos de arroz Bomba —el más indicado para la paella—, en el Mercat Central han dedicado una estatua de arroz a las cocineras valencianas. Pero la paella es también «cosa de hombres». En la antigua idiosincrasia española, era uno de los pocos platos, si no el único, que un machito podía cocinar sin que su reputación viril se pusiera en duda. Comida barroca, vagamente exhibicionista —en cuanto está lista es mostrada como un heredero al trono recién nacido—, pero sobre todo plato festivo y compartido, la paella no es para *singles*. En los restaurantes serios, la ración para una única persona prácticamente no se contempla. Como mínimo, para dos. Si os gusta comer fuera solos y no queréis renunciar a ella, os tocará pedir, zampar y, al final, pagar por dos.

DOS ITALIANOS

Milán, un sofocante día de junio, año XIV de la Era Fascista, a la hora de la comida. El periodista del *Corriere della Sera* Orio Vergani pasea por la Galería Víctor Manuel II cuando se encuentra con un amigo pintor que vive en España y le invita a hacerle una visita: «Tendrás muchas cosas interesantes para escribir. La revolución es inevitable. Ineludible». Dicho y hecho. Pocas semanas después, Vergani pone en su maleta una Leica, algunas guías turísticas y el ejemplar del *Quijote* con el que desde joven intenta fortalecer su enclenque español. El 10 de julio de 1936 ya se encuentra en Barcelona, donde, pocos días después, verá «encenderse los siniestros fuegos de la más trágica y singular guerra civil que la historia moderna recuerde». Así, será testigo del «alzamiento» de los generales contra la República y de la reacción de las milicias populares que en Cataluña —y también en Madrid— lograron inicialmente imponerse a los rebeldes.

El «fascista» Orio Vergani será prácticamente el único enviado italiano que asistirá en directo al primer acto de la gran masacre española. Pero solo podrá explicarlo a sus lectores más tarde, cuando regresa a Italia como un fugitivo, en zapatillas y camiseta interior, a bordo de un barco, tras haber escapado por los pelos a una ejecución de la «justicia proletaria». Para el

Corriere escribió en caliente cuatro artículos sobre sus aventuras en Cataluña. Más tarde, en 1941, publicó por entregas una narración más detallada de esa experiencia en *Legiones y Falanges*, una revista mensual de amistad fascista-franquista editada por Garzanti, con abundante ilustración y de cierto prestigio; entre las firmas italianas destacadas estaban Giovanni Ansaldo, Ercole Patti e Indro Montanelli.

Desde su modestia, los escritos de Vergani constituyen el contrapunto fascista a numerosos libros de ideología contraria, y mucho más célebres, como *Homenaje a Cataluña* de Orwell, *Los de Barcelona* de H. E. Kaminski o el espléndido *El reñidero español* de Franz Borkenau. Pero la distancia que separa los textos de Vergani de la épica de estos testimonios no es solo de carácter político, sino también narrativo. Las narraciones de Vergani —también la más dramática de su arresto— se mueven casi siempre en un tono de ironía socarrona, escéptica, incluso algo picante. Recién llegado a la capital catalana, el autor se pregunta con desarmante sinceridad: si eres periodista y debes escribir sobre una revolución que todavía no ha estallado y que no es seguro que estalle, ¿qué narices haces? ¿Adónde vas? ¿A quién preguntas? Bien, a la gente por la calle. Pero corres el riesgo de que te consideren un pájaro de mal agüero. O un impertinente: «Después de estrechar la mano a un desconocido a quien no has visto nunca, encendido un cigarrillo y aspirada la primera bocanada de humo», te toca pasar a «una serie de preguntas incómodas y hablar de cosas catastróficas a gente cuyo pensamiento se encuentra a miles de kilómetros de esos temas y que, aunque te ofrece su mejor sonrisa, arde en deseos de decirte que, por mucho que lo hagas en nombre del derecho a la información, eres un fisgón que vive de las desgracias ajenas».

Ciertamente, la España de 1936 se ve sacudida por huelgas, manifestaciones, atentados, tramas golpistas. Pero en el país se han convertido ya en algo casi natural: ¿quién te asegura que justamente esta vez se desencadenará el infierno? Y si fuera así,

¿cuándo sucederá? ¿El sábado? ¿El domingo? En los días que preceden al estallido de la guerra, Orio Vergani intenta adivinar la revolución inminente «en los rostros y las palabras», lee libros y opúsculos, pasea por la Rambla, donde los vendedores de canarios (actualmente casi desaparecidos por la intolerancia animalista) se alternan con obreros que reparten octavillas y quioscos de periódicos repletos de folletos políticos, pero también de «revistas galantes recién llegadas de Francia, y de publicaciones de "estudios sexuales" decoradas con cubiertas "sugestivas". Un tipo con gafas de miope compró las tres últimas revistas de nudismo... Aprendí así que, prohibido en Alemania, el nudismo, pubis al viento, predicaba su doctrina a los antiguos fieles de la Virgen del Pilar y de san Ignacio».

Tras cenar, Vergani engaña la soledad del enviado especial vagando por el bochorno sórdido del Barrio Chino, entre languideces sexuales de tono expresionista: «Reverberaciones rojas, violetas y azules de neón», «mujeres que me miraban largo y tendido a la cara, invitándome a seguirlas, o jovencitos que, con el pretexto de pedirme fuego para encender un cigarrillo, me hacían ver, en el rostro iluminado por la llamita del mechero, equívocas mejillas maquilladas, ojos perfilados en negro, labios retocados de rojo». Y a continuación, al *peep show* de la época. Un pequeño teatro que parece «una caseta de baño». En su interior, las bailarinas muestran sus pechos ante espectadores aburridos y taciturnos. El aire huele a cerveza, manzanilla, sudor, serrín. Algunas noches después, el periodista está con unos amigos en un local de bailes tradicionales. Al salir escucha a un transeúnte gritar: «¡Llegan los artilleros! ¡Huid, huid!». La genta se abalanza sobre los taxis. Porque los soldados golpistas han salido de sus cuarteles y marchan sobre la ciudad. Lo peor aún está por llegar. Orio Vergani vuelve a su hotel, el Falcón, propiedad del señor Leonardo Durio, un emigrado piamontés. Un lugar familiar que, no obstante, se transformará en una trampa. Por la mañana, después de haber disparado contra el edificio durante toda la noche, los milicianos anarquistas irrumpen en el hotel. Buscan a un francotirador que ha matado a dos compañeros, según dicen, disparando desde las ventanas del hotel. Para evitar que se escape, arrestan a todos, incluidos unos quince italianos, los principales sospechosos de connivencia con el enemigo fascista. En espera del interrogatorio, los amontonan en un miserable piso de la Rambla. En el suelo, uno encima del otro. Al recordar esos momentos, el reportero vuelve a sentir cierto hormigueo erótico: «Contra mi cabeza presionaba y se estremecía una gran cosa caliente y blanda, que en cierto modo me hacía de escudo. Eran las opulentas caderas de una mujer, unas generosas caderas que quizá habían sido elogiadas infinitas veces por su confiado balanceo al caminar».

Mientras tanto, fuera se continúa disparando de lo lindo. Llegan los primeros prisioneros fascistas. Antes de ser fusilado, un civil en bata rellena crucigramas: «¿Quién sabe decirme el nombre de un río francés de seis letras que comienza por R y acaba por O?». Y le responden: «Ródano». El hombre da las gracias. Después se lo llevan. Contra la pared. Los milicianos anarquistas son a menudo muy jóvenes. Sobre uno de ellos Vergani escribe lo siguiente: «Tenía el aspecto de un muchacho que para hacer la revolución había faltado a la escuela ese día». Piedad y desencanto. Si bien la postura del enviado está clara: «No había venido ciertamente para apoyar a los rojos. [...] El término «falangistas» no me resultaba familiar: los llamaba, mentalmente, fascistas. Yo era uno de ellos, indefenso, y mi destino ya estaba decidido». No realmente. Vergani fue identificado por los «rojos» como un conocido periodista «fascista». Pero poco antes de ser llevado al «paseo» fue salvado por la intervención del cónsul italiano. Será repatriado a bordo de un buque enviado por el gobierno de Mussolini para permitir a los ciudadanos italianos abandonar el país. Un barco de pasajeros, no «de guerra», como Vergani afirma en el ampuloso final de dichas memorias. Tal vez la única concesión retórica en unas páginas antiheroicas, ingeniosas y tendenciosas, aunque de gran valor literario. Orio Vergani no cubrirá para el *Corriere* el resto de la Guerra Civil. Volverá a España solo en otoño de 1939, durante la gran represión desatada por Franco tras su victoria.

En octubre de 1936 otro italiano, que en cambio se ha unido a los antifascistas, viaja encogido dentro de un bombardero Potez 540 con las manos aferradas a una ametralladora. El avión sobrevuela la meseta castellana. Es un gran bimotor de color verde espinaca y de extraña silueta: en un extremo tiene un minúsculo *bow-window*, una especie de protuberancia transparente que sirve de puesto de observación y combate. En ese habitáculo está sentado Nicola Chiaromonte. «Estoy en una especie de embudo, con las rodillas dobladas contra el pecho, y miro a través de la ranura de la que sale la ametralladora», explicará en el artículo «España. La guerra» publicado en marzo de 1937 en *Atlantic Monthly*. Chiaromonte se ha incorporado como voluntario a la Escuadrilla España, la unidad aérea creada por su amigo André Malraux en apoyo de la República. Es una unidad militar tan audaz como improvisada: «Con tres bombarderos y cinco cazas —en proporción de diez a uno respecto a ellos—, hacemos lo que podemos para dar a los milicianos desmoralizados y a los asustados campesinos la impresión de que existe una aviación republicana», confiesa Chiaromonte. Ese día bombardean un aeropuerto y una estación ferroviaria. Tras ello, el eufórico regreso a la base: «Una especie de alegría involuntaria se adueña de los siete miembros de la tripulación, que se la transmiten con la mirada». Pero es una alegría precipitada. «De repente, de la torreta de cola nos llega un grito agudo e inhumano por el esfuerzo de hacerse oír por encima del ruido de los motores; solo puede significar una cosa, por lo que la reacción es inmediata: manos a la ametralladora, ojos a escrutar el cielo. Veo tres puntos negros justo a nuestra espalda. Un instante después solo veo dos, más abajo».

Chiaromonte apunta el arma, «pero ya no se ve nada, es para volverse loco. [...] Aquello se nos está acercando por arriba, y desde mi puesto no puedo ver nada». Solo le queda esperar: «Aguardo, durante un rato interminable, en el vacío, con una sensación angustiosa de soledad». Después «de golpe, algo pasa a toda velocidad cerca de nosotros, el mundo vuelve a ser algo vivo, brillante y preciso, yo puedo ver claramente y mi ametralladora escupe fuego tres veces. Después de nuevo el vacío». Un vacío que enseguida es atravesado por el grito triunfante de un compañero: han abatido un Heinkel enemigo. Le ha acertado el artillero de cola, no Chiaromonte. Quien se encuentra en el clímax épico-político del siglo XX, si bien no es del todo consciente. «Miro hacia fuera, veo dos agujeros en un ala. Eso es todo. El combate ha acabado y no ha durado más de tres minutos».

Las percepciones inconexas de este episodio recuerdan el desconcierto de Fabrizio del Dongo durante la batalla de Waterloo en la *Cartuja de Parma*. A este héroe de Stendhal que vaga perdido en el caos de la derrota napoleónica, Nicola Chiaromonte le dedicó uno de sus ensayos más famosos, *Fabrizio en Waterloo*, donde la famosísima escena de la *Cartuja* deviene metáfora de la moderna imposibilidad de pensar la historia en términos lineales de lógica, progreso, dialéctica o incluso lucha de clases. No es en el andamiaje de los sistemas filosóficos donde debe buscarse el marco para el conocimiento histórico, sino más bien en la literatura o el arte en general: «A través de la ficción y en la dimensión del imaginario es posible aprender algo sobre la experiencia auténtica del individuo». Chiaromonte no teoriza sobre la incognoscibilidad de la historia, sino que recuerda que, en el irracional siglo XX de las masacres industriales, cualquier pretensión de definir conceptualmente los sucesos colectivos es temeraria. Incluso totalitaria.

Habitualmente se continúa presentando la guerra de España como el primer capítulo del segundo conflicto mundial, como la prueba palpable del enfrentamiento entre los monstruos nazi-fascista y estalinista. Innegablemente lo fue, o mejor dicho, devino. Pero también fue mucho más que eso. Fue un momento revelador de una crisis irreversible de la razón política. Al menos, así la vivieron los intelectuales más lúcidos que participaron en ella, desde Orwell (que en España habría madurado su horror —a su vez político— a la política) hasta Simone Weil, pasando por Arthur Koestler (exagente arrepentido del Komintern) y, asimismo, Nicola Chiaromonte. Este último, ya en otoño de 1936, regresó definitivamente a Francia, desengañado por el creciente encuadramiento comunista de las fuerzas republicanas; en septiembre habían llegado los primeros asesores soviéticos para poner orden. En una carta a su amigo Andrea Caffi, Chiaromonte le explicaba que se había ido porque en España todos los esfuerzos se dirigían en ese momento «a separar la revolución de la guerra». El antifascismo ya no era un asunto del pueblo sino de generales. El laberinto español se convertía así en el espejo de una época en la que «no solo legiones de intelectuales se han enorgullecido de haberse afiliado al partido de la violencia, sino que también se han encontrado filósofos para introducir la violencia en la naturaleza misma del pensamiento». Por ello, tal como Chiaromonte escribió en 1959 en un formidable análisis retrospectivo: «En España la política no tenía ya ningún sentido o, más bien, había adquirido esa inhumana insensatez cuyos extremos Europa estaba a punto de conocer».

Pero volvamos al agosto de 1936. No ha transcurrido ni tan solo un mes desde la rebelión franquista: Nicola Chiaromonte llega a Barcelona junto con André Malraux, que tiene treinta y cinco años, solo cuatro más que él, y es pura energía cinética. Con su oscuro mechón sobre la cara, sacudida por sus numerosos tics, el autor de la *Condición humana* lleva semanas moviéndose entre Cataluña y Madrid, con alguna escapada a París para visitar la editorial Gallimard o cenar con André Gide. El golpe militar ha avivado su ya incontenible pasión por la acción. Tras sus controvertidas experiencias —a medio camino entre el contrabando y el compromiso— en la Indochina de la década de 1920, Malraux ha comenzado a flirtear ambiguamente con los comunistas. Ha conocido a Trotski y ha visitado el país de los sóviets. Sin dar su aprobación al estalinismo, tampoco ha alzado su voz contra este. Con Chiaromonte no faltan las divergencias. No obstante, ya fuera por fidelidad a la izquierda, ya fuera por la magnética persuasión de Malraux, el italiano se embarca en la aventura española. Las primeras impresiones de Chiaromonte sobre la Barcelona revolucionaria confirman las de otros muchos intelectuales y militantes que acudieron a España durante esos primeros meses: «La agitación de las calles que obligaba a los coches a detenerse cada cien metros era totalmente guerrera. Guerrera, no militar. En España no he visto nunca que la guerra adoptara un aspecto fundamentalmente militar; esta siempre me ha parecido estrechamente vinculada con la agitación popular, la voz de las mujeres, los juegos de los niños, el trabajo de campesinos y obreros», se lee en un texto inédito encontrado no hace muchos años. Veinte años después, Chiaromonte seguía sosteniendo «que la resistencia a los generales fue en España sobre todo y en primer lugar fruto del instintivo reflejo de defensa del pueblo», y que «fue el pueblo el que salvó la República, la cual desde ese momento se convirtió en lo que nunca había sido antes: patrimonio de todo el pueblo español y no de los gobiernos ni los partidos». La anarquía de la calle era «una situación de hecho extraordinariamente viva. Se puede decir que las energías del pueblo español, con todo lo que tenían de bueno y de malo, se habían desbordado, y se exteriorizaban libremente. Se trataba de guiarlas, no de reprimirlas». Y en ningún caso destruirlas, mediante fuego amigo, como sucedió con la progresiva estalinización del bando antifascista.

También la modesta escuadrilla de André Malraux sufrió el mismo destino. Demasiado autónoma, excéntrica e incontrolable, fue desmovilizada e integrada en un ejército regular estrechamente controlado por los comunistas españoles en colaboración con los enviados soviéticos. Durante sus siete meses de vida (agosto de 1936-febrero de 1937), en las acciones de la escuadrilla habían participado unos treinta hombres entre voluntarios improvisados y mercenarios tan hábiles como bien pagados y, por ello, mal vistos. Combatientes franceses, italianos, españoles, checos, argelinos... También un par de alemanes que más tarde se descubrió que eran espías. Para los ataques se utilizaban aviones deteriorados, los únicos que se logró obtener bajo mano de la asustada y no intervencionista Francia del Frente Popular de Léon Blum. Aparatos tan mal equipados que, durante las misiones, había que tirar las bombas con las manos, lanzándolas desde las puertas o desde el sistema de descarga de residuos. El balance final de la aventura no fue brillante, pero, dados los recursos, tampoco exiguo: «Nunca pensé que en España habríamos podido obrar maravillas», confesaba Malraux en 1975. «Mi punto de vista era el siguiente: somos gente de buena voluntad y, disponiendo de ciertas competencias técnicas, podremos frenar el avance franquista». Pero sus competencias estaban más bien relacionadas con la agitación propagandística. André no sabe disparar ni pilotar un avión, solo habla francés y en las acciones militares se mueve torpemente, como un señoritingo, pero, según cuantos lo acompañaron esos días, posee una valentía casi hipnótica y también es un compañero divertido. Ciertamente, el futuro ministro de De Gaulle fue un puñetero *poseur* que iba al frente con ropa de Lanvin y *foie gras* en la mochila, pero combatió realmente, no fue un turista de la guerra como el detestado Hemingway, y con su novela *La esperanza* (1937) dejó quizá la mejor obra sobre la tragedia española. En este libro, Malraux se inspiró en Chiaromonte, que antes de alistarse estaba preparando un ensayo sobre Miguel Ángel, para crear el personaje de Scali, un estudioso de historia del arte exiliado y cada vez más «anarquizante, más soreliano, casi anticomunista». Poco después, incluso aquel «casi» desapareció. Lo que deterioró para siempre la relación entre Malraux y su amigo italiano. No obstante, durante las pausas de la guerra ambos continuaron debatiendo sobre Platón.

Como recordaba su biógrafo Gino Bianco, en España «Chiaromonte había buscado la revolución», y con «entusiasmo». Pero su entusiasmo espontáneo («Aquí se vuelve a tener esperanza») se mantiene siempre alerta. Chiaromonte no es un místico del asalto a los cielos, no se envuelve en la acción colectiva como en un aquelarre palingenésico. Y no por prudencia. Ni por elitismo. Es su amor por la libertad lo que le hace ser alérgico a la masa, una realidad —al menos en los años treinta— sobre la que tiene una visión inequívocamente negativa, considerándola un «amasijo indefinible», el «fatal producto de la descomposición de la vieja sociedad», «el sostén de todas las inercias sociales», en suma, la arcilla de las aventuras totalitarias. No por casualidad, en sus escritos españoles Chiaromonte habla casi exclusivamente de pueblo. Con su reacción al golpe, la República se convierte en lo que «nunca había sido antes: patrimonio de todo el pueblo español y no de los gobiernos ni los partidos». En sus narraciones en caliente, ese pueblo emerge como una entidad revolucionaria *sui generis*. En el sentido que, en un caos «al mismo tiempo sublime y absurdo», instaura un estado de excepción anómalo porque, aunque interrumpe la historia, no niega, no militariza, no suspende la vida, sino que más bien se anuda a ella. La guerra está «estrechamente vinculada con la agitación popular, la voz de las mujeres, los juegos de los niños, el trabajo de campesinos y obreros». No cabe plantearse «organizar una muchedumbre, porque se organiza aquello que ya está determinado o establecido. No aquello que, fluyendo constantemente, se expande en todas direcciones», observa Chiaromonte, que muestra asimismo las contradicciones futuras: «Esta masa, que rechazaba rendirse al ejército organizado y gritaba su odio por esa organización "colectiva", se veía obligada a transformarse ella misma en ejército, a crear por sí misma la organización de la guerra». Pero la opción libertaria no funcionó. Si ello se debió a errores internos o a que fue aplastada por la «racionalización» comunista, es algo sobre lo que los historiadores todavía discuten.

LADRONES DE NIÑOS

Durante más de medio siglo, el truco siempre fue el mismo. Se escogía a una chica embarazada, mejor si era de extracción social modesta. Después del parto, le decían: «Lo sentimos, el bebé ha muerto». Y ella: «Al menos déjenmelo ver por última vez». Imposible. «Ya ha sido enterrado. Entiéndalo, es para ahorrarse más sufrimiento». Mientras en las clínicas tenían lugar este tipo de conversaciones, el bebé, vivo, viajaba hacia una nueva familia. Una eficaz red de médicos, monjas y gente poderosa gestionaba los «envíos». En España, el robo de recién nacidos se convirtió en una especie de práctica nacional. Se inició bajo el franquismo, pero se prolongó también durante la democracia, llegando incluso hasta principios de la década del 2000. Una vez que salió a la luz, la trama de los niños robados reveló cifras terribles: al menos treinta mil casos durante la dictadura, hasta trescientos mil en total, según las estimaciones más pesimistas. Miles de denuncias.

Todo comenzó en el nombre de Dios y la Patria. En la posguerra, el «caudillo» inicia una ambiciosa empresa de higiene y profilaxis políticosocial: urge borrar cualquier huella de los rojos derrotados. Hay que arrancar la mala hierba, extirparla de raíz. A las prisioneras republicanas se les arrebatan los hijos, que son enviados a orfanatos o dados en adopción. Nacionalizados por el Estado-Familia. Doña Carmen Polo, devotísima consorte del

«Generalísimo», participa a menudo en este tipo de actividades «humanitarias». Para dar a la represión y las depuraciones una pátina (pseudo)científica, se recurre a las teorías de Antonio Vallejo-Nájera, eugenista y psiquiatra que, obviamente, ha estudiado en Alemania. En ensayos como *Psicopatología de la guerra española*, *Eugenesia de la hispanidad* o *Biopsiquismo del fanatismo marxista*, don Antonio buscaba, entre otras cosas, demostrar que el comunismo es una enfermedad mental.

El retrato del doctor Vallejo-Nájera también aparece en algunos de los carteles que cada primer domingo de mes se pueden ver en la Puerta del Sol. Pertenecen a las asociaciones que han desvelado «el escándalo más dantesco y vergonzoso de la historia del Reino de España», según explica uno de ellos. Sobre una gran pancarta se agitan al viento decenas de hojas que comparten una misma palabra: «Busco». Las rosas denuncian la desaparición de una hija o una hermana; las azules, de un varón. Las amarillas, en cambio, son de personas que quieren encontrar a sus padres reales. Echo un vistazo a los datos: muchos de los supuestos robos se remontan a las décadas de 1950 y 1960. Después me fijo en una señora con un cartel colgado del cuello donde pone: «Robado el 14/5/1984». Es decir, casi diez años después de la muerte de Franco. «Parí en casa. Era sietemesino. Lo llevamos al hospital. Me dijeron que no había sobrevivido. "Lo hemos enterrado. Olvídate. Eres joven. Podrás tener otros". Se llamaba José», me explica Cristina Moracho. Sonríe cuando le pregunto por qué el tráfico ha durado tanto: «Dinero. Un bebé se vendía por el precio de un piso. Si no podías tener hijos, una monja podía procurarte uno fácilmente. Los robos continuaron porque se habían convertido en algo normal». La máquina ya estaba en marcha. Funcionaba sin trabas. «Están implicados al menos 127 hospitales y clínicas», me explica Cristina Serrano. Su hermana desapareció en cuanto vino al mundo en 1956.

No se trataba de una organización piramidal, sino más bien de una trama de complicidades horizontales, extendida por toda España, islas incluidas, como una mancha de aceite. «Permaneció operativa también gracias a un vacío legal», me explican. «Hasta 1987 nadie tocó el sistema establecido por el franquismo, que blindaba a los adoptantes». Estos últimos eran inicialmente familias de militares o parejas de probada fidelidad al régimen. Después, bastaba con pagar.

Para entender las raíces psicológicas de esta turbia historia, hay que tener en cuenta el clima de dogmatismo natalista que caracterizó la dictadura. Una época en la que la imposibilidad de tener hijos era vivida como un estigma. Una maldición. Entre las mujeres en espera de que les entregaran un bebé ajeno no eran extraños los embarazos fingidos, con el clásico cojín para simular barriga. «Si eras estéril, corrías el peligro de ser repudiada por tu familia», dice Mar Soriano, portavoz de la Plataforma Niños Robados. Su hermana Beatriz desapareció un día de invierno de 1964. Había nacido en la madrileña clínica Santa Cristina, una de las tres instituciones de aquello que se apodó el Triángulo de las Bermudas. Oficialmente, Beatriz falleció por una epidemia de otitis. Pese a que nadie ha muerto nunca por una otitis, en 1964 esta enfermedad acabó supuestamente con la vida de treinta y siete recién nacidos en dicha clínica. En 1968, fueron otros treinta y siete. En el 1974, treinta y cuatro más. En resumen, en la época del *baby boom*, entre médicos codiciosos y monjas pérfidas, en las unidades de maternidad españolas se respiraba un ambiente de lo más agradable. «Ahora se echa toda la culpa a las monjas, cuando los verdaderos responsables fueron los médicos», precisa Mar Soriano. «A menudo quien hacía el trabajo sucio eran simples novicias. Peones. Tenga en cuenta que durante la dictadura las religiosas funcionaban como una organización militar». Y desde su ciega obediencia podían actuar con angelical buena fe. Al principio se utilizó la solidaridad como coartada, puesto que se trataba de dar una nueva familia a hijos de detenidas, mujeres descarriadas por «la malvada pasión comunista» o jóvenes madres a la deriva en el colapso de la posguerra. «Poco después los neonatos se convirtieron en mercancía». Las puérperas a engañar eran escogidas sobre la base de criterios variables. Con el tiempo, no solo fueron víctimas chicas pobres: «Vengo de una familia de clase media-alta», dice Soriano. «¿Por qué escogieron a mi hermana? Quién sabe, tal vez alguno había pedido un bebé con sus características».

Hablando con los testimonios descubres un universo de crueldad. Por ejemplo, la historia de Francisco: consiguió recuperar a su hija justo antes de que fuera enviada con otra familia. Se había olido el engaño y recorrió el hospital de arriba abajo. En el subterráneo fue guiado por el llanto de la niña. La encontró sobre una mesa. Un drama agridulce en comparación con lo que sucedía en la clínica San Ramón. Allí conservaban los cadáveres de un par de bebés en una cámara frigorífica y los mostraban a los padres haciéndolos pasar por los bebés supuestamente muertos.

Se protesta, se denuncia en solitario y en grupo. El asunto ha sido llevado hasta la ONU. Se participa en programas de televisión de gran audiencia. Se ruedan series. Se escriben novelas, como el *best seller* de Clara Sánchez *Entra en mi vida*. Pero el escándalo no habría alcanzado la actual magnitud sin los test de ADN y el incontrolable intercambio de información en internet. Unas veinte asociaciones reclaman la apertura de los archivos y comisiones de investigación para esclarecerlo todo. Pero en cierta medida cada una actúa por su cuenta, sin demasiada coordinación entre ellas. «Hay mucha desconfianza respecto al Estado», lamenta Mar Soriano. «Pero solo el Estado tiene los documentos que necesitamos. Y solo él puede brindar una solución».

Las leyes de Zapatero para las víctimas del franquismo les dieron ciertas esperanzas. Pero los sucesivos gobiernos del PP les cerraron la puerta. El ayuntamiento de Madrid abrió una ventanilla para los afectados, pero se trataba de mera burocracia. Engorrosa, renuente. Las denuncias crecen: serán examinadas para saber cuántas adopciones se produjeron realmente mediante esa trampa. Y quiénes entre los que participaron en esa trama siguen con vida. En cualquier caso, según las asociaciones, las personas implicadas no pueden escudarse en las leyes de amnistía que España aprobó tras la dictadura. En primer lugar, porque solo se aplicaban a políticos y funcionarios; en segundo, porque los robos prosiguieron aun en ausencia de motivaciones políticas. Entre los médicos implicados impera la ley del silencio. En cambio, alguna monja cede. Y también algunos de los adoptantes: «Si eres un anciano creyente y enfermo, quizás al final de tu vida quieras quitarte ese peso de la conciencia», dice Mar Soriano. A fuerza de buscar, se ha producido algún reencuentro biológico entre madres e hijos. Pero muy esporádicos. «Los casos están dispersos por toda la geografía española y los padres que buscan a sus hijos son muchos más que no al contrario». Porque los hijos no saben nada del asunto.

Saber. Conocer los orígenes. Como reacción a esta época de máximo desarraigo global, ello se ha convertido en una pasión generalizada, impetuosa. Auspiciada por las redes sociales y por las reivindicaciones de nuevos derechos. Desde el 2007, una ley española permite a los adoptados saber quiénes fueron sus padres biológicos. Pero en el caso de los niños robados de poco sirve. Los archivos continúan cerrados a cal y canto. Sobre todo los de las clínicas gestionadas por religiosos. Y es aquí donde podría intervenir un nuevo protagonista: Jorge Mario Bergoglio. Las asociaciones han acudido también a él. No solo porque es papa y reformador, sino también porque es argentino. Antes de que en España estallara el escándalo, casi todo el mundo pensaba que robar niños a los opositores y entregárselos a gente afín al régimen era algo exclusivo de la junta militar que gobernó dicho país entre los años setenta y principios de los ochenta. Sin embargo, los generales argentinos solo eran unos epígonos. Todo lo habían aprendido de sus maestros españoles.

EL CAFÉ DEL MADRID DESAPARECIDO

Javier Villán es ensayista, dramaturgo, novelista y, sobre todo, poeta. Pero yo lo he conocido leyendo las crónicas taurinas que hasta su jubilación escribía en *El Mundo*. Eran narraciones vertiginosas, inconformistas, eruditas, a veces oscuras. Aunque acababan sobre el papel, eran en un principio orales, ya que, justo después de una corrida, Villán iba a la sala de prensa de la plaza e improvisando dictaba el texto por teléfono, citando de memoria versos de Quevedo y Góngora o frases de Ortega y Gasset. Citas que en su prodigiosa memoria de lector yacían como criaturas dormidas. «Por favor, comprueba ese soneto», decía a sus adoradas interlocutoras, que en contadas ocasiones tuvieron que corregirlo. Javier Villán nació en 1943 en Palencia, paraíso del románico español. Estudió con los jesuitas, y trabajó como camarero, guía turístico, representante de vinos y vendedor de electrodomésticos. Después, se ganó la vida durante veinticinco años escribiendo sobre toros y teatro en prensa. Por otro lado, se forjó en la bohemia madrileña de los años sesenta y setenta. La que se reunía en lugares como el Café Gijón, también conocido como Gran Café Gijón. Sigue abierto, en el 21 del paseo de Recoletos, avenida que, a fuerza de darse aires de bulevar, ha llegado a ser mejor que muchas calles parisinas.

Actualmente, exceptuando un golpe de suerte, en el Gijón ya no encontraréis artistas hambrientos, putas intelectuales, espías, chaperos, borrachos adorables. Y no porque ya no haya gente de este tipo, sino porque cada uno de ellos frecuenta sitios diferentes. Además, puede que continúen yendo a los bares, pero no vivirán en ellos, que era lo que sucedía en el Madrid canalla narrado por Villán en un libro que es la biografía de una época vista desde las mesas de un café. Y también desde la barra. En el Gijón la chusma picaresca se amontonaba sobre todo en la extensa tierra de nadie situada entre el bar y la sala. Una barandilla de madera marcaba la frontera entre clases, si bien cabe decir que se trataba de un límite muy permeable. Entre otras razones porque las famosas tertulias —no solo literarias—, que eran el mayor atractivo del Gijón, acogían un variopinto grupo humano en cuanto a estatus, fama y simpatías políticas.

Había modelos, funcionarios franquistas, periodistas de la noche («con ojos brillantes de lobos jóvenes») y un enjambre de escritores *in pectore* pendientes de las palabras de los autores consagrados. Como el futuro Nobel Camilo José Cela o el poeta Gerardo Diego, superviviente de la generación del 27 que, siempre estirado, balbuceante, austero hasta la tacañería, «pedía solo un café y lo bebía a cucharitas». Si alguno le recordaba el lamentable error de sus sonetos dedicados a la gloria del «Caudillo», se ponía enfermo y se quedaba callado. Bajo la mirada de una censura que iba haciéndose cada vez más laxa, «el Gijón era una especie de gran ágora donde podías encontrarte de todo. Unos al lado de los otros, los vencedores de la Guerra Civil y aquellos que acababan de salir de las cárceles de la dictadura», recuerda Villán. Entre los bohemios existía una red de ayuda mutua. O se vivía de la magnificencia de los famosos. El actor «Francisco Rabal era muy generoso. También Lucía Bosé, ya separada del torero Dominguín, siempre bellísima. Escribía versos, le divertía cenar con nosotros, jóvenes poetas. Estábamos sin blanca, pero nos daba la impresión de vivir como reyes. Entrabas aquí por la tarde con un libro bajo el brazo y te ibas a las cuatro de la mañana a tu pensión de mala muerte sin haber gastado ni un céntimo en comer, beber o irte a la cama con un chica», recuerda Javier en un sillón aterciopelado del café. Cuando en 1966 entró allí por primera vez, «fuera y en muchas viviendas hacía frío, mientras que en el Gijón se estaba caliente». También se iba por eso. Todos los días. Desde las cuatro de la tarde hasta la cena. No recuerdo si aquel día había comido. Pedí un café con leche. No me podía permitir otra cosa». Se entraba todavía por una puerta giratoria, hoy desaparecida. Hubo quien la comparó con un molino capaz de catapultarnos de la nada a la fama, del hambre a la celebridad, «pero yo siempre vi una metáfora ambivalente: esa puerta podía darte la gloria o dejarte de nuevo en la calle, en el anonimato del que venías», dice Villán, temible gourmet, que pide costillitas de cordero bien hechas y un gazpacho, «pero no como primero, sino como postre».

La historia del Gijón comenzó mucho antes de la década de 1960. Fundado en 1888 por el asturiano Gumersindo García, el café se convirtió muy pronto en un lugar de encuentro artístico-literario, desafiando a la competencia de los establecimientos de la Puerta del Sol, así como a la del magnífico Café Comercial (Glorieta de Bilbao, 7) y, más tarde, del Chicote (Gran Vía, 12), que en los años cincuenta se convirtió en escaparate de una España *smart* que buscaba el reconocimiento internacional.

Explica Villán: «Con sus estrellas americanas, peces gordos del régimen, *paparazzi*, *playboy* y maravillosas putas de lujo, el Chicote era la antítesis del Gijón», al que, sin embargo, a veces iban también gente como Ava Gardner, Orson Welles o Truman Capote. Centro de conspiraciones imposibles y utopías melancólicas, el Gran Café prosperó en simbiosis negativa con la dictadura: «Ya en los últimos años del franquismo, la atmósfera había perdido lustre. Y para los de la Movida, el Gijón ya no era una parada obligatoria». Eran anarquistas, una generación diferente a la suya, comunista crítico, «aunque no lo suficiente. Sabe, por miedo a dividir el partido», confiesa con cierto pesar mientras devuelve el cordero. No se lo han hecho suficiente.

Los grandes espejos a través de los cuales se espiaba, los lavabos en los que se intercambiaba información, las mesas con vistas a la calle (que eran y siguen siendo las más solicitadas del local), la bodega convertida en restaurante chic y repleta de cuadros donados por algunos de los clientes habituales («Pero nosotros no comíamos en el Gijón. Demasiado caro. Tras la tertulia, nos dispersábamos por las tabernas de la zona»)... Javier Villán te describe el auge del café como un gran teatro del mundo. Desde los viejos camareros que, al verte sin un céntimo, te dejaban las propinas sin ni siquiera fingir que las cogían, a audaces excéntricas como Sandra Negrín, de quien se decía que era hija de Juan Negrín, el último presidente del Gobierno republicano, cosa que no era verdad. Antigua modelo de arte, amante de la inteligencia no solo en sentido figurado y cliente fija del Gijón, era muy dada a los aforismos, como este: «Puedo irme a la cama con un imbécil, pero nunca a cenar con él». Era «bella y deslenguada. Decía más veces "¡Mierda!" y "¡Jódete!" que todo el resto juntos». Y a las señoras de bien que le preguntaban si ella era una intelectual, les respondía: «¡Qué va, soy puta!». O la desbordante Nadiuska, medio rusa, medio polaca, musa del cine del destape tras la muerte de Franco que más tarde naufragaría en un remolino de colocones y esquizofrenia. «Pero aquí en el café no se veían drogas». La única era el «vino a granel que te servían en la barra. Mi primer whisky me lo pagué con mi primer sueldo».

¿Y la censura? «Fue muy intensa hasta mediados de los años sesenta. Después, a husmear las conversaciones del Gijón enviaban como mucho a atractivas policías amantes de la poesía. No, en esa época el régimen no destruyó genios ni reprimió talentos. En democracia, la lista de los buenos escritores era la misma que antes». De este grupo formaba parte también Francisco Umbral (1932-2007), autor prolífico y de ambición balzaquiana, en ocasiones genial, por desgracia poco traducido al italiano. Huraño, vanidoso, reservado, casi autodidacta, marcado por tragedias familiares y movido por una insaciable curiosidad, también él había venido de provincias con la intención de devorar la vida y Madrid. El Gijón fue la sala operativa de dicha empresa. Umbral se convirtió en numen, cantor, atracción. Y en 1977 le dedicó *La noche que llegué al café Gijón*, hermosas memorias que en muchos puntos se cruzan con los recuerdos de Villán, si bien, como es sabido, dos recuerdos iguales nunca se parecen. Es extraordinaria la descripción que Umbral, contraponiéndolas a las bellezas vagamente existencialistas del Gijón, hace de las meretrices sentadas a la barra del Chicote, «aquellas mujeres tremendas y caras, que se habían pasado por la cama a todos los grandes de la postguerra. Eran unas mujeres morenas, anchas, yeguales, barrocas, finas a su manera, olorosas como un bosque de novela rosa. Unas grandes mujeres que solo excitaban mi imaginación mediante la cantidad y la acumulación, porque misterio tenían poco». Eran de curvas generosas porque la estética de la época las quería así, pero sobre todo porque venían del hambre.

Pero en el siglo XXI la pregunta que uno no puede dejar de hacerse es por qué diantres la gente pasaba todo ese tiempo en los cafés. Responde Umbral: «Las casas de la gente son tristes en general, pero las casas de los escritores suelen ser deprimentes [...]. Visitando las casas de los escritores descubrí o corroboré que la literatura es una cosa pequeño burguesa [...]. Se ha dicho que el español va al café huyendo de un hogar mediocre. Yo creo que el escritor español va o ha ido o iba al café huyendo de la verdad de la literatura, que es una verdad de clase media y comedorcito heredado. Buscando esa nave épica, política y lírica que es el café [...]. Sabíamos que en la calle de Madrid no éramos nadie e íbamos al Café Gijón para sentirnos algo».

En los recuerdos de Javier Villán, el Gijón es sobre todo una especie de universidad con numerosos maestros y ningún catedrático. Ciertamente, se iba para ver quién había y ser visto, criticar, tomar el pulso a la situación, lograr el contacto justo que te permitiera publicar un artículo o una narración, «pero sobre todo íbamos a aprender». Convencidos de que, al menos hasta cierta edad, las interminables charlas a rienda suelta no solo eran algo maravilloso, sino también una forma de aprendizaje espiritual. En lugares como el Gijón, «refugio para náufragos de la literatura», se apagaban los últimos rescoldos de una civilización de la conversación que poco después se vio sepultada para siempre bajo el vaniloquio mediático y el vocerío de los *talk show*.

EL JEREZ, BELLEZA

Comprendido entre Jerez de la Frontera, Puerto de Santa María y Sanlúcar de Barrameda, el triángulo vinícola del jerez es mucho más misterioso que el de las Bermudas. Una de las razones es el asombroso caso de los ratones bodegueros. Yo nunca los he visto cuando he viajado por allí, pero se ve que son unos roedores que, en vez de ser perseguidos por el ser humano, se han aliado con él y protegen las botas de insectos dañinos, por lo que reciben como premio una copa de vino dulce al final de cada jornada. La del ratón bebedor es solo una de las numerosas historias y leyendas que rodean la historia secular del jerez. Así, por ejemplo, podemos comenzar por el gran robo que se produjo el 29 de abril de 1587. Ese día, Francis Drake, un canalla al servicio de su graciosa majestad británica, irrumpió en la bahía de Cádiz, hundió la flota española y se llevó 2.900 barriles de vino. Gran juerga a bordo. El golpe del siglo.

Algunos años después, Falstaff, en el *Enrique IV* de Shakespeare, alaba así el *sack* —así se le llamaba al vino español en época isabelina—: «Si tuviera mil hijos, el primer principio humano que les enseñaría sería el de abjurar de bebidas ligeras y dedicarse al jerez». Pero también hay referencias alcohólicas al jerez en otras obras de Shakespeare, como *Las alegres comadres de Windsor*, *Ricardo II* o *Enrique VI*, así como en muchos de los más prestigiosos autores británicos, de Byron a Somerset Maugham, de Dickens a Aldous Huxley, que hacia finales de los años veinte recorría viñedos y tabernas al volante de un Bugatti rojo expresamente modificado por el constructor para que le cupieran sus largas piernas.

Y también está J. R. R. Tolkien: sin las ganancias que la familia de su padre adoptivo había obtenido con el jerez, él no habría podido estudiar ni, tal vez, escribir *El Señor de los Anillos*. Si ello hubiera significado o no una terrible pérdida, decididlo vosotros.

Igual que sucede con el oporto, el madeira o el marsala, el éxito del jerez se debe en gran medida a los británicos. Porque cuando el vino de Jerez comienza a expandirse por los mercados, Albión se encuentra en una fase de ascenso, mientras que la España que lo produce se dirige hacia un solemne declive. En cualquier caso, los ingleses no se limitaron solo a robarlo, sino que invirtieron en este producto, y mucho, implantándose en la zona y quedándose hasta hoy en día, mezclados de diversas formas con los autóctonos. Por este motivo, las marcas más famosas todavía se llaman Byass, Garvey, Williams & Humbert, Harveys y Osborne. Esta última está asociada a la silueta de un toro, la cual, en forma de valla publicitaria gigantesca, era habitual en las carreteras de media España. Ahora no es tan frecuente.

De fundación fenicia, Jerez fue reformada en el siglo XIX como un gigantesco sistema de bodegas. Las más ilustres tienen las dimensiones y la atmósfera de una catedral. La de González Byass, muy turística, constituye una ciudad dentro de la ciudad. Cada año salen de ella treinta millones de botellas de Tío Pepe. La bodega se recorre en trenecito. Se parte de la Concha, una cúpula diseñada por Eiffel, el de la Torre.

En el siglo XIX el sherry llegó a representar el diez por ciento de las exportaciones españolas. Vivió otra época de esplendor en las décadas de 1950 y 1960, pero tras ella sobrevino una terrible crisis, sobre todo a causa de la sobreproducción, que inundó el mercado de productos de mala calidad a precios de saldo.

Pero ahora la economía del jerez se está recuperando gracias a nuevos productores meticulosos, a los bares especializados que brotan de Nueva York a Tokio y a campañas de *marketing* dirigidas a los sibaritas del vino. Los países que más lo consumen son Reino Unido, Holanda y Alemania. En cambio, en Italia, si pides un jerez, el camarero te mirará como diciendo «este tío es tonto». Sin embargo, hasta los años setenta podías encontrarlo en la nevera o en el mueble bar de cierta media burguesía italiana con pretensiones. Quedaba guay, como algo exótico, latino, muy olé. No por casualidad, en *Diamantes para la eternidad*, James Bond demostraba conocer este vino tan bien como el Dom Pérignon o las zonas erógenas de la piel de sus chicas.

Hay que tener en cuenta que el jerez no existe. Existen los vinos de jerez. Una gama que, a grandes rasgos, se divide así: fino (seco y ligero), manzanilla (el fino producido en Sanlúcar), amontillado (fino envejecido en botas), oloroso (seco o más dul ce), Cream (oloroso, habitualmente endulzado), Pedro Ximénez (muy envejecido, oscuro, sublime) y palo cortado (jerez de élite, entre el amontillado y el oloroso). Pueden acompañar cualquier cosa, desde el aperitivo hasta los postres.

El mejor suelo para las viñas es la albariza, marga blanca que retiene el agua durante los meses más calurosos. La variedad de uva utilizada es la palomino, blanca, de por sí bastante insulsa, pero el jerez es un producto humano. No nace de la uva, sino de las botas, que no se rellenan del todo. Estas se superponen en varias hileras según el sistema de soleras: de las situadas junto al suelo, que tienen el vino más viejo, se saca un treinta por ciento para embotellarlo, y entonces se rellena esa misma cantidad con vino de las botas de la hilera superior. Y así sucesivamente. Según el tipo de vino, el envejecimiento va de los dos a los veinte o treinta años. Entre los secretos de finos y amontillados está la flor, es decir, la película de microorganismos que se produce en la superficie del vino y ralentiza su oxidación. Una protección que resultaba muy útil cuando los barriles debían afrontar las agitadas travesías oceánicas hacia América.

Jerez es un sitio singular. Pese a su carácter mestizo y cercano, la eno-oligarquía de ascendencia británica mantiene algunas características *snob* y liturgias inquebrantables. Habla *spanglish*, viste chaquetas de *tweed* o trajes comprados en Savile Row, se divierte con el polo y el cricket, adora y cría caballos y toros. Pero la vida de los «señoritos» no siempre fue tan agradable. En estas comarcas la lucha de clases fue sangrienta durante el siglo XIX, algo que no todos están dispuestos a olvidar.

Hace tiempo, en un junio sofocante, vi pegado en una pared de Jerez uno de aquellos típicos carteles anarquistas de tono ofendido. Informaba de que por la tarde, en una plaza de la ciudad, se recordaría la ejecución de siete trabajadores inocentes que tuvo lugar hace unos ciento treinta años. Habían sido acusados de pertenecer a la Mano Negra, el tristemente célebre y fantasmal grupo subversivo que, con toda probabilidad, fue un montaje patronal para acabar con la rebeldía campesina. En cualquier caso, aquella tarde fui a la plaza del Mercado y encontré a unos dieciséis o diecisiete anarquistas. Estaban inmóviles bajo un calor infernal, en silencio y con el puño cerrado bajo la bandera negra. Tras los minutos de recogimiento, uno de ellos gritó algo por el megáfono y todos se marcharon disciplinadamente hacia una sala no muy lejos donde cierto profesor iba a disertar sobre el siguiente tema: «La Mano Negra. Contexto histórico y condiciones sociolaborales». Era un tipo en torno a los sesenta, con una impresionante barba bakuninista y mirada penetrante, también muy bakuninista.

Pero volvamos al vino. Nuevos estudios están replanteando el protagonismo de la inversión británica en relación con el magnífico destino del jerez. Un poco por amor a la verdad y otro por orgullo nacional, los investigadores de la región están descubriendo en qué medida los capitales españoles, así como los franceses y los italianos —en particular genoveses—, contribuyeron a la aventura del jerez. Lo que seguro que no es verdad, como aseveraban los sabelotodo viajeros ingleses, es que en España el jerez es más exportado que bebido. Para desmentir esa idea, en Jerez podéis tomar algo en establecimientos como Juanito (calle de Pescadería Vieja, 8-10); en Puerto de Santa María —mejor en primavera, cuando las cigüeñas nidifican en los campanarios—, entrad en El Colmao (calle Luna, 12), La Andana (Misericordia, 9) o en las Bodegas Obregón (Zarza, 51).

En Cádiz, la bodega Manzanilla (Feduchy, 19) se conserva prácticamente igual que a principios del siglo XX. Fuera de temporada, te cruzas solo con parroquianos del barrio. Tipos meditabundos sobre sus copas de jerez, que tienen forma de tulipán. De comer solo ponen aceitunas o porciones de queso de oveja. Esas que, con suerte, Pepe, el dueño, te corta en finas láminas. En Sanlúcar son paradas recomendables Barbiana (Isaac Peral, 1), Guerrita (Rubiños, 43) y la Cigarrera (plaza Madre de Dios). Pero también resulta muy agradable tomar algo en el jardín del palacio museo de los duques de Medina Sidonia, grandes de España y muchas otras cosas más, cuyo árbol genealógico cuenta con el almirante que comandó el desastre de la Armada Invencible (1588). Don Alonso de Medina Sidonia volvió de la misión en un pésimo estado, pero al menos vivo. Uno de los últimos personajes destacados del linaje fue Luisa Isabel, conocida como la Duquesa Roja por sus simpatías republicanas y antifranquistas, que en los años sesenta la llevaron a la cárcel. Casada y con tres hijos, Luisa se divorció y, cuando estaba a punto de morir, se casó con su secretaria. Eran amantes desde hacía años.

En un cuento de terror de Edgar Allan Poe, un tipo utiliza un barril de jerez amontillado como anzuelo para atraer a otro a un sótano donde lo empareda vivo. Una vez, paseando por las empinadas calles de Sanlúcar de Barrameda, empujé una puerta desvencijada y entré en un antro como el de Poe. Era una bodega con unos pocos barriles y un viejo sentado prácticamente a oscuras. Las paredes estaban desnudas, salvo una, donde se amontonaban velas, exvotos y fotografías de bailarinas y toreros.

—¿Se puede beber? —le pregunté.

—Sí, pero después cerramos.

—¿A qué hora?

—Dentro de poco. Y para siempre —dijo el viejo.

Me explicó que ya no se veía capaz de continuar ahora que sus hijos vivían lejos. Que, en definitiva, eso no era vida.

—Lástima —dije—, es bonito.

—A mí también me gusta, pero, ¿sabe?, nada dura.

Nada dura. He escuchado a menudo decir eso por esta zona. Y siempre con una expresión firme, nunca triste.

CAZADORES Y GAVILANES

Entre el 16 y el 18 de octubre de 1959, el dictador Francisco Franco y un grupo de acólitos mataron 4.608 perdices durante una cacería de tres días organizada en la finca de la Encomienda de Mudela, cerca de Ciudad Real. Esta hazaña fue inmortalizada con una serie de fotografías redescubiertas hace pocos años. La más destacable muestra a un grupo de veintiocho personas, incluidos el «caudillo» y su mujer doña Carmen Polo, que posan ante una impresionante sucesión de aves. Alineadas sobre el suelo a una distancia simétrica una de otra, las perdices no parecen pájaros muertos, sino lechugas en un campo de cultivo intensivo. En las imágenes el dictador viste ropa de montaña, sombrero tirolés y pantalones bombachos, y sonríe bajo el sol otoñal. También los otros participantes parecen de excelente humor. La cacería ha sido todo un éxito y será duro regresar a la gris rutina del régimen. Pero esa imagen, más que la de una simpática escapada campestre, parece la de un exterminio a escala industrial.

En febrero del 2015, el suplemento dominical del periódico *El País* publicó una selección de esas fotos con un artículo en el que el escritor Andrés Trapiello explicaba cómo había encontrado el reportaje completo, realizado por el fotógrafo Eduardo Matos Cuesta, mientras curioseaba por el Rastro de

Madrid. Según Trapiello, no todas eran fotografías inéditas. Algunas de ellas ya habían sido publicadas en 1998 en un libro dedicado a Matos Cuesta. Sin embargo, en el 2010 constituyeron una falsa exclusiva que Jaime Peñafiel, periodista de larga trayectoria, colocó en el diario *El Mundo*. Peñafiel fue quien en 1985 había publicado las fotografías, tomadas diez años antes, de Franco agonizante entubado a una máquina y con la boca abierta.

Pero volvamos al otoño de 1959. El 18 de octubre el fotógrafo Matos Cuesta, persona muy conservadora y piadosa, recibe una llamada a primera hora de la mañana: «Señor Matos, dentro de una hora y media pasará a recogerlo un coche oficial del parque móvil y le llevará a un lugar para que usted haga unas fotos de Su Excelencia el jefe del Estado. Vaya preparado y guarde discreción absoluta». Una vez llegado a su destino, Matos encuentra la escena ya preparada: tanto a los cazadores —entre quienes reconoce a familiares del dictador, aristócratas, ministros— como a las aves alineadas en el suelo. Para poder fotografiarlos a todos en una imagen que muestre las proporciones de la reciente hazaña, el fotógrafo debe subirse a una escalera. Al verlo en vilo sobre esta, Franco bromea: «¡Como se caiga el fotógrafo y se mate, lo tendremos que poner entre las perdices!». De nuevo en su laboratorio, Matos revela las fotos en presencia de dos policías, que se las llevan junto con los negativos. Él se pudo quedar una copia del reportaje previo juramento de que nunca las publicaría ni las sacaría fuera de España. Los negativos acabaron en los archivos del Ministerio del Interior, donde el autor los recuperó en la década de 1980. Pero ¿por qué tanto secretismo en un país en el que todos los días la prensa exaltaba las proezas del «caudillo» en materia de caza? Quizá porque esa hecatombe pajaril superaba los límites de cuanto la propaganda podía mostrar. Esa orgía de caza, señalaba Trapiello, contrastaba dolorosamente con las penurias de una España que todavía no había salido de la miseria de la posguerra. Desde una vertiente más simbólica, las imágenes podían reavivar recuerdos todavía recientes en relación con un régimen que había exterminado a los opositores como si fueran perdices. En este sentido, popularmente se decía que, si a Franco le gusta tanto cazar, era porque ya no le quedan más enemigos a los que fusilar.

Todos los biógrafos están de acuerdo: tirano pequeñoburgués, Franco no tenía más vicios que la pesca—de altura o en los ríos del norte de España— y la caza. Durante la temporada de caza desatendía obligaciones más apremiantes. Una vez, señalando la pila de documentos que tenía sobre la mesa, confesó al poeta Pemán: «Mire usted, Pemán. Si no fuera por la caza o por la pesca, que le devuelven a uno a la naturaleza, yo no podría resistir todo esto». Sin caer en interpretaciones psicoanalíticas de andar por casa, es lícito pensar que para Franco la caza no era solo una simple distracción para evadirse, sino que, para el militar que fue hasta el último momento, representaba en tiempos de paz el mejor sustitutivo a la emoción de la guerra. Según el historiador Paul Preston, el principal objetivo de Franco «parecía ser matar lo más posible. La caza, igual que anteriormente su carrera militar, era el modo en que se desfogaba y sublimaba su agresividad de hombre aparentemente tímido».

Pero en aquella España la caza no solo era la válvula de escape de pulsiones profundas, sino que también desempeñaba una función más compleja, social. En el sistema cortesano que se había creado en torno al dictador, las cacerías habían adquirido una importancia crucial, pues suponían el momento más propicio para congraciarse con el dictador, obtener concesiones, prebendas, información reservada. Tal como recordaba Preston: «Las cacerías devinieron tristemente famosas como oportunidades para la distribución de favores y contratos públicos. Sumas de cierta importancia cambiaban de mano cada vez que los aspirantes al favor de Franco financiaban sus cacerías con el fin de ganarse el acceso a su persona y, de esta forma, a su patrocinio». Personas que frecuentaron las altas esferas del régimen franquista explican todavía hoy que en ciertos ambientes había gente capaz de todo para tener a Franco como huésped durante un fin de semana de caza. Si tenías una finca con abundante caza, no había problema. Pero incluso si esta era escasa, no había que desanimarse: las tierras se repoblaban a marchas forzadas con fauna adaptada a las necesidades.

Ya estuviera o no presente Franco, las cacerías llegaron a ser uno de los más importantes vehículos de socialización de las élites de la época franquista. Bajo la apariencia de antiguas celebraciones aristocráticas, en esos encuentros la caza era casi simplemente un pretexto para establecer alianzas políticas, alinear intereses, acordar negocios y chanchullos. En una de las películas más famosas y paradigmáticas del posfranquismo, *La escopeta nacional* (1978), de Luis García Berlanga, se habla justamente de esto. Es la historia satírica de un empresario catalán, Jaume Canivell, que fabrica porteros automáticos y que, para obtener un sustancioso contrato, participa en una cacería de la alta sociedad. Oficialmente la partida de caza ha sido organizada por un marqués, si bien en realidad la ha pagado Canivell, quien, entre ministros, actrices y exponentes de una nobleza arruinada, intenta colocar sus porteros en los nuevos proyectos de especulación inmobiliaria. No obstante, finalmente su adulación resulta inútil, ya que un repentino cambio de gobierno lo obliga a buscar nuevos protectores, esta vez miembros del Opus Dei. Estrenada en plena transición democrática, la película de Berlanga usa la caza como pretexto para mostrar una clase dirigente atrapada entre la decadencia y la voluntad de reciclarse. Es una operación desacralizadora en la que aflora la sombra corrosiva de Buñuel. No obstante, doce años antes, el tema de la caza había inspirado otro film de culto: *La caza*, la obra maestra de Carlos Saura. Oso de Plata en Berlín, narraba, un decenio antes que John Boorman en *Defensa*, una agradable excursión viril que acababa mal. Junto con un muchacho, tres supervivientes franquistas de la Guerra Civil se reúnen para cazar conejos en una árida zona que durante el conflicto había sido escenario de terribles combates. En una cueva todavía está el esqueleto de un combatiente. La guerra acabó hace treinta años y los exfalangistas son ahora hombres desilusionados de mediana edad que, sin abandonar su actitud de «machos», se sienten perdidos en un país en el que ya no se reconocen. La España franquista está viviendo su modesto *boom* capitalista, las revistas están llenas de hermosas chicas en bikini e incluso en las zonas más rurales y atrasadas se baila el *twist*: la música se escucha desde una radio. Entre frustraciones sexuales, fracasos matrimoniales, envidias económicas, desencanto ideológico, la amistad entre los tres acaba a tiros.

Carlos Saura rodó *La caza* en los alrededores abrasados de Seseña, localidad situada a unos treinta kilómetros de Madrid que durante la guerra fue efectivamente escenario de duros combates, pero que más recientemente ha dado que hablar por otros motivos. Fui hasta allí en el 2009, cuando en España la llamada burbuja inmobiliaria había estallado y estaba llevando a la ruina a mucha gente. En su punto álgido, se construían setecientas mil casas al año, frente a una demanda que no superaba las trescientas mil. Los préstamos alegremente concedidos por la banca, los bajos intereses, la permisividad de las opacas administraciones locales y los incentivos fiscales dirigidos a promover la compra de vivienda contribuyeron notablemente a dopar el mercado. Por otro lado, en 1998 el presidente conservador José María Aznar había facilitado la conversión del suelo rústico en suelo edificable. Como resultado de todo ello, muchos españoles, seducidos por el crédito fácil, no solo habían adquirido dos viviendas (la habitual y la segunda residencia), sino que se habían convertido en improvisados emprendedores. Algunas décadas antes, el ministro franquista de la Vivienda José Luis Arrese había sentenciado: «Queremos un país de propietarios, no de proletarios». Cuarenta años después, ese deseo parecía que se había cumplido con creces. Pero más que de propietarios, España parecía haberse convertido en un país de constructores. Gente con aires de nuevos ricos, alegremente endeudada hasta el cuello. Pese a unos precios que no dejaban de subir, el ladrillo devoraba puntos del PIB y daba trabajo a carretadas. Se edificaba en las costas andaluzas, valencianas y catalanas, pero también en el interior. Recorriendo el territorio, se podía observar una eclosión de estilos arquitectónicos improbables que recordaban la exuberancia y la chabacanería del *boom* inmobiliario italiano de los años sesenta y setenta. Surgían chalés de estilo morisco, mansiones neomedievales y coloridos barrios que parecían inspirados en Legoland.

No obstante, a causa del sobrecalentamiento, el motor empezó a ralentizarse y después a fallar, hasta que se averió completamente debido a la crisis americana de las *subprime*. Se estima que en España las casas vacías habrían podido acoger a toda la población de Lituania o de Uruguay, en torno a tres millones y medio de personas. Si fui a Seseña fue porque constituía el ejemplo más monumental de ese delirio, pero, sobre todo, porque en aquel lugar el delirio tenía un nombre, un apellido y un apodo: Francisco Hernando Contreras, alias el Pocero. Su vida resume en gran medida parte de la historia de la España más reciente.

Al llegar por la autopista, los ves elevarse desde la áspera soledad de la meseta, un paisaje lunar. Son enormes moles de color tabaco, no excesivamente feas. En Seseña, entre el 2003 y el 2008, se construyeron 5.500 pisos, pero se pretendía llegar hasta los 13.500, en los que vivirían unas 40.000 personas. La población de Soria capital. Para el artífice del proyecto, Seseña no debía ser una simple ciudad dormitorio, sino una ciudad jardín a media hora de coche de Madrid. Y, de hecho, cuando la visité, vi numerosas zonas verdes, áreas de juegos, piscinas, parterres, amplias avenidas flanqueadas por palmeras, un parque, un lago, un estadio. Todo preparado para ser usado. Y todo vacío, sin vender, sin un alma. Era como si una bomba hubiera pulverizado a los seres humanos dejando tan solo en pie los edificios. Para hacerme una idea del precio de un piso, llamé a la puerta de la caseta de la inmobiliaria, pero allí tampoco había nadie. Aunque pasé en Seseña todo el día, me fue difícil encontrar a alguien con quien hablar, o, mejor dicho, a alguien en general. En mi recorrido me topé con un par de pizzerías vacías, un supermercado no mucho más animado, y una ferretería y una peluquería que parecían estar esperando algún cliente desde la posguerra. La mayoría de los transeúntes eludían con una sonrisa mis inofensivas preguntas, pero a otros parecían molestarles. El secretismo en torno a Seseña iba en aumento cuando un tipo me confesó que en el Quiñón, que es el nombre de la urbanización, vivían en aquel momento un centenar de personas a lo sumo.

El promotor de esta «ciudad jardín» fue el constructor Francisco Hernando Contreras, que la bautizó con su nombre. Este aparece escrito en grandes letras, cada una del tamaño de un niño, a la entrada de la urbanización. Paco nació en 1945 en los suburbios pasolinianos de Madrid. Vivía con sus padres y cuatro hermanos en un cobertizo. Su padre paleaba fango en las alcantarillas de la capital. Su madre reciclaba el aceite y las sobras de una churrería. Francisco creció buscando entre la basura algo que revender. Después empezó a hacer de pocero, el mismo oficio de su padre: una lucha contra el lodo y las ratas en las entrañas de la metrópoli. Uno de sus compañeros de infancia fue José Ortega Cano, futuro torero que se casó con la diva de la canción Rocío Jurado y que en el 2013 acabó en la cárcel por haber matado a una persona mientras conducía borracho su Mercedes R 320. Harto, como es comprensible, de la porquería del subsuelo, a los veinte años Francisco Hernando probó fortuna en la construcción, sector que en aquellos años iba muy bien. Peón, camionero. De la obra pasa a introducirse en los círculos que cuentan. Crea una pequeña empresa de construcción. A los veintinueve años se compra su primer piso dotado de electricidad y agua corriente. Y se toma la primera ducha; todavía hoy la recuerda. Hace poco que se ha casado con María Audena, una costurera. Y es a ella, su amadísima esposa, a quien está dedicado el parque de Seseña. Asimismo, en una de las rotondas de la urbanización se perfilan en bronce, cogidos de la mano, las estatuas de papá Pedro y mamá Filomena, a quienes el Pocero quiso homenajear de este modo.

Ya se llame el Quiñón, como dicen los folletos, o Residencial Francisco Hernando, como pone a la entrada, esta urbanización es algo más que un mero proyecto especulativo: a caballo entre lo irreal y lo surrealista, es la obra visionaria de un tipo, quizá un loco, ciertamente un megalómano, que ha querido que fuera la materialización de su sueño, un monumento a su propia trayectoria, a su propia vida. Con una inversión de entre cinco y nueve mil millones de euros, la Seseña del Pocero ha sido el mayor proyecto inmobiliario jamás iniciado en Europa por una sociedad privada en solitario. Cuando Hernando se lanzó a la empresa, ya era un magnate del ladrillo. Poseía un yate tan grande como el del rey Juan Carlos y un jet igual al de Bill Gates. Su fortuna se estimaba en torno a los setecientos millones de euros. Con cien mil viviendas construidas por toda España, parece que el Pocero convencía a los alcaldes poco receptivos haciendo que se encontraran frente a sus casas un todoterreno. Con los que ni así cedían, pasaba fácilmente a métodos más drásticos: intimidaciones, amenazas. Achaparrado, irascible y arisco, Hernando apenas sabe leer ni escribir; en su vocabulario predominan palabras como «cabrón», «gilipollas» e «hijo de puta». En septiembre del 2007, cuando se finalizaron los primeros dos mil pisos de Seseña, el Pocero organiza una gran fiesta con periodistas, estrellas del flamenco pop y ríos de champán. Avanza rodeado de guardaespaldas a través del gentío del brazo de su madre, «como una imagen en una procesión, un general romano celebrando su triunfo», explica en un estudio el investigador francés Anthony Poiraudeau. Paco Hernando, que tiene cuatro hijos, quería poner el nombre de miembros de su familia, incluso lejanos, en todas las calles de Seseña. Le disuadieron a tiempo y ahora esas calles llevan nombres de artistas: calle del Greco, calle Miró, calle Leonardo da Vinci, calle Zurbarán...

Cuando la burbuja inmobiliaria se desinfla, Francisco se lo toma como una ofensa personal. La prensa, yo incluido, corremos hasta el Quiñón para explicar cómo la ciudad jardín se ha convertido en una ciudad fantasma, un lugar donde solo se ve una persiana subida de cada cincuenta. No hay pasta. Hernando está obnubilado por la rabia, sigue adelante con las obras con una ira ciega. No quiere pesados que le molesten: cuando llega un equipo de televisión, los echa de allí persiguiéndolos con una pala. Paseando por Seseña, a mí también se me conminó a dejar de fisgonear. Un vigilante con gafas de sol y pistola bajó de su SUV y me dijo: «¿Qué busca?». Nada. «Aquí no se puede estar». Quería solo echar un vistazo. «No se puede estar. Es una obra. Solo personal autorizado». ¿Dónde se puede estar? «Allí», me dijo el guardia mientras me señalaba un descampado donde una señora dejaba libre a su perro. Extendiéndose ante él, el animal tenía todo el espacio del mundo a su disposición. El desierto, la nada en la que se levanta Seseña.

En el 2007, en el Quiñón un piso de ciento metros cuadrados se vendía por 250.000 euros. Pocos años después no había compradores ni tan solo por menos de una cuarta parte de esa cantidad. Ahora los precios comienzan a recuperarse. Y en el barrio hay algo más de animación. Viven en él varios miles de personas. Hay una escuela de primaria muy concurrida, un quiosco, un gimnasio donde se enseña «baile moderno». Desde el yate hasta el jet privado, el Pocero vendió todo aquello que podía venderse. Intentó recuperarse con una operación inmobiliaria en Guinea Ecuatorial, pero esta también fue un fracaso. En el 2016, con 86 millones de euros en deudas, Hernando era uno de los primeros diez morosos de España.

Comprensiblemente, quien vive en el Residencial está hasta las narices de verse tratado por la prensa como un marciano. Solo quieren un poco de paz. El problema es que Seseña continúa siendo un foco de atención informativa. Cerca de el Quiñón había el mayor depósito ilegal de neumáticos de Europa, unas cien mil toneladas. En mayo del 2016 empezó a arder, oscureciendo el cielo durante días. La gente se desplazaba con mascarillas como en Fukushima. Para extinguir el incendio, premeditado y criminal, se necesitó una semana. Fue una de las peores catástrofes ambientales de las últimas décadas.

Hay quien habla ya de la «maldición de Seseña». No sé qué decir. Sé, no obstante, que mientras estaba escribiendo estas páginas en Madrid la radio informaba sobre un crimen cometido en uno de los pisos construidos por el Pocero. Un agente de la Guardia Civil había matado a su compañera y después se había disparado a sí mismo en la cabeza. No se tenía noticias de ninguno de los dos desde hacía días.

TOMANDO ALGO CON JESÚS

Jesús no bebe. Fumaba, pero lo dejó. Era marxista. También lo dejó. En su juventud dio una paliza al ajedrez al príncipe del dadaísmo; quitó el protagonismo al padre de la *beat generation*; y comió *tortellini* con Elsa Morante. E iba al Rosati, un histórico bar romano frecuentado por artistas e intelectuales, en compañía de Guttuso, Moravia, Marini: «Pero si estaba Elsa, Dacia no venía».

De acuerdo, basta con el jueguecito: Jesús se llama Enrique Irazoqui y en su vida antes de Cristo era estudiante de economía en la Universidad de Barcelona. Militaba también en el sindicato estudiantil. Comunista, clandestino. Porque quien gobernaba España en esa época era Francisco Franco. Gracias a su madre —nacida, casi como un presagio, en la ciudad lombarda de Salò—, Enrique se defendía bien con el italiano, por lo que el partido lo envió a Florencia y Roma en misión especial. Debía buscar apoyos entre los principales exponentes de la política y la cultura. Ayuda económica, pero no solo: «Queríamos invitarlos a España para que dieran conferencias contra la dictadura. Si los dejaban hablar, bien. Si los arrestaban, mejor todavía. El escándalo nos habría venido muy bien». Era el mes de febrero de 1964. Irazoqui tenía diecinueve años y un bello rostro anguloso de antiguo heresiarca. En Italia fue confiado a un *gentil accompagnateur* del Partido Comunista Italiano (PCI). Se reunió con personalidades destacadas como La Pira, Pratolini, Nenni, Bassani... Por último, lo llevaron al barrio EUR a visitar a Pasolini, no sin advertirle antes: «Ten en cuenta que es poeta. Y homosexual».

Mientras Enrique Irazoqui estaba sentado en casa de Pier Paolo Pasolini, este lo escuchaba de pie, moviéndose a su alrededor sin pronunciar palabra. Al final dijo: «De acuerdo, iré a España. Pero tú antes debes hacerme un favor». ¿Cuál? «Interpretar a Jesús en mi próxima película». ¿Perdón? «Será una narración épico-lírica en clave nacional-popular, ya sabes, Gramsci. Debemos restituir Cristo al pueblo. Porque le ha sido robado por la clase dominante».

Irazoqui quedó estupefacto. «Respondí que no. Para mí la religión representaba el nacionalcatolicismo franquista. Era un ateo militante. Fiel a la frase de Kropotkin según el cual "La única iglesia que ilumina es la que arde"». Sí, de acuerdo, «pero ¿no te han enviado aquí a Italia también para recaudar dinero?», le susurra maquiavélicamente al oído el miembro del PCI. «Piensa que, si aceptas, se tratará de millones...». Ah, vaya. Entonces, trato hecho. Prodigios del materialismo dialéctico. En pocos días, Enrique, que todavía es menor de edad, obtiene el permiso de sus padres. Es su madre quien negocia el contrato con el productor Alfredo Bini. El rodaje de *El Evangelio según san Mateo* llevará a Irazoqui a Barletta, Crotona, Matera... Un mediodía italiano donde «los rostros de los hombres parecían tallados en el diamante y en el carbón». Un sur «mucho más sur que el español». En los descansos, mujeres vestidas de negro le pedían milagros. Así, a la carta. Pero, cuando lo sorprendían con un cigarrillo en la boca, se marchaban indignadas. «Porque Cristo no fuma».

Temiendo que, pasado ya casi medio siglo desde la película, no lo reconociera, Irazoqui me ha salido al encuentro bendiciendo a los transeúntes. Lleva un panamá señorial y abarcas menorquinas. Vive desde hace años en Cadaqués, que fue la Saint-Tropez catalana y en la que Salvador Dalí tuvo su santuario, ahora casa museo dedicada al pintor. «Ese facha», dice Enrique indicándome la (fea) estatua del Divino que domina la bahía y lo representa con muchos más rizos que el real. Me recordó más bien un antiguo personaje de tebeos italiano, Sor Pampurio.

Nos sentamos en un bar situado justo al lado del establecimiento donde Irazoqui, jugador precoz y temible, derrotaba al ajedrez a Duchamp: «Había sido muy bueno, pero ya tenía una edad. Al final, su mujer, Teeny, me pidió: "Evita jugar con Marcel, que después se pasa la noche repasando las partidas y no me duerme"». También estaba John Cage: «Muy simpático. Nunca he visto peor ajedrecista», se ríe Jesús. Y me tantea: «Veamos si en esta charla usted también me acaba haciendo la pregunta que todos me plantean en las entrevistas». ¿Qué pregunta? «Se la diré al final». Habla un italiano impecable. Pero no le sirvió en el rodaje. Fue doblado. «Durante la escena de la crucifixión iba diciendo los números. Literalmente. Gritaba al cielo: ¡¡¡cinco, seis, siete!!!». Mesías reluctante, nunca ha querido volver a ver la película. «Me invitan a menudo a hablar sobre ella. Pero, en cuanto comienza su proyección, salgo a dar una vuelta».

Ríe al recordar a Ninetto Davoli, que entonces era un chico de dieciséis años. Entre toma y toma, se aferraba a la chaqueta de Pasolini y le imploraba que le comprara una moto. Cuenta Irazoqui: «No tengo la impresión de haber hecho una película. Rodábamos durante cinco, diez minutos. Después jugábamos a fútbol. Pasolini era fuerte. En cambio, nunca quiso enfrentarse conmigo al ajedrez. Muy narcisista». ¿Se sentía Jesucristo? «Se sentía todo. Quería ser Cristo, la cruz, las piedras de Matera, *mamma* Roma...». Hizo que su madre, Susanna, interpretara a la Virgen de mayor: «Quería verla desesperada a los pies de la cruz. Y le gritaba: "¡Piensa en Guido!"». Su otro hijo, el partisano muerto en 1945 durante los enfrentamientos entre grupos de resistentes.

¿Por qué Pasolini escogió a Irazoqui? «Desde hacía tiempo buscaba un Jesús iconoclasta. Había pensado proponer el papel a los *beat* americanos, Jack Kerouac, Allen Ginsberg... o al poeta ruso Yevtushenko... Sin embargo, puede que mi cara le recordara la pintura que más le gustaba: Giotto, Piero della Francesca, el Greco. Además, estaba el hecho de que yo era un militante revolucionario. Si bien, cuando discutíamos sobre España, hacía que me cabreara, pues decía: "Dichosos vosotros que tenéis una dictadura. Al menos así todavía podéis identificar al enemigo". No, yo prefería la libertad de Roma. Entrar en la librería Rinascita y comprarme *El capital* sin problemas. O irme al Rosati».

Pasolini «era un hombre torturado, angustiado por todo. Nunca reía. Como mucho sonreía. Vestía como un burgués de provincias, atento a los trajes, a las corbatas. Y pese a sus discursos contra la industrialización, le apasionaban los coches rápidos. Era un hombre de una excepcional intensidad. Capaz de radiografiar con exactitud a las personas. Para hacer de fariseos, quería hombres con cara de imbécil, de fascista. Al escogerlos, estudiaba atentamente su semblante: "Apuesto que usted vota por el MSI, ¿no?". Y aquel: "Bien, en efecto..."».

En el reparto también había intelectuales: Natalia Ginzburg, Alfonso Gatto, Francesco Leonetti... «Me acuerdo que Enzo Siciliano y Giorgio Agamben amenazaron con una huelga en defensa de Susanna, su madre, y de Ninetto, pues consideraban que estaban siendo humillados por Pier Paolo. No fue un santo ni un profeta. Y, pese a las persecuciones que sufrió, quizá tampoco un mártir. Me pregunto cómo habría sido de mayor. También me pregunto cómo habría sido Jesús si no hubiera muerto joven».

Ninguna indulgencia: «¿Por qué beatificarlo? Pier Paolo acertó al intuir ciertas cosas con antelación. Pero se equivocó en otras muchas. Aplicaba la etiqueta de «fascismo» a demasiados fenómenos que no guardaban relación alguna con este: sociedad de consumo, televisión... Idealizaba el mundo rural, que, en cambio, puede llegar a ser atroz. Defendía las tradiciones, que pueden ser monstruosas. Aquí en España, hasta hace pocos años, había una fiesta popular en la que una cabra era arrojada viva desde lo alto de un campanario. ¿A usted le parece que haya que proteger este tipo de tradiciones?». ¿Qué piensa Irazoqui de los otros films de Pasolini? «Mi preferido es *Accattone*. La *Trilogía de la vida* no me gusta. *Teorema* me pone de los nervios. Y no he visto *Saló o los 120 días de Sodoma*».

Mejor hablar sobre Elsa Morante: «Una anarquista. Mi verdadero Pigmalión. Ella fue quien me enseñó todo durante esos meses en Roma. En el tocadiscos escuchábamos la música que había escogido para *El Evangelio según san Mateo*. Me inició a los *tortellini* con nata». Enrique se alojaba en un hotelito en Parioli y se paseaba con fajos de billetes de diez mil liras enrollados en el bolsillo. Pero se pulió todo el dinero, por lo que para volver a España tuvo que vender las cámaras fotográficas que se había comprado en Italia.

Una vez en casa, ¿tuvo problemas con el régimen? «No demasiados. Me arrestaron un par de veces, pero me soltaron al poco tiempo; a fin de cuentas, era hijo de la burguesía». Participó como actor en alguna película de la *nouvelle vague* catalana. Pero mientras tanto había comprendido un par de cosas útiles: «Primero, que en España la gente no quería la revolución sino el 600. Segundo, que la economía, aunque sea el motor de la historia desde el punto de vista marxista, no estaba hecha para mí. Al volver a casa después de las clases me ponía a leer a Kafka y a los surrealistas. Nunca he entendido del todo bien la diferencia entre débito y crédito».

Por ello, se pasó a otros ámbitos. Obtuvo una beca de estudios para los Estados Unidos, donde se quedó y enseñó literatura española en los *college*. También probó los primeros programas informáticos de ajedrez («Pero el ordenador es estúpido. No aprende. Repite siempre el mismo error»). Se enteró de la muerte de Pasolini en Mineápolis. Después de *El Evangelio según san Mateo* lo había vuelto a ver tan solo una vez, fugazmente, en París. Ese mismo noviembre de 1975 murió también Franco. Pero Irazoqui regresó a España solo a finales de los años ochenta. Ahora tiene tres hijos y cinco nietos, todos ellos en Estados Unidos. A su tercera mujer, Ans, holandesa, la conoció en Cadaqués. Jubilado no domesticado, pasa el rato en los cafés, fotografiando a la gente en las mesas, socializando en Facebook.

¿Pero Pasolini mantuvo su promesa? ¿Fue a hablar a España? «Ciertamente. No pudimos conseguir ninguna aula en la Universidad de Barcelona. Por eso fuimos a la sala de autopsias del Instituto de Medicina Legal. Abarrotada. Allí dio un discurso sobre el antifascismo».

Ha llegado el momento de que Irazoqui me desvele cuál es la pregunta que le repiten en cada entrevista.

—Con mirada mística, acaban siempre por preguntarme: «El hecho de haber interpretado al Hijo de Dios ¿ha cambiado en lo más profundo su visión de la vida?».

—Yo no se la he hecho.

—Usted no.

—Ahora se lo pregunto.

La respuesta del Jesús de Pasolini es un gesto mediterráneo. Muy poco hierático.

GRAND HOTEL ANTIFASCISMO

En una crónica fechada el 14 de abril de 1937, Ernest Hemingway escribió: «La ventana del hotel está abierta y tú, tendido sobre la cama, oyes los disparos desde la línea del frente, a unas diecisiete manzanas de distancia. Los fusiles hacen tacrong, capong, craang, tacrong». Los disparos eran los de la Guerra Civil española; la ciudad, Madrid; el hotel, el Florida. Fue el Grand Hotel del antifascismo internacional, pero no perdáis el tiempo buscándolo, fue demolido hace medio siglo. En el 2 de la plaza del Callao ahora hay un Corte Inglés. Diseñado en estilo ecléctico por el arquitecto Antonio Palacios, el hotel fue inaugurado en 1924: fachada en mármol blanco, diez plantas y doscientas habitaciones, todas con baño y teléfono. Lo habían construido a lo grande. Tan solo tres meses después de la inauguración, una multitud expectante asiste a la proeza del artista portugués Néstor Lópes, que escala el edificio con una cuerda. El hotel Florida no es tan lujoso como el Ritz o el Palace (que lo siguen siendo), pero también tiene sus trucos para atraer a la clientela. Muy pronto se dota de futuristas lavavajillas y frigoríficos; contemplar estos últimos ya supone todo un alivio durante el sofocante verano español. Al restaurante se suman una heladería, una cervecería en el sótano y un bar de cócteles con pista de baile. También Madrid vive sus felices años veinte. Visionarios, pero efímeros.

El 18 de julio de 1936 estalla la sublevación militar. Tres meses más tarde, los fascistas están a las puertas de la capital. Presionan el flanco occidental de la ciudad, Franco por el sur y el general Mola por el norte. Se inicia el asedio. Es un nuevo tipo de guerra. Lanzadas desde los Junkers del amigo Hitler y los Caproni del colega Mussolini, las bombas llueven sobre casas, hospitales y escuelas. Nunca se había visto nada semejante. Poco después, de Coventry a Dresde, se verá con cierta frecuencia. Entre la información y, más a menudo, la propaganda, este conflicto es la primera guerra verdaderamente mediática. Y, por su parte, el Florida se convirtió en el precursor de los hoteles de corresponsales de la segunda mitad del siglo XX: el Intercontinental de Saigon, el Commodore de Beirut, el Holiday Inn de Sarajevo o el Palestine de Bagdad.

Con el clásico aderezo de espías, putas y contrabandistas, en el hotel se reúne la tribu de los corresponsales extranjeros, que cuentan —y en su gran mayoría apoyan— la versión republicana. Algunos, como el inglés Claud Cockburn, del *Daily Worker*, combaten, regresan a la ciudad y se ponen a escribir. Otros, como los rusos Mijaíl Koltsov (*Pravda*) e Iliá Ehrenburg (*Izvestia*), espían y conspiran bajo las órdenes de Stalin. Entre otros escritores, pasan por el Florida André Malraux, Antoine de Saint-Exupéry, John Dos Passos y Lillian Hellman. Y después, como explica de forma apenas novelada Amanda Vaill en su extenso libro *Hotel Florida*, están las parejas más o menos clandestinas: Hemingway con su futura tercera esposa y todavía amante Martha Gellhorn; los fotoperiodistas Robert Capa y Gerda Taro; el socialista español Arturo Barea, que dirige la oficina de censura, y la judía vienesa Ilse Kulcsar, por la que dejará mujer e hijos, huyendo con ella al exilio. El cronista canadiense Ted Allan resumía así aquella época: «En el Florida están todos, realmente todos, excepto Shakespeare».

Escogían aquel hotel por su óptima ubicación. Muy cerca estaba (y está) el Edificio Telefónica (Gran Vía, 28), que en aquella época era el centro de comunicaciones. Desde los micrófonos de Unión Radio (Gran Vía, 32), los poetas Rafael Alberti y Miguel Hernández exhortaban a la lucha leyendo sus versos parenéticos. En los sótanos del hotel Gran Vía (ahora Tryp Gran Vía 25), los periodistas se sentaban a comer en una larga mesa, mientras que en las habitaciones los milicianos de permiso se divertían con las desenfadadas chicas pertenecientes a la «brigada de las sábanas», como las llamaba Dos Passos. No muy lejos de allí, en el bar Chicote (Gran Vía, 12) podían encontrar dos mercancías muy buscadas: whisky e indiscreciones. El Madrid asediado se convierte en el santuario del antifascismo: «Es el centro del universo», escribía Herbert Matthews, del *New York Times*. Es la epopeya del «¡No pasarán!».

Desde noviembre del 1936 la línea del frente se estabiliza a menos de tres kilómetros del Florida. La última planta del edificio se ha convertido en una especie de mirador sobre la guerra. Desde allí, sin necesidad de prismáticos, se pueden ver las columnas de humo y los movimientos de las tropas; escuchar las explosiones de las granadas que los dinamiteros asturianos arrojan con sus hondas a los fascistas. Para sus cálculos balísticos, los artilleros de Franco toman como punto de referencia el Edificio Telefónica. Unos treinta obuses caen sobre el Florida y provocan que las tarifas se inviertan, ya que se desploman los precios de las habitaciones que dan a la plaza, que eran las más chic y caras, pero hora son las más expuestas y peligrosas. Quien puede pagarlas se refugia en las habitaciones que dan a la parte de atrás. Los sublevados atacan desde el oeste porque ese es el flanco más vulnerable de Madrid. Además, no hay barrios que los separen del centro, solo la Casa de Campo, antiguo coto de caza del rey, y los nuevos edificios de la Ciudad Universitaria. Adiestradas principalmente en el norte de África, las tropas franquistas son mucho más eficaces en campo abierto que en los combates urbanos.

Y eso que a principios de noviembre de 1936 se consideraba inminente la caída de Madrid. Con pocas provisiones, fortificaciones y defensas antiaéreas, la ciudad había sido considerada indefendible por el estado mayor republicano. El Gobierno liderado por el socialista Largo Caballero se traslada a Valencia. La capital queda en manos de una alegórica Junta de Defensa a las órdenes del gordo general Miaja. «Estamos tan solo a 4,60 pesetas de taxi de la victoria», anuncian los diarios sublevados. Mola se dispone a «tomar un café en la Gran Vía», Francisco Franco a celebrar una misa de acción de gracias en la capital conquistada. Pero algo se tuerce. Antes del gran ataque, los republicanos encuentran en el cadáver de un capitán fascista unos documentos con los planes de la ofensiva. Gracias a ello, los defensores de Madrid no se dejan engañar por las maniobras de distracción del enemigo. Concentran sus fuerzas en la Ciudad Universitaria. Dentro del campus se combate facultad a facultad. En la de Filosofía «hacíamos barricadas con libros de metafísica hindú y gnoseología alemana», recordaba un brigadista británico. A los experimentados legionarios franquistas se opone un ejército de peluqueros, sastres, tipógrafos, ferroviarios... Son hombres encolerizados por la frustración. Han vivido desde el verano el imparable avance fascista como una pesadilla angustiosa. Manejan viejos fusiles respecto a los cuales alguien escribió que eran «tan peligrosos para quien disparaba como para el enemigo». En el peor de los casos, se abalanzan con armas blancas o incluso desarmados contra los falangistas, como los *lazzari* napolitanos contra los jacobinos en 1799. Esa masa enfurecida sufrirá pérdidas enormes, pero poco a poco será encuadrada en una especie de ejército organizado por los comunistas con la ayuda de consejeros soviéticos. Guste más o menos, el éxito de la defensa de Madrid se debió en gran medida a los comunistas. Desde ese momento, se inicia la hegemonía del Partido Comunista en la dirección de la guerra y el declive político-militar de sus rivales anarquistas.

Las formaciones libertarias habían llegado a creer que podrían asumir el liderazgo de la batalla mediante el envío de tres mil hombres desde el frente de Aragón a las órdenes del legendario Buenaventura Durruti. Pero ante las ametralladoras y las bombas fascistas, la audaz columna anarquista tuvo que replegarse, mientras que el 19 de noviembre Durruti fue herido de muerte por una bala perdida. De todos modos, Franco ha renunciado a los ataques frontales. Deja que el enemigo se desgaste en la defensa. Desde noviembre de 1936 hasta el final del conflicto, el frente de Madrid permanecerá prácticamente igual. El golpe militar se ha transformado en una guerra.

En la ciudad el orden es asegurado al precio de un creciente terror. Para acabar con las esperanzas de la denominada Quinta Columna —fascistas a los que el inicio de la guerra sorprendió en zona republicana—, se saca fuera de las cárceles a los simpatizantes de la derecha y se les mata a millares. Se extienden las checas, los siniestros tribunales tan dados a las ejecuciones sumarias; al inicio de la guerra se crea una en el elegante Círculo de Bellas Artes (calle Alcalá, 42). La caza de brujas también afecta a anarquistas, trotskistas o cualquiera que resulte sospechoso. Cada día desaparece alguien. Entre los desaparecidos está José Robles Pazos, amigo y traductor de Dos Passos. Cuando el autor de *Manhattan Transfer* descubre que ha sido asesinado, Hemingway comenta: «Si lo han eliminado, algo habrá hecho», lo que provoca la ruptura entre ambos. «El Partido Comunista ha atravesado el caparazón de la República y se está nutriendo como una estrella marina que devora una ostra», escribe Dos Passos asqueado por el giro de los acontecimientos en España.

En cambio, Hemingway mantiene excelentes relaciones con los comunistas y los consejeros soviéticos que se alojan en el hotel Gaylord (calle Alfonso XI, 3, transformado desde hace tiempo en un edificio de viviendas). Ernie se encuentra allí para rodar un documental de propaganda antifascista junto con el director Joris Ivens. Además, también envía crónicas a la agencia North American Newspaper Alliance. Su estilo, ya habitualmente seco, se seca aún más en el «cablés», una jerga sin artículos ni adjetivos que usa para «reducir el número de palabras a enviar y su correspondiente coste». Los fusiles hacen tacrong y el aire «es gélido como una incisión sobre el acero»: por frases como esta Ernie pide mil dólares por crónica, pero hasta 1938 no participa en ninguna verdadera acción de guerra. Del Madrid asediado describe sobre todo la atmósfera. En el Florida bebe, boxea, juega a póquer, va a las corridas con el torero americano Sidney Franklin, escucha Chopin en el gramófono, copula con Gellhorn. Mientras los madrileños comen carne de mula, caballo, perro o gato, él se zampa el *pâté en croûte* y el *poulet rôti en gelée* que le han regalado en París Gerald y Sara Murphy, la pareja que había inspirado a Scott Fitzgerald el matrimonio Diver de *Suave es la noche*. Martha escribe para *Collier's* magníficos reportajes humanitarios y en su tiempo libre se va de compras por la Gran Vía: pañuelos bordados, un abrigo de piel de zorro. Pese a las bombas, todavía hay un Madrid que intenta llevar una vida «normal». En los cines del centro se proyectan películas de Chaplin y Fred Astaire. En los edificios expropiados a la aristocracia Rafael Alberti y su mujer María Teresa León organizan recepciones revolucionarias. El enviado del Komintern Otto Katz hace de cicerone por la ciudad asediada para duquesas y parlamentarios ingleses. Pero no siempre se puede mantener la calma: en el zoo de Madrid se sacrifica un pájaro no para comérselo, sino porque imita perfectamente el silbido de las bombas al aproximarse y asusta a un montón de gente.

Tras una apariencia de solidaridad, la colonia de intelectuales extranjeros es un nido de odios y envidias. No obstante, en el fondo a todos les mueve la misma mezcla de idealismo y ambición personal. Pongamos que un tercio de idealismo y dos de ambición. Cuando, el 27 de marzo de 1939 Madrid se rinde, ya no queda ninguno de ellos en la ciudad. Han regresado a sus casas, donde escriben sobre lo que han visto y vivido.

El Florida fue demolido en 1964 por las excavadoras de la especulación inmobiliaria franquista. Para quien quisiera pernoctar como fuera en la zona, quedó el hostal La Prensa, una pensión espartana en la octava planta del palacio de la Prensa. Es el rascacielos donde se proyectaron las primeras películas de Buñuel en los años treinta. Las ventanas miran a un tramo de la Gran Vía de Madrid en el que la ciudad se creyó Nueva York. Si estáis cansados de recuerdos tristes, id a tomar una cerveza en lugares animados como el bar La Alegría, calle Veneras, 7, cerca de Callao. En invierno, pedid un caldo de lacón. Cuando el aire es gélido como una incisión sobre el acero, te devuelve al mundo.

EL REY DE LA RUMBA

Igual que la falta total de expresividad, también su exceso puede transformar el rostro de una persona en una máscara indescifrable. En casi todas las imágenes que tenemos de Xavier Cugat aparece riéndose gustosamente; en el peor de los casos, sonriendo. En cualquier situación y sin importar lo que esté diciendo. ¿Pero quién había tras esa mueca permanentemente risueña? ¿Un genio? ¿Un parásito? ¿Un proxeneta? ¿Un romántico? ¿Un simpático pervertido? Esto es lo que uno se pregunta al ver las filmaciones del Rey de la Rumba.

Cugat, llamado Francesc d'Assís Xavier Cugat Mingall de Bru i Deulofeu, compuso muy pocas piezas, pero con sus orquestas hizo famosas muchísimas. Vendió 48 millones de discos, pero en 1990 murió casi en la ruina: «He regalado una casa a cada una de mis mujeres», explicaba. Se había casado cinco veces: con la cubana Rita Montaner, la mexicana Carmen Castillo, la estadounidense Lorraine Allen, la española Charo Baeza y, por encima de todas, la hermosa Abbe Lane, *sex bomb* e icono de la música latina que, sin embargo, procedía de una familia judía de Brooklyn. Cugat, en cambio, era un catalán de Gerona que emigró con su familia a Cuba a principios del siglo XX. En el Caribe aprendió a tocar el violín y en las fotografías de su juventud, en las que se le ve con frac, gafas y abundante cabellera, parece un compositor ruso. En Estados Unidos perdió el pelo, pero encontró todo lo demás.

Empezó con una banda cuyo nombre estaba pensado para atraer a las señoras: Los Gigolós. A continuación trabajó como dibujante de cómics en *Los Angeles Times* y hasta el final siguió siendo un excelente caricaturista, sobre todo de sí mismo. Cuando volvió a la música, Estados Unidos estaba en plena ebullición. En el año 1919 inaugura el primer casino en Las Vegas. O, al menos, eso decía. Y añadía: «Aquella noche solo había cuatro personas. Se temían atentados mafiosos». Juraba incluso haber cenado con Capone cuando Al era considerado en Chicago una especie de filántropo: «Me pagaba puntualmente cada sábado».

Cugat adornaba mucho sus recuerdos. Se lo podía permitir, algunos de ellos eran envidiables. Pero en sus memorias a veces aflora el mitómano. Cugi, como empezaron a llamarle en Estados Unidos, afirmaba que había marchado a América animado por Enrico Caruso; que había inspirado a Charlie Chaplin la banda sonora de *Luces de la ciudad*; que había descubierto a Frank Sinatra al hacer que grabara su primer disco con la canción «*My Shawl*»; que había aconsejado a una atractiva chica medio española que se cambiara el nombre de Margarita Cansino por el de Rita Hayworth. Incluso pretendía haber lanzado a la fama a Woody Allen. Cosas así.

Para la América *wasp*, «latino» era una etiqueta tan exótica como genérica que abarcaba sin demasiados problemas españoles, italianos, cubanos, mexicanos, brasileños y toda América del Sur. Por eso, siguiendo el lema de «mejor tocar "Chiquita Banana" y tener una villa con piscina que interpretar a Bach y morirse de hambre», Cugat entró en los grandes circuitos. A ritmo de rumbas, mambos, marimbas, chachachás, «La cucaracha» y «Tico Tico», se disputaba el palco del Waldorf-Astoria con Glenn Miller y Harry James; tocaba en privado para el magnate Howard Hughes; embriagaba con ritmos exóticos las ya ebrias fiestas del gigante de la prensa Randolph Hearst. Incluso llevando consigo, *all inclusive*, grupos de chicas extrovertidas, en caso de que las bebidas y el ritmo tropical no bastaran para animar la juerga. Valentino, Douglas Fairbanks, Fred Astaire, Errol Flynn... Cugi conoce a todo el mundo, da consejos a todos y se deja ayudar. Como buen catalán, tiene buen olfato para los negocios y las relaciones públicas. Cuando le preguntaban qué pensaba de la política, respondía sin reparos: «En las campañas electorales he tocado tanto para Kennedy como para Nixon». No es casual que James Ellroy haya puesto a una de sus últimas novelas, negrísimas, sobre la América que fue el título *Perfidia* —quizá el mayor éxito de Xavier Cugat—. Es decir, un batiburrillo de capitalismo depredador, *show business* apisonador, hampa y *dolce vita*.

En Hollywood Cugat actuó en veinticinco películas, siempre en el papel de sí mismo. Elegantísimo, dirigía la orquesta usando el arco de un violín como batuta. Pero en el momento justo se hacía a un lado para que la atención se dirigiera hacia sus acompañantes: jovencitas cuyas curvas no pasaban ciertamente inadvertidas. Con su habitual candor cínico y sus ojitos de ratón bajo la peluca, decía: «Me he casado cinco veces con chicas que en mis espectáculos presentaba como *vedettes*. Ellas me han utilizado y yo a ellas». Le gustaban de pecho generoso, pero parece que en materia de sexo prefería la posición contemplativa del *voyeur*. El matrimonio con Abbe Lane —alias de Abigail Francine Lassman— duró de 1952 a 1964. Entre sus esposas, ella fue la única capaz de hacer sombra a su Pigmalión. Irrumpió con cierta fuerza en Italia actuando en películas picantes para la época como *Mi mujer es doctor* o *La culpa fue de Eva*.

Las orquestaciones de Cugat son magníficas apropiaciones, hábiles hurtos. Alargan, comprimen, sincopan y agitan piezas ajenas hasta darles un nuevo aspecto, a menudo el único que se recuerda. Por ejemplo, ¿quién se acuerda ya del pobre

Alberto Domínguez, el mexicano que compuso «Perfidia» en 1939? Esta canción ha pasado a ser de Cugat. Todavía se discute si el verdadero Rey de la Rumba fue él o su rival Pérez Prado. En el fondo, a quién le importa. Lo que es seguro es que la estrella de ambos comienza a declinar a finales de los cincuenta. Pero el catalán supo reinventarse como emprendedor: abrió una cadena de restaurantes mexicanos y crio horribles perros chihuahua, que vendía en América, donde los adoraban tanto que los vestían como personas.

Cugi siempre se regodeó en el *kitsch* como un ratón en el queso. Muy pronto supo captar su carácter vehemente y sentimental, muy apropiado para ser convertido en mercancía. Debía todo a los Estados Unidos. Pero al final, como muchos animales próximos a la muerte, decidió regresar a sus orígenes. Volvió a Barcelona desde Estados Unidos y se estableció en el hotel Ritz. Se desplazaba en Rolls-Royce cogido del brazo de nuevas chicas tan explosivas como desconocidas. Firmaba cuadros y caricaturas. Gracias a sus buenos contactos trajo a España en concierto a Barbra Streisand, Liza Minnelli e incluso a Sinatra, que odiaba el país porque le recordaba la pesadilla que había vivido junto a Ava Gardner. «Hay quien colecciona sellos, a mí me gusta coleccionar dinero», confesaba Cugi. Pero se cuenta que, melancólico, por la noche se hacía llevar en limusina a Gerona para contemplar la anónima y modesta casa donde había nacido. En los años noventa los ritmos de Cugat fueron recuperados gracias a las modas del momento y el *revival* de la *lounge music*. Pero era solo necrofilia comercial.

La música de Cugat hechizó a todos como un sueño de felicidad. Pero aquella época se desvaneció con la irrupción de nuevos sonidos. «Mi tiempo», reconocía Cugi, «acabó con la llegada del rock». Y el rock puede que haya transmitido muchas cosas bellas e importantes, pero no la felicidad. Sobre todo no aquella, por favor.

INASIBLE BERGAMÍN

Pese a declararse católico, José Bergamín afirmaba que «a los sesenta uno se puede suicidar, a los setenta es aconsejable, a los ochenta, obligatorio». Así, una vez llegado a los penúltimos «enta» a los cuales una persona tiene acceso, interpretó su aforisma de forma literal: «Tomó carrerilla, superó la barandilla, pero perdió el equilibrio y cayó hacia atrás, rompiéndose una pierna». El episodio, de *slapstick*, quizá no resuma totalmente a José Bergamín, pero sí en parte. «Esqueleto y fantasma, tenía la ligereza de ambos. Delgadísimo, decía que había descubierto su propio esqueleto de niño al golpearse el trasero con el suelo. Se hizo daño y comprendió que había algo duro dentro de él, escondido e irreductible», recuerda Ginevra Bompiani, que lo conoció bien. Bergamín fue uno de los escritores españoles más enigmáticos del siglo XX. Genio del aforismo, ensayista vertiginoso, apasionado de la mística y de la tauromaquia, atraído por la política hasta su equivocación imperdonable, acróbata de la paradoja. «Era católico y hablaba siempre del diablo, por el cual sentía mucha simpatía. Dios y el diablo a menudo eran intercambiables en su barroca metafísica», me explica Bompiani.

Por otro lado, Bergamín fue el hombre que guardó, salvó y editó el manuscrito de *Poeta en Nueva York*, de García Lorca, ese monumento fundacional de la lírica del siglo XX. En el año

1937, agregado a la embajada en París, fue uno de los pocos con los que aceptaba hablar el Picasso febril que trabajaba por aquel entonces en el *Guernica*. También fue quien, fantaseando con el Apocalipsis de Juan, sugirió a Luis Buñuel la idea de *El ángel exterminador*. Hizo de figurante en *El fantasma de la libertad*, también de Buñuel. Es el religioso vestido de negro —con toda probabilidad un jesuita— que, junto con otros prisioneros de la vieja España tenebrosa y reaccionaria, es fusilado durante la invasión napoleónica por los franceses asesinos de curas y portadores de *lumières*. Apenas un cameo. Pero paradigmático. Porque un vínculo complejo unía al caprichoso Bergamín con el clasicismo español de los visionarios, de los tratadistas más osados, de los poetas conceptistas. En definitiva, con la tradición. Que para Bergamín no era conservación, sino el componente más revolucionario que se encuentra enterrado, y siempre dormido, bajo la capa de la historia.

Había nacido en Madrid en 1895. Y no de una familia cualquiera. Le gustaba recordar que su apellido procedía de Bérgamo, patria de Arlequín. Su abuelo Tommaso fue un patriota veneciano que se unió a Daniele Manin durante la efímera república de 1848 y se exilió en Málaga, donde falleció de muerte byroniana entre los delirios del cólera. El padre de Bergamín fue ministro durante la Restauración borbónica y su madre fue una mujer devota. José fue criado por sirvientas andaluzas que no sabían leer ni escribir. A esas oscuras criadas les rindió homenaje en el admirable *La decadencia del analfabetismo* (1933).

Inasible Bergamín. El *outsider*, el escritor más excéntrico de la Generación del 27, en la que convencionalmente se le ubica. En el año 1936, el estallido de la Guerra Civil acentuó su republicanismo. En el Madrid asediado por los franquistas, José oscila entre la exaltación y la piedad. Salva el pellejo a más de un destacado falangista. Pero también es el intelectual que, durante el estado de excepción antifascista, patrulla por las calles con cartuchera y pistola, vestido con el mono azul de los obreros. *El Mono Azul* era también el nombre una revista con la que Bergamín colaboró y que, entre otras cosas, se distinguió por una sección titulada «A paseo», donde se enumeraban las personalidades que sería higiénico fusilar. «Hasta la muerte con los comunistas, pero no un paso más» era el lema burlón de Bergamín. Sin embargo, en opinión de Ginevra Bompiani, Bergamín era incapaz de una verdadera adhesión y siempre se mantuvo como un simple compañero de viaje del partido. Con todo, en 1937 aplaudió el asesinato de anarquistas y trotskistas. Y en 1943, desde su exilio en América del Sur, todavía escribía odas a Stalin.

Cuando combatió en España, André Malraux quedó cautivado por «comunistas como Alberti que creen en la Virgen María y por católicos como Bergamín que son comunistas». Hasta tal punto que algunos personajes de *La esperanza*, su gran novela sobre la Guerra Civil, recogen diversas reflexiones político-existenciales de Bergamín. Más tarde, como ministro *sui generis* en la corte de De Gaulle, Malraux no se olvidará de su amistad con Bergamín. Cuando en 1963 José llega a París tras ser expulsado de España por su apoyo a las huelgas de los mineros asturianos, André lo aloja en el hotel Ambassadeurs de Hollande. El cual, pese a su nombre rimbombante, no es más que un modesto hotel del Marais. Y allí fue donde Ginevra Bompiani lo conoció. «No tenía ningún ingreso. En cierto momento, algunos artistas, entre ellos Picasso, decidieron que cada uno le regalaría un cuadro. José gastó lo que obtuvo en un año de cenas».

En el crepúsculo del franquismo, Bergamín regresa a España. Pero pronto la encuentra horriblemente aburrida. Tampoco acepta la transición democrática bajo la tutela monárquica. Y rompe con Rafael Alberti, acusándolo de haberse acomodado al nuevo *statu quo*. Al eurocomunista Santiago Carrillo lo califica de «neurocomunista». En Madrid vive en un ático justo frente al Palacio Real, contra el cual cada mañana lanza maldiciones. Quedaba con Bompiani y otros en el casco antiguo. En restaurantes vacíos («Íbamos pronto, según los horarios italianos»), establecimientos donde el plato fuerte era, y lo sigue siendo, el cocido madrileño. En esas horas tranquilas, los camareros forman un corrillo en torno a Bergamín a la espera de que salga con alguno de sus haikus. Como: «El aburrimiento de las ostras produce perlas». O bien: «Pasó una bala. Dejando en el aire una señal invisible de que no había pasado». Bergamín es cristiano *quia absurdum*. Vive su fe como una paradoja, un juego barroco, cognoscitivo, muy serio. Entre Pascal y las ocurrencias de las vanguardias: «El hombre juega porque pierde; si no, no jugaría. Cuando quiere ganar es para poder perder más aún: para perder más y más, siempre».

Pobre, «desconocido y orgulloso», hacia el final buscó bajo la superficie de la España normalizada un último latido de desobediencia. Y consideró que lo había encontrado en la causa del independentismo vasco. Desde San Sebastián, donde se estableció, escribió artículos incendiarios en defensa de Euskadi, su nueva «patria», en la cual vio el último reducto de una España combativa y viva. Una idealización cercana a la ceguera. Con una ETA en pleno apogeo, esas intervenciones le conllevan diversos procesos. «Siempre era condenado», explica Ginevra Bompiani, «pero a causa de su avanzada edad la pena no se aplicaba. Y Pepe volvía a casa». Viejo indómito, demócrata radical, maximalista esotérico. «Pero continuaba hablando con todos de la misma forma», explica Bompiani. ¿De qué? «De vida, literatura, toros». Respecto a la tauromaquia, Bergamín advirtió «su música callada», como recoge el título de un libro muy citado por los aficionados a los toros. Pero José Bergamín también se sentía atraído por el llamado toreo cómico, es decir, los espectáculos circenses, actualmente casi desaparecidos, que acompañaban a la corrida «seria» transformando la tragedia en comedia, parodiándola con payasos, enanos, toreros debutantes y toros verdaderos, si bien no tan peligrosos. Se explica que, hacia finales del siglo XIX, un valenciano, tras buscar infructuosamente el éxito en el ámbito taurino, lo intentó con un espectáculo extravagante, en apariencia muy arriesgado: colocado sobre un pedestal y cubierto de harina para parecer una estatua, esperaba totalmente inmóvil la embestida del animal, el cual siempre lo esquivaba sin hacerle el más mínimo daño. No corría ningún peligro, ya que el toro de lidia se excita por las cosas que se mueven, no por las que están quietas. De todas formas, el truco de la estatua funcionó, la gente contenía la respiración durante el número y Tancredo López —así se llamaba el inventor del *sketch*— ganó cierta notoriedad. El número fue recuperado en los *burlesque* taurinos y el ojo de rapaz de Bergamín —cuyo aspecto, ojos y nariz ganchuda semejaban a los de un pájaro prehistórico— transformó el «tancredismo» en una idea, en un concepto: la metáfora ambivalente de una España estoica, senequiana, que desprecia el peligro y la muerte, pero, al mismo tiempo, inmóvil, inerte, paralizada por el miedo al cambio. En el número de un payaso José encontró las dos caras de un país del cual estaba enamorado hasta el odio. Bergamín murió en 1983. Fue enterrado en el cementerio de Fuenterrabía, en vasco, Hondarribia.

EL PRÍNCIPE DEL FLAMENCO

San Fernando, a unos quince kilómetros de Cádiz, idolatra a su héroe como Salzburgo a Mozart, Memphis a Elvis o Liverpool a los Beatles. El nombre del héroe, Camarón, suena para un italiano a blasfemia napolitana. De niño lo apodaron así porque era un golfillo gitano de melena rubia y complexión grácil, casi transparente. Niño prodigio, más tarde revolucionó esa cosa tan complicada que genéricamente denominamos «flamenco» con discos como *La leyenda del tiempo* (1979), que, sin traicionarlo, dio nuevos aires a una música que los puristas querían que permaneciera inmutable. Hace algunos años, con motivo del aniversario de ese LP que catapultó el flamenco a la modernidad del rock y del pop, la revista *Rolling Stones* publicó la imagen de Camarón en la portada y lo llevó al Olimpo de los Presley, Bob Marley, Jim Morrison y otros. Estrategia comercial, de acuerdo, pero lo cierto es que Camarón (José Monge Cruz) presentaba casi todos los estigmas de las leyendas: antidivo, reservado, tímido, pasablemente maldito. Murió demasiado pronto, con algunos años de más respecto a Jesucristo, pero lo suficientemente joven para convertirse en mesías. Conservador rebelde, entre él y la tradición del flamenco existe en cierta medida la misma relación que hay entre el Viejo y el Nuevo Testamento. Nacido en San Fernando, era el sexto de ocho hijos. En San Fernando aprendió lo esencial del arte de cantaor. Y allí quiso que descansaran sus restos. Al volver a leer las crónicas del funeral, en julio de 1992, todavía me recorre un escalofrío de emoción por la espalda. El féretro avanzaba entre la multitud bajo un sol inclemente y una lluvia de claveles blancos, en medio de un silencio sepulcral roto esporádicamente solo por algunos «olés» o los sollozos de la viuda: «¡Ay, José!». Las niñas del pueblo estaban serias, en fila, deslumbrantes con sus vestidos de seda arrugada y sus zapatos de charol. Los hombres, con su cadena de oro asomando por la camisa abierta y el mismo corte de pelo del mesías: corto por los lados, tupido por delante y en cascada sobre los hombros. Mezclados con la multitud, unas cien mil personas, había estrellas de la canción, ejecutivos discográficos, toreros famosos. Pero también marginados y traficantes de drogas. Los ánimos se iban encrespando. Y la ceremonia estuvo a punto de degenerar en tumulto. Porque los gitanos, mayoritarios, se agitaban en el luto, en la veneración. Si no acabó en tragedia fue gracias a otros gitanos, o quizá a los mismos, que de repente se convirtieron en servicio de orden.

En San Fernando —96.000 mil habitantes, una gran mancha blanca en la bahía de Cádiz— no hay fanes de Camarón sino devotos. En sentido literal, técnico. Pese a su carácter popular, es una fe real, vivida intensamente, para nada burda. En ningún escaparate se muestran discos, pósteres, *merchandising*. Pero si visitas la oficina de turismo y preguntas por él, amablemente te marcan con bolígrafo en un mapa todas las etapas de la peregrinación. La Ruta de Camarón tiene seis estaciones y va de la casa natal al mausoleo, es decir, la tumba.

El Príncipe nació al final de la calle del Carmen, que desde la calle Real desciende entre muros calcinados hasta una tierra de nadie de polvo, ramas y viejas cercas derruidas. Puro México. La casa tiene una única planta a nivel de calle. Quieren convertirla en museo. Pero en un plazo andaluz. Es decir, sin prisas. En el cartel de la fachada se puede leer, entre otras cosas: «Gitano por los cuatro costados, orgulloso de su raza y de las tradiciones». En el barrio Camarón creció impregnándose de los cantos y las narraciones de los patriarcas que, sentados en los patios, asaban carne de caballo y se la comían con ayuda de vino barato hasta altas horas de la noche.

Al otro lado de la calle está la Peña, el club de los camaroneros. En la sala, un palco altar, hileras ordenadísimas de sillas. Si no fuera por el bar y las paredes cubiertas de fotos del Príncipe, parecería una iglesia metodista: la misma penumbra sacra atravesada por la luz de los ventanales, el mismo vacío de las iglesias cuando no hay nadie. Doy un golpe en la barra del bar, pero no se materializa nadie. Me voy, no sin antes dejar una ofrenda.

La etapa siguiente es la fragua donde el padre de Camarón se ganaba la vida. Todas las herramientas del herrero están allí, colgadas de las paredes como reliquias. Justo al lado hay una taberna taurina angosta y animada con retratos de Camarón por todas partes. Uno de ellos está flanqueado por dos estoques entrecruzados, las espadas del matador que José soñaba con llegar a ser de niño. Antes de partir para San Fernando, un amigo que hizo la mili aquí me dijo riendo: «Ya verás, en el pueblo todos son primos de Camarón». Y ahora constato que no se trataba de una broma. En poco más de un cuarto de hora he hablado con doce tipos que alardean de algún tipo de relación de parentesco con el Príncipe. El más forofo de todos es un tipo de aspecto melancólico con el peinado del que ya os he hablado. Se presenta: «Encantado, Pascal. Belga. Y gitano. *Zíngaro*, ¿no es así como decís en Italia?». A veces. Depende. «No soy de la familia, pero vivo por Él». Lleva a Camarón estampado en la camiseta, enmarcado en su cadena, tatuado a ambos lados del cuello. Pascal trabajaba en mudanzas, pero ahora está de baja a causa de un accidente en una mano, que acabó bajo un montacargas. «Mejora, pero mira cómo acabó». En el móvil me muestra fotos de sus falanges trituradas. Mientras tanto, en la pequeña sala interior alguien ha comenzado a cantar. Se trata de un anciano corpulento. Canta a palo seco, es decir, sin acompañamiento de guitarra, solo palmas. Parece fácil, pero se requiere una técnica sofisticada. Pascal tiene muchas ganas de volver a utilizar su mano, en parte también para tocar las palmas en encuentros espontáneos como este. «Me falta poco para jubilarme, después me mudaré aquí con mi mujer para siempre. Se vive bien aquí. ¿Estás en el hotel? ¿Cuánto pagas? ¿Por qué no te vienes a la casa que hay junto a la nuestra? Treinta euros por noche. Televisión, lavadora, hay de todo». La tentación es enorme.

Sin embargo, me voy a la Venta de Vargas, el bar restaurante que supuso la rampa de lanzamiento de Camarón. Comenzó cantando por las mesas, donde los clientes le daban algunas pesetas. «Dicen que empezó a los ocho años, pero yo creo que tenía algunos más», recuerda Jesús, responsable y memoria histórica del local. Me habla de los adinerados carniceros, que golpeaban sobre la mesa con sus grandes anillos de oro y le decían a Camarón: «Canta, chaval. Muéstrame de lo que eres capaz». La estrella de la época se llamaba Manuel Ortega Juárez, apodado Caracol. Al principio trató al novicio con altivez —«Hummm, está bien»—, pero más tarde, según un *topos* habitual en este tipo de historias, el maestro acabó siendo superado por el discípulo, derrotado en una contienda pública justo aquí, en la Venta. Desde 1924, este local es un maravilloso laberinto de salas esmaltadas de azulejos. Poco después del mediodía, Jesús me conduce hasta el corazón del santuario, el reservado anteriormente de uso exclusivo para los banquetes de notables y señoritos. Aquellos a quienes el joven Camarón hipnotizaba con sus lamentos de amor y dolor. En 1988 volvió aquí ya como mesías para grabar un memorable concierto. «Los gitanos le llevaban sus hijos para que los bendijera». La fama no le hizo romper sus vínculos con sus orígenes. «Cuando pasaba por aquí, se sentaba en un rincón y pedía un lenguado. A los chicos les decía que le trajeran algún paquete de cigarrillos. Le angustiaba quedarse sin tabaco». En los años de la droga había cedido a su seducción, pero sin dejarse engullir por ella. «El éxito lo aterrorizaba. Con la droga buscaba anestesiar ese miedo».

Admirado por Mick Jagger y Bono de los U2, Camarón era un solitario, en ningún caso un mujeriego, inmerso en una especie de autismo meditativo. Un rosal que volvía locos a los periodistas, que en las entrevistas solo obtenían de él algunas frases entrecortadas. Cuando le preguntaron en qué se inspiraba, se limitó a responder: «Antes de cantar me tomo una copita, después para calentar la voz me fumo un Winston», que en Andalucía se pronuncia «uitto». Sobre todo lo mató la nicotina. Grabó diecinueve discos, casi la mitad junto a Paco de Lucía. Su tumba es un arco del triunfo de granito negro recubierto de flores. En la lápida solo pone: «Tu esposa, hijos, padres, hermanos y familia no te olvidan».

Fue el primer gran cantaor que se dejó barba. La llevaba también en la última foto, guardada en una vitrina en la Venta de Vargas: «Se la hicieron el día antes de que muriera», dice Jesús. En la imagen, Camarón parece cansado, si bien no más triste que habitualmente.

ESPAÑA EN EL CORAZÓN

Montaigne, los ilustrados, el «adorable Stendhal» y los nuevos filósofos… Siempre se habla del vínculo de Leonardo Sciascia con Francia, pero su primer amor fue España. Lo definía como «un primer amor intenso y desesperado». Y recorría la toponimia de la Guerra Civil: «Brunete, Guadalajara, Teruel, el Ebro, Somosierra, la Ciudad Universitaria», de Madrid, «nombres y lugares que todavía me emocionan», escribió en uno de los textos que, tras su muerte, fueron publicados con el título *Horas de España*.

«Tenía dieciséis años cuando comenzó la guerra», recordaba Sciascia, «y la consideraba, desde el bando del general Franco, de Mussolini, del fascismo, justísima». Muy pronto cambió de idea, como el minero del cuento «El antinomio», que se alista voluntario para la cruzada anticomunista en España y regresa con la lucidez de la desilusión. De la tragedia española, Sciascia tenía una experiencia ideal y libresca que, según admitió él mismo, se convirtió en una especie de pasión fetichista: «Alineados en un estante […] están todos los libros relacionados con aquel acontecimiento […] todas las historias de aquella guerra, los opúsculos publicados entonces y que he conseguido encontrar, las octavillas, las postales de propaganda».

«Llevaba España en el corazón y la sigo llevando». Como tantos otros de su generación, Sciascia descubrió España a través del suicidio español. La Guerra Civil lo condujo hasta los grandes poetas de la Generación del 27: Lorca, Salinas, Guillén, Alberti y Cernuda, y, después, hasta el resto del panteón literario y filosófico: Machado, Baltasar Gracián, Ortega y Gasset, Unamuno, Américo Castro y, naturalmente, Cervantes, a quien Sciascia dedicó en 1984 un texto que debería ser leído en las escuelas, pero por los profesores. El tema es el de la lectura como placer.

En el prólogo a *El Quijote*, Cervantes se dirige a un «desocupado lector», es decir, «en condiciones de ocuparse del placer de la lectura». Ahora bien, el placer es una dimensión que pocas veces asociamos a los clásicos porque sobre dichos libros recae una maldición llamada obligatoriedad. Y «leer por obligación es peor que no leer, al menos en el momento». Es verdad que, con el paso de los años, el recuerdo de las «vejatorias lecturas escolares [...] va depurándose de la fastidiosa obligatoriedad de entonces». Pero, mientras tanto, se ha perdido un tiempo precioso.

Pero la coacción a la lectura que destruye la lectura no solo es ejercida por la (mala) educación: «Se lee por imposición de las ideologías o de la moda, por cumplir una obligación, para poder hablar del libro del que se habla o para decir tan solo: lo he leído. Se lee sufriendo: así como se sufre yendo al teatro, al cine, a los encuentros culturales».

Sciascia es un hispanista sin título, autodidacta. Aprende la lengua comprando «uno de esos manuales del políglota de la editorial Sonzogno» y «devorando las lecciones». Pero de libresca, su relación con España también pasa a ser física. Un ejemplo de ello son las espléndidas páginas que dedicó a la Semana Santa sevillana, que desluce las «Simani Santi» sicilianas.

La mirada de Sciascia capta detalles que cualquiera que haya participado en esa absurda maratón católico-pagana se lleva consigo en el recuerdo de forma no expresada. Entre las procesiones, «las calles se ven invadidas por diligentísimos enjambres de barrenderos que rascan la capa de cera que los miles de cirios han ido goteando». Y las saetas, los cantos desde los balcones al paso de la procesión, que dan «la impresión de un rapto, de un éxtasis amoroso». Y los niños, también ellos vestidos como miembros del Ku Klux Klan: «La presencia de niños encapuchados en las procesiones, muy numerosos, es algo que impresiona. De cuatro o cinco años, caminan con sus madres al lado, que de vez en cuando les levantan la capucha para que coman un poco de un bocadillo o beban Coca-Cola. Y aguantan hasta altas horas de la noche». O las mujeres, que el Jueves Santo resplandecen «con suprema elegancia en el negro de los vestidos y de las mantillas, algunas con un vistoso pero velado escote, todas con la alta peineta de la que la mantilla desciende. Incluso parecen hermosas las feas. Y hermosísimas las hermosas». Mujeres cuyo erotismo encubierto, que es también uno de los más poderosos embrujos sicilianos, la mirada de Sciascia capta.

Sciascia estaba convencido de que a Sicilia le correspondía la primacía de la españolidad en Italia. Pero es algo que quien se haya adentrado tan solo un poco en las entrañas más oscuras de Nápoles, en ciertos parajes solitarios de Apulia o en el interior de Cerdeña puede poner en duda. De todas formas, la España de las bellísimas fotos de Ferdinando Scianna que acompañaban los textos de Sciascia ya no existe. Era un país que justo salía de la dictadura hacia el «necesario anacronismo monárquico». Un lugar que —aparte de las inevitables diferencias— nos parecía una Italia con el huso horario de la modernización situado un poco más atrás, tampoco demasiado. Una tierra a la vez extraña y familiar. En suma, una infancia. La España de las mulas macilentas, de las localizaciones de los *spaghetti western*, de los vendedores ciegos de lotería, de los chicos que juegan a fútbol con dos cruces de iglesia como postes de la portería, de los toros muertos con la boca abierta como los mártires de Zurbarán. Y el ajado rostro de la Pasionaria o las cejas breznevianas de Enrique Líster, brillante líder comunista en la Guerra Civil («noble corazón», «español indomable», «puño fuerte», lo definió el Machado más ampuloso), más tarde sumido durante la Transición en una grotesca parálisis ideológica, con su insignificante partido de «ideario estalinista y obediencia soviética»; «un patético personaje que obtiene un patético puñado de votos».

En una foto de Scianna se ve a Sciascia paseando con las manos en los bolsillos entre las ruinas de Belchite, la ciudad fantasma destruida durante una ofensiva republicana, la ciudad carcasa que el franquismo dejó sin reconstruir como recordatorio de la «ferocidad roja». Hace unos años la visité junto con algunos supervivientes de las Brigadas Internacionales con motivo de una conmemoración. Estaba también Giovanni Pesce, el más famoso y polémico miembro de los Gruppi di Azione Patriottica (GAP), brigadas de partisanos creadas en Italia en 1943. Alguien que en la lucha antifascista había matado a muchos. Con ochenta y pico años seguía siendo un tipo impresionante. Bajo su aspecto algo rollizo se intuía todavía la complexión pequeña y compacta de hoplita, de combatiente nato. Al verme con la libreta, se me acercó y comenzó a explicarme un montón de cosas instructivas sobre la guerra. Después, de repente, profirió una frase entrecortada que sonaba a una misteriosa *excusatio non petita*: «Ciertamente», masculló como si alguna cosa le rondara, «también nosotros fuimos atroces, pero había una razón, ¿lo entiende?». Le confesé que no. «De acuerdo», concluyó Pesce, «si le apetece, lo entenderá leyendo mi próximo libro». Caminábamos por el interior del esqueleto de la iglesia dedicada a san Martín de Tours. Afuera los ancianos cantaban tristes canciones de guerra con el pañuelo rojo en el cuello.

Con el paso del tiempo, la adhesión de Leonardo Sciascia a los derrotados de la guerra se hizo menos sentimental porque, con la progresiva liquidación física de todo cuanto no era comunista —en el sentido moscovita de la palabra—, la lucha fratricida no se produjo solo entre los bandos que combatían, «sino también en el seno de uno de ellos». En el bando de la República se vivió «esta dicotomía, este drama: que aquellos que la defendían por lealtad, por deber, por principio de legitimidad, del derecho, se veían obligados a recorrer la senda de la revolución». Pero de la revolución solo se implantó el terror, «de hombre a hombre, entre vecinos, entre familiares». «Mata a tu prójimo como a ti mismo»; «Si yo elimino a alguien que ha conocido a alguien que ha conocido a alguien que ha conocido a alguien que es un fascista, en el mundo ya no habrá más fascismo». Según Sciascia, el «eliminacionismo» encierra un pensamiento estadístico, pero puede brotar también de la inocencia de un niño. En 1793, cuando el padre de Stendhal, que había sido acusado de «no amar la República», salió de la cárcel, el pequeño Henri le dijo: te han puesto «en la lista de las personas sospechosas de no amar la República, pero me parece cierto que tú no la amas». Comenta Sciascia: «Su verdad introducía el terror en el círculo familiar».

El estadounidense Herbert Matthews fue uno de los mejores cronistas que cubrieron el bando republicano durante la Guerra Civil. Y con auténtico idealismo escribió: «Poco importaba que uno fuera soldado o periodista, español, americano, inglés, francés o italiano. España era un crisol en el que se separaban las escorias y solo quedaba el oro puro [...]. Daba significado a la vida; daba valor y fe en la humanidad. [...]. Allí se aprendía que los hombres deben ser hermanos, que las naciones, fronteras, religiones y razas no son más que atributos externos sin importancia, y que solo por un ideal de libertad merece la pena combatir». Palabras que quizá el joven Sciascia habría suscrito. Pero aquel que en 1984 las cita, al reflexionar en torno a ellas, deja entrever alguna duda sobre la teoría del crisol. Es decir, sobre la idea que de la historia pueda surgir alguna forma de pureza. Sciascia acepta que la guerra de España fue un crisol, pero «el oro puro que queda de ella es, como siempre, el de la verdad. Y el de la literatura, que es la hija de la verdad». En otras palabras, la verdad no se encuentra en la historia, sino que, en ocasiones, si todo va bien, se vislumbra en la literatura, o sea, algo ficticio. Y muy frágil.

BASTÓN Y GARROTE

Quizá los más jóvenes no sepan que el garrote era un collar metálico con el que se mataba mediante estrangulamiento. En su versión más atroz, llamada «catalana», se añadía al collar una punta que penetraba lentamente entre las vértebras cervicales hasta seccionar la médula espinal. Aunque los verdugos ya lo habían utilizado en no pocas ocasiones con anterioridad —véase el aguafuerte de Goya *El agarrotado* (1778-1780)—, el garrote fue introducido en España como máximo castigo de Estado en los años veinte del siglo XIX bajo el rey Fernando VII. Según su extracción social, los condenados eran conducidos al patíbulo a caballo, en burro o, los más pobres, a pie. Con el nombre de garrote vil —para diferenciarlo de la decapitación mediante espada, reservada a la gente «respetable»—, se utilizó hasta el año 1931, cuando la Segunda República abolió la pena capital. Pero volvió a utilizarse durante la dictadura franquista, hasta que desapareció definitivamente, junto con la pena de muerte, con el retorno de la democracia. El último español que fue ejecutado por ese infame artilugio fue el anarquista catalán Salvador Puig Antich, el día 2 de marzo de 1974. Tenía veintiséis años. No solo en España, su caso desencadenó numerosas protestas y, además de ser emblemático, sigue presentando numerosos puntos oscuros.

En Barcelona, en el número 70 de la calle Girona, hay todavía un bar en el que parece que se ha detenido el tiempo. Se llama El Funicular. Es aquí donde tiene lugar, el 25 de septiembre de 1973, el primer acto del caso Puig Antich. El joven pertenece al clandestino Movimiento Ibérico de Liberación (MIL), un grupúsculo especializado en robos para apoyar a las fábricas en huelga. Salvador y otro compañero han quedado en El Funicular con un tercer miembro del grupo. Sin embargo, este último había caído en manos de la policía política unos días antes y se presenta al encuentro con algunos agentes. Se cierra la trampa. Se produce un tiroteo, a raíz del cual muere el inspector Francisco Anguas Barragán, de veintitrés años, y resulta herido el propio Puig Antich. El anarquista es llevado al hospital con dos balas en el cuerpo y una acusación de homicidio. Ningún peritaje balístico confirma que la Kommer 6,35 empuñada por Salvador sea la que haya matado al policía. Pero se trata de sutilezas en una España en la que se respiran aires de venganza. Mientras los izquierdistas de media Europa salen a la calle por Puig Antich —incluso el papa Pablo VI hace un llamamiento a la clemencia—, la justicia franquista condena a muerte al militante anarquista. Es el 11 de febrero de 1974. Pero desde hacía algunas semanas Puig Antich, tras conocer la muerte de Luis Carrero Blanco, sucesor *in pectore* de Francisco Franco y jefe de Gobierno, que había sido asesinado por ETA el 20 de diciembre de 1973, ya sabía que no tenía escapatoria. Cuando el almirante volvía de misa, cien kilos de dinamita hicieron que su Dodge Dart blindado volara por encima de un edificio de cinco plantas. Carlos Arias Navarro, exjefe de policía y ministro del Interior, que encarnaba el ala dura del régimen, sustituyó a Carrero. En la película *Salvador*, de Manuel Huerga, Puig Antich, cuando se entera del atentado, dice: «Esa bomba ha acabado también conmigo». El franquismo está debilitado y en las últimas, pero el *shock* del ataque convence al dictador de que, para acabar con las veleidades de la oposición al régimen, es necesario un castigo ejemplar. Trayéndole sin cuidado las presiones internacionales, el octogenario dictador confirma la pena. Salvador Puig Antich es ejecutado mediante garrote a las 9.20 horas en una lívida mañana de marzo en la cárcel Modelo de Barcelona. Francisco Franco murió un año y medio después. Durante ese tiempo, toda la red del MIL fue desmantelada. El Movimiento era una formación atípica; influida por las vanguardias del Mayo parisino —con los situacionistas a la cabeza—, recuperaba la tradición anarquista catalana, repitiendo sus límites, el sectarismo conspirativo, la romántica informalidad organizativa. Los pistoleros del MIL escapaban de los bancos que atracaban a pie o en Solex, la bicimoto utilizada por Jacques Tati en su papel de extravagante Monsieur Hulot. «El MIL representó el último eslabón de la acción libertaria», me explica el escritor Fulvio Abbate, que en aquellos días participó en las movilizaciones por Puig. «Su foto de carné se convirtió en una especie de icono. Era un anarquista de nueva generación, un hijo de la media burguesía, no un obrero, un artesano o un camarero como las grandes figuras revolucionarias catalanas. Con él acabó una época. Y mal».

Los familiares de Salvador Puig Antich reclaman desde hace años que se reabra el caso, pero las vicisitudes del último agarrotado por el franquismo ocultaron las de un tal Heinz Chez, más enigmáticas. Así se llamaba el hombre que fue ajusticiado en la cárcel de Tarragona pocos minutos antes que Puig. Ni su identidad ni su caso han sido aclarados del todo. En los informes de la policía se le define indistintamente como «apátrida», «vagabundo» o «ciudadano polaco». Probablemente nació en la Alemania del Este y su verdadero nombre era Georg Michael Welzel. Tras varias tentativas infructuosas —y pagadas con la cárcel— de cruzar el Telón de Acero, consiguió llegar a Occidente. Vagó por Europa entre trabajos ocasionales, borracheras más o menos sonadas e incluso alguna exhibición en los circos.

No estaba muy bien de la cabeza y llevaba un collar con un retrato de Napoleón. En diciembre de 1972 fue arrestado cerca de Tarragona por haber matado sin motivo aparente a un guardia civil con un fusil robado a un agricultor alemán. Ya puestos, le imputaron también el homicidio de otro policía que había tenido lugar seis meses antes en el puerto de Barcelona. Como el cuello de Welzel/Chez era demasiado corto para que se pudiera utilizar correctamente el garrote, hubo que estrangularlo con la ayuda de una cuerda. Su cuerpo acabó en una fosa común.

LA MUJER QUE VIVIÓ TRES VECES

Las dictaduras adoran a los niños, los envuelven en un amor intenso y sospechoso, los convierten en símbolos de una inocencia y una pureza que estos regímenes no poseen. A diferencia del consumado y a menudo patente cinismo que rige las democracias, los regímenes personales esconden casi siempre un turbio corazón sentimental. Hitler se emocionaba no solo escuchando a Wagner, sino también, por cuanto parece, viendo *Blancanieves y los siete enanitos*, de Walt Disney. En cambio, Francisco Franco prefería *La Cenicienta*. Admirador y, a su vez, admirado por los déspotas europeos, Disney hizo llegar al «caudillo» una copia firmada de la película. Y es en parte bajo el signo de la sirvienta convertida en princesa que en España, entre los años cincuenta y sesenta, se inicia el fenómeno de los niños prodigio. La moda se inspiró en el modelo de las *baby star* que habían hecho furor en Hollywood: Deanna Durbin, Judy Garland y, por encima de todas, Shirley Temple. Pero en España esta tendencia adquirió características propias.

Inició la saga en 1954 Pablito Calvo, protagonista de *Marcelino, pan y vino*, a quien siguió en 1956 Joselito con *El pequeño ruiseñor*. En todas las películas en las que actuó Pablo Calvo Hidalgo fue doblado por una mujer para que su voz pareciera más dulce. En cambio, la voz (verdadera) cristalina de Joselito (José Jiménez Fernández) gustó incluso a Pasolini, que añadió su versión de «Violín gitano» a la banda sonora de *Mamma Roma*. Ambos niños servían a la misma retórica del régimen: la de un país pobre que es capaz de salir de la miseria de la posguerra gracias a su franciscana fe en Jesús (Marcelino dialoga con Cristo, que le responde), y la de una España que no solo es capaz de afrontar la indigencia, sino que incluso lo hace cantando (Joselito).

Sin embargo, en 1960 tales relatos en torno a la pobreza ya resultaban anticuados. El miniboom español necesitaba un nuevo rostro infantil que reflejara mejor un imaginario colectivo que había cambiado, pues ya no era rural, campesino, sino urbano y burgués. Y lo encontró en una malagueña de doce años llamada Josefa «Pepa» Flores González, a quien hoy todos —excepto ella— recuerdan como Marisol. Con películas como *Un rayo de luz* (1960), *Ha llegado un ángel* (1961) y Tómbola (1962), la muchacha irrumpió en la gran pantalla haciendo olvidar a todos los melancólicos niños que la habían precedido. Le tiñeron los cabellos de rubio y le quitaron lo más posible su acento andaluz. Con su rostro angelical, aunque a veces algo pícaro, Marisol aparece en la pantalla como una chica traviesa, si bien leal y de buen corazón, que, gracias a sus virtudes, supera siempre cualquier obstáculo y los pequeños y grandes sinsabores que la vida comporta. Canta y baila en estilo aflamencado, pero con tendencias yeyé. Es la hija, la hermana, la amiga ideal. Al crecer, se convertirá en la «novia de España», aquella con la que todos se querrían casar. A Francisco Franco le gusta, la invita a palacio para mostrarla en las fiestas de cumpleaños de sus nietos. Sin apartarse nunca de los valores tradicionales, Marisol moderniza la imagen de la mujer española, incluso hace un guiño a Estados Unidos.

La niña estrella vende un montón de muñecas, vestidos, discos y figuritas. El negocio es tan rentable que exige ir más allá: la fábula de Marisol no puede quedar encerrada en la pantalla, debe hacerse realidad. Por ello, la muchacha, crecida en un barrio pobre de Málaga, se casará con el hijo de su productor. ¿Se puede ser más Cenicienta? «Tengo el corazón contento», canta Marisol. Pero todo es falso. El matrimonio fracasa. Se acabaron los cuentos de hadas. Ahora ella se siente a disgusto en el personaje que la ha llevado a la fama. La década de 1960 se está acabando y, con ella, también Marisol, que está en plena metamorfosis, pues se prepara para reencarnarse en otra persona. Actúa en películas más ambiciosas, casi comprometidas. En las revistas del corazón aparece en bikini o conduciendo una motocicleta. Hasta que, notición, los *paparazzi* la fotografían junto a Antonio Gades, un imponente bailarín de flamenco. Bello. Y muy comunista. Marisol queda embarazada y marcha a parir a Argentina. No puede casarse con Antonio porque en España no existe el divorcio, pero lo acompaña tras los deslumbrantes estandartes del Partido Comunista. Después se posicionará aún más a la izquierda apoyando a los disidentes marxista-leninistas del Partido Comunista de los Pueblos de España (PCPE). Nueve meses antes de la muerte de Franco participa en la primera huelga de la gente del espectáculo en cuarenta años de dictadura. Cineastas, actores, cantantes, bailarines, trabajadores de la televisión e incluso del circo revindican derechos contra los viejos «sindicatos verticales» del régimen. Marisol ha muerto, ha nacido Pepa, Pepa Flores. En cuanto Lolita, ya había sido una *sex symbol*, pero siempre de forma oculta, alusiva. Ahora, como revolucionaria, decide que ha llegado el momento de seguir las tendencias de la época, que son las del destape, las de las famosas que se desnudan.

En septiembre de 1976, Pepa/Marisol aparece desnuda en la portada de *Interviú*, una joven revista de investigación y desnudos. Cabello suelto, mirada entre sensual y soñadora, una flor entre las manos sobre su sexo. En la actualidad, esas fotos mueven a la ternura. Pero en la España de inicios de la Transición provocaron desórdenes en los quioscos: desapareció un millón de copias. César Lucas, un fotógrafo experimentado y astuto, fue quien realizó las fotos. Me encuentro con él en su casa madrileña. Según me explica, en realidad el reportaje había sido hecho seis años antes. No estaba destinado a ser publicado, sino que debía formar parte de un *book* a enviar a los agentes de Alain Delon, que estaba preparando un nuevo film y buscaba como coprotagonista a una actriz emergente. Carlos Goyanes, el primer marido de Marisol, el hijo del productor, quería lanzar a su mujer al cine internacional. Para el desnudo montaron un plató en una granja toledana. Pero no se logró nada con Delon, por lo que el fotógrafo recuperó los negativos, que permanecieron olvidados hasta 1976. Cuando se publicaron, Marisol era otra mujer, una pasionaria de veintiocho años inmersa en la lucha política junto a un nuevo compañero. La publicación de las fotos tuvo algo de traicionero. Lucas recuerda que al principio ella se enfadó, pero después se llegó a un acuerdo económico. En España no se había visto hasta entonces ningún desnudo integral en una portada. Según el fotógrafo, si hubiera aparecido desnuda una sueca o una americana, el efecto no habría sido el mismo, pues, en opinión de los españoles más recalcitrantes, todas las actrices extranjeras eran «unas putas». Hubo denuncias. Pero la justicia era lenta, mientras que las costumbres cambiaban velozmente. El veredicto llegó cuatro años más tarde. Por aquel entonces, la televisión estaba llena de chicas desnudas y Marisol se había convertido en un icono.

Charlar con César Lucas resulta muy instructivo, pues te explica medio siglo de historia española vista tras el objetivo. Si lo llaman «el fotógrafo de la Transición» es sobre todo a causa de una imagen publicada por *El País* en aquel agitado año 1976. Muestra una manifestación comunista a lo largo de la madrileña calle Preciados; en primer plano se ve a un niño que, subido a los hombros de su padre, alza el puño. Parece muy contento. La imagen se convirtió en un símbolo de la nueva España.

Pero Lucas tiene una larga trayectoria. En 1959 había fotografiado a Ernesto Che Guevara paseando por Madrid, asomado a la barrera de la plaza de toros de las Ventas durante una corrida («Me regaló un puro»), y más tarde a Brigitte Bardot montada en un burro, a lo Sancho Panza, en Almería, cuando en los años sesenta el cine comenzó a considerar que, como localización, España no estaba nada mal: había diversión y era barata. César Lucas también ha trabajado para revistas francesas e italianas (*Oggi*, *Gente*), pues en aquella época el fotoperiodismo no tenía demasiada cabida en España. Y también ha hecho fotos para revistas eróticas, entre otras, *Playboy* o *Penthouse*. Me explica varias anécdotas divertidas de aquellos años, como cuando, dándole codazos, le decían: «Te tiras a todas las modelos, ¿no? ¡E incluso te pagan! ¿Cuándo me llevas al plató?». Había fotografiado también a Marisol de niña, con once años, para la portada de un disco. Tras el escándalo de *Interviú*, entre ellos se produjo cierta tirantez, pero más tarde se reencontraron a la salida de una fiesta y se reconciliaron.

Marisol tuvo con Antonio Gades tres hijos. En 1982 se escaparon para casarse en Cuba, donde tuvieron como testigos a la legendaria bailaora Alicia Alonso y al mismísimo Fidel Castro. Junto a Gades, Pepa/Marisol rueda dos películas, ambas de Carlos Saura: *Bodas de sangre*, en 1981, basada en la obra de Lorca, y *Carmen*, en 1983. En 1985 actúa en una película de título profético: *Caso cerrado*. Su vida pública acaba aquí. En 1986 se divorcia de Gades, que, aunque comunista, no es tonto y al poco tiempo se casa con una rica heredera suiza. A partir de ese momento Marisol desaparece, se retira a las tierras malagueñas de las que había salido hacía casi treinta años y se convierte en la Greta Garbo de España: gafas oscuras, una obsesiva defensa de su vida privada. ¿Quién sabe dónde? A finales de los años ochenta conoce a Massimo, un italiano que dirige una pizzería junto con su hermano. Desde entonces es su compañero y su escudo contra los ataques de quienes querrían ponerla de nuevo ante los focos, quizá en obscenos programas *revival*. Para evitarlo, Pepa cambia continuamente su número de teléfono. Rechaza sistemáticamente las entrevistas. Y en las pocas que concede habla poco. En 1998, por su quincuagésimo cumpleaños, aceptó decir algo al diario *El Mundo*. «Sigo siendo comunista, pero comunista comunista». Cuando le preguntaron si era verdad que se dedicaba a la metafísica, que leía a Descartes, respondió: «Estas son cosas íntimas».

Dicen que en su casa no conserva nada que le recuerde a Marisol. Dicen que, cuando tuvo por primera vez la menstruación, se encontraba en una gala de beneficencia y una señora se ofreció a taparla con su abrigo de visón. Dicen que después del divorcio de su primer marido entró en tal crisis que quiso hacerse monja con las hermanas oblatas. En definitiva, se dicen tantas cosas. Hoy Marisol vive protegida por su familia y amigos. Se ocupa de su huerto y de las gallinas. Le gustan los potajes de hinojos, el cabrito especiado y los callos. Y parece que los cocina bien. Cuando la invitan a algún evento en la provincia, dice que sí, pero luego no se presenta. Cuando alguien la reconoce por la calle y le pide un autógrafo, nunca se niega. Pero luego se escabulle para regresar a un anonimato que quiero imaginar feliz. Dado que ha sido un mito, sobre ella corren leyendas de todo tipo. Hace algunos años una señora asturiana, Remedios Olaya, atrajo la atención de ese pueblo de inocentes que se creen astutos y responden al nombre de periodistas al declarar que era ella, y no Marisol, la que había actuado en las dos primeras películas de la malagueña, es decir, que ella era la niña que salía. Al preguntarle por qué, dado el éxito, no continuó, respondió que su padre se había opuesto a ello y la había internado en un colegio de monjas, alejándola de la perdición del mundo del espectáculo. Esto es lo que afirma Olaya. Al enterarme de esta noticia, volví a ver atentamente las primeras películas de Marisol para comparar su rostro con el de la rival. Aunque forcé tanto la vista que casi me quedo ciego, al final no llegué a ninguna conclusión. Esa chica podría haber sido Marisol, Remedios o mi tía de niña. De todos modos, ¡viva Marisol! Perdón, ¡viva Pepa Flores! La mujer que vivió tres veces: niña prodigio, pasionaria y famosa que mandó a paseo la sociedad del espectáculo.

TIERRA Y LIBERTAD

No os preocupéis, no se ha abolido la propiedad privada. Tampoco se ha suprimido el comercio. Y, si se llega en domingo, el repiqueteo de las campanas indica que incluso la religión se mantiene. A primera vista, Marinaleda se parece a cualquier otro pueblo interior de Andalucía. Digno, limpio y desierto. Por la calle, ni un alma: raíz cuadrada de nadie. En verano, cuarenta grados como mínimo. En invierno, temperaturas que giran en torno al cero. Pero no se trata de una desolación tenebrosa, pues el cielo es de un azul intenso. Y cuando te cruzas con alguien, te dice «Hola» con una convicción que se ha perdido en otras partes.

Pero ya en la avenida de la Libertad, la principal vía a lo largo de la cual se extiende el pueblo, comienzan a verse indicios de que Marinaleda es un lugar extraño. Una muestra de ello son los murales con frases como «Contra el capital, guerra social», «¡Otro mundo es necesario!», «Camino a la utopía». Cosas de este tipo. Si después lees los nombres de las calles, descubres que se llaman Che Guevara, Salvador Allende, Igualdad o Solidaridad. Las rebautizaron así tras la muerte de Francisco Franco. Pero el pueblo, hoy con unos 2.700 habitantes, comenzó a atraer la atención algunos años más tarde.

En agosto de 1980, durante diez días, unas setecientas personas —niños incluidos—, se pusieron en «huelga de hambre contra el hambre». Excluida del desarrollo industrial, Andalucía vive de la agricultura. Pero el noventa por ciento de quien trabaja la tierra no posee ni un minúsculo trozo. Las familias de Marinaleda viven con el equivalente de dos euros al día. Por eso, al grito de «¡Holocausto social!», dejan de comer. Se capta la atención mediática. Al final, del Gobierno llega una transfusión de dinero que permite a los huelguistas sobrevivir al menos hasta diciembre, el mes en el que hay más trabajo porque se recogen las aceitunas.

Pero en una zona donde se anhela la reforma agraria desde siempre, el objetivo es otro: la expropiación popular de las tierras. En este caso, las pertenecientes al duque del Infantado, que posee en Andalucía 17.000 hectáreas sin cultivar. Los campesinos de Marinaleda ocupan una parte y la policía los desaloja a porrazos. Se retiran ordenadamente. Después las vuelven a ocupar. Hasta el año 1991, cuando se llega a un acuerdo. A cambio de una sustanciosa indemnización desembolsada por el ejecutivo regional, el duque se desprende de 1.200 hectáreas, que pasan a la cooperativa El Humoso, que todavía continúa y da trabajo a medio pueblo. En su entrada se lee «Tierra y utopía». En Marinaleda la palabra «utopía» es frecuente. Entre fraseología revolucionaria anacrónica, sabiduría campesina y orgullo colectivista. Porque aquí no se ha colectivizado solo el campo, sino buena parte de la vida pública. En el ayuntamiento las decisiones se votan a mano alzada en asambleas abiertas a todos y anunciadas previamente mediante un megáfono que, recorriendo el pueblo, grita «Venid». No todos acuden raudos. Muchos continúan enfrascados en sus asuntos. Si existieran un folleto promocional con la lista de los resultados obtenidos en este microsocialismo de rostro andaluz, se leería, entre otras cosas: asistencia gratuita a enfermos y ancianos; guarderías a 15 euros mensuales; una fábrica donde se envasan las habas, los pimientos, las alcachofas y otros productos cultivados en este *koljós* (y que se venden incluso en Italia). Quien trabaja en ella cobra 47 euros al día por turnos de seis horas y media. Y después están las casas: 350 viviendas de noventa metros cuadrados con más de cien de patio. Todas construidas con el mismo método: tras negociar con los propietarios, el Ayuntamiento convierte suelo rústico en edificable; gracias a los fondos regionales, aporta arquitectos, material y algún albañil, pero la casa se la debe construir uno mismo. Las cuotas para pagar la casa son bajísimas: 15 euros al mes.

En una de esas casitas autoconstruidas vive el hombre que es el héroe de todas las luchas, no solo de los jornaleros, que han convertido a Marinaleda en una anomalía, una atracción mediática o, según sus detractores, un «parque temático de la confrontación». Aquí, Juan Manuel Sánchez Gordillo está envuelto en la misma aura, entre el mesías y el guerrillero, de los agitadores anarquistas o los bandoleros de otros tiempos. Para acabar con ellos, se creó la Guardia Civil, mientras que el romanticismo popular los idolatraba como si fueran Robin Hood, cuando no lo eran. El combativo Gordillo tiene sesenta y cuatro años. En internet se le puede ver en decenas de vídeos tronando en mítines, alzando el puño en manifestaciones y ocupaciones —como la de una finca militar abandonada por la que fue condenado a siete meses, sentencia recurrida—, o en asaltos a supermercados para expropiar alimentos básicos para distribuir entre los necesitados.

Me comentan que Juanma está en casa. Llamo. Pero nadie responde. «Es que desde hace un año no se encuentra demasiado bien...», me confiesa un transeúnte a media voz. ¿Qué le pasa? Misterio. Crípticos, aluden a problemas familiares, agotamiento, estrés. Y los últimos episodios judiciales habrían agravado esa oscura dolencia. Nadie se atreve a pronunciar la palabra «depresión». Es evidente que en los últimos tiempos Gordillo se ha alejado de la lucha. Me voy, también yo algo desanimado.

Sin embargo, una hora después lo veo pasar cerca del ayuntamiento. Barba a lo Engels, un pañuelo palestino sobre la chaqueta al viento, avanza con aire distraído, como si no se dirigiera a ningún sitio en concreto. El vibrante orador habla ahora con una humanísima lentitud y una sonrisa afable: «Tanto luchar cansa», me dice. «Aquí hemos logrado muchos objetivos. Pero los derechos conquistados no duran para siempre. Hay que continuar defendiéndolos. La crisis los está destruyendo. Pero el pesimismo es reaccionario». Me explica cómo han conseguido contener el desempleo, me habla de las nuevas casas populares en construcción, de los proyectos de agricultura ecológica. En su despacho hay una gran foto del Che y otra, menos vistosa, de la Pasionaria, Dolores Ibárruri. Gordillo es el alcalde de Marinaleda. El problema es que lo es desde 1979. Ininterrumpidamente. Y aunque no se defina como comunista, sino más bien comunitarista, parece mantener a escala reducida antiguas prácticas búlgaras. No solo desde la derecha, sus adversarios lo tachan de autócrata, de cacique rojo. ¿Estamos ante un minipartido único? «¡Pero qué partido único...!», me interrumpe. «Aquí se vota cada cuatro años». Y ellos siempre arrasan. De los once concejales, la oposición tiene dos: uno socialista y otro del Partido Popular. Me gustaría saber cómo son, dónde se esconden.

Pero los enemigos de Gordillo (que no son pocos ni comedidos, pues Juanma ya ha sufrido un par de atentados) van más allá: reducen el milagro de Marinaleda a un bluf. Cooperativas, construcción, servicios: toda la economía social del pueblo estaría dopada, mantenida por las generosas subvenciones concedidas por los gobiernos regionales, tradicionalmente de izquierda, que protegerían y se mostrarían sumamente benévolos con la pequeña utopía campesina. Gordillo niega con la cabeza: «No recibimos más dinero que cualquier otro pueblo de tamaño parecido. Es solo que hemos aprendido a gastarlo mejor». No esconde las contradicciones del sistema Marinaleda: «En la producción hemos vencido. En la financiación todavía no. Ni tampoco en la comercialización. Después de todo, vendemos nuestros productos en el mercado. Capitalista». De acuerdo, ¿pero al menos sois felices? «Bueno, aquí se vive bien».

Si se desea, se puede hablar de economía mixta. En Marinaleda, lo que queda de capitalismo, o al menos no integrado en el ámbito colectivo, son pequeñas propiedades rurales, alguna empresa, un horno, diversas tiendas de material agrícola, un restaurante y media docena de bares. Entre estos el Pirri. Minúsculo. De sobriedad casi rupestre. Un rincón de la Andalucía sempiterna. Tras la barra, dos botellas de anís. Aparte de eso, únicamente cerveza o vino peleón. En las paredes, toreros y vírgenes dolorosas. La iglesia de la Paz está a dos pasos. Bien cuidada, sin inquilino («El cura no vive en el pueblo. Gracias a Dios, solo viene para las misas», me ha explicado Gordillo sonriendo).

Frente a la iglesia tengo una cita con Mariano Pradas, socialista, casi la única oposición al alcalde en el ayuntamiento. Trabaja en la limpieza urbana de un pueblo vecino. Llega en un Mercedes. De buenas a primeras me dice: «Sé lo que está pensando». Ah, ¿sí? «Está pensando: ya está aquí el anticomunista, el burguesito con su cochazo. Pero tenga en cuenta que es un coche de segunda mano, tiene dieciocho años». Del alcalde a perpetuidad, me dice: «Es honesto, no se ha llevado ni un céntimo. Pero ¿cómo gasta el dinero público? ¡Para favorecer a los suyos! Si no estás con él, automáticamente te conviertes en un fascista». Y me aconseja: «No se crea las cifras sobre construcción y empleo: están infladas». Lamenta cierto clima de intimidación. Explica que en las últimas elecciones tuvo que salir del colegio electoral escoltado por la Guardia Civil. Que aquí en Marinaleda es un poco como el cura, no está. Solo viene cuando se la llama, un lugar donde la policía no existe: «Porque no es necesaria. El nivel de convivencia es óptimo», asegura Gordillo.

Cuando se saca a relucir la inamovilidad del líder, sus seguidores titubean: «Aquí nadie tiene su capacidad de liderazgo», dice Mariano Gómez en la fábrica de conservas. «En

Marinaleda no funciona como en la política habitual. Antes de presentarte hablas con la gente, también la candidatura es una expresión de la voluntad popular», explica Esperanza Saavedra, puericultora, concejal y colaboradora de Gordillo. ¿Una utopía basada únicamente en palabrería y subvenciones? Según ella, se trataría de desinformación: «Lo dicen porque temen un efecto contagio en la zona». Pero ¿al menos sois felices? «Bueno, aquí la calidad de vida es alta. Sufrimos la crisis menos que en otros lugares. Estamos curtidos. Ya sabes, los jornaleros son precarios desde siempre».

Retórica aparte —la «aldea de Astérix del anticapitalismo» y cosas de ese tipo—, no se puede comprender el fenómeno Marinaleda sin tener en cuenta las luchas campesinas que agitaron el sur español entre los siglos XIX y XX, una región donde la racionalidad «militar» del adoctrinamiento comunista penetró muy poco (por otro lado, el obrerista Marx siempre se preocupó más bien poco de los campesinos). En cambio, entre los campesinos que trabajaban por un gazpacho de sol a sol arraigó más un anarquismo ingenuo y sentimental, místico y feroz. Es cierto que se trata de revueltas y luchas antiguas, pero han dejado una impronta. Además, hay que tener presente que el sistema de la propiedad ha cambiado poco. Un dicho popular afirma que desde Sevilla se podría ir hasta el norte de España sin abandonar nunca las tierras de la duquesa de Alba. Que posee en todo el país 34.000 hectáreas. En Andalucía el cincuenta por ciento del suelo pertenece al dos por ciento de las familias. Prefieren cultivar trigo o girasol: es más rentable y requiere menos mano de obra. El señorito, el latifundista, «se lleva importantes subvenciones de la UE a la agricultura sin crear trabajo». Pero ya no es la figura —al mismo tiempo odiada, reverenciada y envidiada— de antaño. También porque la antigua religión de la tierra —que, si bien desde el conflicto, vinculaba de algún modo a siervo y patrón— se va perdiendo. Los aristócratas que quedan desprecian el campo.

Prefieren chapotear, a veces hundiéndose, en la volatilidad del mundo de los chismorreos y del espectáculo. Mientras que los jóvenes ven el trabajo del campo como un pozo sin fondo de fatigas y aburrimiento. Internet —el wifi es gratuito en todo el pueblo— les atrae con imágenes de un mundo completamente diferente. Los opositores apuestan que la crisis y la reducción de las subvenciones supondrán un duro golpe para el modelo de Marinaleda. Y muchos se preguntan si habrá vida tras Gordillo el bandolero.

DE TOROS Y HOMBRES

Si vais a Pamplona para la feria de San Fermín (queda mucho mejor llamarla Sanfermines), evitad las habitaciones de las plantas altas de los hoteles, puesto que bajar para el desayuno se convertirá en una empresa desesperada. Por la mañana nadie baja en los hoteles de Pamplona, todos suben a dormir. Se adueñan de los ascensores y salen de ellos con paso inseguro, el aliento agresivo y la mirada perdida de quien se ha pasado la noche practicando ese deporte extremo que es la diversión durante los nueve días de fiesta.

Y, sin embargo, no hay nada más bello que deambular por Pamplona durante las primeras horas de la mañana. Cuando en el paréntesis entre los excesos la ciudad emana viejos olores de despensa que te llevan a una infancia jamás vivida: aceite, vino, queso, pan, vinagre. Un silencio roto solo por el rugido de los camiones que recogen la basura. Más de mil toneladas durante los Sanfermines. La cantidad de porquería es uno de los principales indicadores estadísticos en los que el Ayuntamiento de Pamplona se basa cada verano para ver cómo ha ido la fiesta. Cuanta más basura, mayor éxito. La última vez que estuve en Sanfermines fue en el 2010. Ese año, manteniendo la tendencia de las últimas ediciones, la juerga atrajo a un millón y medio de personas entre españoles y extranjeros. En 204 horas de jolgorio se consumieron más de un millón de vasos de sidra, 15.000 kilos de embutidos y 5.000 de chistorra. Y resulta imposible calcular el torrencial consumo de cerveza.

«El secreto de la fiesta es que no cambia. La gente se siente atraída por el clima de igualdad: te pones una camiseta blanca, unos pantalones blancos, un pañuelo rojo al cuello y durante nueve días esa es tu única ropa. Ya no hay diferencias de clase, sexo, piel, nacionalidad», me dice Fernando Hualde. Trabaja desde hace más de treinta años en el hotel La Perla. Es el más famoso de Pamplona —allí se alojaba Hemingway—, pero ya no el más bello. En el 2005 lo desfiguraron con absurdos trabajos de modernización que han destruido para siempre su antiguo encanto. Solo ha quedado intacta la fachada. Me acuerdo cuando, con un par de amigos, pasé allí una noche a principios de los noventa. Los precios eran demasiado altos para nuestros bolsillos, pero, gracias a una campaña promocional en temporada baja, aprovechamos una oferta. No nos lo creíamos: de las guardamalletas a los viejos grifos de latón, de las decoraciones con cabezas de toro a los cuadros costumbristas colgados en las paredes del salón restaurante situado dos o tres peldaños más abajo... Parecía que nada hubiera cambiado respecto a como Hemingway lo había descrito setenta años antes en *Fiesta*. Los entendidos os explicarán que bajo el nombre imaginario de hotel Montoya, Ernie fundió en uno solo los dos hoteles de plaza del Castillo: el Quintana —ahora desaparecido, se encontraba en el edificio donde hoy está la cervecería Tropicana— y La Perla, en el que solo se alojó en los años cincuenta. En su época bohemia durante los felices años veinte no se lo podía permitir ni siquiera él. Actualmente hay quien afirma que Hem, ya famoso, se hospedó pocas veces en La Perla y otros incluso que nunca durmió allí. De todas formas, se alojara o no allí, la habitación más solicitada continúa siendo la 217: da a la calle Estafeta, por donde discurre el tramo final y más célebre del encierro. Antes de su remodelación, la 217 fue escaneada hasta el último detalle y reproducida igual como era antes. O casi. «Ahora está dotada de televisión de plasma y conexión wifi», precisa Hualde.

No, decididamente La Perla ya no tiene el encanto de antaño. Incluso ha dejado de alojarse en él el mítico Alf Tonnesson, el editor sueco que desde 1977 no se perdía un San Fermín: había reservado la 217 hasta el 2040, esperando celebrar allí su centenario. Pero, mientras el hotel estaba cerrado por obras, Alf no lo soportó y se compró un apartamento en la calle Estafeta, me explican los del hotel. Pese a esta relevante deserción, la clientela escandinava continúa siendo numerosa. La pasión por Pamplona los domina: «Han intentado organizar corridas de toros también en Suecia. Imposible. Allí existen severísimas leyes animalistas. Y los aficionados taurinos constituyen una especie de sociedad secreta. Cuando deben convocar una reunión por San Fermín, publican en los periódicos anuncios en clave: tal día se celebrará la asamblea por la tradicional fiesta en España... Cosas así».

En todas partes, no solo en Pamplona, hay gente que durante el año vive, se entrena y ahorra pensando en el encierro, en los 848,6 metros que separan la cuesta de Santo Domingo de la plaza. La carrera delante de los toros es una emoción que dura unos dos minutos. Que no decae. Más bien se masifica, causa de la mayor parte de los accidentes mortales. Pese a que el Ayuntamiento llena las calles de carteles con frases como «No corráis si estáis borrachos, drogados, cansados...», cada mañana a las ocho siempre se ve a alguno que va colocado a lo largo del recorrido. Insensatos que corren con el cigarrillo en boca o con chanclas. Sin embargo, las imprudencias y las extravagancias siempre han sido inherentes al encierro. Un ejemplo de ello es el dandi napolitano que en los años ochenta corría vestido con un elegantísimo traje. Él mismo explicaba que iba de punta en blanco porque el encierro constituía un momento sagrado.

Anécdotas aparte, la carrera taurina se va profesionalizando. El cincuentón Jokin Zuasti me comenta que cada vez hay más gente mejor preparada físicamente. Corrió su primer encierro con dieciséis años. De complexión poderosa, es médico deportivo y profesor de judo. «Me entreno todo el año corriendo, en el gimnasio, con la bicicleta. Y estudiando el comportamiento de los toros en las manadas», me explica mientras disfruta de un plato de jamón cocido, si bien reconoce que la dieta del buen corredor debería ser a base de huevos. También los toros cambian, cada vez son más rápidos. Tanto que los llaman «toros AVE». A Zuasti le gustan los toros más lentos y el «toro suelto», es decir, aquel que durante la carrera se separa del grupo y carga contra el gentío en solitario. «En esos instantes el animal aprende y memoriza a la perfección los trucos que los hombres utilizan para esquivar sus cornadas. Por eso el toro suelto es el más temido por los matadores que por la tarde se enfrentarán a ellos en la plaza». Cuando le pregunto si la presión abolicionista de los antitaurinos está teniendo algún efecto en los encierros, me responde que no, que ninguno: «Los encierros de Pamplona son una religión. Podrían sobrevivir incluso si las corridas se prohibieran, cosa que no creo. Por mi parte, no soy un gran aficionado a las corridas, el toro me da pena cuando está en el ruedo», dice despidiéndose. Debe irse al plató de una película de Bollywood que se está rodando esos días en Pamplona. Con toros verdaderos —aunque con los cuernos preparados para que sean inofensivos— y un centenar de corredores expertos contratados como extras.

El chupinazo, el cohete que cada 6 de julio, al mediodía, inicia el delirio de San Fermín, sigue atrayendo multitudes. Tampoco las otras ferias españolas, más de ocho mil, notaron demasiado la crisis. La gente gasta menos, pero no disminuye la afluencia. La última vez que estuve en los Sanfermines coincidió con el triunfo español en el Mundial de Fútbol de Sudáfrica. La noche de la final contra Holanda, en Pamplona había 27.000 personas apiñadas en torno a la gran pantalla de plaza del Castillo, el epicentro de la feria. No se registraron disturbios, pero no se respiraba precisamente aquella idílica concordia nacional tan cacareada por los políticos. Tras el gol de Iniesta, que puso punto final al partido, un tipo se me acercó gruñendo: «Me importa una mierda España». Tenía los ojos hinchados por el alcohol, pero no era el único que estaba enfadado. Algunos días antes un chico había sido acuchillado por llevar la camiseta roja de la selección española. Tanto en Pamplona como en el resto de Navarra las reivindicaciones identitarias flirtean con la causa nacionalista de sus vecinos vascos. Sobre todo entre los jóvenes. Ciertamente, en Sanfermines la política se deja a un lado. Pero durante esta *pax* olímpica también se reaviva en ocasiones cierto resentimiento antiespañol, que a veces afecta incluso a las corridas. Un día entré en la plaza y la encontré medio vacía. Había sido abandonada como protesta por las peñas, los grupos que animan la feria con sus bailes, fanfarrias y comidas en la calle. Ese año estaban enfrentados con el Ayuntamiento de Pamplona, que el verano anterior las había denunciado porque en las gradas habían aparecido pancartas de apoyo a los detenidos de ETA.

Apasionadas, generosas y con excesivo protagonismo, las peñas son los ultras de los Sanfermines. Y han «futbolizado» la corrida. Para consternación de los puristas, la han transformado en un espectáculo de estadio, encerrado en un fragor de cánticos, trompetas y tambores. «Las peñas continúan siendo un componente esencial de la feria. Pero se han politizado y entrometido demasiado. Pese a ello, pienso que San Fermín mantiene intacta su autenticidad», me comenta el estudioso Koldo Larrea, autor de varios libros excelentes sobre la feria.

Pero en los Sanfermines lo genuino convive alegremente con la imitación. Pasando ante el hotel La Perla, encontré a un doble de Hemingway. Uno más. En la ciudad debía de haber un concurso de clones, porque era el tercero o cuarto que veía. A no ser que se hubiera tratado siempre de la misma persona. Quién sabe. Porque es fácil diferenciar a un doble de Hemingway del original, pero casi imposible distinguir entre dos imitadores del escritor.

EL CAMINO DE SANTIAGO

Cuando me reuní con él en otoño del 2011, Santiago Carrillo tenía noventa y seis años y fumaba veinte cigarrillos al día. Dunhill extralargos. Me abrió doña Carmen, la mujer con la que había compartido toda su vida, que me acompañó hasta el estudio donde él me esperaba. La entrevista estuvo a punto de cancelarse porque unos diez días antes Carrillo había sido ingresado de urgencias a causa de una grave infección urinaria. Debido a su edad, se había temido lo peor. Sin embargo, ahora estábamos en su casa madrileña, situada muy cerca del parque del Retiro, como si no hubiera pasado nada. «Justo al salir del hospital tuve que reducir un poco el tabaco, pero ahora ya vuelvo a fumar como antes», me aseguró Carrillo. Tenía la voz algo ronca, pero no tosía. Llevaba sus proverbiales gafas de culo de botella, que daban mayor hermetismo a su mirada, y un par de deslumbrantes tirantes rojos. Nos sentamos entre poderosas murallas de libros, incluidas las obras completas de Palmiro Togliatti.

Gran timonel del Partido Comunista de España desde 1960 hasta 1982, Santiago Carrillo me preguntó en primer lugar sobre Italia. No había estado allí desde el funeral de Enrico Berlinguer en 1984.

—Aparte de Giorgio Napolitano, que ha llegado a ser presidente, ¿qué ha pasado con los otros?

—¿Qué otros?

—Pietro Ingrao.

—Ha escrito un libro de memorias.

—¿Y Rossana Rossanda?

—Ha escrito un libro de memorias.

Carrillo, en cambio, ya había reunido sus numerosos recuerdos en los años noventa, en un libro muy controvertido cuya edición de bolsillo tiene 957 páginas. Es la autobiografía detallada, aunque reticente, de un hombre que pasó, con cinismo y habilidad, de ser un autócrata inflexible a un pilar de la transición democrática española. Antes de adentrarnos en el pasado hablamos de la política más reciente. ¿Zapatero? «Al principio parecía verdaderamente de izquierdas», dijo Carrillo. «Rompió con Bush y retiró las tropas de Irak. Tomó decisiones valientes sobre el aborto, las uniones gais, la igualdad de oportunidades, el estado del bienestar. Pero después, en el momento de la crisis, descolocó a todos con su cambio de rumbo. Sobre todo a los jóvenes». Quienes, de hecho, mostraban su indignación en las calles. ¿La derecha? «Son los únicos culpables de que en España todavía no se haya producido una verdadera reconciliación nacional. El Partido Popular no acepta reconocer como fundamento de nuestra democracia la Segunda República». La que Franco destruyó en 1936. «Nos hace falta una derecha moderna que condene también la época de la dictadura». Y, en cambio, nunca lo ha hecho. Después está la Iglesia, «que todavía es un poderoso obstáculo a la modernización de este país. También porque continúa fomentando un enfrentamiento que creíamos superado: aquel entre las dos Españas». Conservadora y progresista. En cuanto a las crónicas pulsiones centrífugas de Cataluña y el País Vasco, Carrillo comentó que Zapatero había comenzado con óptimas intenciones de reforma del Estado en sentido federalista, pero acabó cediendo a la presión de la derecha centralista. Creía que sin negociación el separatismo se refuerza. «Ante una Cataluña gobernada por una amplia mayoría secesionista, ¿Europa qué podrá hacer sino aceptar su independencia como la de Kosovo?».

Pausa.

Cigarrillo.

Carrillo no tenía ni siquiera la necesidad de tenderme el paquete. Los Dunhill eran tan largos que llegaban hasta mí por sí mismos. Pero fumaba Stuyvesant aquel 23 de febrero de 1981 cuando los militares golpistas del teniente coronel Tejero asaltaron el Congreso de los Diputados disparando al aire y gritando a los diputados: «¡Todo el mundo al suelo!». Carrillo fue uno de los pocos que no obedeció. Se hizo el sordo. Siguió fumando imperturbable como un viejecito que observa una competición de monopatín desde su banco. Pese a no sentir ninguna simpatía por Carrillo, el escritor Javier Cercas definió su rechazo a arrodillarse como un gesto de «valentía, elegancia, rebelión, soberana libertad». Halagado, Carrillo lo minimizaba. ¿Miedo? «No, en ese momento sentí sobre todo vergüenza». Por un país que caía de nuevo en la eterna maldición del pronunciamiento. El enésimo. El rey Juan Carlos detuvo el golpe con un célebre discurso televisivo, pero poco después fue acusado de ambigüedad. Carrillo siempre rechazó tales sospechas como fantasías conspirativas. «Quizá confió demasiado en la lealtad de los generales, pero sin el rey la democracia habría sido aplastada». Él, que ante su majestad nunca había aceptado llevar frac o esmoquin, como mucho una corbata, dejaba entrever cierto afecto hacia la Corona: «Actualmente la aversión a la monarquía proviene sobre todo de la derecha. El rey prefiere con diferencia la izquierda». Piruetas de la historia. Que en España sigue siendo un ring.

Aunque es verdad que algunos debates sobre el pasado parecen más bien polémicas mediáticas que interesan a la gente solo hasta cierto punto, cabe decir que se discute por todo: la tumba de Franco, los símbolos del antiguo régimen que quedan en calles y plazas, la rehabilitación de la herencia republicana… Las leyes de Zapatero que, con algo de demagogia, buscaban restituir la dignidad a las víctimas de la dictadura, irritaron mucho a la derecha. Y justo después de que el Partido Popular volviera al poder, las puso en el congelador. En ese limbo donde los argumentos de vencedores y vencidos son iguales. Carrillo negaba con la cabeza: «Hay que defender la memoria de los derrotados y retirar los restos del franquismo. Pero hoy abrir un proceso a la dictadura sería una locura». Ya se había opuesto a estos procesos también durante la complicada labor de ingeniería política que fue la Transición. Por ello, desde la izquierda le recriminaron ese borrón y cuenta nueva, el llamado pacto del olvido con el que tras la muerte de Franco se intentó cerrar las heridas del pasado. Cuando pronuncié la palabra «olvido», Carrillo se molestó: «Nunca aprobé nada semejante». Así sea. Pero si en el 2011 hablaba todavía de un país que no se había reconciliado, ello significaba que algo había fallado durante la Transición. Por otro lado, quien más lo pagó fue el propio Partido Comunista, que, inmerso en luchas internas, fue perdiendo apoyos hasta atrofiarse y desaparecer. Después de haber apoyado al centroderecha de Adolfo Suárez y haber obtenido a cambio la legalización, el PCE, según Carrillo, fue traicionado. No se reprochaba nada, sino que se victimizaba: «La derecha, con el apoyo de los socialistas, nos apartó agitando el espantajo del golpe, planteando un escenario a la italiana donde un partido comunista demasiado fuerte ponía nerviosos a la CIA y al Vaticano». Sobre los compañeros italianos Carrillo decía: «Fueron los que más nos apoyaron. Tanto en la clandestinidad como durante la Transición». En 1976-1977 tuvo lugar el cómico cisma (relativo) con la Casa Rusia conocido como eurocomunismo. Fue el triunvirato rojo de los más poderosos secretarios generales de Occidente —el italiano Berlinguer, el francés Marchais y Carrillo— el que le puso ese nombre. Sin embargo, Carrillo, ya muertos los otros dos, se atribuía la iniciativa solo a sí mismo. Afirmaba que el PCE hacía sido el primero en romper con el Kremlin: «Los italianos se mantuvieron fieles a Moscú hasta el último momento, nosotros habíamos roto desde hacía tiempo». ¿Y la financiación de la URSS? «Hacia finales de los años sesenta me encontré en Roma con Luigi Longo, que me preguntó si habíamos recibido el dinero del Fondo Internacional. Yo ni siquiera conocía ese fondo». Sobre Berlinguer me dijo que fue un dirigente abierto y moderno. «En cambio, a Amendola y Pajetta no les gustó lo más mínimo mi libro de 1976 en el que yo sostenía que el soviético era un poder impuesto al pueblo. Tenga en cuenta que en 1974, en Livorno, todavía había retratos de Stalin en las secciones. En nuestras paredes habían desaparecido desde hacía tiempo».

Carrillo conoció al inolvidable Koba en persona en Moscú, en 1948. Con su gran bigote, escuchaba los informes de los delegados españoles mientras fumaba en pipa y dibujaba caricaturas de Lenin sobre un bloc. Y les repetía: «*Tierpenec, tierpenec*» («Paciencia, tened paciencia»). «Era un tipo sencillo y duro». Esos hombres «sencillos y duros» abundan en las memorias de Santiago Carrillo. Desde el sátrapa norcoreano Kim Il-sung hasta Saddam Hussein: «Cuando todavía era socialista me regaló una espada. La conservo colgada ahí». Y después estaban el germano-oriental Honecker y Nicolae Ceauşescu. En cuanto al líder rumano, Carrillo reconocía lo siguiente: «Hacia el final había perdido todo contacto con la realidad. Negaba incluso que se teñía el cabello. Me decía que no usaba ningún producto, que le bastaba con descansar un poco para que el cabello recobrara por sí solo el color de antaño». Loco de remate. Pero Carrillo también se mostraba comprensivo con él: «La fama de tirano sanguinario es injusta». Iban de caza juntos: «Pero yo siempre aceptaba a regañadientes, nunca me gustó cazar». En cambio, entre los dirigentes del Este comunista era un ritual inexcusable. Cada visita al otro lado del telón de acero exigía al menos abatir un animal. A menudo era animales puestos allí a propósito: «Una vez, visitando al búlgaro Zhivkov, me pusieron delante un ciervo. Me vi obligado a matarlo». Gesto de cortesía entre compañeros de excursión.

Pero en España se reprochaban a Santiago Carrillo otras cosas. Léase Paracuellos, es decir, la localidad próxima a Madrid donde en noviembre de 1936 tuvo lugar la peor masacre llevada a cabo en territorio republicano durante la Guerra Civil. Las cifras de ese crimen todavía son objeto de debate, pero las más verosímiles hablan de más de dos mil muertos. Todos ellos detenidos franquistas sacados de las cárceles por miedo de que pudieran apoyar la ofensiva rebelde contra la capital. Había encarcelados miles de militares que ansiaban unirse a las tropas franquistas. En esos días, Santiago Carrillo apenas tenía veintiún años, pero ya ocupaba cargos de responsabilidad. Era uno de los miembros destacados de la Junta de Defensa, es decir, el organismo en el que el Gobierno republicano había delegado la resistencia contra el ataque fascista. Como responsable del orden público, ¿Carrillo autorizó o incluso organizó la masacre? Tras décadas de investigación y polémicas, no se ha encontrado ninguna prueba definitiva de ello. Sin embargo, es poco probable que el joven funcionario no estuviera al corriente. Asimismo, entre otras cosas, no ayuda a sus afirmaciones exculpatorias el discurso que pronunció a los pocos meses de la gran purga, una perorata en la que se reivindicaba la necesidad de una retaguardia liberada de traidores: «Exigirlo», tronaba Santiago, «no es un crimen ni una estratagema: es un deber».

Cuando tocamos el tema de Paracuellos, Carrillo me recitó la cantinela que repetía desde hacía años: «Lo que sucedió no entraba en mi jurisdicción. Ciertamente, los convoyes de los detenidos no iban escoltados. ¡Pero porque no teníamos policía! En la ciudad, el poder estaba en manos del pueblo, que se preparaba para defenderse». De hecho, la matanza tuvo lugar en un clima de caos, terror y paranoia sin precedentes. El Gobierno republicano había abandonado Madrid para refugiarse en Valencia. En la capital la cadena de mando se estaba recomponiendo apresuradamente, en medio de una población aterrorizada por los bombardeos, las noticias de las atrocidades fascistas y las amenazas de venganza. Entrevistado por la prensa británica, el general Queipo de Llano había prometido que, una vez tomada Madrid, la mitad de los habitantes serían fusilados. En esa atmósfera claustrofóbica, la caza a los espías, agentes dobles e infiltrados —la tristemente célebre Quinta Columna— se convirtió en una especie de deporte siniestro. Y el asesinato de los prisioneros supuso su apoteosis. En sus memorias Carrillo escribió: «En aquellos días, no recuerdo exactamente cuál, los franquistas llegaron a doscientos metros de la cárcel Modelo. Y en la junta acordamos que era necesario evacuar a los militares presos, a todo riesgo; si perdíamos veinticuatro horas más podían ser liberados, con el fortalecimiento evidente del potencial franquista que iba a derivarse de ello. Impedirlo era esencial para la defensa de Madrid e incluso para el curso de la guerra». Como mucho, Santiago Carrillo admitía haber aprobado sacar a los prisioneros de las cárceles, pero atribuía su exterminio a fuerzas oscuras: «En los alrededores de Madrid merodeaban miles de incontrolados, con armas, muchos de ellos provenientes del territorio tomado por los franquistas antes de llegar a la capital, que habían perdido familiares y amigos por la represión y que se hallaban animados de un odio cerval». ¿Quiénes eran? «Individuos desconocidos, incontrolados». Traducido: los habituales anarquistas.

A propósito de los anarquistas, pregunté a Carrillo qué recordaba de los numerosos asesinatos de libertarios y trotskistas en la Barcelona de 1937 a manos de los enviados moscovitas. Respondió que nunca los había visto. Atribuyó la responsabilidad de esas muertes a las milicias catalanistas, preocupadas por los excesos del anarcosindicalismo. Lo único que admitía es que había sido un error acusar al trotskismo de estar a sueldo de Franco: «Pero pienso que el alcance de la represión se ha exagerado». ¿Y los líderes asesinados? ¿El jefe del POUM

Andreu Nin, los anarquistas italianos Barbieri y Berneri? «¿En Barcelona cayó también Berneri?», me pregunta Carrillo abriendo los ojos sorprendido. Por supuesto.

Algún cigarrillo más tarde, don Santiago me acompaña amablemente a la puerta. No pude ver el cocodrilo disecado que le regaló Fidel Castro, pero pasamos bajo la cimitarra donada por Saddam Hussein. En el rellano, Carrillo farfulló:

—Dígame una última cosa...

—Por favor.

—¿Qué le ha pasado a Italia?

—¿En qué sentido?

—Teníais la clase política más culta de Europa, y no solo en la izquierda...

Pero se acabó el tiempo, pues llegó el ascensor, que me salvó de tener que responder como el timbre en el instituto cuando el profesor está a punto de preguntarte algo.

Llevándose consigo un considerable montón de secretos, Santiago José Carrillo Solares murió casi un año después de nuestro encuentro mientras dormía la siesta. Veinticinco mil personas le rindieron homenaje en la capilla ardiente y todo se desarrolló en un clima laudatorio prácticamente unánime. Para la opinión pública ahora solo existía un Carrillo: el último caballero de la Transición democrática. Las mil dobleces del personaje se habían volatilizado como por encanto. De recordarlas se encargó unos meses más tarde el historiador inglés Paul Preston con su biografía sobre Carrillo *El zorro rojo*: «Quedará claro que Carrillo poseía algunas cualidades en abundancia: capacidad de trabajo, ímpetu y aguante, destreza en la oratoria y escritura, inteligencia y astucia. Por desgracia, quedará igualmente claro que la honestidad y la lealtad no figuraban entre ellas», escribió Preston. En la obra se repasa el camino de Santiago, una turbulenta parábola política que duró medio siglo. Desde cuando en los años treinta Carrillo es un joven militante del Partido Socialista, al que traicionará para subirse al carro de los más prometedores comunistas. Después la Guerra Civil, el exilio en Francia, las incursiones clandestinas en España bajo una peluca confeccionada por el peluquero de Pablo Picasso. Y las purgas brutales, primero de la vieja guardia, a continuación también de la nueva. En 1964 se produjo la expulsión de los dirigentes Fernando Claudín y Jorge Semprún. Su única culpa fue haber comprendido que en España la democracia no llegaría mediante la lucha revolucionaria, dado que, en un periodo de neocapitalismo en expansión, ni la burguesía industrial ni los intelectuales y estudiantes habrían aceptado aventuras o enfrentamientos directos. Por tales análisis Claudín y Semprún fueron expulsados del PCE como traidores revisionistas. Pero de regreso a la España democrática, Carrillo hizo suyas esas ideas hasta prácticamente plagiarlas.

Carrillo apostaba fuerte, algo habitual entre muchos políticos de todos los tiempos. Sus lemas más famosos eran: «En la política el arrepentimiento no existe» y «Un político no puede decir la verdad». En este sentido era sincero. Al recordar sus cigarrillos, llego a la conclusión de que Carrillo fumaba tanto porque pertenecía a una generación de fumadores empedernidos, pero también porque la nicotina le habría permitido sobrevivir a la tortura de las reuniones comunistas. Reuniones, reuniones, reuniones. Durante esos debates, Stalin dibujaba caricaturas, Trotski leía a Proust, Togliatti resolvía crucigramas. Y Carrillo fumaba. En *Asesinato en el Comité Central*, Vázquez Montalbán imaginó el homicidio de Carrillo, que en la novela se llama Fernando Garrido. En las primeras páginas del libro se lee: «Garrido sacó del bolsillo de la chaqueta un pitillo, como si todo el bolsillo fuera un paquete de cigarrillos. "Parece como si los sacara ya encendidos", había escrito un entrevistador».

DR. MIGUEL Y MR. BOSÉ

Con algo de exageración, lo han comparado con Orlando, el héroe inmortal y proteico de Virginia Woolf que, primero hombre y después mujer, recorre cuatro siglos sin ganar ni una arruga y viviendo mil vidas: cortesano, embajador, gitana, escritora... Miguel Bosé puede que no sea inmortal, pero en sus cuarenta años de carrera polifacética —música, cine, televisión— se ha cortado el pelo a lo Bowie, se ha dejado crecer el bigote como Dennis Hopper y ha llevado camisetas de *beatnik* sin mangas y llamativos trajes *new wave*. Con treinta millones de discos vendidos, no ha tenido problema alguno para cantar desde pop romántico hasta estilos más recientes como el *trip hop* o *chillout*. Hizo de travesti con peluca de color rubio platino en una película de Almodóvar; y en *La reina Margot*, de Patrice Chéreau, interpretó magistralmente al duque de Guisa (1550-1588), un fanático católico que masacró a los hugonotes. Miguel Bosé fue dado por muerto en un hospital después de salirse de la carretera con su todoterreno Toyota Land Cruisser. Aunque se rompió la tercera vértebra lumbar, poco después volvió a los escenarios llevando un corsé. Salió indemne de las noches dantescas de la movida madrileña, pero también de Sanremo, Festivalbar y de dos ediciones de *Amici* con Maria De Filippi. A los fans les gustaría verlo siempre igual. Y si en los conciertos no canta viejos éxitos como «Sevilla» o «Amante bandido», los más radicales son capaces de enfurecerse hasta llegar a las amenazas físicas, al motín. Por ello, él les complace. Pero sin renunciar a su innata capacidad de reinventarse.

Con casi sesenta años, es un imponente hombre barbudo, a menudo vestido de negro como un monje del monte Atos, incluidos los cabellos recogidos en un moño. Me habla de su amor por el conocimiento. «Llamémoslo más bien curiosidad compulsiva», dice en un italiano correctísimo. «De niño comencé con los libros. ¡Había tantos en casa! Los robaba de las estanterías y tapaba el hueco con los que estaban al lado. La biblioteca era un templo. Por la noche la cerraban con llave. Mi madre leía muchísimo. Sabe, venía del PCI de Trombadori». ¿Y el padre torero? «Era casi analfabeto, pero estaba dotado de una inteligencia natural fuera de lo común que atraía a los intelectuales».

Fruto de la unión entre dos estrellas —la diva Lucía y el matador Dominguín—, se cuenta que Miguel nació en un avión camino de Panamá, donde se esperaba al padre para una corrida. Leyendas. En cambio, sí que es cierto que el niño creció jugando al caballito sobre las rodillas de gente como Pablo Picasso o Luchino Visconti. Este último incluso quiso que interpretara el papel del efebo Tadzio en *Muerte en Venecia*, pero Dominguín se opuso. Al torero tampoco le gustó que Miguelito le dijera que de mayor quería ser biólogo marino: «Cuando al final escogí la música, en el fondo mi padre se quedó tranquilo. La consideraba un arte callejero. Él venía de la calle y aconsejaba no perder nunca de vista la vida real». Pero Miguel siguió el pragmatismo torero del padre solo hasta cierto punto.

Desde hace años afirma que ha alcanzado el equilibrio gracias a una armoniosa disociación: por una parte, el impetuoso Mr. Bosé, el *showman* que no se concede ni un descanso; por otra, el doctor Miguel, el contable, aquel que, sin necesidad de despertador, se levanta cada mañana a las cinco y media, prepara el desayuno a la familia y paga las facturas. Pero con el dinero ganado por Mr. Bosé. Más asociación que pareja, no se caen bien, pero el matrimonio de conveniencia funciona.

Uno de sus últimos éxitos fue «Sí se puede», canción que cuando salió fue interpretada como un guiño, quizá algo astuto, a los indignados de Podemos. «Emotivamente, me recuerdan el Partido Radical de Pannella, cuyos folletos imprimía y repartía a los diecisiete años. Justo el otro día me encontré el carné en un cajón. ¿Populistas? Sin duda lo son, pero el veinte por ciento de las cosas que dicen las compartimos muchos. El problema es que quieren cambiar las cosas sin conocer las reglas de la política. Están preparados para jugar al bridge, pero se van a sentar a una mesa de póker. Deberían dejar de hablar de expropiaciones, nacionalizaciones...». Viejas obsesiones izquierdistas. «Comportaría su fin. Hoy todo aquello que queda de ideología en la política es un fósil. Ya no hay colores. Por eso la gente se apasiona por el fútbol. Reformar es muy difícil. Si te va bien, gobiernas durante dos legislaturas: la primera te la pasas arreglando los errores de la precedente y en la segunda acabas quemado porque has hecho promesas que no puedes mantener». Los desacreditados socialistas, con los que Bosé libró en el pasado más de una batalla, no pasan por su mejor momento: «En el partido el aire lleva viciado desde hace tiempo por personajes demasiado viejos y controvertidos». ¿Y el rey Felipe? «Muy pocos habrían apostado por él, pero lo está haciendo bien, cosa que se le reconoce. Ha estudiado política, economía. Pienso que es el único soberano europeo que se podría presentar a unas elecciones. Y ha sido preparado para esto». Mientras tanto, sobre todo en Cataluña, los nacionalistas se muestran inquietos: «Me aburren terriblemente. También los que parecen de izquierdas son de derechas». ¿Solo se puede solucionar el problema con una reforma constitucional? «No queda otra alternativa, pero no la hará ni la izquierda ni la derecha».

En cuanto a la derecha, en YouTube hay una antigua entrevista en la que, con su habitual y seductora desenvoltura, Dominguín confesaba: «Se dijo que yo era franquista, pero no era verdad. Yo simplemente apoyo a quien está en el poder. Siendo un gran admirador de la inteligencia, pienso que quien está en el poder es el más inteligente. Y por ello lo admiro». ¿Pero fue verdaderamente un partidario del «caudillo»? Bosé ríe: «El franquismo convirtió a mi padre en un símbolo. El "generalísimo" sentía debilidad por él porque a sus ojos representaba la gallardía torera, el éxito internacional y, sobre todo, al don Juan. Pero mi padre tenía también una sensibilidad social instintiva. En su finca construía casas para los trabajadores. Si el hijo de un empleado estaba enfermo, lo llevaba en coche hasta Madrid para que lo viera su médico personal». ¿Por qué Hemingway prefirió al rival Antonio Ordóñez en vez de a Dominguín? «Porque toreaba de una manera más espectacular. Mi padre era elegante, innovador, con tal control técnico que hacía que las cosas más difíciles parecieran fáciles. Un poco como si hoy comparáramos dos grandes pianistas: el impetuoso Lang Lang y el acompasado Barenboim».

Pero pronto el orgulloso Dominguín se encontró con otro competidor en su propia casa. Como demuestra la famosa anécdota del taxista, que Miguel explica así: «Una vez mi padre se subió a un taxi. El conductor lo miraba atentamente por el retrovisor. Y en cierto momento, estalló: "¡Yo lo conozco!". Dominguín sonrió complacido. "¡Usted es el padre de Miguel Bosé!". Y el torero: "Pare ahora mismo. Me bajo"».

¿Y a Miguel le gustan los toros? «No. De pequeño me encantaba la cría de los toros y hasta no hace mucho tuve uno. Pero me falta pasión. Sin embargo, tampoco soy abolicionista». ¿Por qué? «En primer lugar, no escupiría jamás en el plato que me ha dado de comer. Sería algo propio de ingratos. En segundo, porque los toros no son solo una tradición, sino también una industria que da trabajo, y un ecosistema». Cuando le digo que les explique esto a los antitaurinos, me comenta: «A ellos les digo siempre que, si queremos ser coherentes, debemos ir hasta el final. Cerremos los mataderos, prohibamos los pollos en batería, los circos, los zoos. ¿Todo esto sí y los toros no? No estoy de acuerdo».

En los años de la Transición, un famoso columnista dijo que, tras los viriles años del régimen, Miguel Bosé encarnaba la ambigüedad efébica de la democracia. El artista se sirvió mucho de esa máscara *double face*, pero todavía sigue siendo un misterio saber quién había realmente debajo de ella. En parte porque Miguel Bosé ha sido muy hábil a la hora de proteger su privacidad. «La vida sentimental de Bosé», han escrito, «es uno de los grandes misterios nacionales. Y la verja continúa cerrada».

Dice que ahora ni bebe ni fuma. Una vez explicó que sus años salvajes acabaron un 12 de junio. ¿Cómo diablos recuerda la fecha? «También recuerdo cuándo comenzaron: un 20 de diciembre. Hasta entonces no había probado ni siquiera la cerveza. Y me parecía extraño que por la noche cierta gente saliera vestida de punta en blanco. Aquella noche fumé mi primer porro y tomé mi primera bebida: un vodka Stolichnaya con tónica. Desde ese momento no vi más la luz del día durante tres años. Estaban acabando los ochenta. Madrid era una ciudad muy divertida, cómplice. Pero escondía también sus propios infiernos. Los he recorrido todos. Fue casi como un trabajo de fin de carrera, un experimento antropológico conmigo mismo como conejillo de indias. Si no hubiera decidido pasarme de la raya, quizá hoy no estaría tan sereno. Para alcanzar cierto equilibrio, necesariamente debes conocer tu propia parte oscura. Que siempre continuará ahí». Sin embargo, dicen que con sus cuatro hijos gemelos Miguel aplica una pedagogía *ancien régime*: «Bien, exijo respeto. En la mesa no quiero jaleo, hay que estar sentados, se come lo que se pone. Entre otras cosas, porque para que llegue a la mesa el padre continúa deslomándose recorriendo el mundo». Sobre su madre, Lucía Bosé, que con ochenta y cuatro años ha ido a vivir con ellos, me explica que, cuando nacieron los hijos de sus hermanas, decía: «Con cincuenta y cinco años una estrella no pude hacer de abuela. Es una vulgaridad». Sin embargo, ahora no quiere hacer otra cosa.

Miguel ha afirmado en incontables ocasiones que nunca escribirá una autobiografía. ¿Lo mantiene? «Sí. Pero, por otro lado, guardo en el cajón dos novelas. Una de setecientas y otra de trescientas páginas. Reduciré ambas a la mitad. Tendré que trabajar duro: tras las obras maestras del siglo XIX ninguno debería permitirse tomarse una novela a la ligera. Hasta hace pocos años quemaba todo aquello que escribía. Ritualmente. En una hoguera. Cada 23 de junio, en la noche de san Juan y de las brujas. Después un amigo editor cogió esas páginas y se las llevó. Me dice que no me las devolverá hasta que no se conviertan en un libro».

LA HUELLA DE ZARA

¿Don Amancio? «Primera calle a la derecha. La casa con la puerta negra y el balcón blanco», me señala la camarera. No le he pedido que me indicara una peluquería, sino el último domicilio conocido del hombre más rico de Europa y el primero o segundo del mundo —en los últimos años pugna con Bill Gates por el primer puesto de la lista Forbes—. Este es Amancio Ortega, alias Mr. Zara. Una fortuna que en el 2016 se estimaba superior a los 79.000 millones de dólares. Viendo la casa, nadie lo creería. En La Coruña vive en un edificio del Parrote, el barrio del siglo XVIII que da al puerto. Su fachada calla. Ningún escrito, cartel o sigla. Cero palabras. A Don Amancio no le gustan. «Hablar demasiado no está bien», sentenció una vez. Vete a saber, pues Ortega se parece a un presocrático: nunca se puede estar seguro de que haya dicho realmente las frases que se le atribuyen. Nunca ha concedido una entrevista. Hasta 1998 nadie había conseguido fotografiarlo. Mientras tanto, las televisiones españolas a menudo se divertían preguntando en los centros comerciales: «Si le digo el nombre de Amancio Ortega, ¿a usted le suena?». «Nunca lo he escuchado», respondía el pueblo del *shopping* con las manos cargadas de bolsas de Zara.

Ahora el empresario es más conocido. Lo han definido como el Prometeo de la moda, aquel que habría robado los secretos a los dioses —los diseñadores franceses, italianos, estadounidenses— para revenderlos a los humanos a precios humanos. ¿Pero cuántos lo reconocerían por la calle? ¿Cuántos serían capaces de poner nombre a ese tipo calvo, con barriga, que fabrica y vende ropa de moda pero se viste como un jubilado ya desde joven? Camisa Oxford blanca o azul celeste, pantalones oscuros, mocasines: «Si te cruzaras con él, no lo diferenciarías de un fontanero», han escrito. Pero hoy «el fontanero» da trabajo directo a 150.000 personas. Controla siete mil tiendas en los cinco continentes. Y abre centenares de ellas cada año. Mientras la crisis diezmaba las empresas, el grupo Inditex (que, además de Zara, comprende las marcas Pull&Bear, Massimo Dutti, Bershka, Stradivarius, Oysho, Zara Home, Uterqüe y Lefties) no solo resistía el golpe, sino que crecía. ¿Cuál es su fórmula mágica, el arcano elixir de su expansión? ¿Y cuál es el secreto de Mr. Zara? ¿Don Amancio se esconde por ser de carácter reservado? ¿O porque es el hijo de una cultura industrial premediática? ¿O porque —murmullan los habituales malpensados— tiene algo que esconder? ¿Tras la aparente teodicea del coloso Zara se ocultan secretos, incluso intrigas tenebrosas? Si la red de la multinacional se extiende ahora por cualquier punto del globo, ¿por qué motivo el cerebro del gigante sigue firmemente anclado en la perdida Galicia? ¿Cómo arrancó la aventura más vertiginosa en la historia del capitalismo español? Comencemos desde el principio.

Gallego a todos los efectos, Amancio Ortega Gaona no nació en Galicia, sino en Busdongo de Arbas, un pueblo de la provincia de León que hoy cuenta con 118 habitantes. Fue un día de marzo de 1936. Pocos meses después comenzó la Guerra Civil. Padre ferroviario, madre ama de casa. Cuando la familia se muda a La Coruña, Amancio tiene catorce años y ha dejado de estudiar. No mucho antes le ha sucedido algo que le provoca un pequeño trauma. «Una tarde, al salir de la escuela, acompañé a mi madre a comprar», ha explicado. «Entramos en uno de aquellos antiguos colmados con un mostrador muy alto. No llegaba a ver al tendero. Recuerdo solo su voz, que dijo: "Señora Josefa, lo siento, ya no puedo fiarle más"». Escena dickensiana, de acuerdo. Pero a partir de ese momento creció en Mr. Zara la voluntad de superación. Ortega se puso pronto a trabajar. Comenzó como repartidor en la apreciada camisería coruñesa Gala. Que todavía existe. Por ello la visito. Revestimiento de madera, sombrereras, cajas con pijamas perfectamente doblados, una caja registradora de estilo modernista. Gala posee la susurrada elegancia, el aspecto sólido y reconfortante de las viejas mercerías señoriales. La dirigen los históricos hermanos Martínez Varela, Carlos y José. Uno tiene bigote, el otro una bella barba plateada a lo Fernando Rey. Y, con la misma sonrisa del actor de Buñuel, corta la conversación incluso antes de empezar: «Por favor, no me pregunte si intuí que aquel joven empleado se convertiría en Amancio Ortega». Decenas de periodistas y televisiones han entrado en la tienda con la misma pregunta.

José está cordialmente harto. No tiene nada que decir sobre Ortega, excepto que es muy buena persona y que de vez en cuando todavía los visita. Intento trabajarme al hermano. Pero la disciplina de partido se mantiene. Carlos sonríe bajo el bigote sin inmutarse. Cambiamos de tema. Gala continúa fabricando sus reconocidas camisas: «Pero ahora tenemos solo cinco trabajadores». Ortega tenía incluso menos cuando —tras haber trabajado en La Maja, otra renombrada tienda, esta sí desaparecida— decidió establecerse por su cuenta. Se instaló en un garaje. Con su primera mujer, Rosalía Mera, confeccionan principalmente batas de boatiné. Corre el año 1963. Y en el punto de mira de Amancio está ya la clientela que lo hará rico: las mujeres. Ciertamente, poco después las batas fueron rechazadas como un accesorio anticuado, neorrealista, impresentable. Símbolo de una España retrógrada y provincial. Con todo, también tenían algo de sensual y las películas de Almodóvar las recuperaron. En los años sesenta don Amancio consolida la actividad y la llama Goa, su acrónimo al revés. Después, la revelación: se da cuenta de que no ha nacido solo para fabricar, sino también para vender. Y en 1975, la apuesta: abrir una tienda en la calle Juan Flórez, la principal arteria comercial en el corazón chic de La Coruña.

La tienda se llamará Zara. ¿Por qué? Aunque la historia es de sobra conocida, es significativa y parece cierta. El nombre inicial debía ser Zorba, como el personaje griego, pero don Amancio descubrió que un bar de la zona ya se llamaba así. Mejor no crear confusión. Y, dado que las letras del rótulo ya estaban preparadas, quiso aprovechar al menos tres (z, r, a) para reciclarlas en Zara. Cualquier relación con la ciudad croata del mismo nombre es pura casualidad. En esa decisión ya podía percibirse la genialidad de Amancio, te explican los «ortególogos».

Actualmente, el Zara originario, la primera tienda, todavía sigue abierta. En el número 64 de la calle Juan Flórez. La cual, mientras tanto, se ha convertido en algo a mitad de camino entre Wall Street y la Fifth Avenue de la Coruña. Solo hay bancos y *boutiques*. Estas últimas lucen nombres anglosajones (Pull&Bear), exóticos (Oysho) o latinizantes (Uterqüe, Stradivarius). Pero todas pertenecen al señor Z. «El secreto de la "ortegología" es que no es una ciencia exacta. No existen las ideas fijas en la mente de Amancio. Solo una enorme capacidad de adaptación. Pase lo que pase, hay que adecuar siempre la producción a la demanda», explica el analista Enrique Badía, autor de un estudio sobre la fábrica de los prodigios, que realmente no existen, sino solo una astuta estrategia comercial. El grupo ha iniciado una verdadera revolución copernicana, me explica Badía. En gran medida la moda sigue siendo un proceso controlado desde lo más alto: después de que los creadores decidan lo que se debe llevar este invierno, se fabrica el producto y se impone subrepticiamente al consumidor. «En cambio, Zara procede exactamente al contrario. Estudia, mira qué cosa pide la gente. Después diseña, produce y pone a la venta. A precios asequibles».

¿Benefactores? «Para nada. Zara no es un modo de vestir cuanto de vender». Badía me explica también otras cosas interesantes. Por ejemplo, que las tiendas de Zara no disponen de almacén. Nada de *stock*. Las piezas de ropa son como almas en pena: no pasan en los estantes o colgadores más de dos o tres semanas. Después se van. Hacia otras tiendas de la marca. O permanecen en letargo hasta las rebajas. «Esto induce al cliente a comprar. Al día siguiente, aquella falda podría ya no estar». Zara también habría infringido otro dogma de la moda, la estacionalidad, ya que promueve las medias estaciones. En septiembre a veces todavía hace calor, pero al entrar en un gran almacén te encuentras con jerseys y anoraks. Allí ya ha llegado el invierno, pero en Zara, no. Una leyenda urbana dice que, si los meteorólogos pronostican lluvia, Zara expone en sus escaparates paraguas. Sin olvidar otra herejía, quizá la más macroscópica: Zara no se publicita en ningún sitio, ni en los periódicos, ni en la calle ni en la televisión. «La publicidad es el negocio». Pregunto a Badía si es verdad que el grupo vive de copiar los diseños de otros; si es cierto que cierra un ojo, o ambos, ante las condiciones de trabajo en las cárceles industriales de Asia (la producción está dividida casi a partes iguales entre Europa y Oriente); y si es verdad que se adueña de todos los locales en venta en los prohibitivos centros históricos de las metrópolis, lo que saca de quicio a la competencia. Se han dicho tantas cosas sobre el lado oscuro de Inditex. Por ejemplo, que el capital inicial provenía del blanqueo de dinero del narcotráfico. O que existía un terrible barco anclado en aguas internacionales en el que había esclavos que cosían noche y día para don Amancio.

Badía sonríe. Explica que en el transcurso de sus investigaciones no ha encontrado nada, excepto cierta opacidad fiscal, previsible, de cuando Ortega comenzaba y se apoyaba en una red de amas de casa gallegas que le cosían los vestidos. Y me anima a ir a Arteixo y preguntar allí directamente. Le hago caso. Arteixo es un municipio industrial situado a unos doce kilómetros de La Coruña, con más naves que habitantes. El centro neurálgico del imperio Zara se encuentra allí desde siempre. Un complejo de edificios enorme, aunque discreto. En una pared gris puede leerse, escrito en letras no demasiado grandes, el nombre «Inditex». Se hacen cargo de mí tres acompañantes, que se irán alternando durante la visita. Me repiten la historia de que Zara ha cambiado todo partiendo desde abajo. Me explican la razón por la que no disponen de almacenes: «Si en la tienda solo quedan las tallas 52 y 58 de un traje, las retiramos. Esas piezas ocupan únicamente espacio útil para las nuevas mercancías que van llegando». En el 2011 había por el mundo 900 millones de prendas Inditex, y cada año salen veinte mil novedades. Por eso no tiene sentido preguntar cuál es el producto estrella de Zara. No existen los clásicos. Zara es como Paganini: nunca se repite. Todo cambia, una perenne adaptación a la demanda. ¿Pero es ropa concebida para durar? Mi acompañante se limita a señalarme a una joven: está sometiendo el tejido a torturas dignas de la Santa Inquisición. Lo retuerce, lo comprime, lo estira. Respecto a la cuestión del trabajo en Asia, dicen que cumplen escrupulosamente las convenciones internacionales. ¿Y las acusaciones de plagio? Según ellos, casos rarísimos en los que el producto fue inmediatamente retirado.

La razón de que sigan en Galicia, me explican, es que Ortega tenía aquí su territorio, sus redes. Después llegó la globalización, por lo que estar aquí o en otro sitio ya no importaba. En Arteixo, en el vientre de la ballena, hay tiendas Zara iguales a las verdaderas excepto por el hecho de que no venden nada, solo sirven para tests y simulaciones. Hay empleados que se desplazan sobre patinetes eléctricos para no agotarse caminando (600.000 metros cuadrados de instalación). También hay una agencia de viajes que, en vez de personas, lleva por el mundo la ropa. Son unos excelentes clientes de las compañías aéreas: «Debemos saberlo todo. Por ejemplo, en Roma, en la Via del Corso, antiguo edificio Rinascente, ¿a qué hora puede descargar un camión sin entorpecer el tráfico?». Mi acompañante palpa una chaqueta azul: «El pedido llegó la semana pasada. Esta noche este artículo parte para Brasil». Los tiempos de entrega globales se sitúan entre las 36 y las 48 horas. Pero el verdadero secreto se esconde en otro departamento. En un pasillo blanco, a lo largo de unos cien metros, hay una serie de mesas alineadas. A ambos lados, los ordenadores. Y delante de cada pantalla, una persona. Parecen brókeres, pero son quienes están en contacto con las tiendas. Desde la región italiana de la Umbría hasta Australia. Una red de espionaje. *Spectre*. «Las tiendas no se limitan a hacer pedidos. Olisquean. Informan. Dan consejos sobre lo que funciona o sobre lo que falta». Desde las personas monitor, la ruta lleva hasta los diseñadores: 350 personas. Dibujan líneas sobre el papel. Después el papel pasa al ordenador y más tarde se convierte en ropa. Mientras recorro la diligente fábrica, decido preguntar: «¿Acaso Amancio ahora está aquí?».

Mi acompañante asiente. Será difícil cruzarse con él en esta inmensidad. En el 2011 Ortega cedió la presidencia de Inditex al sagaz mánager Pablo Isla. Pero continúa pasándose por su empresa. Dicen que come en la cantina y no dispone de despacho. No lo quiere, le basta una silla. Según un chismorreo reciente, su plato preferido serían los huevos revueltos con chorizo. Pero a cierta edad es necesario cuidarse, por lo que en la última inauguración de una tienda coruñesa lo han visto comer un sándwich vegetal, seguido por un café con sacarina. En el 2011, con retranca —la atávica desconfianza atribuida al campesino gallego—, Ortega entró en bolsa. Él es el accionista número uno. ¿Pero hay vida tras Amancio? Todos dicen que sí y piensan en Marta, la heredera. Es la hija más joven de los tres que ha tenido de dos matrimonios. Mr. Zara hizo que estudiara con los Jesuitas y después en la London School of Economics. Después la introdujo en el negocio desde abajo, en las tiendas londinenses, pero también en Francia, Italia o China. Le regaló también una extensa hípica situada muy cerca de La Coruña. Marta se casó en el 2012, pero se separó poco después. Con la boda expuso al padre a los teleobjetivos, y lo obligó a vestir un traje oscuro y llevar corbata. Amancio las fabrica, pero las detesta. Con su segunda mujer, Flora, se compró en La Coruña un dúplex con vistas al mar. En el campo posee una villa y un pazo, ambos del siglo XVII. Tiene un yate, pero pocas veces, y a regañadientes, lo lleva lejos de las costas gallegas. ¿Y el jet privado? Le gusta cada vez menos, pues odia volar. Es campechano, dicen por aquí. Sus únicas pasiones conocidas son su huerto y el Deportivo de La Coruña, que en los últimos años, entre ascensos y descensos, debe haberle provocado más de un disgusto, una sensación desagradable para un amante de la estabilidad como él. Amancio Ortega no solo no se cree Dios, sino que para darle las gracias ha hecho ya cuatro veces el camino de Santiago.

LA GUERRA DEL *BALCONING*

Uno tiene el sacrosanto derecho de no saber en qué consisten ciertas nuevas chorradas juveniles llamadas *balconing*, *mamading* o *pubcrawling*. Por eso es necesario comenzar definiéndolas. *Balconing*: dícese de la —más bien dudosa— proeza de quien por fanfarronería o apuesta se lanza desde el balcón de un hotel a otro balcón o a la piscina de debajo. No se considera un deporte extremo porque el gran salto requiere llegar completamente dopados. De alcohol o cosas peores.

Otro neologismo, el *mamading* (pseudoanglicismo a partir del verbo *mamar*), consiste en una felación múltiple. Es decir, sexo oral practicado en serie a un nutrido grupo y ante un público de hinchas que animan el acto entre el delirio. También esta actividad presenta cierto carácter agonístico, puesto que es cronometrada por un árbitro —o como se quiera llamar a este personaje— y porque se compite por un premio, que normalmente consiste en una ronda de bebidas gratis ofrecidas al ganador por el bar en el que se celebra el certamen.

En cuanto al *pubcrawling* (literalmente, «arrastrarse por los bares»), se trata de una reinterpretación en clave más racionalizada y cruda del antiguo irse de bares. La diferencia es que aquí se paga un forfait por anticipado para privar sin límites en una serie de bares consorciados y el objetivo es beber hasta perder la conciencia.

Hay un lugar que concentra todos estos excesos. Se llama Magaluf y se encuentra a unos diez minutos de Palma de Mallorca. Con cuatro mil habitantes en temporada baja, supera los veinte mil en verano. Magaluf no tiene la exclusiva de este tipo de «diversiones» —ahora casi rutinarias en diversos destinos de veraneo—, pero ha acabado convirtiéndose en el más famoso. Allí fue donde se inició la práctica del *balconing* hace algunos años. Desde entonces, si bien con los inevitables altibajos, cada verano hay algún muerto o ingresado por lesiones medulares, traumatismos craneoencefálicos, fracturas diversas... En cambio, la fecha clave del *mamading* fue julio del 2014, cuando —por unos cuantos cócteles— una chica irlandesa de dieciocho años realizó felaciones a veintitrés clientes de un pub en el tiempo récord de dos minutos y treinta segundos. Evidentemente, la hazaña fue grabada para la posteridad por los móviles y en internet se convirtió, al menos para algunos, en un clic imposible de resistir.

Me describen Magaluf como una Sodoma estival. Pero, más que una meca del vicio, parece un supermercado de la dejadez a precios *low cost*, tirados respecto a los de la vecina Ibiza. Una pinta de cerveza, un euro. Casi todos los pecados que el lugar ofrece se pueden encontrar a lo largo de los cuatrocientos metros de la calle Punta Ballena. Es la calle principal de los pubs, de los *peep show*, de los prostíbulos, de los estudios de tatuaje, de los negocios de venta de alcohol con infinidad de whiskies, vodkas y tequilas de pésima calidad, envueltos en celofán sobre grandes estantes; o tiendecitas de recuerdos que venden abrebotellas y llaveros en forma de pene, camisetas con frases como «Me gustan las pollas» o «los coños», «las orgías»... Algo más esotéricas, otras camisetas proclaman: «Lo que pasa en Magaluf se queda en Magaluf». Otras juran solemnemente: «Unidos hasta que el vómito nos separe». Entre los adolescentes del norte de Europa venir aquí a desmadrarse durante una semana se ha convertido en una especie de rito de paso, de prueba iniciática, en una experiencia que curte. Si no te has arrojado al menos alguna vez en la vida al círculo de fuego de Magaluf, ello significa que no eres nadie.

Quienes forjaron esta religión del desenfreno fueron principalmente los británicos, que aquí representan el noventa por ciento de la clientela juvenil y controlan también parte del negocio. Bromeando, un comentarista inglés dijo que los británicos debían dejar de discutir con los españoles por Gibraltar y plantear reivindicaciones territoriales sobre Magaluf. Los turistas provienen sobre todo de ciudades obreras (o exobreras): Manchester, Leeds, Sheffield, Liverpool, Bristol... Cuando los vuelos directos de las compañías *low cost* los depositan en el aeropuerto de Mallorca, ya van cocidos. De media se quedan unas seis noches. Empaquetados en fórmulas «todo incluido» son respecto al antiguo concepto de pensión completa lo que un 44 Magnum a una pistola de juguete. Hay hoteles que les dan de comer *ad libitum* durante su estancia y, sobre todo, sacian su sed suministrándoles cerveza y sangría las 24 horas del día. Unas vacaciones por 400 euros. En total, te pasas 144 horas borracho, sin tener que pronunciar ni una sola palabra en español y viendo aturdido el mar desde el balcón. Después, de vuelta a Manchester, Leeds, Sheffield...

En Magaluf, este todo incluido se ha hecho con una importante tajada de la oferta hotelera, lo que ha enfurecido a mucha gente. Los propietarios de bares y tiendas ponen el grito en el cielo: los turistas no salen de los hoteles y sus beneficios languidecen. «Este tipo de todo incluido puedes contemplarlo en los cruceros o si en el Caribe tienes un hotel sin nada alrededor. Si lo aplicas aquí, es competencia desleal», resume José Tirado, presidente de la asociación de comerciantes. Regresa de una reunión de urgencia en la que han participado el alcalde, las fuerzas del orden y los representantes del sector turístico. Se ha hablado sobre todo de seguridad. Y se ha aprobado, entre otras cosas, la prohibición de ir desnudo o vender alcohol por la calle entre las 22.00 h y las 8.00 h. Tirado sonríe nervioso: «La moda de pintar murales orinando sobre las paredes parece ya superada. Pero siempre inventan nuevas animaladas. La semana pasada dos ingleses se ataron los extremos de una cuerda a sus respectivos miembros. Y, venga. Hicieron que una amiga saltara a la comba delante de todos. ¿Le parece que esto puede continuar así?».

Ya sea por haber hecho *balconing* o, más a menudo, por trifulcas, alborotos o borracheras que derivan en orgías, cada año centenares de personas acaban en una lista negra que debería cerrarles *sine die* los hoteles de la isla. Pero hasta ahora la tarjeta roja no parece haber reducido demasiado el ambiente de desmadre. Sobre los bares y hoteles que fomentan los excesos recaen multan elevadas. Pero hay que ser cautos con las prohibiciones, pues pueden alejar la clientela. Tal como argumenta un joven: «Tengo ya suficientes prohibiciones en mi casa. Si me atáis corto, tardo un segundo en hacer las maletas».

En árabe Magaluf significa «agua sucia», aquella de los pantanos salados. En cambio, el mar es bellísimo. Pero, ciertamente, los jóvenes lo disfrutan poco. Como mucho, durante las llamadas *boat party*. Que más o menos funcionan así: tras apoquinar cincuenta euros por barba, cargan a doscientos chicos sobre un barco y se los llevan por el mar durante tres horas. El sol aprieta y los decibelios no digamos. La fiesta tiene lugar en los *open bar* y, si todo va bien, quizá deriva en una miniorgía. Intento embarcarme en uno de esos barcos. Pero conseguir un billete es imposible si no lo has reservado con bastante antelación. Al no haber sido previsor, me quedo en tierra como mero espectador. Distribuidos en filas ordenadas, los *millennials* parece que se estén dirigiendo alegremente a su deportación. Uno va disfrazado de pene, mientras que un grupo entero sube a bordo disfrazado de plátanos. En Magaluf la tasa de travestismo festivo es elevadísima. Puedes ver, entre otros, grupos vestidos de colegiales, de golfistas o de tenistas de los años setenta, con la camiseta Fila de Borg o la Sergio Tacchini de McEnroe. Tres horas después vuelvo al muelle para contemplar el regreso del *boat party*. Se trata de las mismas personas de antes, pero cuesta reconocer a muchas de ellas. Quizá han subestimado el poder de la mezcla de alcohol, sol y navegación, pero es como si un pintor cubista les hubiera retocado la cara. Apenas desembarcados, dos tipos de desploman sobre la arena. Un tercero es llevado en brazos por dos amigos que caminan peor que él.

Por el día en Magaluf suceden pocas cosas. Los supervivientes de las noches extremas duermen hasta tarde, después se comen unas albóndigas o un huevo frito y se vuelve a la carga. Punta Ballena no abre nunca antes de la una del mediodía. Las luces de neón tienen los mismos colores de los cócteles y la multitud se desliza entre ellas sin otro objetivo aparente que no sea el mero desvarío alcohólico. Por la calle se observa un *apartheid* sexual bastante marcado: excepto algún grupo mixto, machos y hembras se mueven en manadas distintas. Pero igualmente borrachos. Por la noche entonan a pleno pulmón berridos de estadio.

Dicho esto, no estamos en el peor bar de Caracas. Si bien el abuso de excitantes puede degenerar siempre en riñas, la atmósfera tiene algo de cándida. De hecho, solo tuve problemas con los gorilas de los clubes. Odian a los periodistas. Si te pillan tomando notas o haciendo fotos, te identifican al momento. Te fotografían con el móvil y difunden tu imagen a los colegas de la zona. Un energúmeno me extiende su manaza y me cierra el paso con gesto duro: «Vete. No nos gustan los reporteros. Dicen mentiras», gruñe en inglés. Resultaría inútil intentar hacerle entender que lo que ha dado mala fama a las noches de Magaluf —en caso de que hubiera necesidad— no han sido los periodistas, sino más bien las imágenes captadas con móviles como el suyo.

«El desmadre comenzó en los años ochenta y desde entonces no ha parado. Es verdad, de vez en cuando alguno se pasa, pero se trata de accidentes. Créeme, ha sido su difusión en las redes sociales la que lo ha fastidiado todo», minimiza Vicente. Es el encargado del Mambo's Terrace, un bar al aire libre repleto de muchachas suecas con coronas de flores en la cabeza. Ninfas de Botticelli: «Celebran la llegada del verano. Tierno, ¿no?», dice Vicente. También él me ha reconocido inmediatamente como periodista, pero para neutralizarme ha adoptado otra táctica: me ha ofrecido tomar algo. «Muévete libremente. Solo te pido que no hagas fotos a las chicas». Se refiere a las cuatro *lapdancer* que se contornean sobre unas estructuras.

En el Mambo's se pueden observar los diferentes especímenes de la fauna de Magaluf. Pasas entre manglares de tatuajes, rostros de «balconeros», *hipsters* con la cabeza rasurada, gafas de *nerd* y barba salafista, camareras que sirven chupitos bomba servidos en cómodos vasitos y *barbies* inglesas arregladas casi exactamente igual: pelo rubio platino hasta el extremo, pantalones cortos muy apretados, sandalias y uñas pintadas, ojos resaltados por grandes líneas de lápiz oscuro. Para entendernos, al estilo de Amy Winehouse, que en paz descanse.

En medio del jolgorio, observo una pareja semidesnuda sobre un toro mecánico, y descubro que todavía hay mucha gente que se lo pasa en grande haciéndose daño con ese artilugio. Estoy a punto de anotarlo cuando un tipo con barbita rojiza y aspecto de ir muy bebido se me sienta delante para mirarme desafiadoramente. No es un gorila, sino solo un chulito.

—¿Qué escribes? —ruge.

—Nada.

—¿Cómo que nada?

—Una poesía.

Ante la palabra «poesía», asiente con fuerza. Después se levanta y se va.

Siempre hay algo que aprender en Magaluf. Al ir al baño, descubres que sobre cada urinario del Mambo's han colocado un útil cuadro sinóptico con la traducción de la palabra «coño» en diez lenguas. Los usuarios de Twitter han apreciado mucho esta medida, de forma que han escogido el Mambo's como el mejor bar para mear de todo el litoral. La impresión es que la oscura reputación libertina de Magaluf se reduce en gran medida a estas obscenidades carnavalescas.

«¿Quieres follar?», pregunta a los transeúntes un chaval inglés que podría ser mi hijo. Inclinando la cabeza, señala a tres o cuatro chicas de Europa del Este que pasean fuera de un pub con expresión entre el aburrimiento y la desolación. «Nada que ver con el tráfico de las nigerianas. Más que prostitutas son ladronas. Y esclavas. Les enseñan a robar a los clientes borrachos con todo tipo de artimañas», me explican.

El aire huele a hamburguesa y a vómito. Son los olores dominantes de las noches de Magaluf. En cambio, está casi ausente el aroma de los porros. Y parecen destinados a quedar como anécdotas episodios como el del británico que un verano intentó morder a algunos bañistas presa del delirio carnívoro de la llamada droga caníbal, una nueva sustancia que inhibiría nuestros frenos y despertaría al antropófago dormido que todos llevamos dentro. Se trató de uno de aquellos sucesos mediáticos que, si bien en teoría perjudicaban la reputación de Magaluf, en realidad incrementaban su atractivo.

Es muy tarde. En las aceras de Punta Ballena se sientan jóvenes que rozan el coma etílico. «*Keep calm and see the doctor*», propone el cartel de uno de los numerosos ambulatorios privados para uso exclusivo de los ingleses que constelan la ciudad. Este también es un negocio suculento. Me comentan que aquí, debido a los grandes intereses en juego, el modelo vacacional de sexo, alcohol y drogas nunca entrará en crisis. Sin embargo, mientras paseo, advierto alguna señal de declive. La transmiten los nuevos bares chic, los hoteles de varias estrellas o los clubs pijos como el Nikki Beach, que han comenzado a surgir a lo largo del paseo marítimo. Sitios en los que no entra el turista caníbal. Demasiado caros y respetables. El gran grupo Meliá ha invertido 25 millones de euros para impulsar una gentrificación normalizadora en la red hotelera de la zona. «Vea, aquí alojamos ahora a 1.800 personas a tarifa todo incluido. Pero todas son parejas o familias. Y observe qué paz», comenta exultante el presidente de los hoteleros Sebastián Darder en el *hall* del hotel Mirlos Tordos, del cual es director.

No será mañana, pero la clase trabajadora de los excesos podría tener los días contados. Porque, aunque los chicos dejen dinero, a los ojos de lo políticamente correcto son feos, sucios y malos. Y por la zona crece el deseo de librarse de ellos. ¿Apostamos algo que así se acabará con la guerra del *balconing*?

EL CLAN ALMODÓVAR

Desde los años noventa Pedro Almodóvar sale poco por la noche. Sin contar con Lucio, el gato que le regalaron en un rodaje hace años, vive solo. Como Philip Marlowe. «Quizá me esté volviendo un misántropo. Tal vez no un antisocial, si bien en sociedad cada vez me muevo peor. Ya no oigo de un oído y me cuesta seguir las conversaciones. Sufro de hiperreactividad bronquial, y el simple olor del tabaco me mata. Cualquier cambio de temperatura me deja afónico». ¿El antiguo niño terrible del cine español se ha convertido en un tipo melancólico? La sospecha es que en el fondo siempre lo fue. Ahora, sin embargo, acusa una nueva carencia: «Me falta la realidad». ¿Qué es lo que se la ha arrebatado? «El éxito». ¿En qué sentido? «Sabe, siempre me he inspirado en la gente, siempre me ha interesado la vida de los otros. Por eso vivo la notoriedad, la pérdida del anonimato, como una tragedia. El éxito es la mayor mentira de nuestros tiempos».

Durante los doce años en los que —entre los sesenta y setenta— trabajó como empleado en Telefónica, Almodóvar se consideró una especie de espía de los gustos, pasiones y tormentos de la pequeña burguesía española. Cada mañana, cuando iba a la oficina, observaba los bloques de pisos populares junto a la carretera de circunvalación madrileña: lo llenaban de tristeza y entusiasmo. Le parecían colmenas llenas de vidas anónimas y oscuras, pero justo por eso merecedoras de ser narradas. Según él mismo recuerda, en esa época se subía al autobús y escuchaba las conversaciones ajenas hasta el descaro. Sobre todo las de las señoras. «Hoy en cambio tengo una idea más imprecisa de cómo vive realmente la gente. ¿Quiénes son los jóvenes de veinte años? Ciertamente, pregunto a mi sobrino, pero no es lo mismo». Cuando se encuentra por la calle a un grupo de chavales, les gustaría decirles: «Venga, os doy doscientos euros solo para que me dejéis pasar aquí una hora escuchándoos. Cuando oigo desde lejos sus conversaciones, me doy cuenta de que hablan de un modo extraño, diferente. Y que me estoy perdiendo buena parte de la vida».

De niño, su madre, Francisca Caballero, que murió en 1999 a los ochenta y tres años, le repetía: «Hijo mío, eres una vaca sin cencerro». Pero, en su madurez, ¿cómo se ve Almodóvar? ¿Al final lleva un cencerro? «Diría que no. Esa expresión se presta a dos lecturas: por una parte, se refiere a un animal sin dueño. Y yo no tengo dueños. Por otra, significa que no tienes a nadie que se ocupe de ti, mientras que, si bien sigo siendo un solitario, en este despacho todos se preocupan por mí». El despacho es el de la productora El Deseo, en Madrid, creada en 1985 a medida para Almodóvar. Se encuentra en un edificio muy de diseño donde todo, desde los pósteres a las fotos, grita: ¡Pedro, Pedro, Pedro! En El Deseo trabaja una plantilla de veinticuatro personas dirigidas por Agustín, el hermano menor de Pedro. Calvo, corpulento y reservado, Tinín, a quien todos llaman así, es la mente técnica del equipo. Es el hombre que vende las películas de Almodóvar en el extranjero. Y se le describe como un negociador duro. Posee el quince por ciento de las acciones. El resto son del hermano.

La trayectoria de Tinín ha sido solo un poco menos irregular que la de Pedro. En Madrid se licenció en química y fue profesor de ciencias, aunque por poco tiempo: el tornado Almodóvar pronto lo engulló. Fue el ángel exterminador en una de las primeras Super 8 de Pedro, un pastiche de episodios bíblicos. Desde entonces Agustín ha aparecido como figurante en todas las películas de su hermano. Ha sido cartero, banquero, policía, promotor inmobiliario, farmacéutico, herrero, taxista, cura, limpiador de piscinas, empleado de una ferrería, jardinero, controlador de vuelo... ¿Pero qué son estos cameos? ¿Un homenaje de Pedro —si bien a través de otra persona— al venerado Hitchcock o una especie de ritual supersticioso? Según Agustín, se han convertido en una tradición. Pero comenzó a hacer de figurante simplemente porque siempre faltaban en los rodajes. Sin embargo, se considera el más caro de los actores almodovarianos. No en cuanto a caché, sino porque, debido a sus numerosas equivocaciones, hace que su hermano deba desperdiciar metros y metros de película. Su educación sentimental en el cine fue similar a la del hermano: «Comencé a ir a los cuatro, cinco años. Me llevaban mis hermanas para no quedarse solas con sus novios. Junto con Pedro recuerdo las proyecciones de verano al aire libre. Vivíamos en el campo y las películas llegaban con un año de retraso. Pero se devoraba todo. *El manantial de la doncella* de Bergman la vi con menos de diez años. Un film muy duro para un chico. No creo que en un cine de ciudad me hubieran dejado entrar». Curioseando, he leído que una vez, para celebrar el aniversario de bodas, los padres llevaron a toda la familia a ver *Guerra y paz*. Pero, al segundo beso, el padre Almodóvar ordenó la retirada a casa. Agustín sonríe: «Mis padres no sabían ver una película, no entendían su lenguaje: *flashbacks*, fundidos, elipsis... los confundían. Se preguntaban de dónde salían unos caballos, si eran verdaderos o de cartón». Preferían el relato oral, pues «pasábamos tardes escuchando a Pedro narrar las películas. Aparte de explicar aquello que no se veía en la pantalla, añadía mucho de su propia cosecha».

Pedro Almodóvar es el tercero de cuatro hijos. Las hermanas mayores, Antonia y María Jesús, viven fuera de Madrid.

Visitan Calzada de Calatrava, el pequeño pueblo de la Mancha en el que nacieron, más a menudo que los hermanos. Pedro se escapó de casa a los diecisiete años: «Mi padre se lo tomó muy mal. Quería que me capturara la Guardia Civil». Sobre su madre ha explicado, si no todo, podemos decir que mucho, mientras que sabemos muy poco del padre. ¿Quién era? «Uno de los últimos arrieros de la Mancha. Transportaba en mulas aceite y vino hasta Andalucía. Cargaba todo sobre los animales y atravesaba Sierra Morena por caminos difíciles. Pasaba semanas fuera de casa. Los automóviles ya existían. Pero mi abuelo, que producía el vino, quería que su hijo continuara vendiéndolo de esta forma. La autoridad de los mayores todavía pesaba mucho sobre la economía familiar». Antonio Almodóvar murió en 1980 en la misma habitación en la que había nacido y sin haber visto una sola película del hijo. Sospecho que no le habrían gustado. «Mi padre pertenecía a la España que puedes encontrar en los relatos de viajes de Théophile Gautier o en la *Carmen* de Mérimée. Era un hombre del siglo XIX al que le tocó vivir el XX. Nos separaban un par de siglos. Me había encontrado un empleo en un banco en el pueblo. Pero si me hubiera quedado, no habría sido feliz. Hablamos de 1969-1970. En esa época, para hacer tu vida debías romper con la de tu familia. Hoy ya no es así». ¿Seguro? «La familia mediterránea todavía puede oprimir y llegar a ser represiva. Pero ahora, a no ser que los padres sean unos fanáticos integristas o, qué sé yo, miembros de una secta, la ruptura con ellos es provisional. Necesaria, no digo que no, pero antes o después la recompones. Me ha sucedido incluso a mí, que provenía de una cultura de la rebelión. En cierto momento, aunque vivas tu propia vida, descubres que el vínculo de sangre es importante y debe ser protegido». Una vez en Madrid, Almodóvar se resignó a los horarios de oficina. Pero no era lo mismo que tras la ventanilla de un banco rural, pues a las cinco de la tarde, al salir del trabajo, todo Madrid le estaba esperando. Con un subsuelo en ebullición en el crepúsculo del franquismo. Asimismo, poco después estalló la famosa Movida, término ahora banalizado, al que se recurre sin venir a cuento: desde Palermo hasta Helsinki, se utiliza cada vez que cuatro chavales se exceden en sus juergas alcohólicas de la noche del sábado. Pero antes de domesticarse en rutinas hedonísticas, bohemias de masa, transgresiones perfectamente integradas, la Movida supuso un torbellino anarcoide que agitó mentalidades, comportamientos y lenguajes. Desde la arquitectura hasta los cómics, desde el cine hasta el diseño, desde la música hasta la literatura, nunca fue una vanguardia organizada, un movimiento estructurado. Era como mucho la expresión de tribus urbanas que predicaban la desinhibición, la irreverencia lúdica, un extremismo antiideológico. Sobre todo era un nuevo modo de vivir la metrópolis, devorar sus noches y tentaciones, a menudo hasta morir de colocón. «He dejado la cocaína porque prefería vivir», confesó una vez Almodóvar. En los años ochenta, sus primeras películas recrearon aquel clima con los colores pop del absurdo, de la comicidad, de un sentimentalismo despreocupado y promiscuo. Pero, igual que había sucedido en la década anterior en países occidentales menos reprimidos, también la generación de la Movida dejó tras de sí una larga estela de cadáveres. He leído que Almodóvar, cuando tenía doce años y le preguntaban quién era, respondía que era un nihilista. Cuando le pregunto si eran inquietudes adolescentes o se siente todavía así, me responde riendo que no. «En esos tiempos estudiaba, por desgracia, con los salesianos, y mi libro preferido era el diccionario. Cuando lo hojeaba, me enamoraba de ciertas palabras y me las ponía como disfraces. Otra palabra que me encantaba era «hedonista». Ahora sé que nihilismo y hedonismo se llevan a matar. Pero, analizándolo bien, reflejan también dos aspectos de mí mismo: el de afable amante de los placeres, *gigione* y el de persona reservada, solitaria». Cuando le pregunto qué le supuso convertirse en el director de moda en los noventa, me responde: «Nunca me lo tomé muy en serio.

Por otro lado, ¿sabe cuál es la ventaja de estar de moda? Que después pasas de moda y puedes trabajar tranquilo».

En su época de esplendor el clan Almodóvar fue definido como una *Factory*. Harén con musas divinizadas y más tarde en ocasiones repudiadas: Carmen Maura, Victoria Abril, Marisa Paredes, Rossy de Palma, Penélope Cruz y otras «chicas del montón». Con sus chicos, de Banderas a Bardem, y su cohorte de actores secundarios más o menos enganchados y raros. ¿Se trataba de una estrategia de marketing o había algo de cierto? «En los años ochenta, como etiqueta mediática, la palabra «*Factory*» tuvo su eficacia», explica Pedro. «También porque Warhol todavía estaba vivo. Vino a España para su gran última muestra. Coincidíamos al menos en dos fiestas al día. Era un hombre de pocas palabras. Pero una vez me preguntó: "¿Por qué dicen que eres el Warhol español?" A mí esa historia del Warhol español siempre me había parecido una soberana estupidez. Pero le respondí: "Quizá porque mis películas están llenas de homosexuales y transexuales". Se quedó perplejo». Agustín puntualiza: «Si por *Factory* se entiende una realidad productiva de tipo artesanal y familiar, que no se rige según planes industriales estandarizados, entonces El Deseo lo es». Él, el científico, define la asociación con su hermano como un vínculo químico, misterioso, como el existente entre el hidrógeno y el oxígeno, que en el agua son muy difíciles de separar. Tinín continúa siendo el primer lector, espectador y crítico de Almodóvar. Pedro, en cuanto comienza a escribir un guion, le hace leer las primeras páginas, «porque, aunque seamos diferentes, él entiende mis historias mejor que nadie. Y porque es poco habitual que las personas que tengo a mi alrededor me digan lo que piensan realmente sobre una de mis nuevas ideas».

Agustín se considera, en todos los sentidos, un productor autodidacta que en el mundo del cine sigue sintiéndose un intruso. «Cuando creamos esta sociedad, Pedro soportaba muchas presiones de los inversores. Había continuas fricciones.

Por eso intenté organizar su trabajo y los recursos de forma que dispusiera de total libertad. Treinta años después, eso es todavía lo que hago». Cinematográficamente, Agustín se detuvo en un periodo anterior a la evolución tecnológica: «Me he quedado en la fase analógica. El universo digital es maravilloso, pero, cuando comencé con Pedro, en el cine todavía había una relación con la materia, con la manipulación manual, que ahora se ha perdido. Actualmente vivimos en la simulación, mientras que a nosotros nos gusta filmar las cosas, no recrearlas. Queremos que las películas rebosen realidad. Un ejemplo de ello sería la escena final de *Matador*, una especie de orgía suicida ante una chimenea. Amor, sexo, muerte. Pues bien, ese fuego era real. Yo hacía de asistente de dirección y debía estar allí alimentando la llama. Hoy la ley no lo permitiría. Hoy el fuego se simula. Veo todavía a la actriz Assumpta Serna, que en los descansos salía a tomar el aire completamente desnuda. No tenía ningún pudor físico. Y estaba literalmente asada. Pero era justo eso lo que queríamos: para la fusión entre fuego y pasión la llama debe ser verdadera. Era un infierno estar tras esa chimenea. Pero creo que, vista hoy de nuevo, esa escena representa todavía muy bien nuestra idea del cine. En el sentido de filmar lo real, recrear la realidad filmándola. No rehaciéndola *a posteriori*». Sobre si hoy día sería posible iniciar un proyecto como el de El Deseo, me responde que, en ese caso, quizá habría hecho con Pedro cortos para YouTube, pero cosas muy marginales, *underground*, siempre que esta palabra continúe teniendo algún sentido.

¿A Pedro le divierten todavía los rodajes? «Rodar es físicamente duro. Y ya siento el paso de los años. Cuando trabajaba en una película, iba a la sala de montaje y veía proyecciones todos los días. Esto me quitaba muchas horas de sueño, horas de las que ya no puedo prescindir. Nunca he delegado nada en nadie. Pero quizá haya llegado el momento de ceder en algún aspecto». Continúa yendo al cine, pero menos, pues en pocas ocasiones encuentra una película que le sorprenda. Le pregunto qué cree que se ha perdido con la irrupción de tantas imágenes fuera del sagrado recinto de la sala a oscuras: «En primer lugar, la costumbre, el rito social de ir al cine. Cuando salías comentabas la película, esta continuaba durante la cena. Y, en segundo lugar, ha desaparecido la hipnosis emotiva de la gran pantalla. Ningún otro soporte podrá sustituirla. Pero creo que ir al cine volverá a estar de moda. O puede que al final se proyecten solo dos o tres películas al año y la gente vaya a verlas como si visitara un museo».

Agustín vive con su segunda esposa y tiene dos hijos. Se ve con su hermano cada día. «Él tiene su familia y sus costumbres, pero cuando van al cine el fin de semana yo me apunto», dice Pedro. Ha dicho en numerosas ocasiones que le habría gustado ser padre. Pero eso no ha sido posible y Almodóvar, que pesaba cinco kilos cuando nació, continúa haciendo películas llenas de madres.

EL HOMBRE REAL

Tal vez porque en 2011, mediante real decreto, el entonces rey Juan Carlos le concedió el título de marqués, pero hay quien lo ha comparado con alguno de los señores retratados en el siglo XVII por Velázquez. En cambio, los más prosaicos dicen que parece un veterano agente de la Guardia Civil, un «pies planos». Sin embargo, Vicente del Bosque siempre ha tenido buenos pies. Se cuenta que de niño logró acertar un poste de la luz a cincuenta metros de distancia. Él mismo comenta que cincuenta metros le parecen demasiados. Del Bosque matiza, quita importancia y minimiza todo. Pero en el fútbol ha ganado todo aquello que se puede ganar. Como jugador del Real Madrid, cinco ligas y tres Copas del Rey; como entrenador de los blancos, dos ligas y una Supercopa españolas, dos Champions, una Supercopa europea y una Copa Intercontinental; como seleccionador de la Roja, un Mundial y una Eurocopa. Nacido en 1950, lleva bigote y traje gris. Si alguien se sentara a su lado en el tren sin conocerlo —cosa bastante difícil, al menos en España—, no se imaginaría nunca por su aspecto, modales, tono y palabras que posee tan gran palmarés. El hombre tranquilo: sobre la afabilidad, modestia y sabiduría de don Vicente se ha dicho y escrito mucho, tal vez demasiado, llegando incluso a la hagiografía. Ello ha conllevado que, a fuerza de insistir tanto en su cordialidad, de la que, por otro lado, nadie duda, se ha dejado a un lado su temperamento de luchador, su ambición, el gusto por el desafío y el liderazgo. Pulsiones todas ellas que en sus casi cincuenta años de carrera ha logrado cultivar bajo una apariencia flemática a prueba de halagos y críticas, golpes bajos, traiciones, venenos, griterío mediático... En pocas palabras: el espectáculo del fútbol en el siglo XXI.

Del Bosque dejó la Roja y el fútbol en verano del 2016, cuando en la Eurocopa la Italia de Conte hundió con dos torpedos una Armada que desde hacía unos años ya no era tan invencible. Ya jubilado, Vicente tiene sus rutinas y siempre un montón de compromisos. «Lo que sucede es que ya no paso todo el tiempo pensando en el próximo partido. El próximo partido, el próximo partido... Dios, cuántos días, meses, años he pasado pensando únicamente en el próximo partido», sonríe tras un café con leche en un gran hotel construido sobre terrenos de la antigua Ciudad Deportiva del Real Madrid. Del Bosque es un animal territorial. También como jubilado prefiere recibir a la prensa en su propio campo. Explica que la primera cosa que hace por la mañana es llevar a Alvarete al trabajo a las nueve. Para después recogerlo a las dos. Trabaja en una oficina y Del Bosque es su chófer. Se trata de Álvaro, su amadísimo hijo con síndrome de Down a quien, tras la victoria en el Mundial, Vicente llevó consigo, en un gesto que conmovió a todos, sobre el autocar que celebró el triunfo por las calles madrileñas. Vicente no realiza ninguna actividad, pero sale todos los días. «Mantengo la promesa que me hice antes de jubilarme: afeitarme cada mañana y no ponerme nunca chándal, el chándal es el inicio del fin».

Quizá se divirtiera jugando a acertar farolas, pero el pequeño Vicente no era ningún gamberro. De familia obrera, «unida como una piña» según recuerdan sus amigos de infancia, creció en el barrio de Garrido y Bermejo, distrito proletario de Salamanca, barrio de los ferroviarios. También su padre Fermín trabajaba con los trenes. Guardabarreras. «Era un hombre recto, noble, sin dobleces, pero de ideas demasiado radicales». Fue represaliado por el régimen franquista por sus ideas de izquierdas, cosa que vivió muy mal, pero afortunadamente encontró trabajo. Lo contrataron en La Casera, la gran fábrica de gaseosas. La madre era ama de casa. El barrio lo era todo. «Se vivía en la calle. En verano la gente salía a charlar hasta altas horas de la noche. Se hablaba de toreros, el Viti, el Cordobés, cosas así. Pero no se podía hablar de cualquier tema, al menos en voz alta». Decir que Salamanca era un lugar de derechas sería quedarse corto: durante la guerra fue uno de los epicentros del movimiento franquista. «Pero como sede de una antigua universidad también era una ciudad algo abierta, llena de estudiantes. Mucha gente se las apañaba gracias a ellos alquilando habitaciones. Muchos jovenes venían de América del Sur. Los llamaban los *pupilos* porque, si vivías con una pensión mínima, se convertían en tus chicos, te ayudaban a salir adelante». Eran tiempos de leche en polvo, la de las ayudas americanas. Una época en que había que aprender de memoria conjugaciones y catequismo: «En la escuela eran severos, se enfurecían si no pronunciabas correctamente palabras como "objeto", ob-je-to». A los doce años le regalaron una bicicleta («Todavía adoro el ciclismo, no me pierdo un Tour de Francia»); pero igual que su hermano Fermín, muerto de cáncer a los cuarenta y tres años, él prefería mucho más «pedalear» tras el balón, que casi siempre era una media rellena de trapos. Sus ídolos no eran, como se pudiera pensar, Di Stefano o Puskás, sino los jugadores del Salamanca, cuya alineación aún recuerda: Huerta, Fernando, Pollo, Eloy, Barrado. Cuando se los encontraba por la calle, quedaba paralizado. «No teníamos televisión, nos contentábamos con lo que había. Iba al partido con mi padre, era el abonado número 20».

A los dieciséis años Del Bosque debuta en el Salmantino, filial de la Unión Deportiva Salamanca. Lo apodaron «el Palillo» por su constitución larguirucha. Podo después un ojeador del Real Madrid se fijó en él. Y el 1 de agosto de 1968 entró en la Fábrica, la cantera del Real Madrid, que en aquella época era una especie de seminario laico. Su sumo sacerdote era don Santiago Bernabéu, que era un jerarca del balón. «Dirigía el Madrid como un ideólogo en el sentido de la autoridad moral. En la Fábrica no solo te enseñaban a jugar, sino también a vivir. A no afligirse nunca demasiado tras una derrota, a no sacar demasiado pecho tras una victoria. Esto último era un poco difícil, dado que siempre ganábamos». Austeridad, respeto, moderación. Y decoro. Nada de bigotes ni pelo largo. Doña María, la esposa de Bernabéu, llevaba monásticas medias de lana gris. Durante un viaje el tímido Vicente pasa al lado de la señora sin saludarla, lo que le vale una reprimenda de don Santiago: «¡Saluda a doña María! ¡Saluda siempre a los invitados, siempre!». A Francisco Franco le gustaba mucho el fútbol. Respecto a la intervención del régimen en la vida del club, Del Bosque recuerda que solo veía a las autoridades cuando jugaban en el extranjero, donde eran recibidos por los embajadores. En su tiempo libre continuó estudiando, se matriculó en magisterio, pero sin llegar a graduarse: «Si no hubiera continuado con el fútbol, me habría gustado ser maestro». En cierta medida también lo ha sido.

Su padre, Fermín, lo controlaba a distancia. Alguna vez iba a verlo jugar. ¿Pero qué tipo de jugador era el centrocampista Vicente? Según él mismo, «discreto, con cierta visión de juego, pero un poco lento. No era rápido». Se ganó el apodo de «cámara lenta», pero era sólido. Si bien, ciertamente, no metía demasiados goles: 14 en el primer equipo entre 1973 y 1984; 239 partidos jugados. Uno de sus recuerdos más felices se remonta al año 1975, en la Copa de Europa. 5 a 1 ante el Derby County tras el 4 a 1 encajado a la ida. Fue una de las primeras remontadas míticas. ¿Y un recuerdo doloroso? ¿La final perdida frente al Liverpool? «Quizá, pero hubo algo peor. Fue en 1981, cuando perdimos la Liga en la última jornada. Solo necesitábamos un punto para acabar por delante de la Real Sociedad… En Valladolid ganamos, mientras que en Gijón la Real estaba perdiendo. Para celebrarlo, Juanito camina desde el campo a los vestuarios de rodillas». Pero los vascos empatan. «Levántate, Juanito, la Real ha marcado». También le dolió lo sucedido en Yugoslavia. «El entrenador era Miljanić. En el Maracaná de Belgrado debíamos enfrentarnos con el Estrella Roja, que él había entrenado durante años. Como no se sentía nada cómodo, pidió a Bernabéu no estar en el banquillo, cosa que se le permitió. Perdimos en la tanda de penaltis». Está convencido de que hoy en día ningún entrenador pediría nada semejante.

Pero, justo para apartarnos un poco del discurso hagiográfico, le pregunto si es verdad que una vez en Hamburgo Vicente golpeó a Kevin Keegan y el árbitro, que estaba al lado, lo expulsó. Del Bosque me responde con un murmullo. En la selección Del Bosque marcó solo un gol. Seguramente habría sido convocado para el Mundial de 1978, pero tuvo la mala suerte de romperse el peroné y lo dejaron fuera. En 1999, tras casi quince años como entrenador en las categorías inferiores del Real, fue nombrado entrenador de los blancos. Que se convertirán en los «galácticos», el *dream team* de Zidane, Figo, Roberto Carlos y Ronaldo. Lo ganaron todo. Y en medio de esa mezcla de talentos, Del Bosque se ganó la reputación de alguien capaz de dirigir a las estrellas; lo definieron como «un domador de egos». Su receta era el equilibrio, el rigor, pero sin dogmatismos. Sobre todo no tocar demasiado las narices a los jugadores. Y cita a Molowny, uno de los integrantes, junto con Miguel Muñoz y Vujadin Boškov, de lo que considera la Trinidad de sus entrenadores-maestros: «¿Corregirlos? ¿Cambiarlos? Para nada. Si se quiere sacar lo mejor de cada jugador, es necesario aceptarlos como son». ¿Pero ningún roce? «Bueno… En una ocasión, con Guti». Cuando del Bosque, imitando a Bernabéu, le dijo que se cortara el pelo, pues lo llevaba muy largo, este le respondió: «Me cortaré el pelo cuando tú te hayas afeitado el bigote».

Cuando del Bosque aterrizó en el planeta Real, la filosofía del club era: «Hay buenos jugadores, y después están los jugadores del Madrid». Ese toque de excelencia, que para los antimadridistas es mero esnobismo, se ha mantenido hasta la época de Florentino Pérez. Cada vez que presenta a la prensa a un nuevo jugador, el presidente repite la fórmula: «Ha nacido para jugar aquí». Para Vicente son exageraciones. Él y Florentino no vivieron precisamente un idilio. Dicen que, pese a los éxitos, en la fase «galáctica» el presidente no consideraba a Vicente un hombre lo suficientemente brillante ni en consonancia con el *marketing*, con la imagen que en esa época el club quería transmitir de sí mismo. ¿Demasiado anticuado? ¿Solo era esto o había algo más? Vete a saber. El hecho es que el 23 de junio del 2003, justo tras ganar el vigesimonoveno título de Liga, el Real Madrid, que había sido la vida de Del Bosque durante treinta y seis años, lo destituyó. Sin dudas, constituye su recuerdo más doloroso: «Es verdad. Cuando pienso en ello todavía me duele. Más que en el plano profesional me hirió en el humano. Todo se desarrolló con frialdad. Pero las empresas son así...». Se interrumpió y me dijo que no le apetecía hablar de ello.

El hombre del Madrid que el Real rechazó tal vez por ser demasiado *vintage* vuela a Turquía para una temporada en el Beşiktaş poco afortunada, pero que él recuerda con cariño. Y tras un efímero contrato en el Cádiz como director deportivo, fue nombrado seleccionador nacional. En 2008, Del Bosque sustituye a Luis Aragonés, de mentalidad muy defensiva, pero que acaba de llevar a la Roja a la conquista de una Eurocopa. Al principio los aficionados y la prensa se sublevan. Después, como siempre sucede en el fútbol, se calman a la espera de ver qué hará el recién llegado. Para superar la etapa Aragonés, Del Bosque escoge una transición suave: innovación desde la continuidad. En la fase clasificatoria para el Mundial los españoles ganan diez partidos de diez. Ya en Sudáfrica, comienzan mal, pierden el primer partido contra Suiza, pero después conquistan el título. El primero de España. Para animar a sus hombres ante la final que los enfrentará a Holanda, Vicente pronuncia un discurso que, al no haber sido transcrito, ha quedado como una joya del patrimonio oral que en España se compara con las arengas de los caudillos shakesperianos antes de la batalla. Según ha explicado el defensa Joan Capdevila, «nos dijo que detrás de nosotros había todo un país, cuarenta millones de personas, pero que no debíamos considerarnos un ejército, que no debíamos comportarnos como soldados llamados a defender el honor de la patria. Porque no era una guerra. No era una cuestión de vida o muerte. Podía pasar cualquier cosa. Podíamos ganar o perder, pero pasara lo que pasara, debíamos aceptarlo». Dos años después, siempre liderada por Vicente, la Roja triunfó de nuevo en la Eurocopa superando por 4 a 0 a la Italia de Prandelli/Balotelli.

Cómplice de este éxito fue también el Barcelona estelar de Pep Guardiola, la edad de oro del modelo español de fútbol. En materia de fútbol España siempre había sido una potencia de primera línea, pero solo en cuanto a clubs, con el duunvirato Real Madrid-Barcelona. Sin embargo, ahora también triunfaba su selección. ¿Qué había pasado? «Fue una evolución absolutamente paralela a la del país», explica Del Bosque. «El fútbol fue simplemente el reflejo de una España que se modernizaba: instalaciones, entrenadores más preparados, jugadores más profesionales que interiorizaban sus experiencias en los clubs europeos. Alemania, Italia, Inglaterra... Hasta entonces nos habían parecido planetas inalcanzables... Un fútbol de otra raza, superior... Estábamos acomplejados y deprimidos incluso en lo que respecta a las camisetas». Ante mi sorpresa por esta última afirmación, me dijo: «Durante años llevamos unas camisetas cutres que se convertían en piedra cuando la lluvia las empapaba».

A Del Bosque se le ha reprochado sobre todo (o casi únicamente) una cosa: haber renunciado demasiado tarde. ¿Por qué no lo ha dejado cuando España triunfaba? ¿Por qué arrastrar las formidables pero ya cansadas legiones de los Xavi, Iniesta, Casillas, Ramos, Torres y Piqué hasta el Mundial de Brasil, donde fueron derrotadas ya en la primera fase? ¿Y por qué resistir hasta el fracaso de la Eurocopa? Del Bosque responde: «Todos me preguntaron por qué no me retiré antes. Pues porque seguíamos cumpliendo nuestro deber, haciendo nuestro trabajo. ¿Por qué debería haberme retirado, diablos? No me arrepiento de haber continuado. Estábamos trabajando bien. Lo cierto es que era imposible continuar ganando. Lo más normal era que perdiéramos». En cuanto a la victoria y la derrota, Del Bosque tiene una filosofía propia, aunque muy antigua, la que le fue inculcada en el Real: «Templados tanto en el triunfo como en la derrota». Y se acalora cuando recuerda que la prensa, ante las grandes citas internacionales, escribía titulares como «España está obligada a vencer». «¿Cómo que estaba obligada? Perdóneme el ejemplo, pero tras su eliminación en la última Eurocopa, los italianos volvieron a casa entre lágrimas. Entonces en España se dijo que lloraban porque habían creído en la victoria, mientras que nosotros, no. Pero en mi opinión, tras una derrota no se llora. Puedes —más bien debes— estar cabreadísimo, pero no lloras».

Dinero, espectacularización, divismo... Cuando le planteas la típica y tópica pregunta de cómo ha cambiado el fútbol respecto a sus inicios, Del Bosque te responde que poco. Lo afirma en parte por diplomacia, pero también porque lo cree así. Para el hombre antiguo, el mundo cambia solo en los detalles, nunca en su esencia. «Lo que más me choca son los cambios en el lenguaje. A menudo ciertas fórmulas o palabras solo son vestidos nuevos para cosas viejas: la «presión alta», el «repliegue» o la «posesión del balón» existían también antes, pero no se llamaban así o no tenían ni nombre. ¡Antes las transiciones eran contraataques! Ahora también está de moda decir que un jugador ha sido el culpable de una victoria. Pero alguien es culpable de cosas negativas. Quizá sería mejor decir artífice». Tampoco opina que haya cambiado demasiado la forma de jugar. Según él, la esencia del Real o del Barça sigue siendo la misma: atacar en espacios estrechos y defenderse en espacios amplios. «Hace tiempo, antes de un partido, un periodista se sorprendió de que el Rayo Vallecano marcara al hombre. Parecía una locura, un anacronismo. Y, en cambio, el Rayo ganó. Siempre se piensa que aquello que vemos expuesto en un escaparate sea la mejor mercancía, pero no siempre es así».

—De acuerdo, pero entre Messi y Ronaldo, ¿a quién escoge?

—No me haga entrar en estos temas —responde tras una serie de refunfuños.

—Y sobre...

—Messi es un jugador de calle. Cristiano es perfecto, parece salido de un ordenador.

—Entonces Messi...

—Ummm...

—Aparte de estos dos, ¿actualmente quién le gusta más?

—El belga Hazard.

—Hace algunos años dijo que simpatizaba con los indignados. ¿Continúa siguiendo la política?

—Sí, aunque se ha vuelto demasiado televisiva. Incluso los de Podemos han reconocido que han abusado demasiado de la televisión.

—¿Qué político le gusta o le gustó?

—Felipe González, el mismo Zapatero.

—¿Lee?

—Sobre todo los periódicos.

—También porque en ellos encuentra crucigramas. ¿Siguen siendo su pasión?

—Totalmente. Me dedico a ellos el domingo. Los que no tengo tiempo de resolver los recorto y los guardo para llevármelos cuando voy de viaje. Puedo ponerme a resolver un crucigrama que dejé a medias en el 2005...

—Cuando no encuentra las soluciones, ¿qué hace? ¿Trampa? ¿Busca las palabras en Google?

—Ciertamente.

—¿Del Bosque es el último romántico del fútbol?

—Hay que ser románticos. El fútbol es una cosa más importante que tu equipo. Si entrenas no puedes ponerte furioso cuando estás en el banquillo, no puedes cabrearte por una simple falta.

—Así pues, hay que fomentar la ilusión.

—Vea, desde hace cuarenta años juego a las Quinielas siempre con el mismo sistema. He ganado muy poco, pero si jugara mediante la lógica lo habría dejado hace tiempo —dice mirando el reloj—. Se ha hecho tarde. Debo ir a recoger a Álvaro.

UN PESIMISTA EN VALENCIA

Hacia el final vivía con dos perros y un gato. Hasta no hacía mucho también había tenido dos gatos, pero a uno se lo había zampado un zorro. Entre pilas de libros, Rafael Chirbes vivía apartado en Beniarbeig, un pueblo alicantino. Estaba física y mentalmente alejado del mundillo editorial de Madrid y Barcelona, ya que, según él, frecuentarlo creaba vínculos y obligaciones para los que no estaba hecho. Actualmente los escritores de cierta notoriedad tienen agendas más saturadas que las de un hombre de negocios. Chirbes, no. Él rehuía las obligaciones. Ofrecía con cuentagotas las apariciones públicas, las entrevistas. Y no porque estuviera abrumado por numerosos compromisos, sino porque quería proteger el tiempo de la vida privada, dedicarlo a la lectura, a tomar apuntes o a una filosófica inactividad rebosante de reflexiones. Cuando le pedí por correo electrónico si podíamos vernos un lunes concreto, me respondió: «Sí. Pero estoy libre igualmente todos los días siguientes. Y los precedentes».

Había ganado premios importantes con sus novelas, pero tanto le daba: «Lo que me preocupa es escribir un libro realmente bueno antes de morir». Pese a los reconocimientos, consideraba que todavía no lo había logrado. Rafael Chirbes llevaba una vida apartada, pero no era para nada un asceta. Por ejemplo, le gustaba comer bien. Tras haber vivido en Marruecos y París, fue durante más de veinte años director, crítico y reportero gastronómico de *Sobremesa*, revista de gula e ideas que en España fue el equivalente de la italiana *Gambero Rosso*. Sin embargo, atacó sin contemplaciones el ámbito de la alta cocina en sus últimos libros: guarida de canallas, corruptos, nuevos ricos... «El discurso gastronómico se ha convertido en moda, conformismo, y llega a resultar cansino. A cualquier hora la televisión es actualmente una orgía de cocineros», me dijo en un restaurante valenciano de cocina creativa, uno de esos donde se desestructura y reestructura a más no poder. Naturalmente, lo había escogido él.

Pero en su punto de mira no tenía solo a los nuevos gurús de las barricas, de las emulsiones, del buey de Kobe o del *carpaccio* de cualquier cosa. En su novela *En la orilla* (2013) —una de las más intensas e incómodas que he leído en los últimos años—, salían malparadas muchas otras cosas: la España en crisis; la nueva burguesía arribista y las clases populares adormecidas, venales y corruptas; los jóvenes y los menos jóvenes. Todos alienados, todos sumidos en el mismo victimismo, en la misma degradación moral. En su libro anterior, *Crematorio* (2007), Chirbes había hurgado en el patio trasero del milagro económico español —especulación inmobiliaria y derivaciones—, sacando a la luz todo tipo de mezquindades. Y mientras desde los despachos de Madrid se anunciaba a bombo y platillo que lo peor ya había pasado y que el país se estaba recuperando, él se burlaba de ese mantra: «A fuerza de repetirlo esperan que se convierta en realidad». Las últimas novelas de Rafael Chirbes reflejaron una España nunca antes (o muy poco) explicada. El anonimato de una provincia aletargada, llena de políticos chaqueteros; antiguos *hippies* reconvertidos en pequeños empresarios; parados sin nada que hacer tras el estallido de la burbuja inmobiliaria; inmigrantes árabes a caballo entre la resignación y el revanchismo yihadista; familias codiciosas que defienden el principio de que una herencia no se divide, se descuartiza; habituales adiposos de puticlub, esos burdeles repletos de mano de obra de Europa del Este o sudamericana que en España surgen surreales incluso en los márgenes de las carreteras más perdidas, con sus neones fucsia centelleando por la noche: «*Paradise! Girls! Girls!*».

En el mundo de Chirbes se muere de cáncer a porrillo, mientras que los vivos tienen los triglicéridos por las nubes y pasan sus horas vacías jugando al dómino en los bares, con sus malvados ojitos hundidos en sus orondos rostros. *En la orilla* solo se salvan, y hasta cierto punto, un par de personajes: un viejo mudo, terminal, y su cuidadora colombiana («Pero buen cuelo», comentan jocosamente los habituales del bareto). A todos —indescifrable como el monolito de Kubrick— les vigila el pantano, que ha absorbido las miserias de la historia de España como un paño el agua sucia. Tras la Guerra Civil, los últimos maquis antifranquistas se escondieron allí y la Guardia Civil se dedicaba a cazarlos como a patos; más tarde, las astutas pequeñas fábricas locales arrojaban en él todo tipo de vertidos, mientras que ahora las mafias tiran dentro armas o cadáveres.

La España de Rafael Chirbes es un microcosmos que huele a pañales para ancianos y basura recogida con retraso (formidables las páginas sobre hedores estacionales: en invierno las cosas huelen «cada una por su cuenta»; en verano, todas juntas). Poder, dinero. Y sexo. Pero sufrido: «Yo no sé por qué dicen que es fuente de placer», señala un personaje. «La sabiduría popular lo ha tenido claro. Cuando alguien te dice que quiere joderte o darte por culo no está diciéndote precisamente que quiere proporcionarte placer». Tras haber leído *En la orilla*, una obra maestra, alguno comentó afectado: «Es un fresco pesimista que nos hace cómplices del mal». Pero tanto en calidad de escritor como de lector, a Chirbes le fascinaban los malos. Según él, impulsaban hacia delante la exigencia de conocimiento inherente a cualquier verdadera novela: «Del Vautrin de Balzac al Torquemada de Galdós, los malvados son aquellos que mejor nos reflejan. Todos los desprecian, pero, quien más, quien menos, disfrutan gracias a ellos de su paz social».

Leer una novela de Chirbes supone un placer literario, pero también conlleva acabar deprimido. Me sonríe en el restaurante valenciano: «¿Qué le puedo decir? No soy un sacerdote, ni un médico ni un político. No pretendo consolar, curar o resolver nada. No me gusta camelarme al lector, acariciarlo. Me gustan los autores que me dicen cosas que no querría escuchar. Como escritor, intento ser consecuente. Para quien lo lee, un libro debería ser un momento de análisis igual que para quien lo escribe». En un artículo relativamente reciente criticaba la nueva moda de la novela ansiolítica, glamurosa, cosmopolita y reconfortante: «Se quedan en la mesilla de noche, al lado del frasco con las pastillas y del vaso de agua». Con la crisis esa moda se había evaporado en parte, pero según él fue sustituida por algo peor: «Ahora todos se han hecho comunistas. El nuevo héroe social es el lumpen. Hoy si cobras ochocientos euros al mes eres un malvado porque los buenos no ganan nada, están parados». Quien trabaja es culpable. «Y debes tener mucho cuidado en cómo te comportas. Se respira un aire de *tricoteuses*, un clima de populismo vengador, de inquisición desde abajo, con neocomités de salvación pública que vigilan todo —política, administración—, siempre dispuestos a señalar con el dedo gritando: "¡Mirad! ¡Ese tiene un suelo de dos mil euros y no hace una mierdaaa!"».

Veía cómo se difundía una nueva cultura de la pobreza penitencial «que exalta las virtudes de la austeridad, la marginalidad antisistema, la estética de la degradación. Yo me considero marxista, pero mi ideal social no es Spaccanapoli». Cuando los indignados ocuparon las plazas españolas gritando contra la «casta», él comentó: «De acuerdo, pero no basta con indignarse. Sobre todo porque puede ser peligroso. En los años treinta, Alemania estaba llena de indignados».

En estos últimos años, su alegre Valencia ha sido uno de los epicentros de la entente más que cordial entre política y negocios. Muy apegado a la ciudad, Chirbes puntualizaba: «La han convertido en el estercolero de todos los escándalos. Pero en España puede haber cosas peores. He vivido en lugares donde la corrupción es como el aire, como el oxígeno. Lugares donde los gorriones no cantan ni vuelan si no los sobornas».

En su juventud, Rafael Chirbes había sido militante antifranquista y había pasado por Carabanchel, la cárcel símbolo de la resistencia. Pero le irritaba el lloriqueo en torno a los vencidos. Criticó duramente las medidas adoptadas por los socialistas, sobre todo en época de Zapatero, para la recuperación de la memoria histórica. Las consideraba estrategias de lenocinio político que se habían traducido en exposiciones, películas, muestras y *best seller* donde la historia de los derrotados se convertía en fetiche. Situado más a la izquierda que el comunista Manuel Vázquez Montalbán, Chirbes lo llamó para colaborar con la revista gastronómica *Sobremesa*: «Era un hombre tímido, melancólico, pero lleno de curiosidad. Escribió alguna buena novela, pero en general diría que escribió demasiado. Por una especie de bulimia que era al mismo tiempo económica y existencial». En España, Manuel Vázquez Montalbán fue «uno de los primeros en darse cuenta de que, en la línea de las reflexiones gramscianas en torno a la cultura popular, cierta izquierda italiana (pienso en el *Gambero Rosso* o *Slow Food*) se encontraba a la vanguardia de la defensa de las cocinas regionales como trinchera frente a la comida basura. Aquí, este redescubrimiento tuvo lugar más tarde. Y en el País Vasco y en Cataluña pronto adquirió un cariz de orgullo nacionalista». Tras todo esto vino la «gastrolatría», la verborrea culinaria que todavía nos persigue. Según él, ya no se come, no se bebe, sino que se «degusta». A despecho de Feuerbach, «el hombre ya no es aquello que come, sino dónde come y con quién. La comida se ha convertido en una moda, en mera mercancía. Pero para la gente como Montalbán significa otra cosa, ellos buscan que sobre la mesa se prolongue la aspiración humana a la felicidad».

Cuando estaba solo, Chirbes no cocinaba: «Pongo en la sartén dos chuletas de cordero con un poco de rúcula y ya me está bien. No soy un gran vividor». ¿Un escritor debería vivir aislado? «Ni idea. Yo vivo así. Pero no lo convertiría en un dogma, una teoría. Si bien es cierto que frecuentar el ambiente literario condiciona, resta libertad, crea obligaciones y dinámicas de control mutuo: si alguien reseña favorablemente uno de tus libros, se espera que tú hagas lo mismo con el suyo. Mejor evitarlo». Rafael Chirbes quizá no habrá sido un gran vividor, pero tampoco fue una persona triste. Recordaba sin problemas secuencias y bromas de los clásicos de la comedia a la italiana. En cierto momento me preguntó si sabía si Michelangelo Antonioni había estado a sueldo de los americanos. Cuando le respondí que no lo creía probable, me dijo: «Porque aquí en España gente como Risi o Monicelli llenaban los cines. Después llegó él y todos huyeron para refugiarse en las películas de Hollywood». En cualquier caso, las series de televisión estadounidenses le encantaban: «¡Ah, *Los Soprano*! Lo que daría por irme de bar en bar para emborracharme junto con Tony Soprano. Pero de barrios como este lo habrían echado al instante. Es demasiado políticamente incorrecto», me dijo tras un *gin-tonic* del tamaño de una piscina que nos habían servido en un barrio antiguamente popular de Valencia ahora reconvertido a la movida intensiva.

Lector omnívoro y perspicaz, Chirbes dedicó excelentes ensayos a sus autores de culto: Cervantes, Galdós o el Fernando de Rojas de *La Celestina*, la iconoclasta tragicomedia de finales del siglo XV «que es probablemente la primera obra maestra materialista en la historia de la literatura española». No se consideraba a sí mismo un escritor profesional: «No consigo fijar un programa a largo plazo. A planificar cosas como: para el 2019 cerraré un ciclo de tres novelas. Cada vez que acabo un libro nunca sé si comenzaré otro». Pero desde hacía años le daba vueltas a un ensayo sobre su adorado Baltasar Gracián. Me dijo que había vuelto a leer hacía poco la principal obra de este extraordinario jesuita (1601-1658), *El Criticón*: «Casi no me lo creía. Con sesenta y cinco años lo siento más cercano que nunca. No solo por el uso del lenguaje. Sobre todo por ese sentimiento barroco de un mundo frágil que siempre está al borde de la podredumbre».

Chirbes me pareció un hombre de amarga ironía, en ocasiones incluso algo maligna. Decía que habían sido sus orígenes humildes y las estrecheces de su infancia y juventud las que habían oscurecido para siempre su mirada. Tenía muchas ganas de hacerme de guía por Valencia, que consideraba su capital. «Si vuelves, debes al menos quedarte una semana». Cuando leyó la entrevista que le había hecho me pareció contento. Pero se reprochaba las frases sobre Montalbán: «He sido demasiado duro al hablar de Manolo». Algunos meses después tenía programada una nueva visita a Valencia por trabajo. Por eso escribí a Rafael y lo llamé varias veces, aunque sin obtener respuesta. Dado que se enfadaba a menudo, temí que se hubiera molestado también conmigo por algún motivo misterioso. Pero la razón de aquel silencio la descubrí el siguiente verano al leer en los periódicos que había muerto de cáncer.

MANOLO, QUE ESCRIBÍA TAMBIÉN CUANDO DORMÍA

En España los artículos periodísticos de Manuel Vázquez Montalbán se publicaron en tres volúmenes que ocupan un total de mil quinientas páginas. Pero constituyen solo la punta del iceberg, apenas un diez por ciento de los más de diez mil artículos que Manolo rubricó en cuarenta y tres años de periodismo total. Política, literatura, crónica, deporte, sátira, moda. Se decía que cuando escribía tenía encendidos siete ordenadores a la vez y controlaba al mismo tiempo el fuego donde estaba cocinando manjares exquisitos. Pero se trata solo de una leyenda difundida por sus admiradores.

Es difícil abarcar toda la obra periodística de Vázquez Montalbán, pues se halla dispersa en más de veinte publicaciones —algunas muy efímeras— y a menudo camuflada tras pseudónimos satíricos que en España marcaron época: Sixto Cámara, la Bella Encarna, el barón d'Orcy...

Hijo de un obrero comunista encarcelado por Franco y a su vez militante izquierdista desde sus años universitarios, Montalbán comenzó a escribir en la prensa falangista. «Porque, en esa época, no había otra», recuerda Myriam Sumbulovich, conocida como Hado Lyria, la traductora al italiano de la mayoría de los libros de Manolo que se han publicado en Italia. Vive en Milán desde hace muchos años. Conoció a Manuel Vázquez

Montalbán en 1957, en Barcelona, en la Escuela de Periodismo. «Los profesores eran un atajo de absentistas. Para que practicáramos la crónica, nos enviaban con los bomberos, al Cottolengo, al matadero». Con Montalbán formó un tándem de ayuda mutua. Uno hacía de *ghost writer* de la otra y al revés. «Una vez uno de mis textos fue muy bien valorado. Pero el profesor me comentó que debía vigilar el estilo debido a que era demasiado femenino. Sin embargo, lo había escrito Manolo».

En la prensa del régimen, el creador de Pepe Carvalho se mueve como un topo, como un agente doble. Sortea las mordazas como puede. Pero el juego del escondite con la censura dura poco. Montalbán es marginado. Y en 1962 es arrestado durante una manifestación estudiantil. Tres años de cárcel, de los que solo cumplirá la mitad. Allí recibe los paquetes que le envía Myriam: «Los libros de Cesare Pavese, que tanto influyeron en su poesía. Pero también las *Cartas desde la cárcel* de Gramsci, que increíblemente superaron los controles». Con motivo de la muerte del papa Juan XXIII, el «caudillo» decreta un indulto y Montalbán sale de la cárcel. Sobrevive colaborando con publicaciones de todo tipo, incluida la revista de interiores *Hogares modernos*, donde firma como Jack el Decorador.

Se ha convertido en un agudo observador de la mutación antropológica que se está produciendo en la España del desarrollismo. De la atmósfera del desarrollo a todo gas. En pleno *boom*, sobre todo turístico, el país acelera hacia todos los nuevos «ismos» del bienestar: consumismo, hedonismo, individualismo... Y, necesariamente, también hacia una mayor permisividad. Sin exagerar, incluso los candados de la censura se aflojan un poco. Un reflejo de estas metamorfosis son las portadas de grandes revistas ilustradas como *Siglo XX* —que, por ejemplo, muestra la espalda desnuda de Virna Lisi—, pero sobre todo *Triunfo*, pariente castigado de las italianas *Epoca* o *L'Europeo*. Y es en esas páginas donde aflora el genio del Montalbán periodista. De 1969 son unos formidables artículos sobre el pasado reciente, más tarde recopilados con el título *Crónica sentimental de España*, una inmersión irónica y conmovedora en la cultura popular entre los años cuarenta y sesenta. Prensa, deporte, publicidad, cine, radio, televisión... y sobre todo coplas. Montalbán se las sabe todas, pues se ha impregnado de ellas desde niño en las calles y patios del Barrio Chino de su infancia. Ahora las relee como expresión del inconsciente nacional, «la caja negra de la emotividad española». Para España, *Crónica sentimental* supuso casi lo mismo que *Mitologías* de Barthes y *Diario mínimo* de Umberto Eco para Francia e Italia respectivamente. Una nueva mirada sobre los ritos de la modernidad.

En 1971 publicó otro artículo legendario, «Informe subnormal sobre un fantasma cultural», sobre la Gauche Divine de Barcelona. Directores, escritores, fotógrafos y arquitectos con el mito de la Milán de Dorfles, Gregotti y Tomás Maldonado. Un grupo donde a las mujeres «les encanta el Che, Bellocchio, Charlie Brown», pero «odian la maxifalda»; van al cine a París, no saben cocinar, comentan sin inhibiciones «el censo y eficacia de sus *partenaires* sexuales» y «suelen desengañarse matrimonialmente en plazos que oscilan desde los tres días a los siete años (nunca pasan de los siete años)». Por su parte, los hombres, «si se compran un coche que exceda al Mini, se lo compran rojo», «llaman al psiquiatra para consultarle el color del *foulard*», «les encantan las guerrilleras palestinas» y «consideran absoluto el tema del diálogo entre católicos y marxistas». Saben cocinar «dos o tres platos (suele ser el, *steak tartar*, el arroz al curry y, en casos de inteligencia excepcional, la paella)». En el fondo, son liberales. ¿La revolución? Para ellos es un bien (de consumo).

Montalbán ya había reflexionado en 1963 sobre el papel de la prensa en la sociedad de mercado en su ensayo *Informe sobre la información*. En 1971 retomó el tema con un artículo, «Los periodistas», que comienza así: «Hay periodistas que saltan en paracaídas sobre Laos, interrogan a medio millón de moribundos, están a punto de ser hechos prisioneros por el Gran Tamerlán, pero vuelven a tiempo de ganar el Pulitzer, el Nobel y una beca Juan March. Otros periodistas se levantan cada mañana a las ocho menos cuarto, toman un café con leche largo y salen con el coche utilitario a tiempo de aparcarlo, si hay sitio, en el parking reservado. Suben a la redacción, se sientan a la mesa cotidiana, desenfundan las tijeras cotidianas, cortan, pegan, corrigen, cambian titulares, hablan de fútbol, y de señoras, de sus hijos y sus parcelas, envejecen con la mesa, mueren antes y según los años de comensales de papel, merecen una gacetilla fúnebre en la que se exalta su espíritu de sacrificio y de servicio a la información». Supermanes y oficinistas. Manolo se alinea con los segundos. Entre otras razones, porque es uno de ellos.

En noviembre de 1975 muere Franco. La censura ata corto: «Por tres palabras de más todavía se hundía a editores y publicaciones», recuerda Myriam Sumbulovich. Es en esos años grises cuando se va perfilando la figura de Pepe Carvalho. Las aventuras de este detective, antiguo militante comunista reconvertido en agente de la CIA, constituyen una biografía de la nueva España. Aquella bajo el signo de la desilusión surgida justo después de la euforia democrática. Pero Montalbán dirige su mirada también más lejos. Por ejemplo, a Italia, país que siempre ha seguido con curiosidad. En 1978, su artículo sobre el asesinato de Aldo Moro es de una lúgubre lucidez: «El jinete de la eurocrueldad ha dejado de ser un fantasma para ser un componente convencional de nuestra vida cotidiana. La sociedad se acostumbrará a sacrificarle corderos que limpiarán los pecados del sistema. Un ritual. Otro ritual. Una misa roja o negra sin cielo, purgatorio, infierno ni limbo». La pasión italiana de Manuel Vázquez Montalbán tenía un origen literario. «Sciascia escribe las mejores novelas políticas de Europa», repetía Manolo en las entrevistas. Asimismo, en los tres volúmenes de la *Obra periodística* hay también páginas emotivas sobre Laura Antonelli o Marcello Mastroianni. Tampoco falta un homenaje a Camilleri, que llamó a su personaje Montalbano en honor a Montalbán. Pero el italiano más mencionado es Berlusconi. Tras la victoria electoral de 1994, Manolo comentó: «Nos movemos en una nueva contracultura política, esta vez de derechas [...], que lleva el *marketing* político a sus últimas consecuencias y prefabrica un líder según el imaginario deseado por el consumidor».

En 1984, Manuel Vázquez Montalbán comenzó a colaborar como columnista en *El País*. Por aquel entonces quizá era ya el más leído de España. En Italia, desde los noventa, se le podía seguir especialmente en *La Repubblica*, diario con el que colaboró hasta el final, y en el *Manifesto*. El humor de sus últimos artículos estaba cada vez más teñido de desencanto, aunque no de cinismo. Desilusión amarga por la falta de regeneración social de España: en primer lugar, la del socialismo de negocios de Felipe González y, más tarde, la del neoliberalismo sin complejos de José María Aznar. Desilusión por el sometimiento de las izquierdas europeas a la vorágine capitalista global. Y desilusión por su amado fútbol, épica popular convertida en negocio del espectáculo, en droga sintética de masas. Crepuscular su gran reportaje sobre la Cuba que recibió al papa Wojtyla. Más esperanzado el de la Chiapas del subcomandante Marcos, «que reavivó en él algún sueño de juventud», explica Sumbulovich.

No obstante el peso de la desilusión, Carvalho continúa investigando. Del mismo modo, Manolo continuó trabajando como un loco porque se consideraba obligado a intervenir. «Escribía a vuelapluma, preocupándose poco del texto. No amaba la eufonía». Puede que sea así, pero sus textos periodísticos están repletos de hazañas, agudas observaciones, curiosidades, sarcasmo y *pietas*. En Montalbán, marxista melancólico, su compromiso siempre se ha visto zarandeado por su contrario: el deseo de evadirse, fomentado por el fantasma de Gauguin y los mares del sur. En 1994, antes de una operación cardíaca, Manuel Vázquez Montalbán dejó preparados para *El País* una serie de textos, «no sin cierta veleidad de que podrían publicarse póstumos». Pero no fue así. Nueve años más tarde hizo lo mismo con motivo de un ciclo de conferencias en Australia y Nueva Zelanda. El 18 de octubre del 2003, cuando estaba de regreso, un infarto lo mató en el aeropuerto de Bangkok.

Exmilitante comunista y más tarde agente de la CIA, gourmet con problemas con los triglicéridos pero que no engorda, con una prostituta por medio novia y una considerable biblioteca de la que coge viejos libros fetiche (Engels, Adorno, Lukács...) para encender la chimenea. El hombre llamado Carvalho había nacido casi treinta años antes. El detective apareció por primera vez en la novela experimental *Yo maté a Kennedy*, de 1972. Pero fue en *Tatuaje*, de 1974, donde el personaje adquirió mayor entidad. Frente a los que le acusaban de haberse vendido a la literatura comercial, Montalbán explicaba que había aceptado el desafío de escribir una novela policíaca por divertimento. Más exactamente, por «una apuesta etílica» entre amigos. Manolo admitía que *Tatuaje* había sido escrita en quince días, «cosa que se nota». Esa novela no se la leyó casi nadie. Anna Sallés, viuda de Montalbán, recuerda que el verdadero salto se produjo en 1978 con los *Mares del sur*, la tercera novela de Carvalho, que ganó el premio Planeta, lo que permitió a Montalbán vivir un poco mejor gracias a la literatura. Historiadora y escritora a su vez, me explica que Manolo aplicaba el mismo *modus operandi* tanto en su labor de periodista como en la de novelista. Se concentraba solo cuando corría prisa entregar un texto: «No improvisaba, partía siempre de un plan preciso, aunque no escrito. No era metódico, alguien con horarios regulares. Pero, cuando debía acabar un libro, se encerraba en casa y podía trabajar dieciocho horas al día». Consideraba su obra poética lo mejor que había escrito. Esta ha sido traducida al italiano, pero es muy poco conocida en el país alpino. «Era consciente del hecho de que el éxito de la serie Carvalho podría ocultar el resto de su obra, las otras novelas, los ensayos, las poesías... Pero no le importaba. Decidió continuar con el personaje porque, según él, le servía para presentar desde cierta distancia una visión melancólica de la historia, de la conducta humana y de la relación entre ser humano y sociedad. Y también para trazar una crónica de la transición democrática». Carvalho investiga en los bajos fondos y dobles fondos de la sociedad española hasta bien entrado el periodo de la completa modernidad capitalista. La de los nuevos ricos y las obras faraónicas, la de la corrupción política y el fútbol de negocios, la de los spa y los restaurantes de cocina creativa.

En el Barrio Chino, en el corazón de la Barcelona popular donde nació en 1939, algún local todavía exhibe con afectuoso orgullo fotografías de Manolo. Por ejemplo, en el restaurante Can Lluís (calle de la Cera, 49, Menú Montalbán a 25 euros) y también en la coctelería Boadas (calle dels Tallers, 1), antiguo *american bar* señorial y acogedor. Manuel Vázquez Montalbán contaba que, en cuanto supo la noticia de la muerte de Franco, acaecida el 20 de noviembre de 1975, fue allí a celebrarlo. Anna explica que «estaba lleno de gente, pero cuando salimos a las Ramblas no hicimos absolutamente nada. Porque la extrema derecha iba en busca del más mínimo pretexto para ponerse a atizar. Esos momentos fueron una mezcla de íntima satisfacción y contención. En todo el país se respiraba el mismo clima». Ninguna explosión de júbilo, sino un alivio sordo, interior. La España que enterraba al dictador era una olla a presión sin silbido final. «El franquismo salía indemne tras cuarenta años de dictadura. Como hombre de izquierdas, Montalbán no podía considerarse satisfecho con una transición en la que las fuerzas democráticas tuvieron que renunciar a muchas más cosas que los herederos del régimen», comenta Sallés.

Conoció a Manolo durante sus años universitarios cuando él estudiaba Letras y ella, Historia. En cuanto a sus orígenes, eran parecidos. Montalbán, hijo de una modista y de un «rojo» encarcelado por la dictadura; ella, nacida en Francia, muy cerca de la frontera, de una familia exiliada «comunista y catalanista». En mayo de 1962, durante una manifestación en apoyo de los mineros asturianos, ambos fueron arrestados. A Anna la condenaron a «seis meses y un día» de cárcel; a Manolo le cayeron tres años, que después se redujeron a la mitad. «Compartía celda con prostitutas, ladronas y asesinas. Las trataban como basura. A mí me trataban con más miramientos, ya que, aunque de izquierdas, era "la estudiante"», recuerda Sallés.

Mientras tanto, para Montalbán la prisión se estaba convirtiendo en una experiencia impactante. Fue trasladado de Barcelona a Lérida, a una cárcel rural y no masificada donde, más allá de los estereotipos delictivos, se pudo hacer una idea clara de por qué los hombres acababan allí dentro. En la serie de Carvalho afloran constantemente recuerdos de su reclusión. Pero Montalbán afirmaba que la prisión había sido en cierta medida la incubadora de todos sus libros. De su escritura mestiza, palimpsesto de cultura popular y libresca. Anna explica que en la cárcel Montalbán leyó muchísimo y entró en contacto con un trasfondo de miseria espiritual que no tenía nada que ver con la pobreza obrera del barrio en el que había crecido.

Se casaron en 1962 y en 1966 nació Daniel, actualmente director y novelista. Montalbán decía que se había casado con una chica de izquierdas que no sabía cocinar, pero lo cierto es que él tampoco sabía hacer nada en casa. Por eso se dividieron las labores domésticas. A la hora de cocinar, Montalbán solo experimentaba cuando venían amigos. «Recuerdo alguna memorable cena de fin de año. Al final, me tocaba a mí recogerlo todo», explica Anna. El plato preferido de Manolo era el arroz. En todas sus variantes, aunque siempre mejor acompañado de espardeñas. Como las que le ofrecía Josep Maria, monumental propietario de Can Solé, el restaurante de la Barceloneta (calle Sant Carles, 4) donde, aseguraba el escritor, se preparan los mejores arroces caldosos del Mediterráneo. Josep Maria explica que antes de su último viaje le llamó para reservar una mesa: «Guárdame las espardeñas para cuando vuelva de Oriente».

Actualmente a nadie le sorprende que una persona de izquierdas pueda ser también amante de la buena mesa (por no decir del fútbol). Pero en la época en la que Montalbán comenzó a escribir novelas esto era subversivo porque todavía había comunistas. Y comunismo y principio de placer mantenían una pésima relación. En cambio, para el herético Montalbán no existía contradicción entre los placeres mundanos y el compromiso político. «Era un hombre vital. Incluso demasiado. Se cuidaba poco», dice Anna. Culés incondicionales, iban muy a menudo al estadio. Manolo definió el pueblo blaugrana como «ejército simbólico y desarmado de Cataluña». Pero no llegó a tiempo de disfrutar de la época Messi.

Para alguien «que escribía hasta cuando dormía, creo que la gula era una especie de válvula de escape», sostiene Rosa Gil. Desde 1929, su familia estuvo al frente de Casa Leopoldo (calle Sant Rafael, 24). Antes de que lo cerraran temporalmente, en el local se podía ver una foto firmada por Manolo que decía: «Restaurante mítico de mi infancia al que debo mi fabulación literaria». Rosa explica que en los años setenta, cuando trabajaba como periodista, Montalbán iba al restaurante dos veces por semana: «Hacia el final, por motivos de salud, ya no bebía ni fumaba. Parecía apesadumbrado, casi como si previera algo. Siempre se comportó con la delicadeza de una persona modesta». Ella puede explicarnos mejor que Carvalho la transformación del Barrio Chino. De cuando el barrio bullía de charnegos, de emigrantes andaluces, aragoneses o gallegos, como el padre de Montalbán y el mismo Pepe Carvalho. «Después llegaron los magrebíes, los paquistaníes, las chicas del Este y del África subsahariana. ¿Lo ve? Aunque cambie y vuelva a cambiar, el barrio se mantiene fiel al carácter mestizo de sus orígenes», sonríe Rosa. Ciertamente, a medida que te acercas a la Rambla, el barrio parece cada vez más gentrificado, por no decir completamente pijo. Pero a oeste, en los alrededores del Paralelo, continúa siendo un laberinto de callejuelas destartaladas. Con sus peluquerías afro, orientales o árabes; sus tortuosas tiendas de electrodomésticos; sus kebabs y locutorios. De las ventanas cuelga sobre todo la colada, pero también se ve alguna *estelada*, la bandera del renacido independentismo catalán. Manolo no llegó a ver el resurgimiento del nacionalismo catalán. ¿Qué habría pensado? «En Montalbán la catalanidad convivía con sus orígenes inmigrantes. Pensaba que las relaciones entre España y Cataluña debían recomponerse mediante una solución federalista. Pero hoy dudo de que este sea un camino todavía posible», dice Sallès, que no oculta sus simpatías por la izquierda nacionalista.

La calle Botella es un callejón. En el número 11, una pequeña placa recuerda que allí nació Vázquez Montalbán. Pero ese fue sobre todo su lugar «Rosebud». Evocando la película *Ciudadano Kane*, de Orson Welles, Manolo lo consideraba el recuerdo de un momento del pasado que encierra aquello que somos, que nos define para siempre. Cada uno tiene su Rosebud. El de Montalbán se remontaba a los años cuarenta: «Una mañana en Barcelona, en los años cuarenta, soleada [...]. Delante de mi casa, en la calle de la Botella, había una panadería [...]. Recuerdo a mi madre atravesando la calle con una barra de pan y un cucurucho de papel lleno de aceitunas negras de Aragón, partió un pedazo de pan caliente y me lo dio con la bolsita de aceitunas negras. Cada vez que he intentado hallar un momento de plenitud, se me aparece ese instante».

Frente a la casa de Manolo ahora hay un edificio fantasma, vallado, envuelto en una red de seguridad. Entre persianas bajadas y montones de grafiti, no queda rastro de la panadería. Lo más parecido a un horno es L'àvia, agradable pizzería italo-uruguaya-catalana que propone *focaccia*, lasaña y un *panetone* sobre el cual prefiero no investigar. Vuelvo a la calle Botella. En la puerta del número 11 hay pegado un cartel con una foto: «Hemos perdido a Gina. Es una gata de siete meses. Llamad al 678112573». Quién sabe, quizá en tiempos tan difíciles como estos Carvalho habría aceptado el caso.

EL SANTO BEBEDOR

El bar tiene un nombre simpáticamente anticlerical: La Santa Sed. Es uno de los tres locales que dan a la plaza del Grano, la más bella de Léon. Si se obvian los bares, parece que nada ha cambiado respecto al siglo XVI: soportales, una pequeña iglesia, una fuente, dos álamos magníficos, la hierba que crece entre el empedrado. En los mapas se lee su nombre oficial: plaza Santa María del Camino. Se encuentra en el barrio Húmedo, que no se llama así debido a la humedad, sino porque es el barrio donde la gente siempre ha ido a beber. Las calles en las que los leoneses llevan desde siglos intentando superar el aburrimiento de la vida provincial y la vida en general con el alcohol.

El mítico —término apropiado en este caso— Jenaro Blanco y Blanco, alias Genarín, también formaba parte de un grupo de borrachos. Huérfano, era un desaliñado pellejero ambulante que vivió a caballo entre los siglos XIX y XX. Aficionado al orujo, era cliente asiduo de tabernas, timbas y burdeles. Un pícaro moderno: humilde, juerguista y un simpático tunante. Todo el mundo lo apreciaba como si fuera una especie de símbolo de la ciudad, incluso aquellos que criticaban sus correrías. Entonces se produjo la tragedia. La madrugada entre el Jueves y el Viernes Santo de 1929 (29 de marzo), junto a las murallas romanas, un camión de la basura, el primero adquirido por el

Ayuntamiento de León, avanza a gran velocidad. En cierto momento choca contra algo: un hombre. Se trata de Genarín, que muere en el acto. Tenía más de sesenta años, por cierto, muy mal llevados. Deja cuatro hijos. En la ciudad la conmoción es enorme. Incluso los diarios más conservadores y estirados publican la necrológica en primera página. Inmediatamente, alguien señala que, con la muerte de ese querido don nadie provocada por un camión, desaparece, si no un mundo, al menos un trozo del viejo León, ese pueblo grande constituido por «farmacias y artesanos, burros, mercadillos y religiosos». En definitiva, un fragmento de humanidad, de la España ancestral (con sus cosas buenas y malas), se desvanece en la modernidad europea, que va devorando todo. Quienes así piensan no son los tradicionalistas nostálgicos ni los reaccionarios, sino más bien un grupo de bohemios que convierten a su amigo Genarín en su patrón laico, en su santo pecador, al instaurar en su honor un culto profano: cada Semana Santa, la noche entre el Jueves y el Viernes Santo, se celebra una procesión ebria y festiva que, partiendo de la plaza del Grano —donde se vio a Genarín trincando por última vez—, llega hasta el tramo de la muralla donde fue atropellado por un camión de la basura. La primera procesión tuvo lugar al año siguiente y fue idea de cuatro bromistas de extracción social muy dispar: un aristócrata arruinado, un técnico dental poeta, un representante de gaseosas y árbitro de fútbol y un audaz taxista que una vez consiguió meter un toro vivo en el asiento trasero de su coche para llevarlo a la plaza de toros. Todos murieron hace mucho tiempo, pero en León continúan recordándolos como los Cuatro Evangelistas de Genarín.

Los detalles de esta historia, objetivamente edificante, pueden encontrarse en *El entierro de Genarín*, el primer libro que publicó el escritor Julio Llamazares. Podéis estar tranquilos, no se trata de la típica novela, sino de una mezcla de crónica, reflexiones y loas a Genarín, el santo bebedor de León. Que Dios lo tenga en su gloria. Hijo de padres desconocidos, era bajito y muy feo: cuando los niños se portaban mal, las madres los amenazaban con que Genarín vendría a buscarlos. Tras librarse del servicio militar, se dedicó a una vida llena de artimañas. Frecuentaba a los curtidores con sus tristes pieles de conejo colgadas de un aro de alambre. Pero también fue vendedor de periódicos y pájaros capturados en los parques, muñidor de un político local y mozo de espadas, es decir, el ayudante del torero. También fue aprendiz de barbero, pero a causa del orujo la navaja le temblaba demasiado: tras desfigurar a un cliente fue despedido. Le encantaba tararear algunos temas de zarzuelas. Siempre vestía blusón negro y calzón de pana, y calzaba alpargatas en verano y zuecos en invierno. Durante toda su vida se alimentó de queso, pan de hogaza, naranjas y los conejos que despellejaba. En sus juergas solían acompañarlo un imprudente albañil y un veterano de las guerras coloniales. Charlatán y tahúr desafortunado, sería exagerado equiparar a Genarín con un proxeneta: con sus tejemanejes, simplemente trataba de mantener en el mercado a viejas meretrices que de otra manera estarían condenadas a la indigencia y la desesperación. Se convirtió en el factótum y el protegido de los burdeles. Las prostitutas volcaban en él todo el afecto que su vida miserable les había arrebatado. Fue una de ellas, llamada Moncha, quien cubrió el rostro rígido de Genarín sobre el empedrado: aquel «sudario» no era un lienzo, sino un periódico.

¿Genarín fue atropellado mientras dormía el sueño etílico de los justos? ¿O cuando estaba orinando contra las antiguas murallas? La controversia aún está lejos de haberse resuelto, pero los evangelistas juraban que «el santo pellejero murió con la bragueta abierta y el manubrio en la mano». Actualmente la procesión por Genarín congrega a unas treinta mil personas cada año, lo que equivale a casi toda la población de León en el momento de los hechos. Jalonada por oraciones profanas y lingotazos, la procesión sobrevivió hasta 1957, cuando las autoridades franquistas decidieron prohibirla. Pero fue recuperada tras la muerte del dictador. Pese a verse visto en parte afectada por la chabacanería del ocio nocturno, la procesión sigue obedeciendo todavía al mecanismo carnavalesco de la inversión: es un vía crucis perfectamente transformado en una celebración goliardesca. De hecho, Genarín, que murió el mismo día que Jesús, se parece mucho a algunos personajes de las películas de Buñuel, un ateo obsesionado con el catolicismo. ¿Fiesta irreverente? Sin duda. ¿Blasfema? En ningún caso, pues no puede haber blasfemia alguna en conmemorar a ese pobre diablo que fue san Genarín, cosa que los curas saben muy bien.

EN LA MALLORCA DE GRAVES

Su amiga Gertrude Stein le dijo en cierta ocasión: «Mallorca es un paraíso. Si logras soportarlo». Robert Graves lo consiguió. Desembarcó en la isla en 1929 y, excepto durante los años de la Guerra Civil española y de la Segunda Guerra Mundial, vivió en ella hasta el final. La casa de piedra que él mismo diseñó continúa allí, muy cerca del pueblo de Deià, que hoy cuenta con unos quinientos habitantes, algunos menos que los que había cuando don Roberto, como lo llamaban sus vecinos, lo eligió como lugar de residencia en el que escribir sus libros. Olivos, almendros y algarrobos en la falda de la sierra de Tramontana. La cual, si asciendes durante una hora de curvas cerradas, se alza sobre el Mediterráneo hasta los 1.400 metros del Puig Mayor, el punto más alto de las Baleares: una indescriptible emoción de viento y luz. Entre las montañas mallorquinas, Graves encontró aquello que buscaba: «Sol, mar, montañas, manantiales, árboles frondosos y ausencia de política». Además, el coste de la vida suponía tan solo una cuarta parte respecto al de Inglaterra. Pero no solo se alejó de su país por razones presupuestarias o en busca de una paz agreste. En Mallorca, Graves esperaba reponerse de una complicada combinación de traumas personales y problemas familiares.

Nació en Wimbledon en 1895. Su padre era anglo-irlandés, inspector de escuela y poeta especializado en antiguas baladas; su madre era alemana y parienta de Leopold von Ranke, considerado el padre de la historiografía moderna. En una época de nacionalismos exacerbados, su ascendencia mestiza y el teutónico Von Ranke incrustado en su apellido procurarán al joven Graves un sinfín de molestias. En la escuela «alguien difundió el rumor de que yo no solo era alemán, sino un judío alemán». La escuela era la prestigiosa Charterhouse. Cuando Robert entró en ella en 1910, la era victoriana había terminado hacía una década, pero solo formalmente. Alumno becado proveniente de la clase media, Graves es un privilegiado de poca categoría. No tiene ni un chelín en el bolsillo, no viste ropa a medida y, exceptuando sobre sexo, ámbito en el que se muestra muy pudoroso, habla demasiado. Sus compañeros lo miran con recelo. Pese a reproducir el sistema de castas de la sociedad inglesa, las *public schools*, los institutos privados reservados a los hijos de las clases dirigentes, constituyen un universo aparte, lugares donde se fabrica una élite masculina depurándola de cualquier vestigio de afecto familiar, de cualquier resto de vida anterior. Estudiar es de afeminados. El carácter se forja más bien en el cuerpo a cuerpo del deporte, el rugby y el boxeo, mientras que la esfera erótica resta completamente ocupada por las amistades románticas. Léase: relaciones homosexuales. «En las escuelas preparatorias y privadas inglesas, el amor es necesariamente homosexual. El sexo opuesto es despreciado y considerado algo obsceno. Por uno que nace homosexual hay al menos diez pseudohomosexuales permanentes creados por el sistema», explicaba el heterosexual Graves sin ninguna hostilidad homofóbica, solo para explicar el engranaje.

Y luego estaba el culto a la patria. Al estallar la Gran Guerra, Robert Graves se alistó con fervor a los fusileros galeses. Pero su romanticismo bélico se esfumó durante esa carnicería que supuso la batalla del Somme. El capitán Graves fue alcanzado en julio de 1916 por una granada alemana: «La metralla me penetró cinco centímetros por debajo del omóplato derecho, saliendo del pecho por encima del pezón. Solo guardo un vago recuerdo de lo que sucedió después». También fue herido en el ojo y en una mano, y un trozo de metal se le clavó en la ingle. En el caos fue dado por muerto. Un coronel escribió a su madre: «Estimada señora, lamento profundamente comunicarle...». La necrológica se publicó en *The Times*. Sin embargo, Graves todavía se debatía entre la vida y la muerte en un hospital de Londres. Al final se recuperó, pero la guerra le dejó para siempre diversas cicatrices, así como el sentido de la disciplina y algunos automatismos: «Sin necesidad de despertarlo, cada día hacía una siesta de veinte minutos exactos. Dormía con los brazos pegados a los costados como si estuviera sobre un catre. Herencia de la vida de trinchera», me explica William, uno de los ocho hijos que Graves tuvo con sus dos mujeres. La primera se llamaba Nancy Nicholson. La relación con el marido se fue deteriorando a medida que ella adoptaba un feminismo cada vez más radical: «Comenzó a incluirme también a mí en su condena universal de los hombres», escribió Robert.

La vida de Graves durante los años veinte fue algo movida. Conoció a Lawrence de Arabia, a quien dedicó una biografía, y a Virginia Woolf, que en su diario describe a Robert así: «Alto, ojos azules, mirada alucinada». Tras graduarse en Oxford, fue profesor en El Cairo durante un breve periodo. En 1926 conoció a Laura Riding, una poetisa estadounidense excéntrica y algo inquietante: entusiasmada por la poesía de Graves, viajó expresamente a Inglaterra para encontrar a su dios. Ambos iniciaron una relación, pero muy pronto ella se encontró metida en un complicado *ménage à trois* que los biógrafos todavía se esfuerzan por desentrañar. En un *crescendo* de celos y traiciones cruzadas, Laura enloquece. El 27 de abril de 1929, en presencia del matrimonio Graves, exclama: «¡Adiós a todos!» y se lanza por una ventana del cuarto piso. Sobrevive de milagro, pero con graves lesiones: se fractura la pelvis y cuatro vértebras. Para protegerla, Graves explica a la policía que se ha tratado de un accidente. Robert cuida de Laura, pero siente que está hasta las narices de Inglaterra y de otras muchas cosas: «Basta con la política, la religión, las charlas, la literatura, los bailes, las borracheras, el tiempo, las masas, los juegos, la diversión, la infelicidad». Basta. *Goodbye to All That* (publicada en castellano como *Adiós a todo eso*) será el título de su única incursión en el género autobiográfico, uno de sus mejores libros.

En Mallorca, donde, por consejo de Gertrude Stein, se establece para rehacer su vida junto con Laura, «no era fácil encontrar carne de ternera, mantequilla o leche de vaca; pero había fruta en abundancia; naranjas, nísperos, cerezas, albaricoques, melocotones, ciruelas, higos... Con el café y el tabaco a buen precio y el coñac a tres pesetas la botella, todo era estupendo». En 1932 se construyen una casa de campo que bautizan Ca n'Alluny, que en catalán significa «La casa alejada», ya que se encuentra a un kilómetro del pueblo. En medio del campo, con vistas al mar y pocos mosquitos. En el sencillo estudio que visito en compañía de William Graves (la casa es un museo desde el 2006), el padre escribió la novela que, también gracias a una excelente serie de la BBC, se convirtió en el mayor éxito de su vida: *Yo, Claudio* (1934), a la que siguió *Claudio el dios y su esposa Mesalina*. Exceptuando la interesante *El conde Belisario*, sobre el gran general bizantino, las novelas históricas no son necesariamente los libros de Graves que más deben gustar al lector. Él mismo las consideraba meros trabajos alimenticios que le procuraban independencia económica para dedicarse a sus actividades preferidas: la poesía (escribió unas 1.200) y el estudio de los mitos. Con *La diosa blanca* y *Los mitos griegos*, Graves se sumergió en las narraciones arcaicas con un estilo desenvuelto y a menudo divertido que suscitó horror entre los filólogos. No aborda la materia como erudito, sino como poeta. Además, considera que los poetas constituyen los últimos supervivientes de una relación mágica con el mundo. A Graves le desagradaba la modernidad de las máquinas. Escribía con pluma y le gustaba rodearse de objetos artesanales («Uno de los secretos para crear y tener alrededor el menor número posible de cosas que no hayan sido hechas a mano»).

Tal vez como reacción a una cultura que había intentado de numerosas formas hacer de él un misógino, el Graves poeta y mitógrafo idealiza a la mujer musa alabando formas de sumisión amorosa que recuerdan aquellas del amor cortés. «La sabiduría proviene de la mujer y se refleja sobre el hombre que la incorpora en la poesía. Los poetas son hombres dignos de sus musas». Estas palabras no se encuentran en un ensayo, sino en un diálogo, cuando menos sorprendente, entre Graves y Gina Lollobrigida publicado en 1963 en la revista *Redbook* y ahora recogido en un librito titulado *Conversations*. La estrella se lamenta ante el escritor de su alienante condición de *sex symbol* y él la reconforta: «Es porque hoy el amor ha desaparecido. Ahora o es sexo o es sentimentalismo». Pero ni siquiera sus convicciones de antiguo caballero lograron salvar su relación con la perturbada Riding. La Guerra Civil los obligó a marchar de Mallorca. En 1939 se separan. Robert regresó a la isla en 1950 y se estableció de nuevo en Ca n'Alluny junto con su segunda mujer, Beryl Pritchard, con la que tuvo otros cuatro hijos. Entre ellos William, nacido en 1940, geólogo jubilado. Recuerda a Graves como un padre afectuoso, un poco distante, religiosamente inmerso en la escritura. Le pregunto cómo trabajaba. Para componer poesía basta con una pluma y un trozo de papel, pero para escribir ensayos es diferente. ¿Cómo se documentaba Graves en el aislamiento mallorquín? «Se proveía de libros en Inglaterra, adonde volvíamos a menudo. Bajo el franquismo llegaban también dentro de las valijas diplomáticas. Pero sobre todo recurría a las cartas. Se conservan en torno a unas diez mil. Conocía a todos, estaba en contacto epistolar con medio mundo». En las vitrinas de la casa museo se pueden contemplar tarjetas firmadas por Winston Churchill o Margaret Thatcher. Y en las paredes, fotos que lo muestran en compañía de Ava Gardner, Alec Guinness o Michael Caine. Para quien viajaba a Mallorca, el peregrinaje a casa de Graves era obligatorio.

En los años setenta la contracultura lo adoptó como un gurú. Tenía simpatía por los *hippies*, pero los colocones y la promiscuidad sexual no eran lo suyo. Y no porque Graves fuera un señor chapado a la antigua, sino porque era un anticonformista de otra época. Como muchos de sus compatriotas, pasó casi toda su vida como expatriado, pero continuó siendo profundamente inglés. En el jardín plantó un árbol de naranjas amargas para hacerse la inevitable mermelada británica. Murió en 1985 después de años de enfermedad. Reposa en el agradable cementerio de Deià, un lugar en el que todo ser humano merecería ser enterrado. Sobre la lápida solo está escrito: «Poeta». En Mallorca Graves encontró el ambiente ideal para adentrarse en el estudio de los mundos arcaicos. Pero actualmente, entre pistas de tenis y complejos hoteleros de varias estrellas, queda poco de arcaico. Exceptuando quizá la mirada de los peludos corderos que veo pastar en el olivar de casa Graves. No hay nada más ancestral que la mirada de un cordero que te observa en una isla en medio del Mediterráneo.

EL TEMPLO DE LA DISCORDIA

En lugares con una profundidad vertiginosa como la Mezquita, el primer misterio de la fe es la fe misma. Se fantasea que en este tramo del Guadalquivir se habría comenzado a rezar ya en época celta. Se habla de templos romanos a Jano e incluso de uno hebreo ordenado construir por el rey Salomón. Pero lo mejor es cambiar de dirección y marchar sobre seguro. En el 786 la iglesia visigoda de San Vicente Mártir fue demolida por orden del emir Abderramán I para construir encima una mezquita. Las dimensiones actuales del edificio, de 23.000 metros cuadrados, son consecuencia de tres ampliaciones realizadas entre el 833 y el 991 por razones demográficas: capital de Al-Ándalus, Córdoba alcanza en su apogeo el medio millón de habitantes. Los estudiosos todavía se devanan los sesos intentando comprender por qué la *quibla*, el muro en el que se abre la hornacina del *mihrab*, es decir, el lugar más sagrado del templo, no está orientado como es habitual hacia La Meca. Resulta razonable pensar que mira hacia Damasco porque de allí provenía la dinastía de los conquistadores omeyas. De hecho, el último superviviente de esta dinastía, Abderramán I, convirtió Al-Ándalus en emirato independiente. Y más tarde, sus descendientes proclamaron el califato. Y saludos a Damasco.

Aunque actualmente la ciudad es la imagen misma de la serenidad meditativa, Córdoba padeció numerosos conflictos durante siglos, como, por ejemplo, luchas intestinas de extrema ferocidad que acabaron destruyendo su esplendor. Por otro lado, también fue el centro de sofisticadísimas controversias teológico-filosóficas. De ese pasado dado a la polémica todavía queda algo, sobre todo en relación con la Mezquita. O, mejor dicho, la Catedral (lo es desde la reconquista cristiana del siglo XIII). O, más bien, la Mezquita Catedral, como se lee en los carteles y folletos. «Voy a misa a la Mezquita»: durante siglos, los católicos cordobeses han repetido esta frase con toda naturalidad. No obstante, hoy hay que tener cuidado con lo que se dice. «Fueron los viajeros románticos en busca de exotismo quienes volvieron a llamarla Mezquita», me explica Pedro Marfil, que enseña Historia del Arte en la Universidad de Córdoba y como arqueólogo ha excavado en ese templo en numerosas ocasiones. «En la década de 1960, también para atraer el turismo rico de los países árabes, se empezó a usar el doble nombre. Después se pasó al de Catedral exMezquita y, más tarde, con polémicas, a solo Catedral, hasta la recuperación del actual binomio». Que es una obra maestra de la corrección política, pero quién sabe si durará.

En torno a la Mezquita Catedral, patrimonio de la Unesco desde 1984, las aguas siguen agitadas. En la década de 1990, la cuestión se complicó a raíz de una reforma de la Ley Hipotecaria aprobada por el Gobierno de centroderecha de José María Aznar. Esta ley, que modificaba una norma franquista, permitió que la Iglesia inmatriculara numerosos bienes, entre ellos, la Mezquita Catedral, que la diócesis inscribió como propia en 2006. Para que el bien se convierta en propiedad efectiva, deben transcurrir diez años desde su registro catastral. La cuenta atrás estaba a punto de finalizar cuando, indignados ante lo que consideraban un robo de la Iglesia, una plataforma de asociaciones ciudadanas intervino y detuvo el proceso.

La batalla continúa. La plataforma defiende una gestión pública como la de la Alhambra de Granada, la cual, sin embargo, no es una iglesia. A la diócesis de Córdoba se le reprocha que no paga impuestos por los edificios ni por los ingresos de las entradas (10-18 euros), que son consideradas donaciones, es decir, limosnas. Más allá de profundas disquisiciones, también se trata de una cuestión de dinero. Y no poco, si es cierto que en 2017 el impacto económico generado por el atractivo turístico de la Mezquita alcanzó los 406 millones de euros, doce de los cuales correspondientes a la venta de entradas. Tras siglos de propiedad *de facto*, parece difícil que la Iglesia vaya a ceder. En parte también debido a que el frente laicista da a entender que vería bien que la Mezquita Catedral se convirtiera en un lugar de culto biconfesional católico-musulmán. En este sentido, se recupera el mito nostálgico de un Al-Ándalus como tierra de concordia entre religiones monoteístas: cristianos y judíos bajo el tolerante, casi paternal, dominio islámico. Una vieja idealización romántica que no se sostiene por ningún lado, pero que todavía posee un notable atractivo. A ello cabe sumar que, en tiempos de neoprotagonismo islámico, aparece a menudo algún devoto musulmán que, para generar polémica, se pone a rezar en la Mezquita o sus proximidades. En ocasiones esto ha provocado algún altercado. Los católicos más tradicionalistas dicen que los musulmanes quieren recuperar «la Catedral». Sin embargo, Marfil asegura que en la comunidad islámica no existe ningún movimiento de reivindicación organizado. Y añade: «Desde hace años se busca crear un equipo laico-religioso para la conservación de la Mezquita. Hasta ahora la Iglesia se ha opuesto. Y, sin embargo, es el Estado el que ha pagado los trabajos de restauración». Pobre Mezquita. Y pobre Catedral. «La Mezquita de Córdoba es abstracta como un cuadro de Mondrian», han escrito. Ciertamente, cuando pasas bajo el enésimo arco bicolor blanco y rojo —que recuerdan un vasto palmeral, hay 365 en total—, te sumes en una especie de viaje alucinógeno inducido por la repetición de los elementos arquitectónicos y geométricos y de los arabescos y por el vacío místico que surge en medio de todo ello. Ese vacío que la nueva catedral cristiana estropeó mediante un sinfín de altares y altarcitos. Se cuenta que, cuando el emperador Carlos V visitó las obras en 1525 —que él mismo había autorizado—, comentó: «Habéis destruido lo que era único en el mundo, y habéis puesto en su lugar lo que se puede ver en todas partes». Dicho esto, si todavía podemos visitar la Mezquita ello se debe a que los conquistadores católicos —ya fuera para remarcar la sumisión de los poderes precedentes, ya fuera porque admiraban el edificio— decidieron dejarla en pie.

Un consejo: la primera vez que visitéis la Mezquita hacedlo sin guía. Tan solo mirad. Leed o escuchad las explicaciones después. En cambio, sí que es buena idea visitar con guía Medina Azahara, la antigua sede califal, un inmenso yacimiento arqueológico que resulta difícil descifrar sin ayuda. Era el palacio de las quince mil puertas. A los pies de Sierra Morena, sus paredes blancas recordaban «una joven desnuda entre los brazos de un etíope», dijeron de ella. La Córdoba de los prodigios se convirtió en una inmensa leyenda repleta de conspiradores y asesinos que decapitaban a la gente y metían las cabezas en salmuera. No faltaban tampoco los inevitables adivinos, los boticarios geniales, los arqueros blasfemos que se divertían utilizando el Corán como diana de sus flechas, los pergamineros, calígrafos y copistas, los perfumistas que aliviaban el hedor fecal de las calles, los músicos cuyos laúdes celestiales tenían cuerdas hechas de tripa de cachorro de león y sus plectros eran una garra de águila, los jardines en los que se veían rinocerontes, avestruces y jirafas, los temibles ajedrecistas, los jugadores de polo, los arribistas balzaquianos, los sabios de infinita misericordia y, sobre todo, los poetas excelentes. En las páginas más densas de su libro *Andalusia*, Franco Cardini afirma que el amor moderno fue inventado en Córdoba: «Ese concepto de amor que después, a través de la poesía trovadoresca occitana, penetró en nuestro Occidente y llegó a ser una fuerza irresistible». Actualmente en Córdoba son espirituales incluso las tabernas. Entre las calles de la antigua judería se esconde la vieja Bodega Guzmán, siempre poco iluminada. Los parroquianos son tipos silenciosos y solitarios como monjes. Meditan ante un vasito de Montilla, el vino de la zona que, a diferencia del jerez, «no emborracha» —afirman— porque el alcohol no se añade, sino que es el resultado de la fermentación natural. Es una mentira. Os daréis cuenta cuando os levantéis del asiento. Tendréis el paso vacilante del gran poeta Ibn Quzman, quien, pese a las prohibiciones, frecuentaba prostíbulos y tabernas, y pidió que lo enterraran envuelto en pámpanos y vertieran vino sobre su cadáver.

FOREVER TRIANA

Triana fue fundada por los dioses. Para escapar de acoso sexual de Hércules, la bella Astarté se refugió en la orilla oeste del Guadalquivir, donde la creó. Y aquí estoy agradeciéndoselo con una copa de jerez bajo el toldo verde de Casa Cuesta, uno de los locales con más solera del barrio. Eso de «barrio» es un decir, pues Triana es nación, patria y centro del universo, repiten hasta la saciedad quienes han nacido allí o viven.

Aunque solo 149 metros —lo que mide el puente Isabel II separan Triana del Arenal, el corazón de la vieja Sevilla, el trianero continúa recorriéndolos como si emigrara: «Adiós, que voy a Sevilla», anuncia cuando va al centro. Forma una cuña entre el río, la avenida de la República Argentina y la Carretera Muro de Defensa, y tiene una población de unos 50.000 habitantes. Y desde que existe es —o se precia de ser— algo totalmente diferente de Sevilla y, al mismo tiempo, la quintaesencia de esta ciudad. Afirma que le ha robado/salvado el alma ancestral, si bien la población originaria casi ha desaparecido también de aquí. Los gitanos, que constituían su componente más tumultuoso, se habían establecido en Triana en el siglo XV. Entre las décadas de 1950 y 1960 fueron expulsados como consecuencia de las operaciones de saneamiento urbanístico que abrieron la puerta a la especulación inmobiliaria. Desde hacía mucho tiempo vivían apiñados en los legendarios corrales de vecinos de la calle Pagés del Corro, una especie de falansterios con letrinas, lavaderos y cocinas comunitarios, donde los límites de esta inmensa comunidad de vecinos coincidían con los del mundo conocido. Los desalojos se realizaron en oleadas sucesivas, pero quien los sufrió los recuerda todavía como una «noche de los cristales rotos» contra el pueblo gitano. Sacadas de sus casas una a una por la Guardia Civil, cuatro mil familias fueron metidas en camiones y llevadas provisionalmente a las cocheras de los tranvías, hasta que fueron reubicadas en los nuevos polígonos de hormigón de la periferia de la ciudad. Es una historia triste. Pero a menudo los barrios alegres hunden sus raíces sobre capas de tristeza acumulada.

El nombre de Triana deriva del emperador Trajano, que nació a pocos kilómetros de allí. Bueno, no, viene del latín *trans ammem*, es decir, «más allá del río». Bueno, no, su origen es árabe, de *Atrayana*, que significa lo mismo que lo anterior. Aunque no haya certeza sobre su origen etimológico, lo que es seguro es que ni siquiera los audaces romanos se arriesgaron a levantar un puente entre las orillas arcillosas y, por ello, poco aptas. El puente fue construido por los califas en el siglo XII, pero de barcas. Y así se mantuvo más o menos hasta mediados del siglo XIX, cuando fue sustituido por un puente con tres arcadas de hierro. En 1974, agotado por las multitudinarias procesiones de Semana Santa, tembló como si tuviera ganas de desplomarse. Por ello, fue cerrado al tráfico e incluso se planteó demolerlo para rehacerlo en cemento. Ante esta posibilidad, los vecinos se rebelaron y lograron que el puente se conservara y fuera simplemente consolidado. Al cruzarlo, se llega a la plaza del Altozano, que es el «recibidor» de Triana. Justo a la derecha, está la capilla de la Virgen del Carmen, conocida como «mechero» por su parecido con un antiguo mechero de yesca; a la izquierda, bajo la sombra de un enorme árbol de las lianas, una bailaora de bronce aferra una guitarra como si fuera un sable en defensa del flamenco, puesto que Triana forma, junto con Cádiz y Jerez, el triángulo mágico de este arte.

A su lado, la estatua del torero Belmonte mira hacia Sevilla con expresión desafiante. Juan Belmonte, el mejor torero de la primera mitad del siglo XX, no nació en el barrio, pero sí que creció en él y le debía todo. De su adolescencia de pícaro y entre pícaros, Belmonte recordaba: «No había más que mi ciudad, mi barrio, mi calle, las charlas y yo [...], nos creíamos el centro del mundo». Los golfillos como él correteaban por la calle San Jacinto, la principal calle del barrio, actualmente peatonalizada. En ella se ven ya a las 11 de la mañana a jubilados tomando cerveza helada y gambas en los bares. Más tarde se añaden familias y turistas, y justo después de la comida el viento que sopla del río convierte la calle en una alfombra de cáscaras de gamba al tirarlas de las mesas desiertas. En Triana se encuentra la iglesia de Santa Ana, la más antigua de Sevilla (siglo XIII); es cuanto queda del castillo de San Jorge, de origen visigodo, que más tarde se convirtió en sede de la Santa Inquisición y después fue demolido para construir un mercado que ahora se ha convertido por desgracia en una cara fortaleza para gourmets. Las imágenes más veneradas son Nuestra Señora de la Esperanza, en la capilla de los Marineros, y el Cristo del Cachorro, cuyo rostro se asemeja al de un gitano retratado mientras expira a causa de las puñaladas recibidas durante una refriega.

Pero a esta parte del río se viene sobre todo a pasear en primavera para escuchar el ruido de los balonazos contra las paredes de los oratorios parroquiales y los gritos de las mujeres que, al anochecer, llaman a sus hijos desde la ventana («¡Alejandro! ¡Alejandroooo!»), o para sumergirse en el mar de bares, como Las Golondrinas, Casa Manolo, Bodega Vargas o Casa Remesal (especializada en caracoles), sin contar las animadas marisquerías en el tramo central de calle Esperanza. Hedonista Triana. Parece que, incumpliendo las prohibiciones del

Corán respecto al alcohol, incluso los árabes se escabullían de noche por las tabernas del barrio. Se vive en la calle e incluso hasta hace algunas décadas también se dormía. En las vacaciones de 1981, siendo adolescente, me alojé durante algunos días en el barrio. Era un verano especialmente tórrido y seco, y para ahorrar agua se habían cerrado todas las fuentes en la ciudad. En Triana asistí a un espectáculo singular. Dado que los aires acondicionados todavía eran un electrodoméstico de ricos, los vecinos afrontaban el bochorno nocturno instalando sus colchones y catres en las aceras. Con regularidad se levantaban y se metían en sus casas para refrescarse bajo el agua. Entonces volvían a la calle y se acostaban de nuevo completamente empapados. Si ni siquiera así conseguían dormirse, charlaban tumbados hasta el amanecer.

«A la entrada de Triana / hay un cartel escrito a mano / que dice: ¡Viva el pueblo soberano!». Se puede medir el orgullo identitario a este lado del río por el número de carteles y placas de este tipo que pueblan sus calles. Otros recuerdan a políticos, benefactores, activistas (Melchor Rodríguez, el «ángel rojo», el anarquista humanitario que durante la Guerra Civil salvó de ser fusilados a once mil prisioneros franquistas), artistas del flamenco o toreros de culto como Antonio Montes, Maera, Gitanillo, Chicuelo o el inclasificable Cagancho, famoso por sus espectaculares «espantás», término que hay que explicar. Para los espíritus vulgares no es otra cosa que el humanísimo canguelo que le puede entrar al torero frente al animal. Pero según los gitanos, que viven desde siempre con un pie en la tierra y el otro en el mundo de lo sobrenatural, se trata de una premonición paranormal: «espantá» es la fulminante certeza de que el toro te corneará. En agosto de 1927, durante una histórica corrida en Almagro, Cagancho tuvo ese presagio y huyó, mientras que la multitud indignada quiso lincharlo. Desde entonces «quedar como Cagancho en Almagro» es sinónimo de hacer el más absoluto ridículo en público.

Sin embargo, la fama turbulenta de Triana le venía especialmente de las legendarias cigarreras que inspiraron el mito decimonónico de Carmen. Envueltas en un aura de desenfrenada desinhibición sexual, vivían hacinadas en los cuchitriles de la calle Betis, el agradable paseo junto al río que ahora es una monótona serie de bares de tapas. Las pecaminosas cigarreras no eran más que unas pobres muchachas que se dedicaban a la prostitución para complementar los salarios de miseria que les pagaba la fábrica de tabaco. Continuando una tradición andaluza minoritaria pero arraigada, muchas de ellas optaban por vivir solas. Aspecto este que incrementaba su atractivo para los viajeros ingleses o franceses, románticos en teoría, pero, de hecho, turistas sexuales *avant la lettre*. De la Triana obrera solo quedan hoy día los talleres de ceramistas y alfareros. Hace tiempo, cuando supo que yo vivía en el barrio Testaccio de Roma, uno de ellos me recordó que tanto las ánforas del Monte dei Cocci como el aceite de oliva que contenían provenían de aquí, de los márgenes del Guadalquivir, donde se respira todavía un aire de playa, si bien el mar está a cien kilómetros de aquí. Un día de mediados del siglo XIX los trianeros acudieron corriendo al puente porque en el río había sido avistado un grupo de delfines saltarines procedentes del Atlántico. Y no hace muchos años, un vídeo que se convirtió en viral mostraba la aleta de un tiburón que, bajo el puente, cortaba el paso a un piragüista. Sin embargo, se trató de un montaje, del anuncio de un parque acuático.

LAMENTO POR PACO

Hacía un par de semanas que había dejado de fumar, pero había adelgazado y parecía preocupado. Aquella noche se estaba preparando para cenar en casa de un amigo, un español, como él, establecido en México. Este le había pedido por teléfono que comprara alguna lubina si encontraba alguna pescadería abierta. Después había bajado a la playa a ver la puesta de sol en el Yucatán en compañía de Diego, de ocho años, su hijo más pequeño. El 25 de febrero del 2014, mientras el sol naufragaba en el mar del Caribe, Paco de Lucía confirmaba de golpe la creencia de que el corazón de los grandes guitarristas se parece al de los virtuosos del violín: es una cosa frágil. Al día siguiente, un comunicado de la familia indicó: «No hay consuelo para los que le queremos y le conocemos, pero sabemos que para los que le quieren sin conocerle, tampoco. [...] Paco vivió como quiso y murió jugando con sus hijos al lado del mar».

Con sesenta y seis años, en aquel taller de emociones que era su discografía, había dejado preparado y grabado un último álbum. Ocho coplas, ocho perlas de la tradición flamenca reinterpretadas con su habitual elegancia. Paco de Lucía, cuyo nombre real era Francisco Sánchez Gómez, debía morir. Porque, lejos de cualquier énfasis, pertenecía a la clase de artistas que va disolviéndose bajo nuestros ojos: la del solitario, la del artesano introvertido y perfeccionista, la del músico celebérrimo pero carente de una biografía interesante en términos de relato mediático. Dos matrimonios, cinco hijos. Nunca su duende, su genio poético, se cristalizó en un personaje. Él mismo comentaba que era cierto que un artista sufría, pero siempre menos que un albañil subido a un andamio de seis pisos a principios de enero.

Payo y el menor de cinco hijos, había nacido en Algeciras, la más africana de las ciudades andaluzas. Provenía de una familia de pescadores humildes, pero las carencias materiales no les arrebataron la pasión por la música. Vendedor ambulante, pero también juglar reconocido en fiestas y tabernas, fue su padre Antonio quien le puso la guitarra entre las manos. Paco comenzó a tocar junto con su hermano José, que ponía la voz. Es la etapa del dúo «Paco y Pepe, los chiquitos de Algeciras». Graban discos, ganan algún premio y entregan las pesetas a sus padres. Poco después, su promotor y padre decide que ha llegado el momento de dar el gran salto, de intentar superar la prueba de los severos tablaos madrileños. La respetabilidad franquista desdeña la música andaluza como folclore propio de mendigos, pero los escenarios de la capital continúan siendo el Santo Oficio del flamenco. Son lugares donde, de religión popular, esa música se convierte en teología, en materia reservada para estudiosos rigurosos, inquisitoriales, exigentes hasta la jactancia. Si no triunfas en Madrid, vuélvete al pueblo y adiós muy buenas. Es por esos locales por donde se mueven los verdaderos talentos, los contratos serios, en definitiva, el dinero. Paco y Pepe no solo saldrán vivos de ellos, sino también contratados. Una gira los lleva por América Latina junto con una compañía de danza. En 1967 Paco graba su primer álbum en solitario, *La fabulosa guitarra de Paco de Lucía*. Y entonces le toca la lotería: se hace amigo de José Monge Cruz, más conocido como Camarón de la Isla. Es un chico gitano de expresión irónica dibujada sobre un rostro triste. Joven prodigio del cante, tiene tres años menos que Paco y mucho más pelo. Provienen de la misma región de Andalucía. Aunque hablan poco, se entienden al instante. A raíz de ese encuentro, es como si las dos mitades de una naranja se unieran de nuevo. A fusionarlos, una admiración recíproca que, en cierta medida, es envidia mutua. Porque Paco siempre quiso cantar como Camarón y Camarón tocar como Paco. Juntos graban una decena de discos que subvierten el orden establecido del flamenco. Los guardianes de una pureza imposible —esa música es *ab ovo* bastarda, mestiza—, los Caifás de la ortodoxia se rasgan las vestiduras. Pero estamos en los agitados años setenta: el público joven aplaude la revolución y sus nuevos profetas.

Esta sociedad se disolvió en 1992 debido a la muerte prematura de Camarón, que, como en algunos históricos dúos del jazz, era el *dark side* de los dos, pues se inclinaba a la autodestrucción y se drogaba un poco, pero, sobre todo, fumaba demasiado. Enviudado, Paco de Lucía no se sume en el luto. Por otro lado, en 1973 ya había triunfado en solitario con la rumba «Entre dos aguas». Si bien formaba parte del álbum *Fuente y caudal* —que junto al sencillo vendió medio millón de copias—, esta pieza se convirtió para Paco en caballo de batalla y tormento.

Gracias a sus éxitos y ganancias de los años ochenta y noventa —vendió un millón de copias del disco grabado junto con John McLaughlin y Al Di Meola—, Paco de Lucía pudo permitirse fusionar el flamenco con el *jazz*, el *blues*, la salsa y la *bossa nova*. Todas ellas músicas nacidas de la miseria, músicas que él llamaba «de la nevera vacía». La suya, mientras tanto, la había ido llenando. También del pescado que le gustaba pescar sumergiéndose en las aguas mexicanas. La villa del litoral de Cancún era su refugio, mientras que en la de Mallorca había habilitado un estudio de grabación que debía garantizarle una autarquía celosamente defendida, no solo en ámbito musical. Durante toda su vida, Paco de Lucía quiso ir por su cuenta. Durante las giras pedía sistemáticamente habitaciones de hotel provistas de una pequeña cocina para poder prepararse sus propias comidas. Se alejó también de las noches de una bohemia flamenca que consideraba alterada por demasiadas rivalidades y drogas: «La coca pone a la gente muy nerviosa».

La considerable mata de pelo que lucía en su juventud como una especie de cubierta protectora hacía ya tiempo que había sido sustituida por una noble y serena calvicie. Sin embargo, continuaba subiendo al escenario de la misma manera: con expresión muy seria, cruzaba las piernas, se colocaba la guitarra sobre el muslo derecho y adelante. Murió sin saber leer una partitura. Aprendió a tocar prácticamente de oído el archiconocido *Concierto de Aranjuez* de Joaquín Rodrigo: «Me encerré un mes con todos los discos, el libro del concierto y el pentagrama con el nombre de cada nota. Entonces, yo no sabía ni el valor de las notas [...]. Pero con el disco, con las notas y mirando en mis papeles, me saqué el concierto entero. Un 80 % fue puro oído».

Se afirma que Paco de Lucía hizo mundialmente famoso el flamenco. Es verdad. Pero sin transformarlo en *cheese-burger*. El karaoke es cosa de grupos festivos como los Gipsy Kings. Si Paco de Lucía se ha convertido en un clásico ello se debe a que, como todos los clásicos, ha mantenido con la tradición una relación estable a la par que abierta. Le ha sido infiel sin traicionarla. La obediencia fabrica académicos, no clásicos.

Cuando el féretro de Paco fue repatriado a Algeciras, la gente se empujaba para acariciarlo suavemente. No hubo ministros, sino rosas, claveles, lágrimas y silencio. Después se escuchó alguna bulería desgarrada. A fin de cuentas, el flamenco es la formalización de un grito. Cuando todo va bien, de un lamento.

AGRADECIMIENTOS

Ninguna, realmente ninguna, de las historias recogidas en este libro se habría concluido sin el estímulo, la curiosidad y las enseñanzas de Attilio Giordano. Decir que le debo muchísimo es quedarse corto. Lo echo tanto de menos…

Gracias también a Simona Agostini, Ettore Boffano, Gianpaolo Bonomi, Luca Caioli, Claudia Cucchiarato, Danilo De Marco, Mario Dondero, Claudio Fausti, Elvira Giménez «y sus padres» Dolores y Manuel, Laura Gnocchi, Manuel Marlasca, Juan Carlos Marset, Emilio Martínez, Gianni Mascolo, Piero Melati, Matteo Nucci, Jean-Louis Personne y el Club Taurino di Milán, Aligi Pontani, Alberto Riva, Luis Rivas, Francisco Sánchez, Antonio Steffenoni, Myriam Sumbulovich, Lucio Urtubia, la Biblioteca Jorge Guillén (Instituto Cervantes de Milán), la Biblioteca Sormani (Milán) y la Biblioteca María Zambrano (Instituto Cervantes de Roma).